Brigitte Enzner-Probst

Pfarrerin.

Als Frau
in einem Männerberuf

Verlag W. Kohlhammer
Stuttgart Berlin Köln

Die Deutsche Bibliothek – CIP-Einheitsaufnahme

Enzner-Probst, Brigitte:
Pfarrerin : als Frau in einem Männerberuf /
Brigitte Enzner-Probst. – Stuttgart ; Berlin ; Köln :
Kohlhammer, 1995
   ISBN 3-17-013226-1

Alle Rechte vorbehalten
© 1995 W. Kohlhammer GmbH
Stuttgart Berlin Köln
Verlagsort: Stuttgart
Umschlag: Data Images
            audiovisuelle Kommunikation GmbH
Gesamtherstellung:
W. Kohlhammer Druckerei GmbH+Co. Stuttgart
Printed in Germany

Inhaltsverzeichnis

Vorwort 9

I   Pfarrerin – als Frau in einem Männerberuf? 11

1.   Gleichstellung auf Raten – die Geschichte der Theologinnen 11
    Die Zulassung zur universitären Ausbildung 11
    Die „Gehilfin" 12
    Die Theologin als „Die Andere" – Das Amt „sui generis" 15
    Die Theologin als gleichberechtigte Partnerin? 17
2.   Pfarrerinnen als Minderheit 17
3.   Die „Unsichtbarkeit" der Pfarrerin
    in der pastoraltheologischen Literatur 18
4.   Die geschlechtsspezifische Arbeitsteilung und
    die Situation von Pfarrerinnen 20
5.   Pfarrerinnen als Subjekte ihrer eigenen Erforschung:
    das Konzept der vorliegenden Befragung 24

II   Vaters Tochter – Männer als „Türöffner"
    in eine männlich strukturierte Berufswelt 27

1.   „Vaters Tochter" 27
2.   Die Pläne der Väter – die Zukunft der Töchter? 28
    Ich sollte Apothekerin werden 31
    Vaters kleine Tochter 32
    Er wollte eine „gute" Ausbildung für mich 34
3.   Andere „Väter" und „Brüder" 36
    Das „beste Schaf im Stall" 37
    Der große Bruder und andere Männer 42
    Ich hatte fünf „amtliche" Väter gleichzeitig 43
4.   Der „leiblich – amtliche" Vater 46
    Pfarrhaus als Familienbetrieb 46
    Pfarrhaus als Lebensdrama 48
    Ich wollte von ihm gehört werden 49
    Das kann ich allemal noch besser 51

| III | Nicht so wie meine Mutter | 55 |

1. Nicht so wie meine Mutter 55
2. Die Mutter als Vorbild 59
3. Die „Mütter im Amt" 62
   Sie waren wichtig für mich 62
   Ich kannte keine 64
4. „Mutter Kirche" und ihre Töchter 64
5. Ambivalente Identitätsentwicklung 69

| IV | Theologie studieren – mit Leib und Seele | 73 |

1. Ich wollte Pfarrerin werden 73
2. Fasziniert vom Denken 74
   Ich habe leidenschaftlich Theologie studiert 74
   Ich hatte den predigenden Vater im Ohr 76
3. Sich selbst auf die Spur kommen:
   Feministische Theologie als Klärung der eigenen Situation 78
   Sich selbst auf die Spur kommen 78
   Der Wissenschaftsbetrieb als „fremde Welt" 81
   Akkulturation 85
   „Es hat sich halt so ergeben" –
   das sogenannte weibliche Planlosigkeitssyndrom 88
4. Auf der Suche nach Sinn 91
5. Pionierin-sein – als Frau etwas Besonderes 94
   Ich habe es genossen, etwas Besonderes zu sein 95
   Für die ganze „Gattung Frau" verantwortlich 96
   Auf Umwegen zum Ziel 97

| V | Pfarrerin werden ist nicht schwer – Pfarrerin sein dagegen … | 99 |

1. Als Pfarrerin akzeptiert 99
2. Schwesternstreit 102
   Pfarrfrauen – die halb amtlichen Pfarrerinnen? 102
   Sekretärinnen – Zuarbeiterinnen der Männer? 105
   Ehrenamtlich arbeitende Frauen – die Stützen der Gemeinde 106
3. Die Amts„brüder" 109
   Er wollte mich „bevatern" 109
   Ich kämpfte darum, wahrgenommen zu werden 109
   Ich weigerte mich, Kaffee zu kochen 110
   Als Intellektuelle akzeptiert 111
   Als Frau abgelehnt 112
   Sachlich zusammenarbeiten – ist das möglich? 115

4.	Geschlechtsspezifische Arbeitsteilung in der pastoralen Arbeit?	117
	Seelsorge, Kasualien	117
	Erfahrungen im Teildienst	122
	Gottesdienst leiten, predigen	123
	Unterrichten	124

VI	Die Quadratur des Kreises: Beruf und Familie, Partnerschaft und Beruf	127
1.	Ambivalente Lebensziele	127
	Ich will beides oder: Wo ist der ideale Pfarrmann?	127
	Zwei auf einer halben Stelle	143
2.	Ich muß beides schaffen – der Alltag alleinerziehender Pfarrerinnen	148
	Ich muß mich abgrenzen	151
3.	Beides ist nicht zu schaffen – Die Auflösung der Ambivalenz der Lebensziele	155
	Pfarrerin im Ehrenamt	155
	Verzicht auf Kinder	156
	Verzicht auf Partnerschaft	157
	Die fatale Beurlaubung	159

VII	Strategien und Zukunftsentwürfe	169
1.	Von der „Beschränktheit der Strategien"	169
2.	Nischen-Räume	170
3.	„Stimmungen"	170
	In alle Richtungen zugleich	170
	Resignation	171
	Zufriedenheit	172
4.	Beredtes Schweigen	173

VIII	Elemente einer inklusiven Pastoraltheologie	177
1.	Das Verschweigen beenden	177
	Das Leitbild der „guten Mutter"	179
	Die Frau als „die Andere"	180
	Gleich-sein als „Männlich-werden"	183

2. Theologische Anthropologie und die Definition
   des Geschlechterverhältnisses 185
   Die Definition des Geschlechterverhältnisses und „der Mensch" 185
   Das Geschlechterverhältnis und die „Unsichtbarkeit"
   der Frau in Theologie und Kirche 186
   Exkurs: Die Definition des Geschlechterverhältnisses und
             die Wirkungsgeschichte von Gen 1–3 187
3. „Amt und Dienst" – zur Kritik geschlechtsspezifischer
   Arbeitsteilung in der Kirche 190
   Der Begriff „Arbeit" 191
   Exkurs: Zur Begriffsgeschichte des Wortes „Arbeit" 192
   Leitungspositionen und „Sorge-Arbeit" 193
   Strukturelle Konsequenzen 194
   „Sabbat" als Nicht-Arbeit 196
4. Als Frau in einem Männerberuf –
   Von der fragmentarischen Existenz von Pfarrerinnen 198
   „Allerleihrauh" 199
   Fragmentarische Existenz 200
   Spiel-Räume 201
   Transformation 202

Anmerkungen 205

    Zu Kapitel I (S. 11ff) 205
    Zu Kapitel II (S. 27ff) 209
    Zu Kapitel III (S. 55ff) 210
    Zu Kapitel IV (S. 73ff) 210
    Zu Kapitel V (S. 99ff) 212
    Zu Kapitel VI (S. 127ff) 212
    Zu Kapitel VII (S. 169ff) 213
    Zu Kapitel VIII (S. 177ff) 213

Literatur 219

Vorwort

Pfarrerinnen in evangelischen Kirchen – alltägliche Erscheinung oder exotische Ausnahme? Nach einigen Jahrzehnten der Zulassung zum Pfarramt mag es an der Zeit sein, Inventur zu machen und nachzusehen, ob das ursprüngliche Ziel, die gleichberechtigte Teilhabe am pastoralen Beruf, erreicht worden ist. Hier gehen die Meinungen auseinander. Was für die einen nur noch eine Frage der Zeit, ist für die anderen keineswegs als Realität festzustellen.

Die Situation, in der sich Pfarrerinnen gegenwärtig befinden, läßt sich am ehesten mit einem biblischen Bild vergleichen. Als Israel aus Ägypten auszieht und, nach endlosen Schwierigkeiten und ermüdender Wanderung, in der vierten Generation endlich in das Gelobte Land einzieht, da mögen viele erleichtert aufgeseufzt haben, daß ja nun gottlob alle Probleme gelöst seien. Aber wie ein kurzer Blick in die Hebräische Bibel zeigt, begannen mit diesem Überschritt in ein neues Land erst die eigentlichen und tiefgreifenden Veränderungen in der Verfassung des Volkes, zeigten sich die theologischen Herausforderungen. Ähnlich ergeht es den Theologinnen im Pfarramt, den Pfarrerinnen. Sie erkennen zunehmend, daß mit dem Anziehen des Männertalars dieses Amt nicht einfach schon „ihres" ist, sie als Frauen darin noch nicht „zu Hause" sind.

In der Auswertung von Gesprächen mit vierzehn Pfarrerinnen kommen sie deshalb selbst zu Wort. Neben vielen anderen wichtigen Einblicken ist es vor allem die geschlechtsspezifische Arbeitsteilung und ihre Konsequenzen für die pastorale Arbeit, die als eigentlicher Schnittpunkt vieler Probleme deutlich wird und zu neuen strukturellen und pastoraltheologischen Antworten herausfordert. Im Schlußkapitel werden einige der sich aufdrängenden Fragestellungen als Elemente einer inklusiven Pastoraltheologie benannt.

Zwischen der eigentlichen Erhebung, ihrer Auswertung und der endgültigen Veröffentlichung liegt eine lange Zeitspanne. Dies ist als Niederschlag spezifisch weiblicher Biographie zu verstehen. In der Verbindung von beruflichem Engagement, familiären Verpflichtungen und wissenschaftlicher Arbeit waren die Zeiträume für die Fertigstellung dieser Arbeit denkbar kurz und immer wieder unterbrochen. Inhalt und äußere Gestalt dieser Untersuchung entsprechen sich somit und spiegeln die Problematik dieser Situation wider.

Gedankt sei an dieser Stelle A. Pisarski und E. Peil, die, trotz vieler anderer Verpflichtungen und Aufgaben, mitgeholfen haben, dieses Projekt durchzuführen und die Zielrichtung der Interpretation festzulegen. Dank gilt dem Landeskirchenrat, der diese Untersuchung finanziell unterstützt hat. Mögen die Impulse daraus auch in die kirchenpolitische Diskussion Eingang finden. Gedankt sei jedoch nicht zuletzt meinem Mann und meinen Kindern, die mich an vielen freien Tagen, statt mit ihnen ins Grüne zu fahren, vor dem Computer sitzen sahen!

München, April 1994 *Brigitte Enzner-Probst*

I Pfarrerin[1] – als Frau in einem Männerberuf?

1. Gleichstellung auf Raten – die Geschichte der Theologinnen

„Ich wollte schon immer etwas Besonderes sein!" formuliert es eine der von uns befragten Pfarrerinnen. Eine andere sagt: „Ich wußte, daß ich so etwas wie eine Pionierin war". Die Pfarrerin heute – noch immer Exotin? Immerhin ist die „Frau auf der Kanzel" eine Fernsehserie wert, und ihre höhergestellte Schwester, die Bischöfin, zieht medienwirksames Interesse auf sich. Eines unterscheidet nämlich die Pfarrerin von ihrem männlichen Kollegen: trotz der allgemeinen gesellschaftlichen Randständigkeit, die sie mit ihm teilt, ist sie aufgrund ihres Geschlechtes eine Ausnahme, arbeitet sie unter den Bedingungen einer Minderheit.[2] Ist ihr Minderheitenstatus aber nicht nur eine Frage der Zeit? Es ist schließlich erst einige Jahrzehnte her, daß Frauen sich den Zugang zum Pfarramt erkämpft haben. Im Bereich von Kirchenleitung wird von dieser Prämisse ausgegangen, derzufolge aufgrund der rechtlichen Gleichstellung in Kürze Frauen und Männer im pastoralen Beruf gleichberechtigt miteinander arbeiten werden. Ein Blick auf die Geschichte der Theologinnen macht jedoch deutlich, daß Hoffnung allein zur Beschreibung der gegenwärtigen Situation dieser Berufsgruppe nicht ausreicht. Gerade die Analyse der Theologinnengeschichte öffnet den Blick dafür, die Gegenwart kritisch zu reflektieren, die Barrieren deutlicher zu sehen, die eine gemeinsame Re-formation und Re-organisation des pastoralen Berufsfeldes verhindern.

Zeichnen wir zunächst diese Geschichte der Theologinnen nach, um dadurch die gegenwärtigen Problemfelder und Herausforderungen besser zu verstehen. In einer vereinfachten Sicht läßt sich die Geschichte der Theologinnen in fünf Phasen beschreiben und verstehen.[3]

Die Zulassung zur universitären Ausbildung[4]

Zunächst muß überhaupt die Zulassung von Frauen zur universitären Ausbildung erkämpft werden. Anders als in der ständischen wird in der industriellen Gesellschaft Bildung zum eigentlich entscheidenden Kriterium für gesellschaftliche Positionen. Nicht mehr die Abstammung durch Geburt begründet Privilegien, sondern die erworbene Bildung und Ausbildung[5] wird zum Schlüssel für den Zugang zu gesellschaftlichen Eliten und Machtpositionen, besonders für die bürgerliche Mittelklasse und gerade auch für die Frauen dieser Schicht. Bildung und berufliche Ausbildung bedeuten für sie die entscheidende Möglichkeit, mehr Gestaltungsfreiheit und Selbstbestimmung über ihr Leben zu bekommen.[6] Viele Verbote und diskriminierenden Vorurteile sind dabei zu überwinden, bis Frauen das Recht auf eine Universitätsausbildung zugestanden bekommen. Die misogynen Äußerungen vieler „gebildeter" Männer am Anfang der Jahrhundertwende machen deutlich, wie hoch die Barriere war, die Frauen zu überwinden hatten, wenn sie für sich selbst das Recht auf Bildung forderten. Was in Jahrhunderten weitergegeben und theologisch untermauert worden war an Aussagen über das „Wesen" der Frau, ihre schöpfungsgemäße alleinige Bezogenheit auf Hausarbeit und Kindererziehung, ihr völliges Aufgehen in dieser Rolle, wird gerade in dieser Zeit immer wieder „wissenschaftlich" untermauert.[7]

Die bürgerliche Frauenbewegung des 19. Jahrhunderts[8] ist deshalb in ihrer eigentlichen Stoßrichtung eine Frauenbildungsbewegung gewesen.[9] Der Einsatz lohnt sich: Um die Jahrhundertwende öffnen sich die Tore der Universität für Frauen. 1903 werden sie in Bayern erstmals zum Studium zugelassen, 1908 folgt Baden, schließlich die anderen deutschen Länder. Damit ist es auch möglich, Theologie zu studieren. Ab 1917 gibt es die ersten Theologiestudentinnen, mit Maria Heinsius[10] auch schon bald eine der ersten promovierten Theologinnen. Überraschend viele Frauen nutzen diesen neuen Freiraum und studieren Theologie.

Die „Gehilfin"

Was im Bereich der „bloßen" Bildung allerdings noch angehen mochte, wird nun in der Praxis problematisch. Was soll mit den theologisch gebildeten Frauen geschehen, welchen Platz im Leben der Kirche sollen sie schließlich einnehmen? Die Frage nach dem „Amt" der Theologin stellt sich. Wie auch für andere Studienzweige muß im Blick auf die anschließende Berufsausübung eine Lösung gefunden werden.

Aus gesellschaftlichen Veränderungen resultierende Fragen erfordern ebenfalls eine Antwort. Durch die fortschreitende Industrialisierung und die sich damit durchsetzende Trennung von Wohn- und Arbeitsbereich sind unverheiratete Töchter und Witwen gezwungen, für den eigenen Lebensunterhalt zu sorgen. Sie sind nicht mehr im Verband der Großfamilie mitversorgt. Auf der anderen Seite ist das soziale Elend unter den Arbeiterinnen und Dienstmädchen, die auf der Suche nach Arbeit vom Land in die Sadt kommen, groß. Isoliert und entwurzelt von ihren traditionellen Bezügen brauchen sie Hilfe. Für die Frauen der bürgerlichen Mittelschicht bieten die neu entstehenden sozialen Frauenberufe die Möglichkeit, beides miteinander zu verbinden: Selbsthilfe und Hilfe für andere Frauen in Not.[11] In den sozialen Berufsfeldern können sie, auch als unverheiratete oder alleinlebende Frauen, arbeiten, ohne mit dem herrschenden Frauenbild zu brechen. Nicht Emanzipation also und Gleichberechtigung der Frauen steht für die bürgerliche Frauenbewegung im Vordergrund, sondern Wohlfahrt, Armenpflege, die Verberuflichung weiblicher Tugenden[12]. H. Lange etwa vertrat das Konzept einer „organisierten Mütterlichkeit"[13]. Sie sah den Beitrag der Frau zum gesellschaftlichen Leben vor allem darin, den „Mutterberuf" über die Familie hinaus in bestimmten beruflichen Bereichen auch anderen zugute kommen zu lassen.

Von diesem Ansatz her wird verständlich, warum in dieser ersten Phase der beruflichen Integration gebildeter Frauen auch im Raum der Kirche zunächst an die Restformen der diakonischen Ämter angeknüpft wurde. Diakonissenanstalten und Mutterhäuser entstehen, die pflegerische und erzieherische Tätigkeiten von

Frauen, bisher Teilbereiche ihrer häuslichen Existenz, werden verberuflicht.[14] Die sozial-diakonischen Aufgaben werden als Herausforderung an die Frauen in der Kirche verstanden. Auch sie bleiben damit in den Dienst der Kirche eingebunden, haben die Möglichkeit einer außerhäuslichen Tätigkeit, ohne aus dem kirchlichen Frauenbild ausbrechen zu müssen. Ganz im Lager der bürgerlichen Frauenbewegung beheimatet, beschränken sie sich bewußt auf den „Dienst für die Kirche". Für sich selbst etwas zu fordern, Rechte einzuklagen, wird als mit dem christlichen Ethos unvereinbar von den Frauen selbst abgelehnt. Die Frauen innerhalb der evangelisch-konfessionellen Frauenbewegung möchten keine Frauenrechtlerinnen, sondern Dienerinnen der Kirche sein.[15]
Die Theologinnen greifen diese Gedanken zunächst einmal auf. Gerade die Unverheirateten unter ihnen sehen darin die Berechtigung, ihre „weibliche Seite", ihre „Mütterlichkeit" dem Ganzen der Kirche zugute kommen zu lassen. Gegenüber Angriffen von außen können sie damit die Rechtmäßigkeit ihres Wirkens begründen. Der Zwangszölibat, d.h. die Verpflichtung, während ihres Dienstes unverheiratet zu leben, wird von vielen Theologinnen selbst als sinnvoll, ja selbstverständlich übernommen, sehen sie es doch als ihre eigene Entscheidung an, nicht im „Stand" der Ehefrau, sondern im beruflichen Wirken ihre Mütterlichkeit zu leben. Diese Argumentationsstruktur findet sich über längere Zeit hinweg im Kampf der Theologinnen um kirchliche Anerkennung. „Selbstverwirklichung" ist als Ziel in sich suspekt, wird vermieden und durch „Hingabe an die kirchliche Sache" ersetzt. Es handelt sich insofern nur um eine relativ geringfügige Veränderung des allgemein üblichen Leitbildes der Frau, nämlich Dienerin und Gehilfin des Mannes in Ausübung seiner öffentlichen Aufgaben zu sein. Die Theologinnen hatten dieses Bild selbst so verinnerlicht, daß sie nichts anderes fordern wollten, vielleicht auch in ihrer realen Situation nichts anderes fordern konnten, ohne die überhaupt gegebenen Möglichkeiten damit aufs Spiel zu setzen.
In der Weimarer Zeit wird schließlich nicht nur der Zugang zur Universität, das Recht auf Bildung, sondern auch das Wahlrecht der Frauen erreicht. Die Evangelische Kirche folgt dem „Trend". Nach der Trennung von Kirche und Staat gibt sie sich eine neue Verfassung. In ihr wird entsprechend den staatlichen Bestimmungen auch das aktive und passive Wahlrecht der Frauen festgeschrieben. Allerdings gibt es eine gewichtige Ausnahme: die Berufung oder Wahl von Frauen in das Pfarramt ist trotz der vorhandenen theologisch gebildeten Frauen nicht vorgesehen! „Weibliches Geschlecht" als Ausschlußkriterium für einen bestimmten, nämlich den pastoralen Beruf wird explizit festgehalten und gesetzlich verankert!
Im Gegensatz zu Laienfrauen werden Theologinnen also weiter diskriminiert. Ihr Anliegen der kirchlichen Anerkennung wird erst da aufgenommen, als die bisher gängigen Ausschlußmechanismen nicht mehr greifen. Gesellschaftliche Notzeiten ermöglichen ihnen als Minderheit einen gewissen „Aufstieg", eine minimale berufliche Perspektive.[16] Damit wird deutlich, was bis heute für den beruflichen Weg von Frauen gilt: Es ist, neben der Frage der inneren Leitbilder, immer auch der ökonomische Faktor, der marktwirtschaftliche Mechanismus zwischen Ange-

bot und Nachfrage, der den Zugang von Frauen zu bestimmten Professionen erleichtert oder hemmt. „Ist die Nachfrage nach akademisch gebildeteten Personen groß, sind die männlichen Führungsschichten eher bereit, das weibliche Geschlecht zuzulassen. Handelt es sich um überfüllte Karrieren, ist die Abschottung gegenüber den Frauen nahezu undurchdringlich."[17]

So gesehen ist es der Pfarrermangel während des Ersten Weltkriegs, der für diese Berufsgruppe zur beruflichen Aufstiegschance wird! Theologinnen werden allen Vorbehalten zum Trotz in den kirchlichen Dienst übernommen. Ihre Zahl wächst rasch an.[18] 1925 schon schließen sich siebzig der etwa hundert Theologinnen zum „Verband evangelischer Theologinnen Deutschlands" zusammen. Aber auch hier kehrt die bekannte Argumentation wieder. In ihrer Satzung betonen die Theologinnen, daß sie ihren berufsständischen Kampf nicht aus Gründen der individuellen Selbstentfaltung führen, sondern um bestehenden Notständen wirksam begegnen zu können. Im Nachweis der allgemeinen Bedürfnisse, des Gebrauchtwerdens durch die Gemeinde, legitimieren sie ihre pastorale Berufstätigkeit.[19]

Die Praxis selbst überholt allerdings die theologischen Vorbehalte, korrigiert sie und ermöglicht ein Überdenken alter Positionen, gerade auch bei den betroffenen Theologinnen. Es ist die Erfahrung gelingender pastoraler Arbeit, die verändernd wirkt. Frauen erfahren sich als fähig, die ihnen übertragenen Aufgaben zu erfüllen. Dies bedeutet gegenüber der bisher nur theoretisch-theologisch geführten Auseinandersetzung einen qualitativen Zuwachs an Erfahrung, der fortan eine andere Ebene des Strebens nach Gleichberechtigung ermöglicht.[20] Diese Erfahrung sensibilisiert die ersten Frauen im pastoralen Berufsfeld allerdings auch im Blick auf die Mißstände in ihrer beruflichen Verwendung. Sie müssen feststellen, daß ihnen nur abhängige, unselbständige Arbeiten übertragen werden, die zudem oft keinerlei theologische Qualifikation voraussetzen. Im Gegensatz zu den im Deutschen Evangelischen Frauenbund organisierten Laiinnen ist es für die Theologinnen eine existentielle Frage, inwieweit gerade ihre theologische Qualifikation gefragt und adäquat in der Gemeinde eingesetzt wird. Sie beginnen nun konsequent die Anerkennung ihrer theologischen Kompetenz durch die zuständigen kirchlichen Gremien zu fordern.

Der 1925 gegründete Verband stellt sich ausdrücklich die Aufgabe, „alle Studierenden und Kandidatinnen der Theologie zur Vertretung ihrer gemeinsamen Interessen und zur Förderung der theologisch-kirchlichen Arbeit der Frau zusammenzuschließen"[21]. Eigentümlich bleibt allerdings nach wie vor, daß diese Avantgarde der Theologinnen, sich der eigenen Möglichkeiten und Begabungen bewußt werdend, diese sofort auch wieder zurücknimmt und daraus keine konkreten politischen Forderungen entwickelt. „In der ineinander verflochtenen Zweispurigkeit der Argumentation, vom Dienst an der Kirche und Gemeinde und vom Anspruch eigenverantwortlicher Tätigkeitsentfaltung her, scheint der Schlüssel zur Erhellung des Selbstverständnisses der Theologinnen und dessen Wandels zu liegen"[22]. Zehn Jahre nach Gründung des Verbandes umfaßt dieser schon zweihundertfünfzig Mitglieder, wird als Plattform der Kommunikation untereinander, aber auch als Möglichkeit der Reflexion der eigenen Praxis genutzt.[23]

Die Theologin als „Die Andere" – Das Amt „sui generis"[24]

Die Qualifizierung des weiblichen Geschlechts als des per definitionem „anderen" hat eine lange Tradition innerhalb patriarchaler Geschlechterbestimmung.[25] Dabei wird der männliche Sozialcharakter als definitorischer Ausgangspunkt verstanden. Als Kontrast dazu wird das Bild „der Frau", des „Weiblichen" entworfen. Ist der Mann rational, intellektuell, sachlich orientiert, so lebt die Frau auf der Ebene der Gefühle, der Beziehungen. Sie wird definiert über die Welt des Triebhaften, Dunklen, ist stärker dem Bereich der Natur, der niederen Antriebe zugeordnet als dem Bereich des Geistes, des Lichten, des Rationalen. Diese Entgegensetzung ist nun allerdings keine paritätische, beschreibt nicht etwa verschiedene Bereiche der gleichen Ebene, sondern ist hierarchisch geordnet. Es gibt ein Oben – Unten in der Gegenüberstellung von Geist – Natur, Wille – Gefühl, Intellekt – Leiblichkeit. In dieser Hierarchie wird der Frau der minderwertige Status zugewiesen. Im Gegensatz dazu, sozusagen als ideale Entschädigung, wird die Frau auf der Ebene der Leitbilder idealisiert. Gegenüber dem „schmutzigen Geschäft" der Politik, der öffentlichen Verantwortung und Entscheidung hat sie das „reine Feld der Liebe" zu hüten. Die Frau wird damit jedoch in den Bereich des Privaten und das heißt des gesellschaftlich und politisch Belanglosen verbannt.

Es ist dies eine die gesamte Gesellschaft durchziehende Entwertung und gleichzeitige Idealisierung des Weiblichen, die nun gerade in der Kirche eine lange theologische Tradition besitzt. Insofern Männer für sich die wissenschaftliche, theologische Definitionsmacht beanspruchen, setzen sie Normen, Axiome, beschreiben sie Wirklichkeit, deuten Texte und formulieren theologische Lehrsätze, die von ihrer männlichen Perspektive geprägt sind. Dies als Ausgangspunkt jeder Auseinandersetzung genommen, muß die Frau, die aus dem theologischen Diskurs Ausgeschlossene, zwangsläufig als „Die Andere" erscheinen. Auch die Theologinnen bleiben von dieser ambivalenten Tradition nicht unbeeinflußt, übernehmen sie unbewußt. Von daher ist es zu verstehen, wenn der Verband der Theologinnen beschließt, zunächst nicht das traditionelle Pfarramt anzustreben, sondern ein „Amt sui generis", ein besonderes Amt für die Frau zu fordern. Dies wird mit der „natürlichen Berufung der Frau zum Dienst" begründet. „Unsere Arbeit soll sein ein Dienst an der Gemeinde, der auf dem Wege der Arbeitsteilung das Pfarramt entlastet durch Schaffung eines neuen Amtes."[26] Wie umstritten die Frage nach Sinn und Berechtigung eines frauenspezifischen Amtes jedoch unter den Theologinnen ist, zeigt die Tatsache, daß zwar 1928 dieser Passus der Begründung eines „Amtes sui generis" wieder aufgehoben wird, zugleich jedoch betont wird: „Da die Theologin schlechterdings nicht berechtigt ist, das Pfarramt von sich aus und für sich zu beanspruchen, so kann sie nur ihren Dienst der Kirche anbieten. Sollte dieser Dienst aus innerem Bedürfnis der Gemeinde zu dem sogenannten Pfarramt führen, so werden wir uns nicht sträuben dürfen."[27]

Dies zeigt einmal mehr, wie schwer es den Theologinnen dieser Generation noch immer fällt, ihre Gleichstellung mit den männlichen Kollegen zu fordern. Diese Theologinnen müssen den Kampf gegen die Einschränkungen des traditionellen

Frauenbildes stellvertretend für andere Frauen in der Kirche zunächst einmal in sich selbst ausfechten.[28]

Das von vielen Theologinnen zunächst begrüßte „Amt sui generis", das einen eigenen „weiblichen Weg" innerhalb der pastoralen Praxis ermöglichen sollte, wird in der Folgezeit als eine Sackgasse erkannt, diente es doch in der Praxis dazu, Frauen auf völlig unattraktive, abhängige Arbeitsgebiete abzudrängen. 1930 treten deshalb sieben Theologinnen aus dem „Verband" aus und gründen die „Vereinigung evangelischer Theologinnen". Diese setzt sich im Gegensatz zum Verband zum Ziel, „das volle Pfarramt für die Theologinnen zu erreichen"[29]. Einen ersten Schritt bedeutet es, die „amtliche" Bestätigung ihres gegenwärtigen Status zu bekommen.[30]

Der Pfarrermangel während des Zweiten Weltkriegs verstärkt diese Forderungen. Wieder sehen sich die Kirchenleitungen gezwungen, Theologinnen mit der selbständigen und verantwortlichen Leitung von Kirchengemeinden zu beauftragen.[31] Wieder entfalten die in den zugewiesenen kirchlichen Praxisfeldern gemachten Erfahrungen ihre eigene Dynamik, erweist sich die Praxis „als Schrittmacherin der theologischen Entwicklung"[32]. Um so weniger ist es für diese Pfarrerinnen, die unter schwierigsten Bedingungen Dienst in der Gemeinde getan hatten, einsichtig, daß sie nach Kriegsende, mit der Heimkehr der Pfarrer „von der Front", nun wieder von der eigentlichen Gemeindearbeit zurücktreten sollen. Plötzlich werden wieder die alten theologischen Vorbehalte gegen den Einsatz von Frauen im Amt der Verkündigung und Gemeindeleitung ins Feld geführt. Der zweckrationale Einsatz theologischer Argumente wird auch den gutgläubigsten Theologinnen verdächtig. Sie versuchen sich dadurch zu helfen, daß sie die Situation des „Mangels", der zu ihrem praktischen Diensteinsatz geführt hatte, umfassender definieren. Auch über die aktuelle Kriegssituation hinaus bestehe ein „Mangel der Kirche aufgrund der zunehmenden Säkularisation", so daß die Kirche auch in der gegenwärtigen Situation nicht auf den Dienst der Theologinnen verzichten könne. „Wir ... meinen, daß wir in einer ganz anderen Notzeit leben, nämlich dem Zeitalter der völligen Säkularisation, in der die Kirche eine Fülle neuer missionarischer Kräfte auch innerhalb des geistlichen Amtes in den Dienst stellen müßte. Als ein solcher Dienst hat sich auch das Vikarinnenamt ausgeformt und bewährt."[33] Nach langen Kämpfen und Schriftwechseln mit der Kirchenleitung wird endlich die Tätigkeit der „Pfarramtshelferinnen" als eine geistliche anerkannt. Sie werden fortan als „Vikarinnen" bezeichnet. Die Beauftragung mit Sakramentsverwaltung ist vorgesehen, allerdings eingeschränkt auf den jeweiligen Dienstbereich. Nun können auch Stellen für Theologinnen in den Gemeinden, und nicht wie bisher nur in Anstalten, errichtet werden. Allerdings bleiben sie gerade in diesen Bereichen nach wie vor den Pfarrern unter- bzw. nachgeordnet, werden als Zuarbeiterinnen eingesetzt. „Ihren besonderen Gaben wie auch den schöpfungsmäßigen Unterschieden von Mann und Frau" wird Rechnung getragen in der Weise, daß die Pfarrvikarin zwar ordiniert wird. Aber ebenso, wie sie einen besonderen Tätigkeitsbereich vorgeschrieben bekommt, so ist sie auch nur „im Rahmen ihres Dienstes zur Wortverkündigung, Sakramentsverwaltung und Amtshandlungen befugt"[34]. Immer noch gilt auch die sog. „Zölibatsklausel". Sie beinhaltet die Anweisung, daß im Fall der Heirat die Möglichkeit einer kirchlichen Anstellung nicht mehr besteht.[35]

Die Theologin als gleichberechtigte Partnerin?

Eine wichtige Argumentationshilfe erwächst den Theologinnen durch die historisch-kritische Bibelauslegung. Hier war in mühevoller Kleinarbeit und einem widerständigen Rezeptionsprozeß deutlich geworden, daß die angenommene Herrschaftsstruktur in der Beziehung zwischen Mann und Frau, Pfarrer und Gemeinde nicht den zentralen biblischen Texten entspricht. „Apostelamt" und „Bischofsamt" sind im Neuen Testament nicht so eindeutig definiert, wie es die spätere Kirchenlehre wahrhaben will. Das protestantische „Pfarramt" wird in seiner historischen Entstehung und möglichen Veränderbarkeit neu gesehen und diskutiert. Dies erleichtert die theologische Begründung der gleichberechtigten Teilhabe von Frauen am Pfarramt. In einer intensiven Überzeugungsarbeit werden die Synoden in den einzelnen Landeskirchen dafür gewonnen, die Theologinnen den männlichen Kollegen gleichzustellen.[36] Endlich können sie die Amtsbezeichnung „Pfarrerin" oder „Pastorin" führen, dieselbe Amtstracht tragen, werden sie gleich besoldet. Auch die Zölibatsklausel fällt in den meisten Landeskirchen weg bzw. wird durch differenziertere Regelungen ersetzt, wobei sich die lutherischen Landeskirchen mit der Umsetzung der Gleichstellung deutlich schwerer tun als etwa die unierten. Für das Selbstverständnis und den Zusammenschluß der Theologinnen bedeutet dieser Übergang eine kritische Phase. Die Notwendigkeit einer eigenständigen Organisation wird vielerorts nicht mehr gesehen. Der „Verband Evangelischer Theologinnen Deutschlands" löst sich 1960 auf und wird als ein loser Zusammenschluß, als Konvent von Arbeitsgemeinschaften innerhalb der Landeskirchen, neu konstituiert. Verständlich wird dies auf dem Hintergrund des Bestrebens, der als Sackgasse erkannten weiblichen Spezifizierung des Amtes zu entgehen und sich auf die Erreichung der völligen rechtlichen Gleichstellung zu konzentrieren. Die Pfarrerinnen selbst verschaffen sich im pastoralen Beruf schnell Respekt und Anerkennung. Innerhalb der bayrischen Landeskirche wird die Frauenordination allerdings nur unter einem Vorbehalt eingeführt, der es Pfarrern und dem Kirchenvorstand der jeweiligen Kirchengemeinde erlaubt, ihr Veto gegen die Besetzung einer Pfarrstelle mit einer Frau einzulegen.[37]

Gegenüber diesen Überbleibseln patriarchaler Arroganz sind die weiterdrängenden Probleme unübersehbar und verlangen nach einer gründlichen Bearbeitung und Auseinandersetzung. Ist etwa mit der errungenen Öffnung des Pfarramts für Frauen die Möglichkeit einer tatsächlichen und gerechten Partizipation gegeben? Ein kurzer Blick auf die gegenwärtige Situation läßt hier vorsichtig werden.

2. Pfarrerinnen als Minderheit

Schon die statistische Verteilung der Theologinnen nach Ausbildungsphasen und Arbeitsplatz nämlich läßt vermuten, daß die optimistische Annahme einer kontinuierlichen Zunahme der Zahl der Pfarrerinnen fehlgeht. Zwar hat sich die Zahl der Theologiestudentinnen in den letzten Jahren erhöht. Mittlerweile gibt es fast 45% weibliche Theologiestudierende im Bereich der EKD.[38] Auch die Gruppe der Pfarrerinnen auf Probe hat im Vergleich zu den verbeamteten Pfarrerinnen eine Steigerung aufzuweisen. Demgegenüber stellen die Pfarrerinnen im Gemeindedienst jedoch nach wie vor eine verschwindende Minderheit dar.[39] Der statistisch ausgewiesene Anteil an der gesamten Pfarrerschaft beträgt nicht mehr als ca. 13%. Allerdings hat wieder nur ein Bruchteil dieser Minderheit selbständig und vollzeitlich ein Pfarramt inne. Eine nicht unwesentliche Zahl der im kirchlichen Dienst tätigen Theologinnen arbeitet mit dem Partner, der ebenfalls Pfarrer ist, als sog. „Ehepaar auf einer Stelle"[40], andere wiederum sind im Teildienst beschäftigt und versuchen auf diese Weise, Familie und Beruf miteinander zu verbinden.[41] Auch die neugeschaffenen Möglichkeiten längerfristiger Beurlaubung werden hauptsächlich von Pfarrerinnen, aber nur in verschwindend geringer Zahl von ihren männlichen Kollegen in Anspruch genommen.[42] Auffallend ist der Befund, daß viele der Pfarrerinnen, die eine Pfarrstelle innehaben, unverheiratet bleiben bzw. in einer Partnerschaft ohne Kinder leben.

Trotz der immerhin nun schon siebzigjährigen Geschichte der Theologinnen und ihrer mehr als zwanzigjährigen offiziellen Zulassung zum Pfarramt wird demnach deutlich, wie sehr Frauen in diesem Beruf noch eine Minderheit sind, wie sie als Frauen noch immer in einem „Männerberuf" arbeiten.[43] Dies ist ganz offensichtlich nicht durch mangelnde Eignung, Qualifikation und Durchsetzungsvermögen zu begründen. Es sind vielmehr überindividuelle Ausschlußmechanismen zu vermuten, die diese Minderheitensituation ständig neu reproduzieren. Wie werden diese in der pastoraltheologischen Reflexion analysiert? Werden sie überhaupt gesehen?

3. Die „Unsichtbarkeit"[44] der Pfarrerin in der pastoraltheologischen Literatur

Diese spezifische Problematik, die sich in der Minderheitensituation der Pfarrerinnen vermuten läßt, wird innerhalb pastoraltheologischer Literatur nicht wahrgenommen. Ihre Minderheitensituation verstärkt sich, insofern sie innerhalb der pastoraltheologischen Literatur nur marginal vorkommen. Es drängt sich bei Durchsicht der vorliegenden Arbeiten sogar der Eindruck auf, als sei die Existenz der Pfarrerin pastoraltheologisch noch überhaupt nicht bemerkt worden.[45] M. Josuttis erwähnt im zweiten Teil seiner zweibändigen Pastoraltheologie zwar die „Amtsschwester", beschreibt sie allerdings vorrangig unter dem Aspekt der Irritation, die sie bei Amtsbrüdern, in Pfarrkapiteln und bei Vorgesetzten auslöse. Dies kann jedenfalls noch nicht als achtsame Reflexion der anstehenden Veränderungen gewertet werden. Ebensowenig finden die Theologiestudentinnen als solche in den bisher vorliegenden empirischen Befragungen zur Situation von Theologiestudierenden eigenständige Beachtung.[46]

Frauen sind, so verstärkt sich der Eindruck, auch innerhalb theologischer Forschung ein „blinder Fleck", eine Gruppe von Menschen, deren Spezifika nicht untersuchungsrelevant zu sein scheinen.[47] So verweist etwa eine erst kürzlich erschienene wirtschaftswissenschaftliche Untersuchung über „Mobilität und Raumbewußtsein"[48] nur marginal auf die Tatsache, daß es innerhalb der befragten Pfarrerschaft auch Pfarrerinnen gibt. Frauen finden sich überhaupt nur in der Kategorie des möglichen Hindernisses beruflicher Mobilität. Gerade bei der Gruppe der „Pfarrer im Sonderdienst" fällt die Nichterwähnung der Pfarrerinnen besonders auf, da sie im spezifisch seelsorgerlichen Bereich zahlenmäßig häufig vertreten sind. Es werden jedoch ausschließlich Bereiche wie z.B. Militärseelsorge, Dienst in Justizvollzugsanstalten und Bundesgrenzschutz, also typisch männliche Seelsorgebereiche, untersucht.

Das Bild verändert sich, wenn Pfarrerinnen selbst zu Wort kommen. In den letzten Jahrzehnten gibt es neben den von Männern verfaßten „klassischen" Pastoraltheologien, die auf einer wissenschaftlichen Ebene pastorales Tun reflektieren, eine schmale, aber deutliche Linie pastoraltheologischer Literatur, die von Theologinnen selbst stammt. Ziel ist, sich Rechenschaft über die eigene Situation und Arbeit zu geben und darüber mit anderen ins Gespräch zu kommen. Es sind dies in der ersten Phase weitgehend Selbstzeugnisse biographischer Natur. H. Frisch etwa schreibt in ihrem Tagebuch aus der Perspektive einer der allerersten „Pionierinnen", entdeckt die Vorzüge, verschweigt aber auch nicht die Probleme der Situation einer unverheirateten Pfarrerin inmitten vielfältiger Erwartungen der Gemeinde.[49] M. Flesch-Thebesius und G. Caprez-Roffler berichten in ähnlicher Weise von ihrer verschlungenen und bewegten Lebens- und Berufsgeschichte.[50]

Eine ganze Reihe von Arbeiten beschäftigt sich mit der Geschichte der Theologin und versucht, die sich daraus ergebenden Konsequenzen für die heutige Situation der Pfarrerin zu ziehen.[51] Zuletzt ist eine Anzahl empirischer Arbeiten zu nennen, die die gegenwärtige Situation von Pfarrerinnen unter verschiedenen Forschungsansätzen analysieren.[52] In Aufsätzen und aktuellen Schriften ebnen Theologinnen zugleich auch die exegetischen und systematisch-theologischen Wege für ihre Akzeptanz.[53] Die erste gründliche Auseinandersetzung im deutschsprachigen Raum mit der durch die Partizipation von Frauen am Pfarramt veränderten Situation liegt mit der Dissertation von U. Wagner-Rau vor.[54] Die Kieler Praktische Theologin versucht aufzuzeigen, wie sich die Konstitution der Identität von Pfarrerinnen im Verlauf ihrer „Eroberung" des Pfarramts, zwischen „Vaterwelt" und der Rückbesinnung auf eine ganzheitliche Sicht ihres Frauseins, vollzieht. Vom tiefenpsychologischen Ansatz aus fragt sie nach den Konsequenzen für das Selbst-, Gottes- und Gemeindebild der Pfarrerinnen. Allerdings geht die Autorin in ihrer Arbeit von der stillschweigenden Annahme der zahlenmäßigen Selbstdurchsetzung der Frauen im pastoralen Beruf aus, einer These, der wir aufgrund unserer Überlegungen und Erhebungen nicht folgen können. Wagner-Rau geht es, von ihrem Ansatz her verständlich, um die innerpsychischen Prozesse und Konsequenzen für die Pfarrerinnen selbst und die Veränderungen, die diese Wahrnehmung für Theologie und Pastoralpsychologie mit sich bringt. Es verwundert deshalb auch nicht, wenn die von Wagner-Rau angedeuteten kirchenpolitischen Konsequenzen aufgesetzt wirken. Sie ergeben sich nicht logisch aus ihrem Ansatz. Gerade hier erscheint eine Untersuchung der gleichen Zielgruppe unter einem sozialpsychologischen Ansatz weiterführend, die sich vornehmlich der Frage der strukturell wirksamen Ausschlußmechanismen widmet und deren Konsequenzen auf das Selbstbild und die pastorale Arbeit von Frauen untersucht. Für den Bereich der kirchenpolitischen und kirchenreformerischen Konsequenzen sind von hier aus die stärkeren Impulse zu erwarten.

4. Die geschlechtsspezifische Arbeitsteilung und die Situation von Pfarrerinnen

Lassen sich diese Ausschlußmechanismen, die offensichtlich Frauen stärker treffen als Männer, näher beschreiben und theoretisch fassen?
Anfang der achtziger Jahre wurde innerhalb der sozialpsychologischen Forschung ein theoretisches Modell entwickelt und vorgestellt, das geeignet erscheint, dieses Problemfeld näher in den Blick zu bekommen. Schon der Ausgangspunkt, von dem aus dieses theoretische Konstrukt entwickelt wurde, deckt sich mit unserer Fragestellung. Es war dies die Beobachtung, daß Frauen trotz kontinuierlicher Verbesserung der Bildungschancen weiterhin im beruflichen Sektor benachteiligt werden. E. Beck-Gernsheim, die mit anderen zusammen[55] dieses theoretische Begriffsinstrumentarium entwickelt hat, zählt eine Reihe von Beobachtungen auf, die sie zur Entwicklung der Theorie der geschlechtsspezifischen Arbeitsteilung bewogen hat. Demnach sind Frauen immer noch überwiegend in den unteren Rängen der betrieblichen Hierarchie zu finden. Sie verdienen trotz gleicher Ausbildung und vergleichbarer Berufspositionen im Durchschnitt weniger als Männer. Sie konzentrieren sich in ihrer Berufswahl auf wenige ‚weibliche' Berufsfelder, die entsprechend niedriger eingestuft werden im Blick auf Status und Einkommen. Frauen sind und bleiben häufiger und länger arbeitslos als Männer. In Phasen hoher Arbeitslosigkeit liegt die Quote der arbeitslosen Frauen erheblich höher als die der Männer. Für Mädchen ist es in Zeiten des Lehrstellenmangels problematischer als für Jungen, einen Ausbildungsplatz zu bekommen. Frauen in den oberen Positionen sind in der Regel nicht verheiratet, oder wenn, haben sie keine Kinder.[56]
Der sozialpsychologische Erklärungsansatz des „geschlechtsspezifischen Arbeitsmarktes" versucht, für diese empirisch aufweisbaren Ungleichverhältnisse konsistente Erklärungszusammenhänge zu geben. Grundlegend ist dabei die Definition von Berufsarbeit und Hausarbeit als voneinander getrennter, sich aber wechselseitig bedingender und gesellschaftlich notwendiger Formen von Arbeit. Aufgrund geschlechtsspezifisch unterschiedlicher Sozialisation[57] wachsen Jungen und Mädchen in jeweils verschiedene Arbeitsbereiche hinein. Frauen werden qua weiblicher Sozialisation überwiegend für den familialen Bereich, Männer für den beruflichen Bereich vorbereitet.[58] Beiden Bereichen, dem außerhäuslich-beruflichen und dem privaten, häuslichen Bereich entsprechen also charakteristische Anforderungen und subjektive Dispositionen, die als sog. „Arbeitsvermögen"[59] durch Sozialisation vermittelt werden. Der berufliche Bereich, der überwiegend dem „männlichen Arbeitsvermögen" zugeordnet wird, ist dabei höher

angesehen als der familiale Bereich der Kindererziehung und Hausarbeit. Da er der „privaten" Sphäre zugehört, wird er als weniger wichtig bewertet, bleibt gesellschaftlich „unsichtbar". Dabei können für unsere Untersuchung die aus verschiedenen Konzept- und Lebensbereichen stammenden Begriffe wie „Arbeitsvermögen", „Leitbilder", „Geschlechtsrollen"[60] wechselweise gebraucht werden. Die bestehenden Unterschiede sind für unsere Zielsetzung vernachlässigbar.

Was wird nun im einzelnen unter dem „weiblichen Arbeitsvermögen" als einer Disposition, die Frauen aufgrund ihrer gesellschaftlich festgelegten Zuordnung zum Bereich der Hausarbeit mitbringen, verstanden? „Unter dem Einfluß der von Generation zu Generation vererbten Zuordnung zum familiären Innenbereich und seinen Aufgaben bilden Frauen Bedürfnisse, Eigenschaften und Fähigkeiten aus, die sie mehr für die Familie und weniger für die Erwerbskonkurrenz qualifizieren: Bereitschaft zur Einfügung und emotionalen Abhängigkeit, Fürsorgeneigungen und Tugenden des Gefühls."[61] Es ist charakterisiert durch affektive Werte, durch die Fähigkeit zum Kompromiß, ist zuständig für Beziehungspflege. Orientiert an der Erziehung von Kindern steht die Sorge für andere im Mittelpunkt. Das Zurückstellen der eigenen Interessen, die Fähigkeit, Verschiedenes zu verbinden, gehören dazu, ebenso wie ein Zeitbegriff, der nicht nach Stunden abrechnet, sondern mit Zeit bedürfnisorientiert umgeht. Freizeit, als eine von ‚Arbeit' im beruflichen Sinn freie Zeit, gibt es ebensowenig wie eine finanzielle Entlohnung.[62] Vielmehr gehören diese Aufgaben, gehört das ‚weibliche Arbeitsvermögen' dem privaten Bereich an, wird aus diesem Grund auch nicht gesellschaftlich honoriert, d.h. nicht entlohnt. Unter dem sog. „weiblichen Arbeitsvermögen" versteht Beck-Gernsheim deshalb „die Besonderheiten des für Frauen typischen Arbeitsvermögens ... das heißt die je spezifischen Dispositionen, Orientierungen, Wertmaßstäbe und Interessen, Fähigkeiten und Unfähigkeiten, die das weibliche Arbeitsvermögen charakterisieren ..."[63], die als Ergebnis weiblicher Sozialisation für die Gesellschaft offenbar einen bestimmten Nutzen haben.

Im Gegensatz zur familialen Arbeit, die stark vom Wert der Verbundenheit geprägt ist, wird Berufsarbeit von Beck-Gernsheim und andern[64] unter den Bedingungen der Warenproduktion verstanden. In der industriellen, arbeitsteiligen Gesellschaft fallen Wohnort und Arbeitsstelle auseinander, das eigene Arbeits- und Leistungsvermögen wird nicht mehr direkt in der Gewinnung von Lebensmitteln eingesetzt, der Lebensunterhalt wird in beruflicher Form erwirtschaftet. Die in dieser Weise Berufstätigen erhalten dafür eine materielle Gegenleistung. Berufsarbeit hat in dieser Sichtweise zwei teilweise unvereinbare Zwecke: zum einen die individuelle Existenzsicherung, zum anderen die gesellschaftliche Ausrichtung auf Bedürfnisse anderer Personen, die damit befriedigt werden sollen. Nur so, in der Verbindung beider Interessen, kommt ein ‚Tausch' zustande, ist Arbeit in der modernen Form beruflicher Arbeit und Entlohnung möglich, was sich in der Festschreibung von Arbeitsplätzen dokumentiert. Je komplexer die Struktur der Gesellschaft, je arbeitsteiliger und spezialisierter die Arbeitsprozesse werden, um so abstrakter müssen dabei die Beziehungen der einzelnen zu ihrer konkreten Arbeit werden. Um so mehr wiegt die materielle Entlohnung bzw. das Prestige, das mit einer bestimmten beruflichen Position verbunden ist, diese Abstraktion auf. Konkurrenz, Kampf um Status und Prestige, Absehen vom eigentlichen Arbeitsprodukt ist notwendige Folge. Es gehört demnach zum sog. „männlichen Arbeitsvermögen", das auf den beruflichen Bereich ausgerichtet ist, daß es Eigenschaften wie etwa Durchsetzungsfähigkeit, Härte sich selbst und anderen gegenüber und die Fähigkeit zur Abstraktion in den Arbeitsvollzügen vermittelt. Dies wird gesellschaftlich honoriert und entlohnt. Zeit ist in diesem System Geld, wird berechnet und eingebracht. Konkurrenz zwischen verschiedenen Anbietern von Arbeitskraft beherrscht den „Arbeitsmarkt".

Alle anderen Werte und Fähigkeiten, auf die auch außerhäuslich Berufstätige nicht verzichten können, wie etwa gut funktionierende Beziehungen, ein häusliches Klima, in dem sie sich regenerieren können, wird an die „unsichtbar zuarbeitende" zweite Person delegiert. Erst durch diese Hintergrundsarbeit ist berufliche Arbeit in der modernen Gesellschaft möglich.[65]

Nicht die Tatsache also der Existenz zweier solcher Bereiche, wohl aber ihre grundsätzliche und bisher fast ausschließliche Aufteilung auf die Geschlechter ist deshalb zu kritisieren. „Unter den gegenwärtigen Bedingungen aber sind Männer wie Frauen Benachteiligte in einem auf permanente Überforderung zugeschnittenen System von Anderthalb-Personen-Berufen: Männer, weil sie, unter ständigen Karrierezwängen stehend, die nicht-beruflichen Lebensbereiche vernachlässigen müssen; Frauen, weil sie, sich den nicht-beruflichen Lebensbereichen widmend, berufliche Unterbewertung und Unterbezahlung dafür in Kauf nehmen müssen."[66]

Insofern nun der Bereich der Reproduktion, der Regeneration für berufliche Arbeit unbedingt notwendig und ohne eine solche Delegation von Hintergrundsarbeit eine „volle" Berufsausübung nicht möglich ist, wird die gesellschaftliche Bedeutung der bisher „unsichtbaren" Haus- und Familienarbeit verständlich. Es ist das Verdienst von Beck-Gernsheim und der diese These weiter ausdifferenzierenden Forschungsrichtung, unmißverständlich und deutlich diesen Zusammenhang herausgearbeitet zu haben. Der „Anderthalb-Personen-Arbeitsplatz" in der modernen arbeitsteiligen Industriegesellschaft funktioniert nur deshalb, weil aufgrund ihrer spezifisch ‚weiblichen' Sozialisation Frauen bereit sind, die unsichtbare Hälfte der Reproduktionsaufgaben zu übernehmen.

Die geschlechtsspezifische Sozialisation erfolgt dabei nicht bloß aus ideellen, sondern auch aus ökonomischen Beweggründen.[67] Es geht um die Erfüllung gesellschaftlich notwendiger Arbeit. Die Besonderheit des „weiblichen Arbeitsvermögens" liegt ja gerade darin, daß es seine Inhalte aus dem Konflikt zwischen den Anforderungen der Berufsarbeit und denen der notwendigen Reproduktionsarbeit gewinnt, sozusagen die programmierte Pufferfunktion übernimmt, damit das arbeitsteilige System funktionieren kann. Durch Hinzunahme dieser ökonomischen Kategorie wird „Sozialisation" damit aus dem bisher enggeführten familialen oder höchstens bildungspolitischen Kontext[68] in einen umfassenderen gesellschaftlichen hineingestellt. Eine in dieser doppelten Intention verstandene geschlechtsspezifische Sozialisation bindet beide Zielsetzungen zusammen: die ökonomisch-gesellschaftliche Nutzung von Fähigkeiten und die Herausbildung spezifischer Fähigkeiten eines einzelnen Individuums. „Geschlechtsspezifische

Sozialisationsbedingungen, die von differierenden (einmal beruflichen, einmal familiär-reproduktionsbezogenen) Arbeitserfahrungen und -anforderungen geprägt sind, setzen sich um in tief verankerte Persönlichkeitsstrukturen, in ‚männliche' versus ‚weibliche' Lebenspläne und -wege, Fähigkeiten und Unfähigkeiten, Eignungen und Neigungen, biographische Zwänge und Ziele. Sie ermöglichen und verstärken damit wiederum die geschlechtsspezifische Arbeitsteilung, die Herausbildung und Gegenüberstellung von beruflichen und reproduktionsbezogenen Tätigkeiten."[69] Damit aber ermöglichen sie allererst die bestehende Arbeitsteilung zwischen beruflicher und familiär-reproduktionsbezogener Arbeit.
Berufstätige Frauen haben nun Teil an beiden Bereichen. Sie können die durch langjährige Sozialisation und gesellschaftliche Sanktionierung erworbenen Dispositionen nicht einfach abschütteln. Doch wird nun, was im Bereich der familialen Arbeit eine Tugend, eine unverzichtbare Fähigkeit war, zum aufstiegshemmenden „Mangel". So kann etwa die Orientierung an Beziehungen, an Personen, zu einem Defizit an Durchsetzungsfähigkeit werden, zu einem Vermeiden von Konkurrenzsituationen, das für das berufliche Fortkommen nicht förderlich ist. Es bedarf einer Umorientierung der durch weibliche Sozialisation internalisierten Werte, um sich als Frau z.B. in Leitungspositionen durchsetzen zu können.
Es ist daher verständlich, wenn Frauen, insofern sie in unserer Gesellschaft „zuständig" und durch ihre Sozialisation dafür trainiert sind, spätere Familienaufgaben zu übernehmen, diese Aufgaben auch subjektiv als naheliegende Berufsmöglichkeiten ergreifen. Sicher gehört es zum gegenwärtigen Standard, daß junge Mädchen eine „anständige" Berufsausbildung bekommen. Im Vorgriff auf mögliche Mutterschaft werden allerdings den meisten von ihnen nur solche Positionen angeboten, bzw. von ihnen selbst unter diesem Aspekt ausgewählt, daß eine mögliche spätere Vereinbarkeit von Familie und Beruf realistisch ist.[70] Dies bedeutet jedoch den Verzicht auf längerdauernde Ausbildungsgänge, auf eine langfristige Berufsplanung. Auf der anderen Seite werden Frauen im Blick auf potentielle Mutterschaft auch weniger ermutigt, ungewöhnliche Ausbildungszweige zu „erobern", sich in ungewohnten Berufsfeldern zu erproben. Sowohl die Erwartungen von außen wie auch die Selbsteinschätzung der jungen Mädchen korrespondieren an dieser Stelle. Genau dies aber wird im Konzept des geschlechtsspezifischen Arbeitsmarktes nachvollziehbar interpretiert. Dem entspricht auf gesellschaftlicher und arbeitsmarktpolitischer Seite, daß Frauen gerade aufgrund ihres „weiblichen Arbeitsvermögens" – und Beck-Gernsheim weist immer wieder auf diese Doppelung hin – für spezifische Berufe gebraucht und damit als Frauen in einer geschlechtsspezifischen Weise „doppelt vergesellschaftet" werden.[71]
Der Rekurs auf die Geschichte der Theologinnen kann dies verdeutlichen. Auf der einen Seite werden die „weiblichen Tugenden", d.h. die Fähigkeiten, die aufgrund weiblicher Sozialisation erworben wurden, verberuflicht. Sie ermöglichen so einen ersten Schritt in selbständige Berufstätigkeit. Auf der anderen Seite ist damit die Engführung und Minderbewertung weiblicher pastoraler Arbeit programmiert. Da Frauen sozusagen natürliche Eigenschaften und Fähigkeiten in die berufliche Arbeit einbringen, werden diese weniger als wirkliche Arbeit oder Leistung gewertet, sondern eher im Sinne eines „sozialen Ehrenamtes mit Auf-

wandsentschädigung" gesehen. Eine weitere Konsequenz zeigt sich in der Tatsache, daß es auch innerhalb der sozial-pflegerischen wie pädagogischen Berufe eine geschlechtsspezifische Arbeitsteilung in der Weise gibt, daß die leitenden, entscheidungswirksamen Positionen mit Männern, die direkt mit KlientInnen arbeitenden Stellen weitgehend mit Frauen besetzt sind. Die direkte Pflege, der direkte Kontakt, wird in der überwiegenden Zahl von Frauen ausgeführt, Einsatzleitung und Verwaltung, Kontrolle und Vertretung nach außen werden aber prozentual weit stärker von Männern wahrgenommen. Von der Annahme eines „männlichen Arbeitsvermögens" aus, das stärker von Personen abstrahiert, am eigenen Aufstieg orientiert ist, um zu Einfluß und Macht zu gelangen, ist dieser Sachverhalt durchaus logisch. Menschlichkeit und soziales Engagement werden sozusagen automatisch aufgrund geschlechtsspezifischer Arbeitsteilung nach „unten" und d.h. an Frauen delegiert.

Gerade das potentielle Muttersein wird demnach für Frauen, ob sie dies nun persönlich realisieren oder nicht, zu einem Faktor, der ihren Berufsweg entscheidend prägt. Es ist weitgehend ihre Aufgabe, individuell wie in ihrer Partnerschaft die antagonistischen Anforderungen aus beiden Bereichen auszubalancieren. Gelingt dies nicht, sind deutliche Verzichtleistungen zu erbringen, indem sie etwa auf Partnerschaft und Kinder oder aber auf die Berufsausübung verzichten.

Eine besondere Gruppe stellen nun diejenigen Frauen dar, die in frauenuntypischen Berufen tätig sind. Gerade hier werden die Antagonismen der beiden Lebensbereiche scharf konturiert, stellt sich die Frage der Vereinbarkeit etwa von Beruf und Partnerschaft, Beruf und Familie doppelt schmerzhaft. Pfarrerinnen als Minderheitengruppe arbeiten unter diesen Bedingungen.

5. Pfarrerinnen als Subjekte ihrer eigenen Erforschung: das Konzept der vorliegenden Befragung[72]

Unsere Anfangsfrage, warum sich trotz steigender Studentinnenzahlen der extreme Minderheitenstatus von Theologinnen im Pfarramt so wenig verändert, wird auf dem Hintergrund der Theorie geschlechtsspezifischer Arbeitsteilung deutlicher. Die These erscheint zumindest plausibel, daß unter den Zwängen geschlechtsspezifischer Arbeitsteilung individuelle Regelungen erforderlich sind, die einen großen Teil der Berufsträgerinnen zu einseitigen Verzichtleistungen, und zwar gerade im beruflichen Bereich, zwingen. Es ist anzunehmen, daß die Unvereinbarkeit von Familie und Beruf auch im pastoralen Arbeitsfeld mit dazu beiträgt, daß es Frauen nach wie vor schwer, ja unmöglich wird, trotz der hohen Investitionen an persönlicher Lebenszeit und Kosten im Blick auf ihre theologische Ausbildung kontinuierlich in diesem Beruf zu arbeiten.

Um an dieser Stelle nicht abstrakt zu bleiben, sondern unsere Überlegungen auf ein empirisches Fundament zu stellen, führten wir eine Befragung von Pfarrerinnen durch. Die Befragten hatten durch die Methode des narrativen Interviews[73] die Möglichkeit, ihre Lebens- und Berufsgeschichte selbstbestimmt zu beschreiben.[74] Drei Impulsfragen gliederten das Interview, brachten die Motivationsgeschichte, die gegenwärtige Situation pastoraler Arbeit wie auch die Zukunftsperspektiven ins Gespräch. Das Sample wurde dabei so gewählt, daß möglichst verschiedene lebensgeschichtliche wie regionale Kontexte berücksichtigt wurden. Eine vergleichende Studie im Gegenüber zur Situation von männlichen Pfarrern war nicht intendiert, vielmehr sollten an typischen Lebens- und Berufsverläufen wiederkehrende Problempunkte dieser Berufsgruppe deutlich gemacht und in einen umfassenderen pastoraltheologischen Horizont gestellt werden.

„Als Frau in einem Männerberuf" – die vorliegende Untersuchung möchte Frauen im Pfarramt sichtbar machen, das Verschweigen dieser Personengruppe beenden, die Perspektiven und Lebensformen von Pfarrerinnen als konstitutive Elemente in die pastoraltheologische Diskussion einbringen. Gerade indem dabei die Intention auf Veränderung der Praxis festgehalten wird, weiß sich diese Untersuchung dem Ansatz feministischer Wissenschaftslogik verpflichtet.[75] Die daraus resultierenden strukturellen wie pastoraltheologischen Konsequenzen werden in einem abschließenden Kapitel umrissen und als Elemente einer grundsätzlicheren Erörterung benannt.

II Vaters Tochter – Männer als „Türöffner" in eine männlich strukturierte Berufswelt

1. „Vaters Tochter"

Die befragten Pfarrerinnen unterscheiden sich nach ihrem beruflichen Werdegang, nach Alter und familiärer Situation. Einige sind verheiratet, andere wieder nicht, manche haben mehrere Kinder, andere sind kinderlos, aber wünschen sich Kinder. Manche sind mit einem Theologen verheiratet, teilen sich also das Berufsfeld, die meisten jedoch leben mit einem Partner, der einen „weltlichen" Beruf ausübt. Einige wenige haben schon als Theologinnen gearbeitet, als es noch keine offizielle Zulassung von Frauen zum Pfarramt gab. Die meisten jedoch sehen die gleichberechtigte Arbeit in diesem Beruf als eine selbstverständliche Voraussetzung an.

Ein gemeinsames Kennzeichen zieht sich allerdings durch diese ansonsten sehr verschiedenen Lebens- und Berufsgeschichten hindurch. Fast alle Befragten berichten von einer intensiven Vaterbeziehung, die sie geprägt hat. Fast alle sind der eigenen Einschätzung nach so etwas wie „Vaters Tochter", für die er sich engagiert, deren Zukunft er gestalten will und durch dessen Wohlwollen oder gegen dessen Widerstand sie sich den Weg in diesen Beruf erkämpften. „Vaters Tochter" – was bedeutet dies, wenn wir es auf dem Hintergrund des geschlechtsspezifischen Arbeitsmarktes analysieren?

Für Berufe, die bisher ausschließlich Männern vorbehalten blieben, müssen offensichtlich Männer die Funktion von „Türöffnern" übernehmen. Dies läßt sich empirisch auch für andere männlich dominierte Berufe feststellen.[1] Nur durch einen starken Impuls von Männern, die zumeist selbst Repräsentanten des angestrebten, aber frauenuntypischen Berufes sind, wird es für Frauen möglich, sich sowohl mental auf eine solche Berufswahl einzustellen, als auch die dazu nötigen organisatorischen Vorbereitungen zu treffen. Positiv und herausfordernd in diesen Vater-Beziehungen ist sicher die Aufmerksamkeit, die die Töchter auf sich ziehen können, die sie spüren, die ihnen Motivationsenergie gibt. Auf der anderen Seite erhöht sich dadurch auch die Sorge, sich aus der engen Bindung an den Vater nicht mehr lösen zu können. Insofern kommt hier gerade dem theologischen Studium eine distanzierende, ja kontrastierende Bedeutung zu.

Daß die „Väter" als Förderer ihrer Töchter schon immer eine große Bedeutung hatten, wird in der Begründung sozialer Berufe als typischer Frauenberufe deutlich. Gerade die Verberuflichung von „Mütterlichkeit"[2] war, wie wir gesehen hatten, für die Vorkämpferinnen der sozialen Berufe das prägende Leitideal. Sie wurden in diesem ersten Schritt zur Selbständigkeit unterstützt von liberalen, wohlwollenden Vätern, übernahmen allerdings dadurch auch deren patriarchale Denkstrukturen und Normen.[3] Dazu paßt, daß diese Frauen in der Regel unverheiratet blieben, d.h. sich der Kollision der beiden Lebensziele entzogen, um sich ganz dem männlich-beruflichen Bereich widmen zu können. Wir sprechen vom Phänomen des sog. „cross-sex-modelling", d.h. der Möglichkeit, daß sich gerade über die Identifikation mit dem gegengeschlechtlichen Elternteil Optionen für eine sonst unwahrscheinliche Berufswahl eröffnen. Entscheidendes und durchgängiges Faktum dabei ist, daß in den überwiegenden Fällen „eine männliche Identifikationsperson, in den meisten Fällen mit dem Vater identisch, ... für Söhne wie für Töchter offenbar eine stärkere Bedeutung beim Hineinwachsen in eine Berufsrolle als eine weibliche" hatte,[4] der „Vater als Führer zur Berufswelt" angesehen werden muß.[5] Erst eine intensive, fördernde Vaterbeziehung ermöglicht es demnach der Tochter, die im weiblichen Lebenskonzept vorgegebene, relativ schmale berufliche Auswahl zu durchbrechen. Väter werden damit zu „Türöffnern" in männlich dominierte Berufsfelder.[6]

Dabei sind gerade nichtkonforme Einflüsse[7] für eine eigenständige berufliche Wahl und Laufbahn entscheidend. Sie erst tragen zu einer individuellen Weiterentwicklung, zu einer Erweiterung des Zielrepertoires bei. Die Identifikation mit dem gegengeschlechtlichen Modell ermöglicht die Abweichung. Der Prozeß der Berufswahl könnte danach begriffen werden als Wahl zwischen „männlich orientierten und weiblich orientierten Laufbahnmustern"[8]. „Die Wahl nicht weiblicher oder Weiblichkeit symbolisierender Berufe scheint dann umgekehrt das Ergebnis einer erweiterten Geschlechtsrollendefinition zu sein ... oder zeigt eine relativ große Distanz zur Geschlechtsrolle einhergehend mit einer relativ starken Ich-Autonomie."[9] Dies wird bestätigt durch die Ergebnisse, die etwa Hennig/Jardim in der Befragung sog. Karrierefrauen gewonnen haben. Von allen befragten Frauen wurde eine intensive Vater-Tochter-Beziehung berichtet. Die Befragten waren oft die einzige Tochter. Sie hatten eine Sonderstellung bei den Eltern, das Gefühl der Besonderheit. „Da keine Söhne im Haus waren, durften diese Mädchen von Anfang an ‚etwas Besonderes' sein. Die Lösung der ersten Mutterbindung wurde, so schmerzhaft sie gewesen sein mag, durch das aktive Interesse, die Aufmerksamkeit und Liebe des Vaters ausgeglichen."[10] Damit war die Möglichkeit gegeben, sich einen Beruf zu wählen, der mit dem ihres Vaters verwandt war.[11] Die besondere Beziehung zwischen Vater und Tochter war dabei eindeutig erfolgsorientiert. „Oft hing die Anerkennung des Vaters davon ab, ob das kleine Mädchen imstande war, Erfolg zu haben."[12]

Hier muß allerdings schichtspezifisch unterschieden werden. Während für Väter aus der Mittelschicht z.B. das Studium der Tochter selbstverständlich ist, diese quasi als Sohn-Ersatz seine konkreten Zukunftsvorstellungen erfüllen soll, ist es für Väter und Mütter der Grundschicht das Bestreben, ihren Töchtern überhaupt eine gediegene Ausbildung zukommen zu lassen. Sie legen ihnen in den meisten Fällen bezüglich des inhaltlichen Studien- und Berufswunsches keine Hindernisse in den Weg.

Wie wird dieser Sachverhalt nun von den befragten Pfarrerinnen selbst geschildert? Wenden wir uns den Gesprächen mit ihnen zu.

2. Die Pläne der Väter – die Zukunft der Töchter?

Die aus anderen Untersuchungen gewonnenen Ergebnisse, die wir orientierend vorangestellt hatten, werden durch unsere Befragung bestätigt und können nun

weiter differenziert werden. Die allermeisten der befragten Pfarrerinnen schildern sich selbst, wie schon erwähnt, als „Vaters Tochter", signalisieren eine manchmal sogar konflikthaft intensive Beziehung zu ihrem Vater.
Ein gutes Beispiel dafür ist Frau N. Sie wächst als Einzelkind auf. Ihre Mutter wird, als die Tochter zehn Jahre alt ist, wieder halbtags berufstätig. Frau N. spürt die Ähnlichkeit mit dem Vater in ihrer beider Charakter und Persönlichkeit.

„Ja, und das hängt sicher zusammen mit, wie ich ja grad gesagt hab, da ist sehr viel Wesensgleichheit, -ähnlichkeit ..."

Ihren Vater beschreibt Frau N. als einen traditionell eingestellten Mann, der es z.B. schwer akzeptieren kann, daß seine Frau nach einer längeren Kindererziehungsphase wieder beruflich einsteigen möchte. Die Tochter erlebt diesen Konflikt als Kind mit. Er prägt ihren späteren beruflichen Weg insofern, als sie sich frühzeitig mit dem Problem der Vereinbarkeit von Familie und Beruf auseinandersetzt.

„Aber daß auf jeden Fall da ein Mann ist mit der Vorstellung, ich bring doch genug Geld heim, und du kannst doch daheim bleiben und sollst nicht arbeiten müssen, damit das Kind nicht wie ich damals ein Schlüsselkind sein muß, und und und ... Ich bring doch genug. Und dieses andere, daß es gar nicht ums Geld geht. Wie das halt nebeneinander stand, war halt durchaus als Kind halt mitzukriegen, weil es ein lebhaft diskutiertes Thema war, so rum."

Gerade weil sich Tochter und Vater wesensmäßig sehr ähnlich sind, reiben sie sich auch aneinander, stehen in einem ständigen, aber kaum richtig ausgesprochenen Konflikt miteinander.

„Und dann in jugendlichen Jahren, eben ab Pubertät, gab's sehr viel Reiben aneinander, weil wir halt wesensmäßig auch sehr viel Ähnlichkeit haben, und ich aber mich sehr gerieben habe und zum Teil noch reibe an dem, wie ich finde, sehr Unengagiertsein, also sein berufliches halt Machen, da ist er schon, mein ich engagiert und gut, und darüber hinaus halt sein Privatmensch-Sein-Wollen und auch – ein, und das hat sich halt bald mit meinem gemeindlichen Erleben durchaus gebissen, und da immer so die Anfrage, und die hab ich sicher auch nicht schonend und ständig vorgebracht, und das ist im Grund genommen etwas, das bis heut nicht ausgestanden ist ... und dieses dann Sehen, daß da jemand so träge für sich das dahinmacht und selber, zumindest vom Beruflichen her, den unbequemeren Weg gehen wollen, und das macht mir durchaus auch Mühe und so denk ich schon, daß das zusammenhängt und da auch eine Auseinandersetzung ist."

Herr N. als Bankkaufmann lebt in einer Welt, die sich sehr von den Interessen seiner Tochter unterscheidet. Vielleicht hatte er gehofft, daß sie es beruflich noch weiter bringen möge als er. Er ist deutlich enttäuscht über die Berufswahl seiner Tochter, die er in keinster Weise nachvollziehen kann. Diese unausgesprochene Enttäuschung ihres Vaters schmerzt Frau N. Sie leidet darunter, daß es über ihr berufliches Engagement keine Verständigung gibt. Ihr fehlt die lebendige, innere Kommunikation mit dem Vater über das, was ihr so wichtig ist.

„Was ist Ihr Vater von Beruf?
— Der ist Bankkaufmann, aber inzwischen Vorstand. Auf jeden Fall eine ganz andere Welt, und in die hätte er mich auch gerne gehabt. Und so hat halt die Tochter alles nicht so gemacht, wie er sich das erträumt hat.
— Sie haben ja vorhin auch angedeutet, es war nicht so einfach, diesen Beruf zu wählen, von Ihren Eltern aus und so? Können Sie da noch ein bißchen was erzählen?
— Ja, das ist aber so, das ist, ja das ist – nicht lang und breit zu sagen, es gab da kein Was-in-den-Weg-legen oder auch sonstwie irgendwelche Diskussionen oder was, es ist nur klar, daß es nicht deren Welt ist, daß sie sich schon gar nicht als Beruf für die Tochter vorstellen wollten und bis heute nicht können, find ich …"

Das einzige, was Frau N. positiv-emotional von ihrem Vater spürt, ist ein gewisser Stolz, daß seine Tochter „da vorne steht" und sich in diesem exotischen Beruf offensichtlich bewährt.

„… auch wenn jetzt sowas wie Stolz da mitschwingt, aber es ist was grundanderes, und sie haben's mir durchaus ermöglicht, aber sie sind bis heut nicht davon begeistert, so rum. Da war kein Verhindern, aber es war auch nicht die Freude, wie's vielleicht bei andern ist, daß das jetzt – das Kind den Weg geht, weil man sich's vielleicht selber auch so vorgestellt hat für sich, oder gemacht hat. Die Vorstellung, gerade bei meinem Vater, Kirche ist kein fairer Brötchengeber und so, selber nichts damit anfangen können, aber sie es mir durchaus ermöglichen und so lassen, wenn das meins ist.
— Wie geht's Ihnen damit? Haben Sie da Schuldgefühle?
— Nicht soweit mir's bewußt ist. Es stört mich auch heut noch, daß ich das Gefühl hab, es ist nicht letztlich akzeptiert, es gibt da so einen Stolz, der da mitschwingt: meine Tochter hat das gepackt oder steht da vorne und hat so eine öffentliche Rolle auch, und daß es aber letztlich kein – da keinen Draht hin und her gibt. Das stört mich. Weil ich mich da nicht auch als erwachsene Tochter mit ihrem Beruf und ihrer Welt akzeptiert fühl, aber das, denk ich, ist ein Eltern-Kind- oder ein Vater-Tochter-Problem, äh, was ich halt an Situationen wie Heilig Abend, den man zusammen dann verbringt oder nicht, oder wenn dann wie, oder ob man dann in die Mette noch geht oder so, was ich an solchen Situationen – dann wird das halt dann deutlich. Und das wäre wahrscheinlich, wenn ich also einen anderen Beruf hätte, dann in anderen Lebenssituationen eben auch so, daß halt der Vater immer der Vater dann bleibt und meint, er hat immer nach wie vor als Familienvorstand das zu sagen, wie's zu laufen hat. Und an solchen Dingen kommt das."

Eins aber läßt sich trotz des väterlichen Widerstands gegen den konkreten Berufswunsch festhalten: Frau N. kann sich als einzige Tochter der Aufmerksamkeit des Vaters gewiß sein. Die Berufsperspektive, die ihr dadurch ermöglicht wird, ist von Anfang an weiträumig, auch wenn der Vater die konkrete Entscheidung für den pastoralen Beruf nicht nachvollziehen kann. Gerade indem sie sich an ihm und seiner Ablehnung ihres Berufswunsches reibt, gewinnt Frau N. Klarheit über ihren Weg. Die Berufstätigkeit der Mutter erleichtert die eigene Entscheidung. Dem beruflichen Weg wird von vornherein ein hoher positiver Wert beigemessen.[13]

Ich sollte Apothekerin werden

Ähnlich strukturiert verläuft die Studien- und Berufswahlentscheidung von Frau A. Ihr Vater stammt aus einem Milieu, das dem kirchlichen ebenfalls fremd, ja fast feindselig gegenübersteht.

„Ich stamm nicht aus einer kirchlichen Familie, ganz im Gegenteil. Das ist auf sehr starke Ablehnung gestoßen. Und damals hat's sicher auch noch eine gewisse Berechtigung gehabt. Es gab ja noch das Zölibat für die Frauen. Alles was an Pfarrerinnen rumlief, das war halt das – das heißt, Pfarrerinnen gab's ja nicht – das waren ja die berühmten Blaustrümpfe. Die Sicht der Kirche war in einer kleinbürgerlich-antikirchlichen Familie sowieso nicht so, daß man sie aufs Band sprechen kann. LACHEN
— Und jetzt kommt da halt jemand aus der Familie, der geht dahin und sagt, ich will das machen. Also, daß das jetzt nicht grad einen Freudensturm erregt hat, ist ganz klar gewesen. Sicher hing's jetzt auch ideologisch damit zusammen, daß mit so einem Wunsch auch ganz bestimmte ethische Vorstellungen verknüpft sind, die nicht so an dem orientiert waren, was damals gesellschaftlich dran war, so Wirtschaftswunder und aufstrebende Familien."

Auch dieser Vater hat große Pläne mit seiner Tochter vor – und wird von ihr enttäuscht. Dabei trifft er frühzeitig die Vorbereitungen für die Zukunft seiner Tochter. Sie soll Apothekerin werden, die Apotheke seines Freundes übernehmen. Entsprechend herb ist dann die Enttäuschung, weil die Tochter seine gutgemeinten Zukunftspläne nicht übernimmt.

„Mein Vater war schon so ein richtiger Mensch dieser Zeit, na. Fortschritt und was werden. Und ich hätt da alle Möglichkeiten gehabt, ich hätt eine Apotheke übernehmen können, die war für mich schon hingestellt.
— Also Ihr Vater war Apotheker oder was?
— Nein, von meinem Vater der Freund war Apotheker, und das haben die halt so unter sich schon ausgemacht, da hab ich noch nicht gescheit krabbeln können, so quasi, daß das dann so geordnet wird mal. LACHEN"

Die Tochter übernimmt die Zukunftspläne des Vaters nicht, sondern geht eigene Wege, die sie der Lebenswelt des Vaters entfremden. Es fällt dem Vater äußerst schwer, den Studien- und Berufswunsch seiner Tochter zu akzeptieren. Für sie selbst ist es eine Möglichkeit, sich geistig mit Themen auseinanderzusetzen, die in ihrem Elternhaus nicht präsent waren. Letzten Endes ist es eine Distanzierungsstrategie von konkreten väterlichen Wünschen.

> „Wie ich dazu komm? Die Frage hat mir mein Vater jeden Tag zwanzig Mal gestellt. Und inzwischen natürlich andere Leute auch. Aber ich glaub, das kann man sowieso nicht so jetzt mit einem Satz beantworten. Das sind sicher verschiedene Motivationen, die man da hat. Einerseits halt irgendso eine psychologische, daß man in der Kirche eine Heimat sucht. Bei mir war's auch – war halt so ein Wunsch, mich geistig auseinanderzusetzen mit dem Leben – und warum soll man dann vorläufig ansetzen, dann setzt man halt gleich hinter der allgemeinen Grenze ein. Und ich hab's halt dann einfach – bin's einfach angegangen."

Auch Frau A. setzt in dieser Vater-Tochter-Beziehung ihren Berufswunsch durch, wenn auch mit etlichen Nachteilen verbunden. So bekommt sie etwa für ihr Studium von zu Hause keine finanzielle Unterstützung. Obwohl sie sich das Geld für das Studium selbst verdienen muß, bereut sie ihre damalige Entscheidung nicht.

Vaters kleine Tochter

Ähnlich erlebt es Frau E. Auch sie ist die einzige Tochter, das einzige Kind. Auch hier ist es vor allem der Vater, der ganz bestimmte Vorstellungen von ihrer Zukunft hat. Wieder hat die Tochter dabei das Gefühl, daß sie, vielleicht an Stelle eines Sohnes „etwas Besseres werden sollte". Aber auch hier kann die Tochter den konkreten Berufswahlvorschlag des Vaters nicht akzeptieren, wechselt nach kurzer Zeit zum Theologiestudium über. Die Enttäuschung des Vaters, sein Unverständnis für ihren Beruf, ist Frau E. dabei ebenfalls nicht gleichgültig.

> „Mein Vater stand der Kirche eigentlich schon immer ablehnend gegenüber, also, das war eigentlich ganz unabhängig von meinen Eltern, diese Entscheidung."

Dabei versucht Frau E. ihren Vater zu verstehen. Er lebt in einer grundsätzlich anderen Welt. Als Kfz-Mechaniker, der eine eigene Werkstatt hat, also eher unternehmerisch, kaufmännisch denkt und arbeitet, findet er kaum Zugang zu der Welt, die seiner Tochter wichtig ist.

> „Also es ist so, mein Vater, der hat eine Werkstatt, eine Autowerkstatt und meine Mutter hat da immer im Büro mitgearbeitet."

Im weiteren Verlauf des Gesprächs wird deutlich, was die Beziehung zum Vater aus der Sicht der Tochter grundsätzlich schwierig macht. Es ist das Gefühl, ständig beobachtet zu werden. Die Enge der Vater-Tochter-Beziehung treibt die Tochter fort. Das kirchengemeindliche Engagement, das sich für Frau E. aus verschiedenen Kontakten ganz folgerichtig ergibt, ist damit zugleich auch ein Mittel, aus der väterlichen Obhut zu entkommen, eine Welt für sich zu finden und aufzubauen.

„Ja. – Obwohl meine Mutter nie so das große Problem war. Mein Verhältnis zu meinem Vater ist immer – also auch heute noch – etwas gestört. Meine Mutter versteht mich schon wesentlich besser, aber irgendwie das Gefühl, so ständig unter Beobachtung zu stehen. – Ich merk auch, daß mir das heute noch Schwierigkeiten macht, also wenn man zum Beispiel bei Fortbildungen so Rollenspiele machen muß, das ist mir entsetzlich. Das kann ich nicht. – Das Gefühl, beobachtet zu werden.
— Und da meinen Sie, das kommt so aus Ihrem Elternhaus?
— Ich glaub schon. Also, das ist mir jetzt mal so eingefallen, das konnte ich mir sonst nicht erklären, weil das immer so schrecklich ist und ich mich am liebsten in ein Mauseloch verkriechen möchte, aber jetzt ist mir das mal so gekommen, diese Erinnerung einfach an meine Situation so als Jugendliche. Weil ich ständig gefragt wurde, was machst' denn jetzt, was denkst' denn jetzt ...
— Ja einfach diese Überbehütung. Er wollte mich immer so daheim halten. Also schon in diesen Jugendkreis zu gehen, da bin ich mit sechzehn reingegangen, das war schon ein wahnsinniger Kampf, daß ich als Sechzehnjährige mal einmal in der Woche abends von acht bis zehn Uhr weggehen durfte. Da hatte ich eine derartige Auseinandersetzung mit ihm. Er hat immer Angst, er hat überall Männer gesehen, die mich vergewaltigen könnten. Das war schrecklich."

Die Fächerverbindung für das Lehramt an Gymnasien, die Frau E. zunächst, den Wünschen des Vaters entsprechend, belegt hatte, gibt sie nach kurzer Zeit wieder auf. Instinktiv spürt sie, daß sie damit die Überbehütung, mit der ihr Vater sie schon von Kindheit an an sich zu binden versucht hatte, nicht mehr so leicht abschütteln kann. Sie wechselt kurzentschlossen das Studienfach und beginnt, Theologie zu studieren.

„Von daher konnte ich mir's lange nicht vorstellen, und ich hab dann nach dem Abitur erstmal etwas ganz anderes studiert, aus der Verlegenheit heraus, weil ich nicht so recht gewußt hab, was ich wollte. Dann hab ich aber gemerkt, daß das doch nicht das Richtige ist und hab dann ein paar Monate lang ziemlich gekämpft und nachgedacht und gegrübelt und bin dann immer mehr zu der Überzeugung gekommen, ich muß doch Theologie machen.
— Was haben Sie da studiert?
— Englisch und Latein fürs Lehramt am Gymnasium, und das, obwohl Lehrerin für mich schon immer das allerletzte war. Und, ja und dann hab ich das halt auch meinen Eltern erklärt, daß ich das Studienfach wechseln will und Theologie studieren, und das gab dann ziemliche Schwierigkeiten mit meinem Vater eben, also von seiner negativen Einstellung zur Kirche. Und dann hat er auch gemeint, das wäre ja eine brotlose Kunst, und die

> Leute würden mich ja auslachen, wenn ich da so auf die Kanzel gehe. Und – aber ich hab's trotzdem durchgesetzt. Ich war einfach sicher, ich muß das machen."

Der „exotische Beruf" wird, wie gesagt, zu einer Distanzierungsstrategie gegenüber dem Vater, der sein „kleines Mädchen" mit allen Mitteln festhalten möchte.

> „Ich kann mir auch schon denken, daß das eine gewisse Rolle auch spielen könnte für meine Berufswahl, weil das für mich eigentlich die einzige Möglichkeit war, die Möglichkeit, die ich gesehen hab, von meinem Elternhaus ein Stück wegzukommen, und zwar mit einer richtig guten Begründung, denn dieses erste Studium, das ich angefangen habe, da habe ich in Würzburg studiert, und da konnte ich jeden Tag von meinem Elternhaus reinfahren und dann nach Hause. Also da war ich praktisch zu Hause. Durch das Theologiestudium mußte ich ja schon mal weg, und durch den Beruf jetzt hab ich auch nicht so ganz die freie Wahl meines Ortes. Also ich hab eine gute Begründung für meine Eltern, daß ich jetzt nicht ... eine Pfarrstelle anhäng, sondern halt irgendwo anders, in einer sicheren Distanz. Also das hab ich mir auch schon mal gedacht, daß das vielleicht eine gewisse Rolle spielen könnte.
> — Ja und auch von der Thematik her haben Sie sich entfernt? Weil Sie sagen, Ihren Eltern ist es nicht recht?
> — Ja, also meinem Vater nicht."

Wieder ist es also eine intensive Vater-Tochter-Beziehung, die die Tochter zwingt, sehr genau in sich hineinzuhören, was sie selbst will, zu argumentieren, sich über ihren Berufswunsch klar zu werden, die ihr aber auch die Stärke gibt, sich nicht von außen bestimmen zu lassen. Gerade der Kampf gegen die Überbehütung wird zur Herausforderung für die Tochter, unabhängig zu werden.

Er wollte eine „gute" Ausbildung für mich

Im Gegensatz zu den bisher geschilderten Vater-Tochter-Beziehungen und Berufswahlberichten erzählt Frau I. von einer Beziehung zum Vater, die zugleich eine Verstärkung ihrer eigenen Berufsmotivation bedeutet. Der Vater legt dem Berufswunsch seiner Tochter nichts in den Weg. Wichtig ist ihm eigentlich nur, daß sie eine gute Ausbildung und das heißt in seinen Augen, eine akademische, erhält. Während sich seine Tochter auch mit der Ausbildung zur Gemeindehelferin zufriedengegeben hätte – sie kannte konkret nichts anderes – dringt der Vater darauf, wenn schon Theologie, dann eine „richtige" Ausbildung anzustreben, obwohl zu diesem Zeitpunkt noch keine realen Aussichten bestanden, den Beruf einer Pfarrerin ausüben zu können.

> „Ich hatte mir ja vorher eigentlich gar keine Gedanken gemacht, ich habe mich nicht vorher erkundigt, was kann ich dann mit diesem Studium machen. Das heißt, es war eigentlich – ich muß noch etwas anderes dazu sagen – in dieser Gemeindejugendarbeit lernte ich dann natürlich auch ande-

re, ältere Leiterinnen kennen, unter anderem auch die Schwester N. – und da habe ich dann eigentlich schon eine Zeitlang erst mit dem Gedanken gespielt, Gemeindehelferin zu werden. Wir hatten da eine Gemeindehelferin in der Gemeinde. Dann meinte mein Vater, das sei nicht so die richtige Sache. Also wenn, dann schon eine gescheite Ausbildung, eine akademische Ausbildung, wenn schon. Und dann habe ich eine lange Zeit auch mit dem Gedanken gespielt, ins … Mutterhaus einzutreten, Schwester zu werden. Aber wie gesagt, das hat sich dann anders überlagert, und dann doch zu der Entscheidung gedrängt, Theologie zu studieren."

Diese väterliche Unterstützung erleichtert den späteren Weg von Frau I. ungemein, erspart ihr die inneren Selbstzweifel, mit denen sich viele ihrer Altersgenossinnen auf diesem Weg durchkämpfen mußten.

„Nun sind ja die beiden anderen Berufe, die Sie in Erwägung gezogen haben – Schwester oder Gemeindehelferin – sehr praktisch orientierte Berufe gewesen. Und unter dem Studium der Theologie, darunter konnten Sie sich noch kein Berufsbild vorstellen?
— Gut, ich habe sicher vielleicht so etwas naiv gedacht: wenn ich dann Theologie studiert habe, dann kann ich also Jugendleiterin oder so etwas werden. Also ich meine, es waren ja damals auch noch nicht die Gedanken da – ja die kritischen Fragen: welche Rollen spielen die Frauen in der Kirche? Ich meine, das hat sich ja erst hinterher deutlich gemacht, daß zum Beispiel das Berufsbild der Gemeindehelferin eben kein Berufsbild ist, sondern ‚Mädchen für alles'. Schwester, das war immerhin ein umrissenes Berufsbild. Aber daß da mein Vater vielleicht das richtige geahnt hat, wenn er gemeint hat, daß ich da nicht glücklich werde. Denn es gab dann hinterher in meinem Studium eine ganze Reihe, die als Gemeindehelferinnen angefangen hatten … und dann aber übergewechselt sind zum Studium. Also sicher waren zwei Gesichtspunkte: einmal, ich möchte mehr über diesen Glauben erfahren; und zum anderen, ich möchte das dann verwerten in der Jugendarbeit."

Ähnlich ist es im Fall von Frau G. Auch ihr Vater hat insofern Anteil an der späteren Berufswahl seiner Tochter, als er das kirchlich-protestantische Engagement seiner Familie prägt. Ihm selbst als Flüchtling aus einer traditionell protestantischen Familie bedeutet seine evangelische Konfession viel. Er hält diese auch durch, als die Familie in einer fast ausschließlich katholischen Gegend ansässig wird. Nachdem seine Frau aufgrund der evangelischen Heirat aus der katholischen Kirche ausgeschlossen wird, konvertiert sie bei der Geburt ihrer Tochter ebenfalls zur evangelischen Konfession.

„Mein Vater war evangelisch, meine Mutter war katholisch, bis sie mich gekriegt hat, dann ist sie evangelisch geworden, weil die katholische Kirche sie hinausgeschmissen hat nach der evangelischen Hochzeit. Mein Vater hat Wert gelegt auf diese evangelische Konfession als Flüchtling … – die Familie war traditionell protestantisch. Er hat es, so ist es mir zumin-

> dest erzählt worden, von vornherein meiner Mutter klar gemacht ... Ja, und auf die Art und Weise ist meine Mutter evangelisch geworden und wir Kinder auch, obwohl es in diesem Umfeld schwierig war. Das haben wir dann schon sehr bald gemerkt, schon in der Grundschule haben wir gemerkt, daß wir irgend etwas Besonderes sind. Das waren also ganz wenige nur, wir und die Zeugen Jehovas waren dann immer draußen, wenn die anderen Religionsunterricht gehabt haben. Wir mußten nachmittags nochmal in die Schule kommen zum evangelischen Religionsunterricht. Das war so das erste, woran ich mich erinnern kann, und auch eben, daß wir so schief angeschaut worden sind, also gerade von katholischen Geistlichen – und daß meine Mutter erzählt hat, der katholische Pfarrer hat zu ihr gesagt, ob sie wüßte, welch große Sünde sie begangen hätte. Das sind so meine ersten Erinnerungen. Da haben wir schon gemerkt, ja, irgend etwas Besonderes sind wir."

Für Frau G. ist dies keineswegs eine beschwerliche Situation, wie vielleicht anzunehmen wäre. Sie genießt es vielmehr, „etwas Besonderes zu sein", wie sie in ihrem Gespräch immer wieder betont. Der gerade auch vom Vater bewußt durchgehaltene konfessionelle Gegensatz stellt für Frau M. eine wichtige Weichenstellung für die spätere Berufswahl dar. Die Neigung zu bloßem Konformismus kann in einer solchen Umgebung nicht so leicht gedeihen. Der Mut zum Gegensatz, zum Widerspruch eröffnet auch im Blick auf die spätere Berufswahl grundsätzlich einen weiteren Horizont.

3. Andere „Väter" und „Brüder"

In der Zeit der Pubertät tritt die Beziehung zu den Eltern langsam in den Hintergrund; die soziale Gruppe der Gleichaltrigen wird wichtiger, ebenso die Reflexion der eigenen geschlechtlichen Identität. Die Einschränkungen aufgrund der Tatsache, eine Frau zu sein, werden zunehmend als lästig und einengend erfahren.[14] Dies wird besonders deutlich im Gespräch mit Frau E. Einschränkungen und Werteverschiebungen müssen verarbeitet werden, die ihnen als Frauen in einer auf Geschlechterhierarchie aufbauenden Gesellschaft begegnen.[15]
Zusätzlich zur wesentlichen, den späteren Berufsweg dominierenden Vaterbeziehung tritt in der sekundären Sozialisationsphase deshalb für die befragten Pfarrerinnen eine Reihe weiterer „Väter", die ebenfalls als äußerst bedeutsam und lebendig erinnert werden. Für manche der befragten Pfarrerinnen ist es allerdings auch der erste direkte Impuls in Richtung auf das Theologiestudium, auf den späteren pastoralen Beruf, den sie erhalten. Aber auch diejenigen der Befragten, die ihre Berufswahl gegen den väterlichen Willen durchgekämpft haben, müssen noch weitere Anstöße bekommen, die die Spezifizierung des Berufswunsches in Richtung Theologie, Kirche und pastoraler Berufsrolle bekräftigen oder überhaupt als möglich, als erwägenswert erscheinen lassen. An dieser Stelle wird von den Befragten häufig der Einfluß eines Pfarrers oder Religionslehrers berichtet.

Die Instanzen der sekundären Sozialisationsphase sind, wie erwähnt, für die Stabilisierung geschlechtstypischer bzw. -untypischer Berufswahlen besonders entscheidend.[16] In einer Zeit schwankender Studien- und Berufsentscheidung wird damit ein ganz entscheidender Impuls von außen gesetzt.

Das „beste Schaf im Stall"

Beginnen wir mit jenen Befragten, die, im Gegensatz zu den bisher geschilderten, von keiner besonders entscheidenden Beziehung zum leiblichen Vater berichten.
Frau H. etwa erwähnt den Einfluß des Gemeindepfarrers als fast ausschließlichen Impuls für ihre Berufswahl. In diesem Gesprächsabschnitt fällt auf, daß sie sehr häufig die Füllwörter „ja", „nun" und „halt" verwendet. Dadurch entsteht der Eindruck einer gewissen Ratlosigkeit. Das Gefühl verstärkt sich, als ob sich Frau H. mehr gedrängt, geschoben fühlte, als daß diese Entscheidung wirklich „ihre" ist. Der Impuls des Pfarrers überwiegt in dieser Phase noch das Bewußtwerden und Gestalten einer eigenständigen Berufswahl.

> „Ich war auch nach dem Konfirmandenunterricht immer in der Kirche, obwohl das meine Eltern nie von mir verlangt haben, und von daher bin ich dem Pfarrer aufgefallen, und er hat gemeint, ich wäre als Kindergottesdiensthelferin wohl geeignet. Und damit ging es eigentlich an. Etwa ein Jahr nach der Konfirmation habe ich angefangen mit Kindergottesdienst, und das hat sich halt dann bis zum Abitur so weitergezogen …"

Über ihre innere Motivation berichtet Frau H. nichts, beschreibt nur äußerlich, wie es in der Vorstudienphase zu einer Hinwendung zum pastoralen Berufsfeld gekommen ist, immer wieder angestoßen durch die Äußerungen des Gemeindepfarrers.

> „… und irgendwann hat der Pfarrer zu mir gesagt, na ja also, wenn jemand Theologie studieren muß, dann doch Du. Und ich fand das eigentlich eine sehr schreckliche Idee. Ich wäre selber nie darauf gekommen. Und das hat sich dann aber so festgesetzt, und der Pfarrer hat auch gemeint, aber ja natürlich, das wäre doch genau das Richtige für Sie."

Obwohl für Frau H. die Vorstellung, einmal Pfarrerin zu sein, zunächst „schrecklich" ist, gewinnt sie langsam doch Gefallen an dieser Perspektive, könnte sich vorstellen, Spaß daran zu haben, ihre ehrenamtlichen Engagements in dieser Richtung hin auszubauen.

> „Und irgendwann bin ich dahin gekommen, daß mir das vielleicht sogar Spaß machen würde. Meine Eltern waren zuerst doch etwas entsetzt und haben mich also wirklich geprüft, das muß ich schon so sagen, aber wie ich halt dann doch dabei geblieben bin, dann ist das halt so losgegangen, mehr kann ich zu meiner Motivation gar nicht sagen. So war das."

Bei Frau F. verläuft die Entwicklung ähnlich. Durch ihre ehrenamtliche Tätigkeit in der Kirchengemeinde wird der Ortspfarrer aufmerksam. Er bittet sie, den Kindergottesdienst zu übernehmen. Dies bedeutet für Frau F., die betont, aus einem nichtchristlichen Elternhaus zu stammen, den entscheidenden Schritt in ihrer weiteren kirchlichen Sozialisation. Die Kindergottesdienstarbeit gefällt ihr, sie wird weiter ermutigt und spielt mit dem Gedanken, Theologie zu studieren.

„Für mich ist weniger die Überlegung, daß der Beruf der Pfarrerin ein besonderer Beruf ist. Das hat für mich keine Rolle gespielt damals, ich kam ja zum Studium, als es noch keine Frauenordination gab. Aber irgendwo waren das Überlegungen, die waren nicht im Blickfeld für mich. Ich stamme eigentlich aus einem nicht-christlichen Elternhaus, habe mit dreizehn Jahren angefangen, Kindergottesdienstarbeit zu machen und bin da dann hineingewachsen, habe das bis zum Abitur auch gemacht …"

Zunächst entscheidet sie sich für ein Doppelstudium, merkt aber bald, daß sie von der Sache her nur eines bewältigt und entscheidet sich für Theologie im Hauptfach.

„Eigentlich wollte ich … Mathe und Physik studieren, weil ich am naturwissenschaftlichen Gymnasium war und habe mir dann, kurz bevor ich mit dem Studium anfing, überlegt, eigentlich könntest du ja noch Theologie mitstudieren, das heißt, ich wollte eigentlich Mathe und Physik – und Theologie als drittes Fach fürs Lehramt machen … und so habe ich in Mathe und Physik mich eingeschrieben, habe Theologie-Griechischkurs gemacht und habe dann im ersten Semester gemerkt, daß es einfach zu viel wird, daß man da nichts Gescheites machen kann und habe dann gesagt, dann doch lieber voll Theologie aus dem Grund, weil ich da nicht so einseitig bin, also ich habe nicht nur Schüler, sondern habe einfach die ganze Breite des Gemeindepfarramts."

Frau N., die wir schon in der Auseinandersetzung mit ihrem Vater kennengelernt haben, wird durch die Begegnung mit einem Religionslehrer besonders beeindruckt. Sie berichtet von dessen interessantem Unterricht und wie sie dadurch angeregt wird, theologische Probleme intensiv zu durchdenken. Mit einer Freundin zusammen erörtert sie die im Religionsunterricht angesprochenen Fragen auf dem Nachhauseweg.

„Und die andere Schiene war ein sehr intensiver Religionsunterricht, Mittel- und Oberstufe des Gymnasiums in sehr kleinen Gruppen. Und wir waren eine sehr kleine Gruppe und haben sehr intensiv, fünf Jahre lang, da in einer kleinen Runde geackert, und eben mit meiner Freundin zusammen, die auch Theologie studiert hat, den gleichen Heimweg gehabt, und die auch in dieser – in der Jugendarbeit mit mir zusammen – ständig zu zweit – da war, und wir haben eine halbe Stunde Heimweg immer zu Fuß gehabt, und also da haben wir noch nach unserer Doppelstunde am Schluß ewig weiter diskutiert, um Gott und die Welt zu ergründen versucht usw. und dies ist also das Praktische und das Erleben, verbunden im gleichen Jahr mit dem intensiven Diskutieren und Bohren und Denken und so – diese Kombination hat eigentlich dazu geführt, daß ich eben dann gefunden hab, was ich dann auch beruflich machen will."

Für Frau C. ist es vor allem ein dichter, sie tief berührender Konfirmandenunterricht, der in ihr den Wunsch wach werden läßt, diesen Fragen weiter nachzugehen. Wieder ist es dabei besonders die Person des Pfarrers, seine authentische Art, Glauben weiterzugeben, die sie beeindruckt. Es ist dies im Gespräch mit Frau C. die allererste Tatsache, die berichtet wird.

„Ja, da kann ich sagen, daß das ein großer Anstoß im Konfirmandenunterricht war, der Pfarrer, der die Konfirmation gemacht hat ...
— Sie beschreiben den Konfirmandenunterricht so als Schlüsselerlebnis. Ist das richtig?
— Ja, er hat mich einfach sehr ergriffen. Oder wie soll man das beschreiben?
— Gefesselt?
— Ja, am besten paßt vielleicht das biblische Bild mit dem brennenden Herzen. Ich saß also einfach immer drin und hab gewußt, das packt mich. Obwohl im nachhinein war das ein ganz konservativer Unterricht, ich mußte furchtbar viel lernen, das hat mir aber nichts ausgemacht. Mich hat einfach das sehr geprägt, wohl auch die ganze Glaubenshaltung des Pfarrers selber."

Aber noch andere hauptamtliche Schlüsselpersonen werden als ermutigend, erinnert.

„Ja, für uns war's ja damals, also ich hab ... Abitur gemacht, ein wenig schwierig, weil ja das Theologinnengesetz noch gar nicht durch war, und ich da immer überlegt hab, hat das Sinn. Aber es haben eigentlich alle – also bestärkt haben mich so die Pfarrer, Vikare, Jugenddiakone und solche Leute ... Die haben gesagt, das Theologinnengesetz, das erledigt sich irgendwann. Man soll ruhig sich drauf einlassen.
— Und die haben Ihnen Mut gemacht?
— Die haben eher Mut gemacht. Ja, so aufs ganze gesehen."

Auch für Frau I. waren mehrere Religionslehrer und Pfarrer eindrücklich. Sie werden bildhaft beschrieben. Aufgewachsen in der Zeit des Dritten Reiches, ist es nur dem Einfluß der Eltern zu verdanken, daß Frau I. dennoch am Konfirmandenunterricht teilnimmt. Die Person des Pfarrers beeindruckt sie nachhaltig, auch wenn sie den Inhalten gegenüber kritisch eingestellt ist. Nach 1945, nach dem Zusammenbruch auch ihrer persönlichen Wertewelt, versucht Frau I., das entstandene Vakuum zu füllen. Sie hat das Glück, sowohl einen engagierten evangelischen wie katholischen Religionslehrer am Gymnasium zu finden, mit deren Hilfe sie sich in endlosen Gesprächen ein neues „geistiges Haus" zimmert, eine christliche Identität gewinnt.

„Und ich hatte ja mit Kirche damals nichts am Hut, wie man so sagt, obwohl meine Eltern ja ein sehr bürgerlich-christliches Haus waren. 1945 war für mich schon ein ziemlicher Einschnitt – zweifacher Zusammenbruch von sehr großen Idealen. Ich habe dann, Ende 1945, – ich möchte das ganz vorsichtig erwähnen – ich habe da eine Erfahrung gemacht in einem Gottesdienst, den ich eigentlich mehr aus Langeweile besucht habe – ich könnte ja eigentlich in den Gottesdienst gehen, an Silvester – ... Und das war ein Silvestergottesdienst, und das weiß ich noch heute, das war über ... ‚doch bleibe ich stets an dir'. Und irgendwie hat das mir die Erfahrung eingebracht – ich möchte nicht sagen Bekehrung, das wäre zu groß, das Wort – daß hier ein Weg sich auftut für mich, eine Möglichkeit. Und sicher war das – man muß es wahrscheinlich auch aus der psychologischen Situation heraus verstehen – einfach ein Vakuum war entstanden. Und da hat sich also jetzt das angeboten."

Frau I. kann dabei anknüpfen an formales Wissen zumindest, das vorher schon da war, an kirchliche Sozialisation, die nun plötzlich inhaltlich neu gefüllt wird.

„... ich habe dann eine Klasse übersprungen und dann ja ... das erste Nachkriegsabitur ... mitgemacht – und da hatten wir Religionsunterricht bei N., der starb aber dann auch schon kurz nach unserem Abitur. Und da muß ich sagen, das hat mich dann schon sehr interessiert im Religionsunterricht. Vielleicht war das auch eine Zeit, wo jetzt gerade das Contra ins Gegenteil umschlug – also in eine starke Frömmigkeit, einfach so das Pendel nach der anderen Seite ausschlug, und er hat eines Tages einmal zu mir gesagt: ja, Sie könnten doch eigentlich Theologie studieren. Das saß dann irgendwie. Und wir waren eine sehr aufmüpfige achte Klasse, und waren auch sehr aufmüpfig gegen diesen N. Weil die Katholiken hatten einen jungen schmucken Religionslehrer, der bis zum heutigen Tag von sich reden macht ... hat auf uns einen unheimlichen Eindruck gemacht, auf die ganzen Schüler. Ich hatte da eine katholische Freundin. Und eines Tages sind wir zu ihm in seine Privatwohnung marschiert, ich mit der Augustana unter dem Arm, um da über evangelisch und katholisch mit ihm ganz privat zu streiten. Und dann war er also auch ein großer Ikonenliebhaber. Er hat uns alles gezeigt, und da kam dann auch, daß der gesagt hat: also, wenn Sie sich schon so interessieren, dann müssen Sie eigentlich Theologie studieren."

In Frau G.s Bericht dagegen gilt die väterliche und elterliche Unterstützung eher dem Ziel, ihr als Tochter einer Arbeiterfamilie der Sprung ins Gymnasium zu ermöglichen. Demgegenüber ist die Frage der weiteren Berufswahl für die Eltern selbst kein Diskussionspunkt mehr, wird von der positiv-kirchlichen Prägung her mitgetragen. Den eigentlichen Anstoß und Impuls, Theologie zu studieren und für sich die Möglichkeit einer pastoralen Berufswahl in Erwägung zu ziehen, verdankt sie dabei ebenfalls dem engen Kontakt mit der Pfarrfamilie, mit der sie und ihre Familie in engem Austausch steht.

„Aber daß ich mich mehr dafür interessiert habe, das fing erst mit der Konfirmation an. Im Konfirmandenunterricht, da haben wir dann das erste Mal einen jungen Pfarrer gehabt, der auch die Jugend begeistern konnte. Das war der erste, der angefangen hat mit einer Jugendgruppe und mit Jugendarbeit. Und dort habe ich mich immer recht wohlgefühlt in der Jugendgruppe, weil wir auch immer ziemlich wenig waren, und teilweise war mehr als die Hälfte katholisch da in dieser Jugendgruppe. Ich habe da auch mitgemacht beim Kindergottesdienst und so das übliche, Jugendgruppen mitgeleitet und Mitarbeiterfreizeiten und andere Freizeiten. – Und dann eben die persönliche Beziehung zu der Pfarrersfamilie. Wir haben uns da angefreundet, und das hält also immer – ich bin Taufpatin von einem Kind – ich denke, das war so für mich der Ausschlag. Was ich gesehen habe, war, das ist ein ganz normaler Mensch. Pfarrer, das ist sein Beruf, und die haben ein Familienleben. Und was ich so mitgekriegt habe, das ist ein interessanter Beruf, der ist abwechslungsreich, hat mit Menschen zu tun, man kann da hinkommen, in der Familie wird man aufgenommen, da kann man Sorgen und Probleme loswerden und sich wohlfühlen. Das war also bei mir das erste."

Hier fällt dann der letztendlich entscheidende Impuls. Frau G. wird aufgrund ihrer bisherigen ehrenamtlichen Tätigkeit vom Pfarrer gefragt, ob sie sich nicht den Beruf einer Pfarrerin vorstellen könne. Sie selbst nimmt diesen Ball ganz selbstverständlich auf.

„... da habe ich mir so überlegt, ja ich könnte einmal Lehrerin werden. Das war bei mir so dahinter. Und da kann ich mich noch ganz gut erinnern, da sind wir einmal auf so eine Mitarbeiterfreizeit gefahren, und der Pfarrer hat mich und noch einige da hingefahren, und dann kam im Radio die Meldung, daß die Evangelische Landessynode die Frauenordination beschlossen hat. Da sagte er zu mir, ach siehst du, jetzt kannst du Pfarrerin auch werden. Da habe ich gesagt, ja das wäre eigentlich gar nicht so übel, warum soll ich nicht Pfarrerin werden?! Also, überhaupt kein Hintergrund, keine Bekehrung oder keinen religiösen Hintergrund, sondern einfach – ach ja, das ist eigentlich ganz interessant, was der da macht und man kommt unter die Leute, es ist abwechslungsreich, ich brauche nicht bloß in die Schule, aber auch in die Schule, und warum soll ich eigentlich nicht Pfarrerin werden?! Das war mein erster Gedanke daran, und ich habe das nie problematisiert für mich."

Religionslehrer und Ortspfarrer führen also die Linie fort, „männliche Türöffner" zu sein. Es ist die Zeit der Pubertät, der Umorientierung und Ablösung vom Elternhaus, die die jungen Mädchen Ausschau nach neuen Autoritätsfiguren halten läßt. Für manche der Befragten bedeutet es, durch den Religionsunterricht mit dem Analysieren theologischer Fragen zu beginnen und zusätzlich über die Person des Religionslehrers Bestätigung und Orientierung zu bekommen. Hier überwiegt zunächst die kognitiv-intellektuelle Motivation. Andere wiederum engagieren sich in der Kirchengemeinde so, daß es dem Ortspfarrer auffällt und er sie zur theologischen Studienwahl ermutigt. In einigen Fällen wird dabei die von den Angesprochenen empfundene Unmöglichkeit dieses Ansinnens besonders hervorgehoben, fast im Sinn markinischer Wunderberichte und ihrer Dramatik, jedenfall mit einer starken Betonung der vocatio externa. Dies scheint verstärkt dann der Fall zu sein, wenn vom Elternhaus her wenig kirchliche Beziehung vorhanden ist.

Die Reihe der für eine frauenunspezifische Berufswahl entscheidenden Männer ist damit jedoch noch nicht zu Ende. Weitere Impulse von „Kirchen-Männern" werden als einflußreich für die Motivation zum Theologiestudium und Pfarrerinnenberuf berichtet.

Der große Bruder und andere Männer

Zusätzlich zum Impuls des Religionslehrers oder Ortspfarrers wird nicht selten auch der Einfluß des (größeren) Bruders erzählt oder anderer Freunde, die Theologie studieren und davon in der heimatlichen Jugendgruppe erzählen. Bei Frau B. etwa trifft dies zu. Beide, der Freund wie der Bruder, sind ihr einige Jahre voraus, sie mißt sich an ihnen. Sie möchte so sein wie sie, und das heißt letzten Endes, die männliche Welt als die bewunderte und gesellschaftlich positiv besetzte für sich erobern.

> „Und dann hab ich halt das Abitur gemacht und wollte damals Philosophie oder Psychologie studieren und hatte einen älteren Bruder, der Theologie studiert hat. Und der meinte dann, Philosophie ist eine brotlose Kunst. Und gegen Psychologie hatten meine Eltern was. Und der sagte dann, so im Vorbeigehen, mach doch Theologie, da kannst du beides studieren dazu. Und da ist mir das das erste Mal gekommen als eine Möglichkeit, daß ich das machen könnte."

Ihre Beziehung zum Bruder schwankt dabei zwischen Bewunderung und Konkurrenz – „was der kann, kann ich auch".

> „Ich denke, mein älterer Bruder war jemand, der die Möglichkeit geschaffen hat, daß ich Theologie studieren konnte, weil wir uns sehr gut verstanden haben, als er dann studiert hat und er sehr oft heim kam und wir stundenlange Spaziergänge gemacht haben, wo er mir seinen Kant und seinen Hegel erklärt hat und ich ihn dann hinterfragt hab und gefragt hab, soweit ich's verstanden hab, bis keiner mehr weiter wußte, und ich in ihm einen Menschen erlebt hab, der sowohl glaubt als auch meine kritischen Fragen aushält und sie selber teilt und drüber nachdenkt und immer auch schon Antworten hat. Und auch während dem Studium, in Zeiten, wo ich überhaupt nichts mehr glauben konnte, da hat mich das immer durchgetragen, daß ich wußte, der ... ist klüger als ich und er ist unheimlich ehrlich und er kann noch glauben, also gibt's Antworten auf meine zweifelnden Fragen, und zwar Antworten, die auch wirklich Antworten sind, nicht irgendein

Befehl und ein Muß. Und auch so wirklich an Punkten, wo ich nicht mehr weiter wußte, wo ich – später fiel mir das schwerer, wo ich mich dann gegen ihn auch so abgegrenzt hab, aber wo ich wirklich hin konnte, und da war ein Gesprächspartner, dem ich abnehmen konnte, was er sagt. Das war sehr hilfreich."

Während des Studiums ist es dann besonders der Kontakt zu einem der Assistenten, der von ihr als ermutigend erinnert wird. Er hat nicht nur für ihre theologischen Fragen ein offenes Ohr, sondern geht auch auf ihr Interesse ein, Person und Studium zusammenzubringen.

„Und dann hat ... der mir sicher am meisten gebracht hat, das war N.N. ... – das war auch einer der wenigen Menschen, die wirklich Antworten gegeben haben, bis hin, daß er einfach sagte, das ist ein Problem, da streiten sich die Theologen seit Jahrhunderten, aber da ist zum Beispiel der oder der, der hat etwas ganz Interessantes dazu gesagt, oder das weiß ich nicht, da müßte ich nochmal nachschauen, da hab ich noch nicht nachgedacht drüber. So was allein war schon so hilfreich, und nicht immer so ein steiles Theologengewäsch, das verdecken sollte, daß es da keine Antwort gibt oder die keine Antwort wissen. Da hab ich sehr drunter gelitten, und so falsche Töne hab ich auch schnell gespürt, ohne daß ich sie hätte verbalisieren können. Die waren sicher die wichtigsten."

Zusätzlich zu den hier vorgestellten „väterlichen" Beziehungen treten nun im Verlauf der theologischen Ausbildung die „amtlich-väterlichen". Ihrerseits sind sie nichts anderes als eine weitere Ausformung der Vater-Tochter-Beziehung. Gerade in der „Initiationsphase" der pastoralen Ausbildung, im Vikariat, wird deshalb der Mentor für die meisten Befragten zur prägenden Figur, der auf ihrem beruflichen Weg eine wichtige Rolle spielt. Fällt eine positive Beziehung zum Mentor oder zur Mentorin aus, wird dies als ausdrückliches Defizit benannt und immer wieder reflektiert.

Ich hatte fünf „amtliche" Väter gleichzeitig

Am deutlichsten wird dies im Bericht von Frau D. Sie freut sich, nach Abschluß des Studiums in einem ganz anderen Gebiet, mit anderen Herausforderungen arbeiten zu können. In der Beziehung zu ihrem Mentor erlebt sie Zwiespältiges. Auf der einen Seite ist er ein Mann, der sie als „Tochter" vereinnahmen, sie „an die Hand nehmen" möchte. Indem sie ihn in seiner pastoralen Arbeit nicht voll akzeptieren kann, empfindet sie diese angemutete Nähe als problematisch. Auf der anderen Seite wird Frau D. in dieser relativ kurzen Vikariatszeit auch von dessen Kollegen wie eine Adoptivtochter aufgenommen. Im Gegensatz zu ihrem Mentor kann sie dies aber eher akzeptieren, weil sie die fachliche Qualifikation der Kolleginnen und Kollegen sieht und von ihnen lernen will. So schwierig die Beziehung zur „Väterlichkeit" des eigenen Mentors für Frau D. ist, so sehr genießt sie es offensichtlich, von den anderen Pfarrern „bevatert" zu werden.

„Ja, ich hab eine Bestätigung gekriegt, ich hab einen – Sie kennen ja das System, wie das hier so läuft mit den Mentoren. Ich hab einen relativ schwierigen, ja wirklich objektiv schwierigen Lehrpfarrer gehabt. Einerseits, der immer so eine Vaterfigur sein wollte oder mich an die Hand nehmen wollte. Das war doch nicht nötig, ich laß mich doch nicht von ihm an die Hand nehmen. Und das war mit uns problematisch. Und der hat in mir irgendwas gesehen, was ich nicht war und nicht sein wollte. Und der hat auf der andern Seite also wirklich jetzt ganz persönliche Tragik – vieles in der Gemeinde – nicht so gemacht und nicht machen können, auch nicht so offen sein können, wollen, wie sich's Leute gewünscht haben. Und ich hab's im Grunde auch leicht gehabt, weil die – es war völlig egal, wer da gekommen wär, die wären heilfroh gewesen um jede und um jeden, und ich hab da viel – mir ist viel in den Schoß gefallen, ja, was ich mir nicht verdient habe, sondern was wirklich nur aus dem – Kon- – zunächst vielleicht aus dem Kontrast dieser beiden Personen resultiert ist. Und dann kommt dazu, (Ortsname)ist eine außerordentlich interessante Ecke, weil da lauter Pfarrer sind, waren, die ihre Sachen sehr gut können. Und (Ortsname) ist sehr klein, Sie kennen das. Es gibt also drei oder vier evangelische Gemeinden und Pfarrstellen mit hervorragenden Leuten und einer ganz intensiven Zusammenarbeit aller Pfarrer und Vikaren, Vikarinnen untereinander. Und da hab ich sehr viel profitiert. Wir haben also wirklich – ich hab im Grunde nie einen der Pfarrer gehabt, sondern immer fünf. Und war da drin und gehörte da dazu und hab gemacht, was ich konnte und hab, wenn ich's nicht konnte gefragt. Also, es waren so meine zweiten fünf Väter, aber unbedrängend."

Frau E. macht ähnliche Erfahrungen. Sie berichtet von einer freundschaftlichen, engen Beziehung zu ihrem Lehrpfarrer. Weil er nur wenige Jahre älter ist als sie, ist hier zwar nicht das Verhältnis eines „amtlichen" Vaters zur „amtlichen" Tochter gegeben, wohl aber das einer freundschaftlichen Beziehung.

„War das ein Vorbild für Sie?
— Ja und nein. Also, es war ein sehr junger Pfarrer, der ist nur ein paar Jahre älter als ich. Und von daher hat sich also eigentlich relativ schnell ein freundschaftliches Verhältnis entwickelt, auch zu seiner Frau, die fast im gleichen Alter war wie ich."

Gerade im Blick auf ihre dogmatisch-homiletischen Probleme erfährt Frau K. von ihrem Mentor wesentliche Unterstützung, wird sie ermutigt, ihre eigene theologische Sprache zu finden.

„Aber ich hatte da sehr viel Glück, daß ich zu einem sehr verständnisvollen Mentor gekommen bin, bei dem ich mich, ja, so regelrecht ausheulen konnte, und der mir auch geholfen hat, da wieder reinzufinden, der mir Mut

gemacht hat. Auf die Weise ging's dann doch weiter. Und dann hab ich wieder Freude dran gefunden. Also ich hab gemerkt, daß ich auch mutiger geworden bin, überhaupt gegenüber diesen Lehren, die da immer von der Kirche verkündet werden, diese Dogmatik, und ich hab mir gesagt, also, ich bin ja eigentlich ein Mensch, der selber denken kann und wenn ich nun mal die Trinitätslehre auch aufgrund biblischer Grundlagen nicht akzeptieren kann, dann versuch ich halt so meine eigene Einstellung zu dieser Trinität zu finden, und mit der kann ich dann auch leben und kann dann auch auf die Kanzel gehen, auch wenn das vielleicht nicht ganz unbedingt dem entspricht, was jetzt die Evangelische Kirche darüber denkt, aber – ja, da bin ich da selbstbewußter geworden. Ich denke mir, man kann auch Pfarrer sein oder Pfarrerin, ohne hier in Bayern wirklich die Lutherische Dogmatik zu vertreten. Ich denke, es gibt Wichtigeres."
„Und wahrscheinlich hat dieser Mentor dann auch eine ermutigende Rolle gespielt?
— Ja. Doch."

Trotzdem unterscheidet Frau E. zwischen der Beziehungs- und der Sachebene in ihrem Verhältnis zum Mentor. Hier sieht sie manches in der Arbeitsweise des Mentors, das sie anders machen würde. Sie läßt sich durch die gute emotionale Beziehung nicht vereinnahmen, sondern findet ein kritisches Gegenüber.

„Aber – ja, in seiner Rolle als Pfarrer, da konnte ich nicht alles akzeptieren. Also ich hab ihn – ja gegenüber den anderen Mitarbeitern und seinem Kirchenvorstand sehr bestimmend erlebt, als einen, der unbedingt das durchsetzen muß, was er sich so vorgestellt hat, und wenn das nicht möglich war, dann – ja, dann hat's da manchmal auch ganz schreckliche Szenen gegeben mit anderen Mitarbeitern. Also das war, was ich mir gesagt hab, so möcht' ich das nie. Also ich hab schon ein demokratischeres Verständnis von Gemeindeleitung, also so könnt' ich mir das nie vorstellen für mich selber."

Für Frau C. gestaltet sich die Beziehung zu ihrem Mentor besonders positiv. Sie findet übrigens genau wie Frau E. nicht nur in ihm selbst, sondern auch in der Pfarrfrau und in der ganzen Familie eine Möglichkeit des Auftankens und Angenommenseins, die ihr gut tut und sie auf ihrem Weg ermutigt und stärkt.

„Mein Mann stand dann kurz vor seinem Examen, und da mußten wir da ausziehen. Aber auch da insgesamt viel Unterstützung, auch von meinem Lehrpfarrer und auch vor allen Dingen von seiner Frau. Das sind jetzt auch noch, kann man sagen, unsere besten Freunde. Unser Sohn, der war ein bißchen schwierig, der blieb also wenig bei anderen Leuten, hat sogar bei meiner Mutter geheult. Aber in der Familie meines Lehrpfarrers blieb er also von Anfang an, schon beim ersten Mal. Da sollten wir rumfahren und uns die Gemeinde anschauen, und da haben wir überlegt, was machen wir mit ihm, und da hat die Frau nur gesagt: komm mit, wir haben ein Häschen im Garten. Und da war er weg, und ich hab ihn den ganzen Tag nicht mehr gesehen. Und das hat sich also so gehalten. Gut, ich muß sagen, ohne die Familie hätte ich das auch gar nicht gepackt. "

Neben der fachlichen Zusammenarbeit ist es die väterlich-emotionale Ebene, die von diesen Frauen als ermutigend und positiv beschrieben wird.

Dennoch ist hier noch einmal und verstärkt die Frage zu stellen, was eine solchermaßen ermutigende, stützende Beziehung zu einem „amtlichen" Mann für diese angehenden Pfarrerinnen bedeutet.

Läßt sie ihnen den Raum, ihr eigenes Frausein in diesem Beruf zu finden?

Daß manche der Befragten die Gefahr spüren, in der Identifikation mit einem männlichen „Vor-bild", dem eigenen Frausein entfremdet zu werden, wird besonders deutlich an den Töchtern, deren Väter nicht nur „amtlicher" oder nur „leiblicher" Vater sind, sondern beides in Personalunion miteinander verbinden.

Hier sind dann auch die Distanzierungsstrategien, die Stationen der sorgfältigen eigenen Vergewisserung besonders klar zu erkennen. Keine von ihnen kann sich vorstellen, aufgrund dieser Beziehung und Prägung allein in diesen Beruf zu gehen. Es würde nicht tragen. Es würde aber auch für ihren eigenen Weg als Frau in diesem Beruf ein Hindernis sein. Wenden wir uns dieser besonderen Gruppe der befragten Pfarrerinnen zu, Frauen, die aus einem Pfarrhaus stammen und damit die pastorale Arbeitswelt von innen kennen und sich dennoch vom Blick „hinter die Kulissen" nicht haben abschrecken lassen.

4. Der „leiblich – amtliche" Vater

Ohne es in der Zusammenstellung unseres Samples gesteuert zu haben, stammt ein Drittel der Befragten aus einem Pfarrhaus. Diese Theologinnen beschreiben das Leben im Pfarrhaus, in der Gemeinde noch einmal aus einer anderen Perspektive, als es bisher der Fall war. Der „amtliche Vater" – der Pfarrer in Personalunion mit dem leiblichen Vater – was bedeutet dies den Befragten im Blick auf ihren Weg zum Theologiestudium? Auch die Person des Pfarrers ist nun nicht mehr nur Gegenüber, Impulsgeber aus einer anderen Welt, sondern ist Teil der eigenen Familiengeschichte und Lebenswelt. Die verschiedenen Schattierungen, die in einer solchen komplexen Beziehung möglich sind, werden in den Gesprächen mit den befragten Pfarrerstöchtern deutlich.

Pfarrhaus als Familienbetrieb

Frau M. erwähnt die Tatsache, aus einem Pfarrhaus zu stammen, gleich zu Beginn des Gesprächs. Auch die Person des Vaters, die davon ausgehende Prägung werden positiv angesprochen.

> „Ja, da gab es sicher von der Kindheit her – es ist sicher ein starker Einfluß, daß mein Vater selber Pfarrer ist und von daher der Beruf mir in seinen verschiedenen Perspektiven vor Augen stand."

Über die eigene Rolle „als Frau in diesem Beruf", über die Konsequenzen einer starken Identifikation mit dem Vater für ihr Frausein denkt Frau M. nicht weiter nach. Erst im Studium und dann später in der beruflichen Praxis wird diese Auseinandersetzung nachgeholt.

> „Wie es dann zur Entscheidung kam, daß ich selber dieses Studium machen will, war für mich auch die Frage, daß ich als Frau das mache, gar nicht so im Vordergrund. Also ich habe das nicht grundsätzlich für mich in Frage gestellt, daß ich als Frau das nicht könnte."

Der Einfluß des Vaters, des Pfarrhauses wird, obwohl genannt, doch sofort wieder zurückgenommen. Demgegenüber wird die eigene Entscheidung betont.

> „Also ein Einfluß ist das Elternhaus sicher, wobei die Entscheidung mir selber gerade wichtig war."

Damit ist für Frau M. der Bereich „Einfluß des Vaters" hinreichend beschrieben, sie wendet sich im Fortgang des Interviews den sachlichen Gesichtspunkten ihrer Studien- und Berufswahl zu.
Bei einer weiteren Pfarrerin, Frau K., wird gleich zu Anfang des Gesprächs diese gängige und fast schon „natürliche" Ausgangsbasis der Studien- und Berufswahl relativiert, in Frage gestellt, als zu einfach abgewertet. Im Gegenzug dazu werden wichtigere Einflußgrößen genannt.

> „Wenn ich mir's leicht machen will, dann sag ich einfach nur, ich komm aus einem Pfarrhaus und daher natürlich Vorbilder in der Kindheit und in der Jugend, aber das kann ja nicht alles sein ..."

Mit dieser, die extrinsische Motivation relativierenden und das eigene Ich-Bewußtsein zum Ausdruck bringenden Äußerung deutet sich die Ambivalenz in der Situation derjenigen Befragten an, die aus einem Pfarrhaus stammen. Es bleibt für sie immer eine Unsicherheit bestehen, inwiefern sie mit dieser Berufswahl wirklich ihr „Eigenes" gewählt haben. Sie müssen zu einer eigenen sinnvollen und positiven Abgrenzung gegenüber diesen prägenden Einflüssen kommen, ohne daß sie die Herkunft aus einem Pfarrhaus leugnen wollen oder können. Für die einen zeigt sich, wie in den schon zitierten Passagen deutlich, eine frühe und klare Abgrenzung gegenüber diesen Primärbeziehungen. Bei anderen dagegen gestaltet sich diese Ablösung schwieriger, schmerzhafter bzw. wird in ihrer Ambivalenz zwischen dem persönlichen und dem „amtlichen" Vater deutlich artikuliert. Gerade in der Heftigkeit, mit der diese naheliegende Motivation abgewehrt wird, zeigt sich der intensive Einfluß, der dahinter vermutet werden kann.
Ein besonders anschauliches Beispiel dafür gibt Frau J. Sie beschreibt ausführlich ihre lang bedachte, in Stufen der Selbstprüfung erfolgende Studienwahl. Die Auseinandersetzung mit dem väterlichen Berufswunsch ist sozusagen zu ihrem Lebensthema geworden. Als sie nach der Motivation für das Theologiestudium und den Beruf einer Pfarrerin gefragt wird, antwortet sie ohne Zögern:

> „Also ich bin im Pfarrhaus aufgewachsen."

Diese Antwort scheint für Frau J. weiter keine Schwierigkeit in sich zu bergen. Als älteste Tochter ist sie sich der besonderen Beziehung zu ihrem Vater bewußt, hat dessen großzügige Förderung, hat Beachtung und Würdigung erfahren, was sich für sie in dem väterlichen Bestreben zeigt, ihr eine umfassende Bildung und Ausbildung zu ermöglichen.

> „Als älteste Tochter, ich hab lauter Schwestern zu Hause und bin vor allem vom Vater sehr gefördert worden in Richtung Bildung."

Fast heiter beschreibt sie die Fixierung auf gemeindliche Aktivitäten, die die ganze Familie in Beschlag nimmt. Sie merkt zwar, daß auch schon die Wahl des Gymnasiums, das sie besucht hat, etwas mit dem väterlichen Berufswunsch zu tun gehabt haben könnte. Dennoch hat sie sich, so hält sie zumindest nach außen hin fest, nie genötigt gefühlt, diesen Beruf zu wählen.

> „Und ich hab an der Schule schon Griechisch gelernt, und das ist ja inzwischen selten geworden neben Latein, so sicher ein bißchen mit der Hinterabsicht meines Vaters, die soll das mal kennenlernen, hab mich aber nie genötigt gefühlt, so jetzt zu sagen, er wünscht sich unbedingt eine Tochter zum Pfarrer, äh, eine Tochter als Pfarrerin …"

Die dem Vater vielleicht selbst unbewußte Absicht, in Ermangelung eines Sohnes nun eben die älteste Tochter in seine Fußstapfen treten zu sehen, wird von Frau J. immer wieder dahingehend relativiert, daß sie dies nur als eine Ermöglichung von Entscheidung, keinesfalls jedoch als Nötigung empfunden habe. In der Häufigkeit der Wahrnehmung dieses väterlichen Wunsches und der Betonung ihrer eigenen Entscheidung wird deutlich, wie stark hier die Vater-Tochter-Beziehung in die Frage der Berufswahl hineinspielt, zumindest einen wichtigen Faktor darstellt. Gerade aus der reflektierten und bewußten Strategie der Distanznahme und den daraus folgenden konkreten Schritten, dem väterlichen, dem häuslichen Einfluß auf diese Studienwahl zu entgehen, läßt sich die Intensität dieser Beziehung erschließen.

Pfarrhaus als Lebensdrama

Während Frau J. sich in einem längeren, aber doch sehr zielgerichteten Ablöseprozeß vom Vorbild des Vaters entfernt, verläuft dieser Prozeß für Frau B. sehr viel heftiger. Sie selbst nennt ihre Lebensgeschichte ein „Lebensdrama" und führt dies ohne Umschweife auf das Verhältnis zu ihrem Vater zurück. Die Herkunft aus dem Pfarrhaus wird dabei wieder als eher extrinsisch, äußerlich bezeichnet und damit relativiert.

> „Ja, so ein äußerer Anlaß, daß mir der Beruf halt überhaupt begegnet ist, ist sicher, daß ich eben aus einem Pfarrhaus stamm."

Dieses „daß ich eben aus einem Pfarrhaus stamm" wird dann, wie auch bei den anderen Pfarrerinnen, die zugleich Pfarrerstöchter sind, mit der Beschreibung der väterlichen Biografie näher begründet. Pfarrhaus wird dabei interessanterweise in keinem der Berichte mit der Tätigkeit der Mutter identifiziert, obwohl in den meisten Fällen davon ausgegangen werden kann, daß gerade die Pfarrfrau, also die Mutter, traditionellerweise einen erheblichen Anteil am Funktionieren des „Pfarrhauses" beitrug und aus dem Ganzen des Gemeindealltags nicht wegzudenken war. Diese „Unsichtbarkeit" der Mutter, der zuarbeitenden Pfarrfrau, wird deutlich in der zum Teil völlig fehlenden Erwähnung in den Interviews der Töchter bzw. mit der deutlichen Ablehnung dieser Rolle. Darauf wird in einem späteren Abschnitt noch genauer einzugehen sein.

Erschwerend tritt im Fall von Frau B. hinzu, daß der Vater schwer krank wird, eine Tatsache, die ihr ganzes Verhältnis zu ihm bestimmt, zum „Lebensthema" wird. Tod und Sterben, die Möglichkeit eines raschen Abschieds vom Vater, verknüpft sich für sie fortan mit der Gottesfrage und zugleich mit dem entscheidenden Impuls ihrer pastoralen Berufswahl.

> „Wobei das allerdings eine relativ kurze Periode aus meiner Kindheit ist, weil mein Vater schwer krank wurde, als ich sieben war, sechs oder – sieben Jahre war ich ... Nur war mein Vater eben sehr gern Pfarrer ... und mußte den Beruf dann aufgeben, einfach weil's gesundheitlich nicht mehr ging. Von daher war mein Vater pensioniert, als ich zehn oder elf Jahre alt war. Und diese Operation hat aber insofern Nachwirkungen auf mich gehabt, weil ... meine Mutter eine wahnsinnige Angst entwickelt hatte, daß er jeden Moment tot sein könnte. Und ich bin von daher unheimlich intensiv mit dem Tod aufgewachsen."

Ich wollte von ihm gehört werden

Einen ähnlich langwierigen Prozeß der Ablösung hat Frau D. hinter sich. Auch für sie liegt die Motivation zu diesem Studium klar auf der Hand. Die Antwort, aus einem Pfarrhaus zu stammen, kommt schnell und selbstverständlich. Doch auch hier, ähnlich wie bei Frau J., wird der Einfluß des Vaters als nicht bedrängend geschildert, eher ist es der Kampf der Tochter um Anerkennung, ist es die Suche danach, gleichwertige Partnerin für ihn zu sein, vom „predigenden Vater" gehört zu werden.

> „Also das ist eigentlich ganz einfach. Also ich komm aus einem Pfarrhaus, das heißt, mein Vater ist Pfarrer. Und ich bin aufgewachsen – ja, in der Atmosphäre, in der Menschen sich mit diesem Thema beschäftigt hatten. Und ich hab auf der andern Seite, und da bin ich ganz froh drum, nicht so diese Pfarrerstochter- oder Pfarrerskinderprägung, die dann – oder die Pfarrerskinder so ganz automatisch in die Arbeit reintrixen – Kindergottesdienst und so. – Unsere Eltern haben uns dazu nicht gezwungen, und wir habens dann lange Zeit eigentlich auch nie gemacht."

Frau D. verweigert sich dem „Familienbetrieb Gemeinde", wird auch von ihren Eltern nicht gezwungen mitzuarbeiten. Ein Stück Distanzbedürfnis zu dieser vereinnahmenden Atmosphäre des Pfarrhauses ist zu spüren, eine Distanz, die Frau D. der Person des „Pfarrer-Vaters" gegenüber gern überwinden möchte.

„Also es ist – ich hab den Anstoß vielleicht bekommen durch eine Identifikation mit dem, was mein Vater tut, oder mit meinem Vater in einer bestimmten Weise oder durch diese Ausrichtung auf den Vater – das wär vielleicht. Ich hab immer gewußt – ja – oder immer gemerkt, der tut was, was ihn selber unglaublich fasziniert, in bestimmten Bereichen, längst nicht in allen, aber – und wo er selber sehr dabei ist. Also ich hab den predigenden Vater im Ohr – war ungeheuer beeindruckt. Und – ja – das war das eine. So hab ich ihn erlebt."

Sie spürt, ihr Vater steht hinter dem, was er predigend weitergibt. Aber genau in diesen Augenblicken authentischer Existenz ist er zugleich auch „der predigende Vater", der seiner Tochter „im Ohr" ist, zu dem sie aber keine persönliche und nahe Beziehung findet. Es ist das Ringen der Tochter um Anerkennung, um Gehörtwerden, das diesen ersten Teil des Interviews mit Frau D. durchzieht.

„Und das andere war, daß man ganz schwer über so Sachen mit ihm reden konnte und kann eigentlich bis heute. Es kostet mich große Kraft. Von ihm geht da wenig aus. Und, mei, heut denk ich, und es gab Phasen, wo ich mir das so ernsthaft überlegt hab, wie ich eigentlich auf dieses Studium gekommen bin. Ich glaube, das war ein einziger Versuch, mit diesem Vater ins Gespräch zu kommen. Das hab ich jetzt schon lang nicht mehr gedacht, aber es ist schon noch – es kann sein, daß was dran ist."

Neu an diesem Bericht ist, daß von den Eltern selbst eine gewisse Distanz und Vorsicht berichtet wird, ihre Tochter nur ja nicht in eine bestimmte Richtung, zum Theologiestudium etwa, zu drängen. Die Reaktion der Eltern, auch des Vaters, auf ihre Studienwahl wird von Frau D. als skeptisch empfunden. Es soll keine neue „Pfarrersdynastie" entstehen.

„Ja, und da war's natürlich auf der anderen Seite wirklich sehr angenehm, daß ich mich gegen nichts wehren mußte. Also die Eltern waren außerordentlich zurückhaltend. Also, ich wollte lange Zeit was anderes machen. Ich wollt Germanistik und Anglistik machen, bis in die zwölfte Klasse rein. Bühnenbildnerin hätt ich gerne gemacht. Das waren so meine Träume. Und als ich den Eltern dann gesagt habe, also Theologie, haben die überhaupt nichts gesagt. Totales Verstummen. Und ich hab dann gedacht, ja, freut Ihr Euch vielleicht, oder was ist denn? Und dann haben sie sich gefreut, aber sie wollten eben auch nochmal dieses Nichtdrängen – weil sie mit Entsetzen, und das versteh ich, auf diese Pfarrersdynastien gesehen haben, in denen man mindestens in jeder Generation ein Opfer ist, das ich bestimmt nicht hätte werden sollen. Und das haben sie auf jeden Fall vermeiden – ich denke, man kann's vielleicht gar nicht so vermeiden. Aber jedenfalls haben sie da nichts forciert, überhaupt nichts forciert, bis heute nicht. Ja, doch, das ist wichtig."

Das kann ich allemal noch besser

Aus der Gruppe der Pfarrerstöchter hebt sich Frau L. insofern ab, als sie ihre bisherige, kirchlich-pfarrhäusliche Sozialisation durchweg nur negativ erlebt hat – und sich trotzdem für das Theologiestudium und den Beruf der Pfarrrerin entscheidet. Sie stellt in ihrer Biografie so etwas dar wie die „tragische Variante" dieser möglichen, in sich schon komplizierten Vermischung der amtlichen und der persönlichen Vater-Tochter-Beziehung. Frau L. wächst nicht bei ihren Eltern auf, sondern bei einem Onkel. Dieser ist, wie ihr leiblicher Vater, Pfarrer. Sie wird von ihm sehr streng erzogen, hat aber keinerlei positive Beziehung zu ihm. Sie verachtet ihn letzten Endes. Warum sie nicht bei ihrem Vater, bei ihren Eltern bleiben konnte, wird erst sehr spät, gegen Ende des Interviews andeutungsweise nachgetragen. Es scheinen Schwierigkeiten in der Ehe der Eltern bestanden zu haben, doch starb dann der Vater früh, sie hat keine Erinnerung mehr an ihn.

> „Zu meinem Vater nicht. Den habe ich nicht gekannt, und der ist auch schon lange tot. Ich hab bei Verwandten von meiner Mutter gelebt, und meine Mutter hat so ein paar Kilometer weiter weg gewohnt."

Im folgenden konzentriert sich deshalb alles auf die Beziehung zu ihrem Onkel, zu ihrem Ersatz-Vater. In der rein negativ dargestellten Beziehung zu ihm arbeitet sich Frau L. ab, prägt sich ihre Persönlichkeit.

> „Ich komm aus einem Pfarrhaus, hab allerdings nicht bei meinen Eltern gewohnt, sondern bei Verwandten, die ziemlich alt waren für mich. Und mein Onkel, bei dem ich da war, der war Pfarrer. Und das war, ja wie soll man sagen, ja, er kommt wohl von den deutschen Christen, also so aus einer nationalsozialistischen Vergangenheit, mit ziemlich verschrobenen Gedanken eigentlich, die dann so mit Kirche-Christsein kombiniert waren und eigentlich nur so Reglementierungen ergeben haben. Und, ja auf der einen Seite eine ziemlich strenge Lebensweise, was jetzt Vergnügungen anging. Auf der anderen Seite aber auch wieder eine große Schlamperei. Gearbeitet also zum Beispiel hat er nicht viel."

Auf der anderen Seite sieht Frau L. keine Chance, an dieser Situation etwas zu ändern. Sie beschließt, still zu halten, den Weg des geringsten Widerstandes zu gehen, um ihr Eigenes zu haben. Diese Strategie, zu ihrem Eigenen zu kommen, ohne sich in fruchtlose Kämpfe zu verlieren, prägt auch die weitere Schilderung ihres Berufsweges.

> „Und mir war das also mit der ganzen Art, wie sie mich erzogen haben, irgendwie ziemlich schnell zu blöd, und ich habe mir gedacht, das ist also so albern, da sagst' überhaupt nichts dazu, du schaust halt, daß du soviel wie möglich machen kannst, was du willst, ansonsten läßt' sie."

Von daher hat Frau L., obwohl sie aus einem Pfarrhaus stammt, keine positive Beziehung zur Kirche gewonnen. Die üblichen Verpflichtungen, wie In-die-Kirche-Gehen usw. absolviert sie nur pflichtmäßig, lehnt sie aber innerlich ab.

„Ich mußte da zwar immer hingehen am Sonntag, wenigstens in den Kindergottesdienst – hat mich auch nicht weiter interessiert. Ich hab das zwar da irgendwie verteidigt, weil das halt meine Familie war, die damit zusammenhing, aber das hat mich nicht so – das hat mich eigentlich mehr abgeschreckt. Und da wär ich auch nie auf die Idee gekommen, daß ich damit mal irgend etwas machen könnte."

Von daher liegt ihr die Idee, Theologie zu studieren zunächst einmal sehr fern.

„Und ich bin dann, nachdem das also mit der Familie und mir nicht so furchtbar gut gegangen ist, ins Internat gekommen ... Und das ist ja auch so von der Art und Weise, wie die mit uns umgegangen sind, war das ja auch nicht besonders geschickt. Man hatte zwar schon ziemlich viel Möglichkeiten. Es hat nie jemand so genau nachgefragt, was man eigentlich gemacht hat. Das waren mehr so formale Dinge, ob man rechtzeitig kommt oder nicht, aber wo man jetzt wirklich war, das war nicht das – von daher war es schon irgendwie freier, aber im Grunde auch ganz schön verlogen, was da so in der Kirche gelaufen ist.
— Also haben Sie irgendwie das Gefühl gehabt – haben Sie Religion gelebt in der Familie? Oder war das so mehr der Beruf eben des Pflegevaters?
— Das war einmal der Beruf, und Religion gelebt, kann man nicht sagen, daß man mit Religion irgend etwas Positives verbindet. Das war also sehr streng, also zum Beispiel, daß man nicht zum Fasching geht, oder daß man die Haare nicht abschneidet, daß die lang sind – das ist alles irgendwie mit der Religion verbunden und begründet worden. Aber das war eigentlich alles, außer dem Tischgebet, das aber dann auch wieder zwanghaft sein mußte.
— Also so eine moralisierende Seite?
— Ja, so."

Auch Religions- und Konfirmandenunterricht werden negativ erlebt.

„— Also Konfirmandenunterricht, das war bei meinem Pflegevater, und der hat eigentlich nur daraus bestanden, daß man Sprüche auswendig gelernt hat. Und ich hab ihn mehr dazu benutzt, mich ein bißchen zu rächen. Da waren dann noch diese Prüfungen am Schluß und da habe ich keine Lust gehabt, hab das blöd gfunden, und dann bin ich hingegangen und hab gesagt, also paß auf: das lern ich und das, und wenn du das andere fragst, dann blamierst du dich, mir ist das egal. Und das hat auch gut geklappt, aber – also irgend was Positives wüßt ich nicht. Oder daß ich mir irgend etwas gemerkt hätte. Wir haben auch nichts gemacht, außer Katechismus und Lieder auswendig zu lernen. Und Religionsunterricht – besonders gut war der auch nicht. Das war dann schon ein bißchen besser, es ging dann mehr um ethische Themen, aber das hat mich damals auch nicht so interessiert. Ja, der Religionsunterricht ist vielleicht auch da in dem ganzen kirchlichen Konext ewas negativ angekommen, weil wir halt auch wieder dazu gezwungen wurden, jeden Montag früh in die Kirche zu gehen und so was, und dann haben wir das einfach auch abgelehnt. Und haben da nicht sehr viel Zeit drauf verschwendet und haben das auch deutlich spüren lassen, daß wir dann eben nicht wollen. Und für mich war aber von Anfang an so Kirche, Kirchengemeinde, Religionsunterricht, wie ich es erlebt hab, und Theologie, und das was es sein könnte, zwei völlig verschiedene Sachen."

Eine der wenigen positiven Erfahrungen mit Kirche macht Frau L. in einer Gruppe junger Studenten, unter denen sich auch ein Theologiestudent befindet. Im Gespräch mit diesem merkt sie, daß es auch andere Auffassungen über Kirche und Theologie gibt, als die, die sie bisher über ihren Onkel kennengelernt hat. Mit dieser Gruppe fährt sie zum Kirchentag, ist angetan von der Lockerheit, die dort herrscht, von der völlig anderen Art, christlichen Glauben, christliche Theologie darzustellen und zu leben. Sie beginnt darüber nachzudenken, ob sich ein Engagement in der Kirche vielleicht doch lohnen könnte. Ihre Motivation ist eine durchaus trotzige.

„Auf der anderen Seite habe ich aber dort auch eine Menge Theologiestudenten kennengelernt. Und Studenten haben ja meistens dann immer noch ganz gute Ideen, und die haben mir dann schon imponiert, das hat mir ganz gut gefallen, und da konnte ich mir auf einmal so etwas ganz anderes unter Kirche vorstellen, bin dann in der Zeit auch mal zum Kirchentag gefahren. Das war der erste und der letzte. Aber jedenfalls hat mir das gut gefallen, und das war etwas ganz anderes als das, was ich unter Kirche gekannt habe, und da habe ich gedacht, naja, das wär's ja eigentlich wert, sich da reinzuhängen und dann auch zu schauen, daß aus Kirchengemeinden vor Ort mal was Vernünftiges wird. Und so bin ich dazu gekommen."

Zu ihrem Mentor als zur zweiten „amtlichen" Vaterfigur entwickelt Frau L. ebenfalls eine eher kritische Beziehung. Auch von ihm aus wird ihr distanziertes Kirchenbild nicht verändert.

„— Ja, das hat mich schon in eine bestimmte Richtung geprägt. Vielleicht dahingehend, daß ich recht vorsichtig geworden bin mit Vorbildern, weil ich da eigentlich nie so gute Erfahrungen gemacht hab. Ja, daß ich also auch den Situationen gegenüber erstmal sehr abwartend da stehe, jetzt also zum Beispiel Kirche."

Sosehr demnach bei den meisten Pfarrerinnen, die von uns befragt worden waren und aus einem Pfarrhaus stammten, der Einfluß des väterlichen Vorbilds nivelliert wurde, so unverkennbar deutlich ist doch dieser prägende Faktor. Für manche der Befragten ergibt sich daraus eine kontinuierliche, ja lebenslange Auseinandersetzung mit der Vater-Tochter-Beziehung. Gerade die Verquickung der persönlichen und der „amtlichen" Identität des Vaters macht diesen Prozeß der Ablösung durch die Betroffenen schwierig und langwierig. Die persönliche, spannungsvolle Beziehung zum Vater wird dabei überlagert durch die Ebene der eigenen Glaubensfindung, des individuellen Transzendenzbezugs und läßt, gerade auch in dem Bestreben, sich abzulösen, die eigene Motivation zum Theologiestudium und Pfarrberuf leicht verschwimmen. Es wird deshalb verständlich, mit welcher Sorgfalt die meisten dieser „Töchter" ihren Weg in und durch das Theologiestudium gestalten, wie sie sich mehrere Optionen offenhalten, das Studium unterbrechen, um sich über das, was sie selbst wollen, zu vergewissern.

Eine so grundlegende Bedeutung von Männern als „Türöffner" in einen männlich strukturierten und definierten Beruf läßt nun allerdings nach der Rolle der Mütter und Frauen und ihrem Einfluß auf das Leben und die Studien- und Berufswahl ihrer Töchter fragen. Wie werden sie geschildert? In welchem Verhältnis stehen sie real oder in der Erinnerung der Töchter zum dominierenden Vater? Gibt es Eltern- und Mutterbeziehungen, die ganz anders erinnert werden?

III Nicht so wie meine Mutter

Im Gegensatz zur durchgängig intensiven Vater-Beziehung gestaltet sich die Beziehung der befragten Pfarrerinnen zur Mutter stärker ambivalent. Indem sie so eindeutig auf die männliche und d.h. berufsorientierte Karte setzen, übernehmen sie indirekt die Minderbewertung des eigenen, auf Haus- und Familienarbeit hin sozialisierten Geschlechts, erleben sie am Beispiel der Mutter deren geringen gesellschaftlichen Status. Insofern sie jedoch im eigenen Lebenskonzept Beruf und Familie zu vereinbaren suchen, rückt ihnen die ambivalente Bewertung der „Mutterrolle" hautnah. Sie können sich nicht so einfach davon distanzieren.
Wie schildern die einzelnen Pfarrerinnen nun ihre Mutter, wie sehen sie die Beziehung zu ihr? Welches Bild von ihr taucht in den Gesprächen auf?

1. Nicht so wie meine Mutter[1]

Bei einigen der Interviewpartnerinnen wird die Absetzungsbewegung von der Rolle und Sphäre der Mutter sehr deutlich. Ihre individuelle Arbeit, ihre Fürsorge und Erziehungsarbeit wird zwar durchaus gesehen und gewürdigt. Dennoch ist das Lebenskonzept der Mutter kein Orientierungsziel für die Töchter. Mit „nicht so wie meine Mutter" wenden sie sich bewußt dem männlich-väterlichen Lebenskonzept zu. Besonders deutlich wird dies bei Frau M. Obwohl – oder vielleicht gerade weil – die Mutter die qualifizierte Ausbildung ihrer Töchter genauso unterstützt wie die der Söhne, erscheint ihr eigenes Lebenskonzept in den Augen der Tochter nicht mehr akzeptabel.

> „Nochmal zurück zu dem Weg – zu der Entscheidung zum Studium und zum Beruf. Hat Deine Mutter eine Rolle gespielt?
> — Ich bin mir nicht bewußt geworden, bis vor wenigen Jahren, ist das ... wie sie bestimmt wurde von ihrem Umfeld, und für mich dazu kommt, daß ich selber bestimmen wollte, was ich tue. Also ich denke, da hat sie schon eine entgegengesetzte Rolle gespielt ... und von ihr aus umgekehrt Unterstützung, daß auch die Mädchen – also wir waren Jungs und Mädchen zu Hause – daß auch die Mädchen ... von daher Unterstützung auch."

Frau M. möchte im Gegensatz zu ihrer Mutter über ihr Leben „selbst bestimmen", setzt sich bewußt in Widerspruch zum Lebenskonzept ihrer Mutter. Sie ist dabei bereit, die nach ihrer Meinung notwendigen Konsequenzen zu tragen, d.h. sich zwischen Familie und Beruf zu entscheiden und in ihrem Fall auf Familie zu verzichten.

> „Das war für mich allerdings auch ein Bereich, bevor ich mich wirklich entschlossen habe für's Theologiestudium und für die Pfarrerin – da war für mich die Frage sehr massiv da, ob ich mir vorstellen kann, es zu kombinieren mit Familie, und für mich hängt die Entscheidung für den Beruf damit

> zusammen, was es heißt für dich, daß du allein bleiben willst, weil ich in verschiedenen Dingen merke, ich kann nur eins – daß ich einfach gemerkt habe, es waren verschiedene Bereiche, denen ich gerecht werden will ... Also bei der Entscheidung hat es schon eine Rolle gespielt ..."

Frau M. sieht realistisch die Zwänge, die sich für eine Frau ergeben, wenn sie Berufsarbeit und Familie vereinbaren möchte, vor allem, wenn Kinder zu versorgen sind. Sie zieht deshalb ihre persönlichen Schlußfolgerungen: „Ich kann nur eins". Gerade durch diese Entscheidung für den Beruf und durch die reflektierte Weise, wie dies geschieht, wird noch einmal deutlich, wie sehr Frau M. alles daransetzt, um nicht unversehens doch das Lebenskonzept ihrer Mutter übernehmen zu müssen.

Auch für Frau B. ist die Situation und das Leben ihrer Mutter nicht erstrebenswert. Aus der Beschreibung der familiären Situation spricht das Mitleid mit dem Selbstopfer, der Selbstaufgabe der Mutter in ihrer Beziehung zum Mann, zur Familie. Inwieweit dies die eigene Entscheidung der Mutter war oder es von ihr nur hingenommen wurde, wird nicht berichtet.

> „Und das war für meine Mutter auch sehr schwer. Wir waren drei Kinder – zehn, sieben und vier Jahre alt, und sie ging also da auf eine fast sichere Witwenschaft zu und hat meinen Vater aufopfernd gepflegt in der Zeit und hat ihn auch wirklich durchgebracht, muß man sagen ..."

Frau B. möchte ihrer Mutter helfen, fühlt sich jedoch zurückgestoßen. Der ältere Bruder wird bevorzugt. Im Nachhinein erkennt sie, wie sehr die Mutter sie in die Beziehung zum Vater hineingezogen hat. Sie schildert ihre Mutter als emotional unreifen Menschen. Die Angst um den Vater teilt sich den Kindern mit. Die Kinder sind für die Mutter offensichtlich als emotionale Stütze notwendig. Ihr „Selbstopfer" verlangt deshalb kritiklose Loyalität.

> „Wie war die Beziehung zu Ihrer Mutter? Sie haben viel von Ihrem Vater erzählt.
> — Ja, interessant, gell. Ja, schwirig. Ich hab lange Jahre eigentlich gedacht, daß meine Mutter diejenige ist, die durch ihre Liebe so alle Schwierigkeiten auch mit dem Vater wieder wettgemacht hat. Das stimmt aber eigentlich nicht. Meine Mutter hat – ist eher ein unreifer Mensch, der in seiner Liebe dann auch, eigentlich wie so ein kleines Kind, war – entweder sehr maßlos oder dann auch sehr ablehnend. Und das konnte von jetzt auf acher umschlagen. Und sie hat uns von daher auch oft überfordert – daß sie wirklich erwartet hat, daß wir spüren müßten, was sie jetzt braucht oder was sie jetzt will, und wenn wir das nicht gespürt haben, weil auch wir nicht in die Herzen sehen, dann haben wir das oft sehr gebüßt. Weil sie dann wirklich bös mit uns war. Und auf der anderen Seite hab ich so die Erinnerung auch, daß ich selber meine Mutter sehr geliebt hab ... Aber das war etwas, was, glaube ich, meine Kindheit ganz stark geprägt hat, daß ich immer gern das Schicksal meiner Mutter erleichtern wollte. Weil ich das unheimlich mitempfunden hab, wieviel Angst sie um den Vater hatte. Und

wenn es ihm dann eben schlecht ging, wieviel Angst sie teilweise auch vor ihm hatte. Denn mein Vater war manchmal fast tobsüchtig. Und das war eigentlich ein Kampf gegen Windmühlen, den ich gar nicht gewinnen konnte, aber den ich halt nichtsdestotrotz unverdrossen gekämpft hab. Und das ist etwas, was – mit meinem Vater hab ich Frieden geschlossen, mit meiner Mutter eigentlich noch nicht. Meine Mutter hat auch so was Zerbrechliches an sich, ich könnte ihr das nie sagen, was ich eigentlich auch gelitten hab unter ihrer Art."

Frau B. erwartet zum Zeitpunkt des Interviews ihr erstes Kind. Deshalb macht ihr die ungeklärte Mutterbeziehung besonders zu schaffen. Sie spürt, daß sie damit noch nicht im Reinen ist. Es fällt ihr jedoch schwer, sich mit der Mutter auseinanderzusetzen.

„Und von daher kann ich's wahrscheinlich auch schlechter heilen. Oder, was ich halt auch merk, ich bin halt nun mal Frau, und für mich war's sehr schwer zu heiraten oder jetzt auch so das Kind zu kriegen, da kommt unheimlich vieles wieder hoch von dem, wie sie war, und auch, was sie für einen Preis bezahlt hat für die Kinder. Oder auch was wir Kinder letztlich bezahlt haben, dadurch, daß sie so viel aufgegeben hat für uns."

Diese Passage ist ein klassischer Beleg dafür, wie Fürsorge in ohnmächtigen Beziehungen sich ins Gegenteil verkehren kann. Die geschlechtsspezifische Aufteilung der Rollen läßt Frauen oft nur noch den Weg einer indirekten Mächtigkeit offen, einer Bemächtigung derer, für die sie sorgen, aus der sich die „Bemutterten" nur schwer befreien können.

„Hat das eine Rolle gespielt, daß Sie als Frau den Beruf gewählt haben?
— Vielleicht. Vielleicht, aber ich denk – sicher, ich wollte sicher auch als Frau da einen Männerberuf haben. Und ich hab Pfarrersein schon als einen Beruf empfunden, wo man im Mittelpunkt steht. Ich denk, das wollte ich wohl auch, schon auch so ein Wille zur Macht. Auch so ein Wille, zu helfen. Aber ich glaub, daß so die Hauptmotivation sicher war, meinem Vater und meinem großen Bruder, die für mich beide starke Bezugspersonen waren, so zu imponieren und das Wasser zu reichen und einen Bereich zu entwickeln, wo ich mit ihnen Gemeinsamkeiten hab, die die anderen dann nicht haben. Es ist also immer schwierig wahrscheinlich, das auseinander zu halten. Aber ich glaub, daß das sicher auch mit ein Grund war ... Also mir erscheint's schon noch ein ganzes Stück weit so, nicht von diesem Frauenbereich vereinnahmt zu werden."

Noch mehr verstärkt sich die kritische Sicht der Mutter bei Frau C. Hier ist es nicht nur das Lebenskonzept der Mutter, das abgewehrt wird. Es ist die ganz massive Einflußnahme der Mutter auf die Lebensgestaltung der Tochter und deren Berufsentscheidung, die die Abwehr verstärkt.
Gefragt, wie ihre Eltern auf ihre Berufsentscheidung reagiert haben, sagt Frau C.:

„Da waren eher Widerstände ... Vor allem von seiten meiner Mutter gab's große Widerstände.
— Was hatte die da für Einwände?
— Negative Beispiele von Theologinnen so der ersten Generation damals, die ihr halt furchtbar altmodisch vorkamen, oder auch negative Erfahrungen mit Pfarrern."

Ihre Mutter hat andere Vorstellungen vom Lebensweg ihrer Tochter. Deren ehrenamtlich-kirchliches Engagement entspricht nicht dem, was ein typisches Mädchen ihres Alters tut.

„Und wie haben Sie sich dann Ihren Eltern oder speziell Ihrer Mutter gegenüber durchsetzen können?
— Ja, mit Hartnäckigkeit. Ich hab einfach dran festgehalten. Es gab immer wieder Auseinandersetzungen, weil ich auch Jugendarbeit gemacht hab und in der Kirchengemeinde mitarbeiten wollte. – Das teilweise, ja, ganz gern gesehen wurde, teilweise aber auch war das kirchliche Engagement zu viel meiner Mutter, und dann sollte ich das wieder zurückschrauben, mich doch auch mal für andere Sachen interessieren. Da war ich dann – ja manchmal mußte ich auch auf was verzichten – dann war ich doch recht hartnäckig. Und als es dann etwa in die Zeit des Abiturs kam, dann hat niemand mehr etwas gesagt eigentlich. Weil sie gesehen haben, ich blieb da dran fest."

Frau C. setzt zwar mit Hartnäckigkeit ihren Studien- und Berufswunsch durch. Allerdings bekommt sie schon während des Studiums ihr erstes Kind und dann später noch zwei weitere Kinder. Das mütterliche Leitbild prägt demnach Frau C. stärker, als sie es selbst rational wahrhaben will. Jedenfalls läßt sie sich beurlauben, um die Kinder versorgen zu können, da ihr Mann nach einer solchen Familienphase nur schwer wieder eine Stelle gefunden hätte. Das Festhalten am Beruf, an der Berufsidentität gelingt Frau G. über die Jahre hinweg nur mit großer Anstrengung. Das Dilemma zwischen Berufswunsch und Familienleben ist der eigentliche cantus firmus im Gespräch mit ihr.

In Frau L.s schon bekannte, negative Schilderung ihrer Umgebung fügt sich auch die Beziehung zur Mutter ein. Sie erwähnt deren Existenz in einer beziehungslosen Weise. Sie, die nach der Trennung der Eltern beim Onkel aufwächst, berichtet, daß die Mutter sie als Bankangestellte oder Hauswirtschafterin ausbilden lassen möchte. Frau L. wehrt sich vehement gegen diese typischen Frauenberufe. Ohne einen konkreten Berufswunsch zu haben, macht sie das Abitur, um sich auf diese Weise noch nicht festlegen zu müssen.

„Ich hab bei Verwandten von meiner Mutter gelebt, und meine Mutter hat so ein paar Kilometer weiter weg gewohnt. Meine Mutter hat schon versucht, meine Berufswahl zu beeinflussen, aber das waren keine sehr schlauen Ideen. Meine Mutter ist Bankangestellte gewesen und hat gemeint, das wäre für mich auch das Richtige. Und als Alternative dazu ist ihr noch eine Hauswirtschaftsschule eingefallen. Und da hab ich dann also sofort gesagt, also da mache ich lieber Abitur, weil das enthebt mich dann im Moment der Entscheidung. Ansonsten also ich weiß nicht, ich war in der Schule nie gut – und ob ich dann unbedingt Abitur gemacht hätte, wenn mir damals meine Mutter nicht immer irgendwo reingeredet hätte, daß auch wirklich was aus mir wird, hätte ich mir vielleicht auch was ganz anderes gesucht. Das kann auch sein, aber dann hab ich jetzt gesagt, entscheide ich mich jetzt gar nicht, sondern mache erst mal Abitur, und dann hab ich noch ein paar Jahre Zeit und dann kann ich immer noch sehen, was dann wird.

— Und war das schwierig, das durchzusetzen?

— Ich hab gesagt, ich mach das nicht, da hat sie zwar noch rumgezetert, aber das mir eigentlich egal. Für mich war klar, ich mach's nicht."

Gegenüber dieser klaren und deutlichen Ablehnung des mütterlichen Lebensentwurfs bzw. der mütterlichen Vorstellungen über die Zukunft der Tochter gibt es noch eine deutlichere Form der Ablehnung. Es ist dies das völlige Verschweigen der Mutter. Während vom Vater ein klares und konturiertes Bild entworfen wird, wird im Gespräch mit Frau J. die Mutter mit keinem Satz erwähnt, obwohl sie als Pfarrfrau ganz sicher eine entscheidende Rolle gespielt haben muß. Auch für die Frage der Studienwahl und Berufsentscheidung wird allein der Vater zitiert. Die Vermutung, daß sich gerade in diesem Verschweigen die Kritik am Lebenskonzept der Mutter äußert, liegt nahe. Sowohl Frau M. wie Frau J. bleiben unverheiratet.

2. Die Mutter als Vorbild

In einigen wenigen Fällen wird von der Berufstätigkeit der Mutter berichtet. Als Abkehr von geschlechtsspezifischer Arbeitsteilung wird diese positiv erlebt, mit einem Gefühl der Anerkennung erzählt. Die Berufstätigkeit ist von daher auch für die Tochter sehr viel selbstverständlicher, muß nicht erst eigens erkämpft werden, auch wenn in der Frage der Berufswahl Differenzen bestehen können. Frau N.s Mutter etwa wird nach der Familienphase wieder berufstätig, obwohl ihr Mann zunächst die Notwendigkeit dafür nicht einsieht. Doch im Urteil der Tochter fällt der Vergleich mit den Müttern anderer Klassenkameradinnen positiv aus, die eigene Mutter erscheint jünger, aktiver, selbstbewußter. In diesem Sinn ist die Berufstätigkeit der Mutter eine Herausforderung für die Tochter.

„… ich mein auf jeden Fall, daß mich geprägt hat – naja, geprägt hat mich natürlich das ganze Elternhaus, aber damit ich wieder bei dem Thema bin, war mir eben immer ein Thema als Einzelkind und jetzt dann bei der Mutter-Tochter-Beziehung und dann als Heranwachsende auch in den Jahren, wo mein gemeindliches Engagement und mein Erleben, daß mich das reizen würde, mit Kirche und Gemeinde das intensiver weiterzuverfolgen, daß meine Mutter bewußt, als ich so zehn/elf ungefähr war, bewußt sich wieder eine Berufstätigkeit gesucht hat, um nicht nur daheim zu sein und sich nicht nur auf das einzige Kind zu konzentrieren, und auch bewußt sollte das nicht irgendwie ehrenamtlich sein, obwohl ihr sicher alles mögliche eingefallen wäre und sie auch immer genug Interessen und Engagements hat, wo sie sich selber beschäftigen kann und Kontakte pflegt, was mir viel zu viel wird, denk ich oft, sondern da war auch ganz bewußt das: ich will auch berufstätig sein. Und die Auseinandersetzung, die es da zunächst mit meinem Vater gab und dann dieses Sich-da-Arrangieren und im Vergleich in mir erleben, wieviele Bekannte der ungefähr gleichen Frauengeneration, also jetzt Freundinnen, Bekannte usw. von meiner Mutter oder vom Elternhaus her, wie ich da miterlebt hab, wie die so einen Sprung, aus welchen Gründen auch immer, nicht getan haben, und wie die vergleichbar, sag ich, da drunter leiden und das Selbstbewußtsein immer kleiner und matter wird. Und daher meine ich, soweit mir das bewußt ist, kommt es bei mir auch ganz stark auch, daß mir klar war, ich will unbedingt einen Beruf haben ..."

In der Zeit der Pubertät empfindet Frau N. die Berufstätigkeit der Mutter als durchaus wohltuend. Ihre Mutter klammert sich nicht an die Tochter, sondern kann freilassen, weil sie sich einen eigenen Lebensbereich aufgebaut hat.

„... und ich hab im Gegenteil sehr bewußt gesehen, wie auch bei einer anderen von meiner Klasse, und wir hatten miteinander den Schulweg, da hat man in der Früh immer so das Verabschieden von der Mutter miterlebt, weil ich sie aufgesammelt hab unterwegs, und am Mittag, wie sie wieder empfangen wurde, und die war also auch Einzelkind, ihre Mutter war immer zu Hause, und da hab ich deutlich in meinem jugendlichen Alter, wo man halt auch den Abstand braucht, genossen, daß meine Mutter nicht ständig mich schon wieder umarmt. Also, obwohl da genug Zeit war, aber diese Nuance und dieses Merken, das ist nicht nur auf mich konzentriert, das war im jugendlichen Alter auch wichtig, so rum."

In der Auseinandersetzung der Eltern über die wiederaufgenommene Berufstätigkeit der Mutter realisiert Frau N. allerdings auch schon früh die Spannung zwischen den beiden Lebensbereichen, sieht, wie die Mutter die eigenen beruflichen Ambitionen am Kriterium der Vereinbarkeit von Familie und Beruf mißt. Frau N. entscheidet sich im Gegensatz dazu schon frühzeitig dafür, eine langdauernde Ausbildung und einen entsprechend qualifizierten Beruf zu wählen und dem beruflichen das familiäre Lebensziel nachzuordnen.

„... und ich will unbedingt auch so eine lange Ausbildung in Kauf nehmen und gegen alle Einwände dann genau in der Diskussion mit der Mutter, die eben gemeint hat, sowas ist ja alles, so ein Beruf ist viel zu schwer, sich das einzuteilen und zu vereinbaren mit Verheiratetsein und Kinderhaben und und, war für mich dann immer klar, daß ich immer gesagt hab, ich möcht erstmal die Möglichkeiten haben, in denen ich die lange Ausbildung und so einen anstrengenden Beruf, der es für eine Frau sicher auch ist, erstmal wähle, daß ich dann diese Möglichkeit hätte. Es ist doch nicht automatisch klar, daß man verheiratet ist und Kinder hat. Und wenn ich dieses bin und meine, das ist mir beruflich zu viel, kann ich dann ja was davon weglassen. Also daß so rum der Weg für mich klar war und für mich immer klar war, ich will erst später heiraten und spät Kinder haben und solche Dinge. Das, denk ich, kommt schon da her von diesem Muttererleben, die berufstätig sein wollte, obwohl sie jetzt nicht da jetzt die tolle berufliche Vorbildung hatte, wo man sagt, sie will deshalb, weil das so toll ist, da dran anknüpfen, sondern die eben bewußt da ihre eigene berufstätige Berufswelt haben wollte und diese Dinge, so rum."

Auch Frau E. hat es keineswegs in schlechter Erinnerung, daß ihre Mutter im Betrieb des Vaters mitgearbeitet hat.[2] Im Gegenteil, sie genießt es sogar, nicht den ganzen Tag beaufsichtigt zu werden, sondern dadurch einen eigenen Spielraum zu haben. Sie wird von ihrer Mutter bestärkt, ihren eigenen Weg zu gehen.

„Und da waren Sie froh, daß Ihre Mutter da noch etwas außer Ihnen hatte?
— Ich muß das wirklich sagen, weil meine Mutter, die hat damals gesagt, also wenn ich meine, ich muß das machen, dann soll ich's machen. Die hat mir da nie einen Stein in den Weg gelegt."

Eine Variante dieser Mutter-Tochter-Beziehung schildert Frau D.[3] Auch ihre Mutter ist berufstätig. Die besondere Nuance gegenüber den anderen berufstätigen Müttern liegt darin, daß ihre Mutter Religionsunterricht erteilt. Damit rückt die Mutter in einer anderen Art und Weise der Tochter nahe. Sie wird als potentielle Konkurrentin erlebt und zwar auf dem beruflichen Gebiet. Die Tochter lehnt auffälligerweise gerade den Bereich ab, der der Mutter wichtig ist, nämlich den Bereich des Religionsunterrichts.

„Nein, ich wußte, daß ich das, was sie so macht, nicht machen wollte, und was sie bis heute zum Beispiel sehr gerne macht, irgendwelche Religionsunterrichtssachen, das ist nicht meins. Absolut nicht. Oder nur wenn sich's überhaupt nicht mehr vermeiden läßt."

Auf der anderen Seite erlebt sie ihre Mutter, gerade auch in der Art, wie sie theologisch denkt, als sehr offen, gesprächsbereit, präsent. Hier ist es die Beziehung zur Mutter, die die Tochter ganz offensichtlich geprägt hat.

„Aber die Mutter hat mich geprägt – oder prägt mich – mit einer so ganz klugen, warmen – Theologie kann man es nicht nennen – Frömmigkeit auch nicht – Haltung, die sehr – ja – überhaupt nicht naiv ist, überhaupt nicht. Und die alles, was ich theologisch bejahen kann, einfach auch schon gewußt hat. Also auch schon mit Bibeltexten in einer kritischen und offenen Weise umgegangen ist und doch gewußt hat, wie wichtig die sind für Menschen, die mit ihren Fragen da ran gehen und denen sie nicht zerstört hat oder zerstören möchte. Also, das denk ich, hab ich auch bei ihr gelernt. Sie war vielleicht – oder sie ist vielleicht die mit Sicherheit die gesprächsbereitere, und in solchen Sachen, die ihr ganzes Leben und in einer großen Offenheit ihr ganzes, alles was sie beschäftigt, da rein trägt und da ist, während der Vater sich so ein bißchen schwer tut. Ja, das vielleicht. Sie ist die Präsentere."

Eine Variante der Mutter-Tochter-Beziehung schildert Frau G. Hier ist es die Tochter, sind es die Kinder insgesamt, die mit der Pfarrfamilie in engeren Kontakt kommen. Dadurch erst wird die Mutter ermutigt, sich stärker ehrenamtlich in der Gemeinde zu engagieren. Frau G. hat dadurch für ihren späteren Beruf ein positives Mutterbild vor Augen.

„— Und es hat sich dann die letzten Jahre entwickelt, dadurch daß ich und mein Bruder oder meine Brüder – daß wir mehr Kontakt gehabt haben zur Gemeinde, da haben meine Eltern auch viel stärkeren Kontakt zur Gemeinde gefunden. Die waren zwar vorher im Gottesdienst, aber dann hat – also meine Mutter war im Kirchenvorstand, also weil wir sie eben haben aufstellen lassen – sie macht Mesnerdienste und ist aktiv im Frauenkreis. Ich habe da also eher gesehen, daß durch die Kinder und auch durch die persönliche Bekanntschaft mit der Pfarrersfamilie, daß meine Eltern engeren Kontakt gefunden haben zur Kirche."

3. Die „Mütter im Amt"

Ähnlich wie bei den Vätern sind neben den leiblichen Müttern auch andere Frauen für die befragten Pfarrerinnen wichtig, haben ihren Weg geprägt. Obwohl es in der Anfangszeit der Zulassung von Frauen zum Pfarramt eher unwahrscheinlich war, Theologinnen zu begegnen, wird davon doch überraschend häufig und vor allem mit Emphase berichtet. Diese Begegnung scheint wichtig und wesentlich für den eigenen Studienwahlprozeß gewesen zu sein.

Sie waren wichtig für mich

Für Frau K. ist allein schon die Tatsache ihrer Existenz ermutigend und fördernd. Sie erzählt, daß sie noch vor ihrer Studienzeit eine Pfarrvikarin auf einer Tagung erlebt habe. Und es ist wichtig für sie zu erfahren: „Dieser Beruf ist möglich für eine Frau! Ich kann es mir für mich vorstellen."

„Und dann war ich mal auf einer Tagung – wieso und warum ich dahinkam, weiß ich nicht mehr –, bei der es um Theologie so im weiteren Sinn ging, und da war auch eine Pfarrerin da – ich glaub, nicht aus der bayerischen Landeskirche, oder wenn aus der bayerischen Landeskirche, dann war es also wirklich so eine Prototyp-Pfarrerin, die es eigentlich noch gar nicht gab, also noch nicht ordiniert, aber alle Arbeit konnte sie machen. Und die hat erstensmal ganz modern und aufgeschlossen und jugendlich gewirkt, und zweitens eben auch von dem, was sie erzählt hat, hab ich mir gedacht, naja das geht offenbar doch, warum eigentlich nicht, und so kam das dann. Und dann hab ich irgendwie nie gezweifelt, daß das in nächster

Nähe sein wird, daß der Beruf völlig gleichgestellt wird für Frauen. Und so war's dann ja auch. Also ich hab dann 1975 Examen gemacht, da kam dann auch das Gesetz der Synode durch.
— Das war dann also so dieses Vorbild, diese eine Person?
— Also Vorbild wär' zuviel gesagt, das ist eine ganz vage Erinnerung an die Frau, aber das hat mir eben gezeigt, daß das eine Möglichkeit auch ist."

Ähnlich geht es Frau J. Obwohl sie aus einem Pfarrhaus stammt, wird ihr das Fehlen weiblicher Vorbilder für die pastorale Rolle deutlich. Dies beeinflußt zunächst auch ihre Berufsvorstellung.

„Ich hatte während meiner Gesamtschulzeit Lehrerin werden wollen, immer für die wechselnden Lieblingsfächer. Und da hab ich mir gedacht, irgendwas läßt sich mit der Theologie schon anfangen. Pfarrerin war eigentlich nicht unbedingt der Horizont, weil ich keine kannte."

Während eines Auslandssemesters begegnet sie zum ersten Mal Pfarrerinnen. Sie ist erstaunt über die Selbstverständlichkeit, mit der diese dort Dienst tun. Es bedeutet für sie selbst einen positiven Motivationsschub.

„Ich hab dann ... einige Pfarrerinnen erlebt, in (Ortsname) ... ist das ja wie selbstverständlich schon ... Und dann war ich allmählich auch so weit, mir vorzustellen – ach, das wäre vielleicht doch auch eine Möglichkeit."

Auch für Frau N. bedeutet die Tatsache, eine „leibhaftige" Pfarrerin zu kennen, eine nachhaltige Stärkung der eigenen Berufsentscheidung.

„Bei uns in der Gemeinde, ich komm aus einer ... Großstadtgemeinde, war eine Vikarin, die dort hinkam, 1971 oder 1972, auf jeden Fall kurz nach meiner Konfirmandenzeit, und da mit der Zeit, in der ich dort in der Jugendarbeit mitgemacht hab als Gruppenmitglied und damals Jugendleiterin. Und die kam also hin von (Ortsname) aus, hat eben irgendwie einen Sonderstatus gehabt, ... – konnte die also damals schon als Frau als Vikarin bei uns in der Gemeinde sein, so daß für mich das Erleben von der Frau in der Kirche und im Talar usw. keine völlig fremde Situation war. Und trotz des Wissens um rechtlich neue Regelungen war das für mich jetzt nicht die ungewöhnliche Geschichte. Und hab auch in meiner jugendlichen Situation nicht mitgekriegt, ob für die bei uns in der Gemeinde das irgendwie für manche Leute dann recht aufregend war oder recht seltsam war, sondern die war halt da und die hab ich erlebt. Und insofern war das Bild für mich durchaus schon ein mögliches."

In der aktuellen Situation einer Minderheitengruppe wird demnach jede Pfarrerin als positiv-verstärkend wahrgenommen. Das Bedürfnis, weibliche Identifikationsfiguren für den eigenen Berufsweg zu finden, bestätigt sich umgekehrt in der Klage von Befragten, während der gesamten Ausbildungszeit keine einzige Pfarrerin kennengelernt zu haben.

Ich kannte keine

Frau G. kannte bis auf eine katholische Religionspädagogin aus der eigenen Klasse keine Frau, die mit ihr diesen Berufsweg geteilt und ihn ein wenig anschaubar gemacht hätte.

> „... Ich weiß in meiner Klasse eine, die katholische Religionspädagogik gemacht hat. Aber sonst – ich kannte niemanden, ... Auch als ich studieren angefangen habe, kannte ich niemanden, oder kannte ich keine Frau, die Theologie studiert. Da hat der Pfarrer damals gesagt, ja es gibt da schon einige Frauen; zu seiner Zeit hätten auch schon ein paar Frauen studiert."

Auch für Frau D. bedeutet dies einen sehr deutlich wahrgenommenen Verlust. Bis auf einen Gottesdienst, den eine Pfarrerin gehalten hat, ist ihr kein Vorbild des eigenen beruflichen Weges begegnet.

> „Und, also ich bin mit großem Selbstbewußtsein da rein. Ja, auch in diesen Beruf und hatte auch da – ja, die Gemeinden haben sich immer gefreut. Die haben sich zwar zunächst auch gewundert, aber es war immer gut. Ein Problem war, daß ich wie ganz viele, denk ich, auch noch meiner Generation praktisch keine Frauen als Vorbilder hatte. Und im Studium war wirklich ein einziger Gottesdienst mit der (Name). Das einzige Mal, daß ich bewußt gesehen hab, aha, da steht eine Frau. Und das war auf eine bestimmte Weise sehr eindrucksvoll."

4. „Mutter Kirche" und ihre Töchter

Ähnlich wie Pfarrer, Religionslehrer oder Freunde motivierend und prägend für die künftigen Pfarrerinnen geschildert wurden, umfaßt der „mütterliche" Einfluß, gerade in der zweiten Sozialisationsphase, mehr als nur den Bereich der Herkunftsfamilie, mehr auch als „mütterliche" Impulse von außen. So läßt sich etwa zeigen, daß die Ortsgemeinde mit ihren vielfältigen Aktivitäten für eine ganze Gruppe der Befragten so etwas wie eine zweite „Mutter" geworden ist, in der sie sich wohl fühlten, in der sie Menschen fanden, mit denen zusammen sie ihre Freizeit gestalten, ihre Probleme besprechen konnten. Die Kirchengemeinde wurde insgeheim zu einer Art „Ersatzmutter", die die ersten Schritte in Richtung des pastoralen Berufs ermöglichte. Gerade für die Pfarrerinnen, die aus einem unkirchlichen bzw. wenig kirchlich aufgeschlossenen Elternhaus kommen, ist dies eine wichtige Zwischenstation auf ihrem Berufs- und Berufungsweg, in ihrer Studienwahlentscheidung.[4]

Das ehrenamtliche Engagement der Pfarrerinnen in der jeweiligen Kirchengemeinde ist intensiv und vielfältig. Die Befragten sind tätig in der Kindergottesdienst- und Jugendarbeit, auf Freizeiten und im Schülerbibelkreis. Es macht ihnen offensichtlich Spaß, auf diese Weise die pastorale Rolle auszugsweise und vorläufig-spielerisch zu erproben.

Sowohl bei Frau F. wie bei Frau H., die beide aus einem nicht besonders kirchlichen Elternhaus stammen, ist es der Kindergottesdienst, der sie motiviert und für längere Zeit ihr Hauptbetätigungsfeld in der Gemeinde darstellt. Mit diesem ehrenamtlichen Engagement wachsen sie langsam in die Gemeindearbeit hinein, können es sich mit der Zeit vorstellen, dies längerfristig zu tun. Bei Frau F. ist es neben dem starken Impuls des Pfarrers und der positiven Förderung der Eltern, die ihre Tochter dadurch gut „versorgt" wissen, vor allem auch der Kontakt zu Gleichaltrigen, zu einer „netten Gruppe", die sie bei der Stange hält, bis die Inhalte selbst für sie wichtig und interessant geworden sind.

> „Ich stamme eigentlich aus einem nicht-christlichen Elternhaus, habe mit dreizehn Jahren angefangen, Kindergottesdienstarbeit zu machen und bin da dann hineingewachsen, habe das bis zum Abitur auch gemacht und wollte eigentlich Mathe und Physik studieren, weil ich am naturwissenschaftlichen Gymnasiums war und habe mir dann, kurz bevor ich mit dem Studium anfing, überlegt, eigentlich könntest du ja noch Theologie mitstudieren ...
> — Du sagtest einfach: Mit dreizehn kam ich zum Kindergottesdienst!
> — Die Ursache war die, daß ... der Pfarrer ... hat gefragt, ob ich nicht Lust hätte, Kindergottesdienst zu machen. Ja, und meine Eltern dachten sich, dies ist eigentlich nicht schlecht, wenn ich da lerne, Geschichten zu erzählen. Und dann habe ich das halt angefangen, und das war dann eben eine ganz nette Gruppe, dadurch blieb ich dann auch dabei."

Frau H. beschreibt ihre Mitarbeit im Kindergottesdienstteam als als eine fast logische Vorstufe zum späteren Theologiestudium. Dieses ehrenamtliche Engagement hat „sich dann halt hingezogen bis zum Abitur", so lange, bis sie der Pfarrer ausdrücklich auf die Möglichkeit des Theologiestudiums anspricht.

> „Also, so im nachhinein muß ich sagen, daß ich zwar nicht aus einem frommen Elternhaus komme, aber doch aus einem traditionell-kirchlich eingestellten, und ich bin in den Kindergottesdienst gegangen und dann auch in den Konfirmandenunterricht. Ich war auch nach dem Konfirmandenunterricht immer in der Kirche, obwohl das meine Eltern nie von mir verlangt haben, und von daher bin ich dem Pfarrer aufgefallen, und er hat gemeint, ich wäre als Kindergottesdiensthelferin wohl geeignet. Und damit ging es eigentlich an. Etwa ein Jahr nach der Konfirmation habe ich angefangen mit Kindergottesdienst, und das hat sich halt dann bis zum Abitur so weitergezogen und irgendwann hat der Pfarrer zu mir gesagt, na ja also, wenn jemand Theologie studieren muß, dann doch Du."

Auch Frau G. beteiligt sich an Kindergottesdienstarbeit. Wichtiger noch ist für sie aber die Jugendarbeit innerhalb der Gemeinde und auf Dekanatsebene. Vor allem der enge Kontakt mit anderen Jugendlichen und JugendleiterInnen gefällt ihr. Hier findet sie ihre eigentliche praktisch-theologische Motivation, Pfarrerin zu werden.

> „— Ja, das Vorbild, und daß ich mich auch wohlgefühlt habe gerade in der

> Jugendgruppe, daß da Freundschaften sehr stark über die Gruppe liefen, und ich habe noch viele andere Jugendlichen kennengelernt durch dieses Überregionale auf Dekanatsebene ... und wir haben uns dann fast jedes Wochenende getroffen und immer Mittel und Wege gefunden, daß wir zusammenkommen und Feste gefeiert und miteinander wohingefahren und miteinander in Urlaub gefahren und auf Freizeiten – dieser Gemeinschaftsgeist war da ganz stark ..."

Hinzu kommt das soziale Engagement, sich für Arme, Unterdrückte einzusetzen. Der Beruf einer Pfarrerin ist für Frau G. eine Möglichkeit, diese positiven Erfahrungen weiterzugeben, anderen dadurch „Halt für ihr Leben" zu vermitteln.

> „Und ich habe gewußt, daß das Studium mir sicherlich gefallen wird, weil ich da ja auch viel lesen muß, weil mir das Lernen leicht fällt. Doch, das paßt zusammen, aber ich hatte jetzt wenig Interesse an Glauben oder Religion, das war bei mir nicht so. Das war eigentlich eher – also mein damaliger Glaube war sehr stark geprägt von sozialem und politischem Engagement, also auch schon unsere Jugendarbeit. Mir hat einfach imponiert, daß man sich einsetzt für Unterdrückte oder Ärmere, um in der Welt etwas zu bewirken oder etwas positiv zu verändern. Das war das Wichtigste: das einmal so mit der Gemeinschaft, wo ich mich wohlgefühlt habe, und dann halt der Wunsch, in die Richtung auch etwas zu verändern – daß andere Menschen die positiven Erlebnisse, die ich gehabt habe, eben auch haben können. – Weil ich ja gesehen habe, daß für Jugendliche wichtig ist, Heimat und Freundschaften – das hat mir wahnsinnig viel gegeben, und da dachte ich, das ist doch toll, wenn es andere auch so empfinden könnten und da also einen Halt haben für ihr Leben."

Auch für Frau E. spielt die sekundäre Sozialisation in der Kirchengemeinde, in der Jugendgruppe und in der Leitung einer Jungschar eine wichtige Rolle beim Aufbau christlicher Identität.

> „Also während dieser Zeit, als ich in diesem Jugendkreis war, da hab ich auch eine Jungschargruppe in unserer Gemeinde gehabt, und das hat mir eigentlich sehr viel Spaß gemacht, so den Kindern biblische Geschichten zu erzählen und zu singen und zu spielen und so. Naja, und eben dann diese Erzählungen, daß Theologiestudenten dann in unserem Jugendkreis so über theologische Sachen, einfach Bibelauslegung und solche Dinge, da wollt ich dann einfach auch mehr drüber wissen, das hat mich schon interessiert. Und das beides zusammen konnte ich mir dann im Lauf der Zeit, als ich mich dann auch noch mehr informiert hab über den Pfarrerberuf, konnt ich mir schon vorstellen, das zu machen dann. Also es hat mich einfach dahingezogen. Es ist schwer, das in Worte zu fassen. Es war wirklich ein Kampf von mehreren Monaten, und Nachdenken und Überlegen und Informieren auch.
> — Also es war eher so das Bedürfnis, mehr zu wissen?

— Ja, das war's zunächst, dann aber schon auch das Ziel, als Pfarrerin in einer Gemeinde zu arbeiten. Naja, eben diese ganzen Arbeiten zu tun, die ein Pfarrer so macht, das konnte ich mir schon recht gut vorstellen."

Dies gilt genauso für Frau C., die von Jugendarbeit positiv berichtet, wobei allerdings nicht deutlich wird, ob sie nun teilnehmend oder leitend darin tätig war. Auch für Frau I. ist es die Kombination Kindergottesdienst, Jungschar und Jugendgruppe, die den späteren Berufswunsch „Pfarrerin" konkret werden läßt.

„Waren Sie da auch noch aktiv in der Gemeinde?
— In der Gemeindejugend, ja. Ich war dann auch Kindergottesdiensthelferin ... habe auch eine Jungschar gemacht.
— Und kann man sagen, daß Sie die Aktivitäten, die Sie vorher bei den Jungmädels gemacht haben, daß Sie das so ausgetauscht haben?
— Denke ich schon, daß ich sehr rasch aufgenommen wurde und sehr rasch das, was ich da ... als Leiterin von der Gruppe machte. Und man muß ja sagen, daß nach dem Krieg – wir haben sehr kritisch darüber gearbeitet – daß diese ganze jugendbewegte Ära der evangelischen Jugend zunächst einmal auch unbesehen übernommen wurde. Bis hin zu den Liedern, ob sie singen: Wir sind des Königs Aufgebot. Also jetzt als christliches Lied. Oder: Vorwärts, vorwärts, es schmettern die hellen Fanfaren. Also da kann man in dem Lied gut einiges nachweisen, was dann sicher in jungen Menschen irgendwie wieder – was eben damals die Jugend auch nicht widerstandsfähig genug gemacht hat gegen Hitler. – Natürlich gab es viele, auch in meinem Alter, mit zwölf – dreizehn, die schon sehr eindeutig dagegen waren. Aber insofern könnte ich schon sagen, daß das zunächst einmal Austausch war. Und dann aber in diesem Austausch ja doch auch das Interesse gewachsen ist: ich möchte mehr davon erfahren. Und das war eigentlich auch die Motivation, Theologie zu studieren."

Frau N. hat, dem eigenen Bericht zufolge, alles „querbeet" an ehrenamtlichen Aktivitäten in der Gemeinde wahrgenommen, was es zu tun gab. Wichtig ist festzuhalten, daß sie es als „Leiterin" getan hat, nicht nur als Gruppenmitglied oder Teilnehmerin. Dies dürfte für die Antizipation der späteren pastoralen Rolle motivierend gewirkt haben.

„— und dies ist also das Praktische und das Erleben, verbunden im gleichen Jahr mit dem intensiven Diskutieren und Bohren und Denken und so – diese Kombination hat eigentlich dazu geführt, daß ich eben dann gefunden hab, was ich dann auch beruflich machen will. Was ich sowieso ringsum ständig erleb und ehrenamtlich gearbeitet, in Anführungszeichen, und so rum war also ganz stark der Akzent bei mir, in diesem Feld dann auch meinen Beruf haben will. Und das kann man ziemlich deutlich sagen, die Motivation war bei mir nicht so sehr, ich will jetzt unbedingt Theologie studieren, sondern meine Motivation war so rum, ich will in diesem Berufsfeld arbeiten, und dann war das große Überlegen, da hab ich lang damit hin und her gekämpft und gesucht, da war Pfarrerin nicht das einzige, was ich mir vorstellen konnte, da hab ich mit Religionspädagogin hin und her abgewogen und mit Sozialpädagogin und mit Diakonin – das war damals noch so, daß es eigentlich kaum ging. Ja und dann ist die Pfarrerin also die, wo ich damals gemerkt hab, das ist erstmal die weiteste Möglichkeit, und dann kann ich ja immer noch sehen, wie ich mich spezialisiere, ist dann dabei letztlich rausgekommen."

Für die Pfarrerstöchter unter den Befragten verdichtet sich „Mutter Gemeinde" noch in einer spezifischen Weise. Der „Familienbetrieb Gemeinde" wird von Frau J. besonders hautnah erlebt. Ähnlich wie sich der „amtliche" Vater mit dem persönlichen verbindet, so verquickt sich die mütterliche Seite mit dem Erleben von Gemeinde als einem „kuscheligen Nest", wo Menschen aufgehoben sind, Freundschaften entstehen und Gespräche über Gott und die Welt stattfinden können.

„Gemeindearbeit hat mir gut gefallen. Ich hab bei dem Familienbetrieb Pfarramt gerne mitgearbeitet. – Pfarrhaus, das ging beim Mesnerdienst los, Kindergottesdienstarbeit, Orgelspiel, Vertretung im Pfarramtbüro. Es war alles sehr vertraut und lief als Familienunternehmen."

Auch Frau M. hat sich intensiv in der Gemeinde engagiert.

„— Ich wollte einen Beruf betreiben, der viel mit Menschen zu tun hat und war selber schon als Jugendliche in Jugendgruppen, später als Kindergottesdiensthelferin, auch in der Schule in einer christlichen Gruppe, so daß von daher auch die zweite Schiene dazu kam – ja, ich möchte halt vom Glauben erzählen als der zweite Strang, der dann Richtung Theologie ging."

Sie wird von daher motiviert, einen Beruf zu suchen, in dem sie mit Menschen zu tun hat und auch in der inhaltlichen Vermittlung des Glaubens gefordert ist. Frau D. allerdings, ebenfalls Pfarrerstochter, setzt sich gerade deshalb dezidiert davon ab, arbeitet bewußt nicht in der Gemeinde mit.

„— Ja, also das ist eigentlich ganz einfach. Also ich komm aus einem Pfarrhaus, das heißt, mein Vater ist Pfarrer. Und ich bin aufgewachsen – ja, in der Atmosphäre, in der Menschen sich mit diesem Thema beschäftigt hatten. Und ich hab auf der andern Seite, und da bin ich ganz froh drum, nicht so diese Pfarrerstochter- oder Pfarrerskinderprägung, die dann – oder die Pfarrerskinder so ganz automatisch in die Arbeit reintrixen – Kindergottesdienst und so. – Unsere Eltern haben uns dazu nicht gezwungen, und wir habens dann lange Zeit eigentlich auch nie gemacht. Ich hab's eigentlich nie gemacht."

Eine Ausnahme stellt wiederum Frau A. dar. Sie berichtet, daß sie zu keiner Zeit einen engeren Bezug zum kirchlichen Leben gefunden habe. Das ganze „Kirchengequatsche" ist ihr fremd. Sie ist dort nicht zu Hause, dieses Gefühl begleitet sie bis heute. Wie sie in einer späteren Passage des Interviews berichtet, macht ihr dies auch zu schaffen.

„— Na, ich mein jetzt auch so den, den ganzen – das ganze politische Drumrum an der Uni. Das hätte ja damals eigentlich – das hätte mich stark bewegen müssen. Klar, irgendwo war man mit drin und hat mit diskutiert. Aber es war nicht so wichtig. Und mir war auch dieses ganze Kirchengequatsche nie wichtig. Einfach, sicher, weil mir das fremd war. Die Kirche war mir eigentlich fremd, ich hab's ja nicht gekannt. ich war ja drin nicht zu Hause eigentlich, na ... die war mir eigentlich fremd. Und ich muß auch ehrlich sagen, sie ist mir bis heute fremd geblieben."

5. Ambivalente Identitätsentwicklung

In jedem Fall wird deutlich, wie wichtig den befragten Pfarrerinnen diese Beziehung zu den „Müttern" ist, zu den eigenen leiblichen, wie zu den „amtlichen" und schließlich zur Kirchengemeinde als „großer Mutter", mit deren Hilfe erste pastorale Gehversuche gemacht werden können. Das Fehlen solcher Impulse wird als Defizit erlebt, als Mangel bei dem Versuch, einen eigenen weiblichen Weg in diesem Beruf zu finden. Nur in einigen wenigen Fällen wird in der bewußten Ablehnung dieses Beziehungsgeflechtes bzw. in der negativen Bewertung der Mutter-Beziehung die eigene Spur gesetzt.
Wieder werden diese Ergebnisse bestätigt durch Untersuchungen aus anderen „Männerberufen".[5]
Frauen, die einen betont männlichen Beruf ergreifen, lehnen in der Regel den traditionellen Lebensentwurf der Mutter ab. Zuarbeiterin für den Mann und seine berufliche und kontinuierliche Entwicklung zu sein, empfinden sie als wenig erstrebenswert. Diese deutliche Identifikation mit dem Vater und die Ablehnung des mütterlichen Vorbildes ziehen jedoch eine ambivalente Konsequenz nach sich. Auf der einen Seite befreien sich dadurch die Töchter von einengenden Rollenzuweisungen, die sie für sich nicht übernehmen möchten. Auf der anderen Seite verlieren sie dadurch wichtige Identifikationsmöglichkeiten zur Entwicklung eines eigenen weiblichen Selbstbildes und Weges.
Das bewußte Suchen nach solchen Vorbildern, die Freude darüber, diese gefunden zu haben, wie auch das deutliche Bemerken des Defizits weisen auf deren Wichtigkeit hin. Frauen, so können wir vermuten, zahlen nach wie vor einen hohen Preis, wenn sie sich so frühzeitig auf die durch den Vater oder andere „amtliche" Männer repräsentierte männliche Schiene begeben. „Wir können zwar nach den Interviews nicht psychologisch rekonstruieren, warum die Befragten im einzelnen eher das ‚Erbe der Mütter' beibehalten oder eher den beruflichen Weg zur Selbständigkeit wählen. Wir können jedoch festhalten, welchem Weg die Frauen subjektiv in ihren Jugendbiographien mehr Bedeutung beigemessen haben und welche Vorstellungen sie damit verbanden. Eine frühe Abkehr von der im Alltag der Familie erlebten Rolle und Lebensweise der eigenen Mutter geht häufig einher mit der kognitiv-intellektuellen Strategie der Distanzierung vom Elternhaus, die durch eine frühe Orientierung am Vater als Bezugsperson und Repräsentanten für außerhäusliche Aktivität gestützt werden kann."[6]

Einen Erklärungsansatz für diese gegengeschlechtliche Identifikation bringt N. Chodorow. Sie zeigt durch ihre Untersuchungen auf, wie die gesellschaftliche Minderbewertung der Rolle der Mutter und Hausfrau sich auch in der subjektiven Bewertung durch die Töchter niederschlägt. Während Frauen aufgrund der gesellschaftlich festgelegten Arbeitsteilung „muttern" sollen, werden die Männer zu „instrumentellem Handeln" erzogen.[7] Diese unterschiedlichen Rollenzuweisungen und Identitätsmuster sind in einer hierarchischen Ordnung eingebunden, in der das eine, nämlich das „Muttern" weniger „wert" ist als das männlich-instrumentelle Handeln. Dieses, wie Chodorow sagt, „soziale" oder eher strukturelle festgelegte „Patriarchat ohne Vater" ist eben auch dann wirksam, wenn im individuellen Fall die Beziehung zu Vater und Mutter positiv erlebt worden war. Es sind dies überindividuelle Wertungen, die sich in der Sozialisation junger Frauen niederschlagen.

Zum gegenwärtigen Zeitpunkt stehen Frauen deshalb vor der Schwierigkeit, in ihrer subjektiven Identitätsentwicklung zu vereinigen, was gesellschaftlich auseinandergerissen und weiterhin auf völlig verschiedenen Ebenen realisiert und bewertet wird.

„Die weibliche Sozialisation, die emotionale Differenzierung und personenorientiertes Handeln ... fördert, und der Schub der Arbeitsmarkt-Individualisierung der Frau in die kognitiv-intellektuelle Differenzierung und in instrumentelles Handeln führt, setzen Frauen unter Druck, wieder zu vereinen, was die bürgerliche Gesellschaft in der normativen Polarisierung der Geschlechtscharaktere auseinandergerissen hat."[8]

Das heranwachsende Mädchen erfährt den Zwiespalt der Bewertung des mütterlichen Verhaltens nicht nur aktuell als Nutznießerin der Fürsorge wie der Knabe auch, sondern antizipiert ihn auch als Konflikt einer möglichen eigenen Lebensweise als erwachsene Frau.[9]

Auffällig ist die Tatsache, daß die zum Lebensunterhalt der Familie notwendige Berufstätigkeit der Mutter innerhalb der sozialen Grundschicht offensichtlich einen höheren sozialen Rang einnimmt als die Berufstätigkeit etwa der bürgerlichen Mutter[10], die vom finanziellen Aspekt her eher als „Dreingabe" verstanden wird. Die Väterzentrierung der Töchter tritt im ersten Fall weniger stark hervor, beide Eltern werden entweder insgesamt als förderlich oder als hemmend erlebt.

Übertragen auf die Situation der von uns befragten Pfarrerinnen wird deutlich, wie groß die Bedeutung der positiven Antizipationserfahrungen pastoraler Arbeit im Raum von „Mutter Kirche" sind. Gerade dadurch können erste Schritte in Richtung eines Zusammenwachsens der männlichen und weiblichen „Muster" oder „Arbeitsvermögen" gewagt werden. Frauen machen dabei die Erfahrung, daß der pastorale Dienst beide Dimensionen gesellschaftlicher Arbeitscharaktere umfaßt, nämlich öffentlich bestimmtes, sog. „männliches" Handeln, Entscheiden, Führen und Bestimmen. Auf der anderen Seite werden aber auch Anteile des traditionell weiblichen Arbeits- und Sozialcharakters verberuflicht und positiv bewertet, wie etwa Seelsorge, Arbeit in kleinen Gruppen, menschliche Zuwendung und Nähe. Insofern könnten langfristig durchaus die Tendenzen gegeben sein, daß gerade die pastorale Arbeit für Frauen an Attraktivität zunimmt.

Es wird allerdings zu prüfen sein, wie sich bei einer zahlenmäßig stärkeren Vertretung von Frauen im pastoralen Berufsfeld das Bild und die Struktur dieses Berufs weiter entwickeln. Die Gefahr ist nicht von der Hand zu weisen, daß sich die geschlechtsspezifischen Sozialcharaktere auseinanderdifferenzieren; daß Frauen die konkrete Arbeit vor Ort überlassen wird, Männer dagegen eher die Entscheidungs- und Führungspositionen übernehmen.

Gefährlich etwa wäre die Übernahme der Rolle einer allzeit bereiten, nie sich abgrenzenden Gemeinde„mutter", die Frauen nur allzuschnell zugeschrieben wird. Ebenso ist die Gefährdung der Frauen zu sehen, aufgrund des Konzepts des Priesterinnentums aller Gläubigen, letztlich aber aus einer Schwäche heraus, die aus der weiblichen Sozialisation stammt, die strukturell notwendige Leitungskompetenz zu verweigern.

IV Theologie studieren – mit Leib und Seele

1. Ich wollte Pfarrerin werden[1]

Viele der Befragten äußern eine klare berufliche Motivation. Ihr ehrenamtliches Engagement in der Gemeinde in der Vorstudienphase und die Rückmeldungen, die sie dort bekamen, haben sie auf diesen Weg gebracht. Das Theologiestudium wird grundsätzlich akzeptiert als eine notwendige Stufe der Ausbildung. Für Frau N. etwa hat das Berufsziel, Pfarrerin zu werden, die eigentliche Priorität, wenn sie auch dadurch das Theologiestudium nicht abwerten will.

> „Also damit würd ich auch nicht sagen, daß ich jetzt das Studium so als – also es gibt zwar auch Leute, die sagen, sie legen dieses Theologiestudium ab und sie müssen halt da durch – so überhaupt nicht. Mit so einem inhaltlichen Ablegen des Studiums war das nicht verbunden, aber mein Weg war nicht zuerst, ich will das dringend studieren und dann sieht man mal, was ich mach, sondern mein Weg war, ich will so gemeindlich weiterarbeiten und leben, und dann halt auf den beruflichen Weg. So ging das hin."

Mit dem Hintergrund eines breit gefächerten Engagements in der Gemeinde gehen diese Berufsmotivierten mit relativ konkreten Vorstellungen ins Studium. Die Ebene, auf der dort jedoch Fragen verhandelt werden, ist eine abstrakte, theoretische. Dies verunsichert. Die bisherige Motivation kann nicht einfach bruchlos fortgeführt werden. Frau E. bekommt nicht ohne Grund in der Vorbereitung auf das erste Examen, d.h. mit dem genaueren Blick auf die berufliche Zukunft, Probleme mit dem, was sie dogmatisch vertreten zu müssen glaubt.

> „— Ja, kurz vor'm ersten Examen war das. Also ich bin ja während meines Studiums der Systematik immer ziemlich ausgewichen. Das hat mich nicht interessiert, also vor allem die Dogmatik. Und ja, zum ersten Examen hin, da mußte ich mich natürlich schon ein bißchen intensiver damit beschäftigen. Und da hab ich dann solche Probleme mit der Trinitätslehre gekriegt, also, da hab ich mich wahnsinnig damit abgekämpft und bin da auch nicht fertig geworden, einfach durch den Druck, ich muß da jetzt Examen machen, und ich hab das halt dann einfach auswendig gelernt, aber verinnerlichen konnte ich das nicht, und das kann ich heut eigentlich auch nicht …"

Es ist gerade der Anspruch der eigenen Authentizität, der die Glaubenszweifel zum beruflichen Problem macht.

> „… aber irgendwie hat mich das insgesamt dann in solche, ja, Glaubenszweifel gestürzt, daß ich lange Zeit dann doch unsicher war, ob ich jetzt da wirklich weitermachen soll; andererseits sah ich keinen anderen Weg für mich; auf der anderen Seite eben diese Zweifel und die Ängste, ja was soll ich in der Predigt dann sagen, wenn ich selber solche Zweifel hab. Und ich stand ja dann auf der Schwelle zum Vikariat und vor der Notwendigkeit, dann eben wirklich mal vor eine Gemeinde hinzutreten."

Bei einigen der Befragten ist mit der Wahl des Berufs auch der Stolz verbunden, „da vorn" zu stehen, wo sonst nur die männlichen Mitglieder der menschlichen Gesellschaft stehen durften – wird doch in der (protestantischen) Kirche nur der- oder diejenige wirklich geachtet, die Subjekt der Verkündigung ist, wie Josuttis zu Recht bemerkt.[2] Insofern die pastorale Arbeit vor allem in der Verkündigung gesehen wird, ist für diese Theologinnen die Kluft zwischen Theologiestudium und späterem Beruf nicht allzu groß. Eher ist es der Grad der Abstraktheit, der als schwierig empfunden wird. Die verschiedenen Disziplinen der Praktischen Theologie werden von ihnen wohl aus dieser stärkeren Berufsmotivation heraus bevorzugt. Für Frau H. ist dies ganz eindeutig so.

> „Naja, ich habe mich schon sehr zu den praktischen Fächern hingezogen gefühlt. Theologie war also nicht ganz meins."

Auf der anderen Seite jedoch gibt es, ganz gegen das landläufige Vorurteil, daß Männern die Theorie und Frauen die Praxis gehöre, eine ganze Reihe unter den befragten Pfarrerinnen, die ausdrücklich deshalb Theologie studieren, weil sie von der Möglichkeit der intensiven intellektuellen Auseinandersetzung mit theologischen Themen fasziniert sind. Sie halten daran auch fest, wenn sie in die berufliche Praxis überwechseln bzw. sich der Familien- und Erziehungsarbeit widmen.

2. Fasziniert vom Denken

Ich habe leidenschaftlich Theologie studiert

Obwohl für Frau C. die typisch weibliche Laufbahn einer „guten Hausfrau und Mutter" vorgesehen ist, erkämpft sie sich das Theologiestudium. Sie schlägt mehr dem Vater nach, der ein Bücher- und Schreibtischmensch ist. Sie genießt es, unter Männern zu arbeiten, das Intellektuelle nicht mehr verdrängen, als „unweiblich" disqualifizieren zu müssen, sondern „knallhart wissenschaftlich" arbeiten zu können.

> „— Und das Studium selbst, hat Ihnen das – ja, hat das Ihren Erwartungen entsprochen? Oder?
> — Also eigentlich schon. Ich hab also in Erinnerung, daß ich da richtig begeistert war, als ich anfing ... und hab das also mal sehr genossen unter hauptsächlich Männern zu sein und intellektuell arbeiten zu können. Ich muß dazu sagen, daß das so eines meiner Probleme ist, daß ich immer das Intellektuelle ein wenig verdrängen mußte ... Das war schon zu Hause so – ein Mädchen darf nicht so intellektuell sein – und in der Schule ein bißchen ähnlich. Wenn man also zu gut war, dann ist man gleich – da hat man gleich soziale Restriktionen erlebt. Wurde man gleich als Streber beschimpft. Das ganze geht bei mir ein bißchen auf einen Konflikt zwischen meinen Eltern zurück. Mein Vater ist also mehr der Büchermensch, und ich sollte immer eine gute Hausfrau werden. Und ich bin aber, ja ein bißchen

mehr nach meinem Vater geraten. Ach, da steckt noch mehr dahinter. Das will ich jetzt nicht alles ausbreiten. Aber ich hab das also auf jeden Fall unheimlich genossen, so richtig knallhart wissenschaftlich arbeiten zu können und nicht immer das sozusagen einzuschränken, was man eben auch kann ... Das war so ein richtiges Aufblühen."

Trotz der Belastung, die Frau C. in ihrer jetzigen Situation als „Familienfrau" berichtet, beginnt sie eine Promotion. Sie hält an ihrer Identität als Theologin, als wissenschaftlich und intellektuell arbeitender Frau fest. Damit lebt sie das Dilemma, die eigene theologische Existenz verwirklichen zu wollen, im konkreten Alltag jedoch als Hausfrau und Mutter zu leben. Frau C. leidet darunter, sieht aber keine Möglichkeit, dies zu ändern. Zumindest die Promotion bleibt übrig als Distanzierungsstrategie gegenüber den Wünschen der Mutter und den Anforderungen der eigenen Mutterrolle, in der sie jetzt lebt.

Auch für Frau J. steht in ihrer Studienmotivation die intellektuelle Durchdringung der christlichen Tradition an oberster Stelle. Neben der Begründung, sich mit der eigenen Herkunft auseinanderzusetzen, fasziniert sie die Vielseitigkeit des theologischen Studiums. Viele ihrer bisherigen Studienwünsche kommen darin vor – Philosophie und Philologie, Psychologie und Germanistik. Gerade die Buntheit der Themen findet sie wichtig.

„Und ich hab dann so nach dem Abitur überlegt, was ich da machen könnte. Ich hab eigentlich ziemlich vielseitige Interessen ... Und dann hab ich mir aus dem Abstand nochmal sehr gründlich überlegt, was ich nun eigentlich auf Dauer selber will und hatte Richtung Sprachen überlegt, Richtung Psychologie, Richtung Theologie, und hatte mich dann erstmal für ein Doppelstudium interessiert – Theologie und Germanistik, so aus dem Gefühl raus, ich möcht mir die Wege sehr offen halten, und hab dann mit langem Hin und Her ... mit Theologie erstmal angefangen und wollte dann, wenn ich das Hebräisch hinter mir hätte, das zweite noch dazu nehmen. Und dann hat sich das aber ziemlich schnell rausgestellt, daß mich die Theologie fasziniert hat und daß ich zwar hobbyhalber immer noch in andere Fächer reingehört hab, auch grad humanwissenschaftliche Fächer, aber im Studium eigentlich völlig klar war, das ist es und ich möcht das jetzt auf jeden Fall studieren, weil's mich persönlich von meiner Herkunft her und von meinen Interessen her beschäftigt ...

— Sie haben vorhin gesagt, beim Studium, da waren Sie ja noch etwas unsicher. Zu Beginn des Studiums. Und dann hat Sie die Theologie so fasziniert. Was – können Sie das vielleicht noch ein bißchen genauer beschreiben, was Sie daran so fasziniert hat?

— Also ich kannte von zu Hause aus und wollte das auch selber leben in einer christlichen Lebenspraxis eigentlich. Und war begeistert davon, bei allem, was es an Langeweile im Studium auch von der Vielseitigkeit jetzt, Glauben anzuschauen, Philologisches hat mich ja interessiert, das kam ja voll zum Zug, von den Humanwissenschaften her, wenn man an Seelsorge, an Gemeindearbeit denkt, kommt eine Menge rein. An diesen Fächern.

Von der Dogmatik her kommt einiges an Philosophie rein, wo ich's so spannend fand, so mit wechselnden Schwerpunkten, das, was christlicher Glaube für mich ist, anzuschauen und auch neue Ideen zu kriegen und auch manches von der eigenen Tradition zu relativieren, zu sehen, es gibt auch noch ganz anderes. Und das hat mich also ziemlich schnell begeistert."

Auch Frau J. hält an dieser intellektueller Beschäftigung fest, indem sie parallel zur beruflichen Arbeit mit einer Promotion beginnt. Sie nimmt dafür auch Einschränkungen in Kauf, geht für eine befristete Zeit auf eine halbe Stelle, um in dieser Arbeit vorwärtszukommen.

„— Ja, also das wird nochmal ein bißchen komplizierter jetzt ... ich werd ab Herbst auf eine halbe Stelle gehen und werd ... versuchen, mit der anderen Hälfte meiner Zeit zu promovieren. Das hatte ich früher schon mal angefangen, und hab dann eben gemerkt, daß es neben der Gemeindearbeit Unsinn war. Ich hab mir gedacht, wenn ich keine Familie und keinen Fernseher hab, dann käme ich zu was nebenher. Aber so einsiedlerisch bin ich dann auch nicht, daß ich – ich hab einen Freundeskreis und bin auch gern mit Leuten zusammen. So einsiedlerisch war ich dann nicht, daß ich jede freie Minute mich da dran gesetzt hätte. Und da hab ich das begraben und hab dann jetzt so gemerkt, ach ich hätt Lust, bevor ich vierzig werde, doch nochmal intensiv theologisch zu arbeiten. Und das ist jetzt für mich ein Experiment, wo ich selber wahnsinnig gespannt bin, ob das geht, ja hier weiterzuarbeiten, weil das Unsinn wäre, nach drei Jahren, mit den Frauen, wo ich das jetzt aufgebaut habe und dabei bin, da einfach abzubrechen. ich bin gespannt, wie das geht, hier weiterzuarbeiten und trotzdem vielleicht am Stück noch was für mich zu tun. Das wird ein Kunststück. Und auf der anderen Seite hab ich gemerkt, daß es bei mir so kribbelt und daß ich um Weihnachten herum so unzufrieden bin, da hab ich gedacht, jetzt muß ich mir irgend was einfallen lassen, daß das, ja, mich reizt ...
— Also die Promotionsmöglichkeit haben Sie angeboten gekriegt? Und was war das?
— Das hat sich per Zufall ergeben, wer halt beim Examen dabei ist und das war an sich nicht mein Hauptschwerpunkt. Da hätt ich so was ähnliches machen dürfen wie Sie jetzt, Interviews mit Leuten, die die kirchliche Konsolidierungsphase nach dem Dritten Reich erlebt haben. Und das wäre – naja – da hätt ich mit einigen Leuten wahrscheinlich Krach gekriegt. – Das wären ganz spannende Interviews geworden."

Ich hatte den predigenden Vater im Ohr

Eine ähnliche Konstellation zwischen einer starken Vaterbindung, dem Interesse an der intellektuellen Seite des Theologiestudiums und der Frage nach der eigenen Situation als Frau zeigt sich im Interview mit Frau D. Hier ist das Theologiestudium keine Distanzierungsstrategie vom Lebensentwurf der Mutter. Diese arbeitet im Fall von Frau D. ja ebenfalls im theologischen Terrain. Es ist vielmehr der Versuch, mithalten zu können, mitsprechen zu können im elterlichen theologischen Gespräch. In jedem Fall ist es der Versuch, sich beim „predigenden Vater" Gehör zu verschaffen, von ihm gehört zu werden. „Ich möchte, daß er mich hört, daß er mir zuhört."

> „... Ich hab auch oft so während des Studiums gedacht, ich hab wirklich das allermeiste, auch so ganz grundlegende theologische Einstellungen mitgebracht, vom Vater gelernt und – also viel, was da so an der Uni lief an fundamentalistischen und evangelikalen Geschichten – die haben mich völlig kalt gelassen, weil ich da von Anfang an gewußt hab, das ist es nicht. Also, da hab ich's einerseits leicht gehabt, andererseits hab ich mich auch um viele Auseinandersetzungen gedrückt. Oder bin auch um viel Auseinandersetzungen rumgekommen, sowohl mit den Eltern als auch Sachen, die man im Studium immer durchkämpft. Ich hab da immer gesagt, jaja, weiß ich schon, das ist das nicht."

Von daher ist es eine logische Konsequenz, daß Frau D. in ihrer späteren pastoralen Praxis vor allem die Verkündigung, das Predigen reizt, die Kanzel als Ort der öffentlichen Predigt, des öffentlichen Rederechts.

> „Ich hab eigentlich immer, bzw. als es dann ganz konkret werden sollte – die Berufswahl, so in der 13. Klasse, mir gedacht, ich möchte da weiterdenken. Ich möcht Theologie studieren, ich möcht Pfarrerin werden. Ich wollte Theologie studieren. Ich wollte wissen, was da dran ist. Und das, was ich so als inzwischen als sehr angenehme und ... bedrängende Lebensform, jetzt für mich persönlich – als zwei sehr verschiedene Menschen, Vater und Mutter, in sehr unterschiedlicher Weise erlebt hab, wollte gucken, was es da gibt. Wollt das einfach auf einer anderen Ebene mal kennenlernen ..."

Das theologische Gespräch in ihrer Familie, zwischen den Eltern, möchte sie weiterspinnen. Als ihre Mutter einer Bekannten den Studienwunsch ihrer Tochter berichtet, meint diese: „... das ist schön, wenn sie immer was zu denken hat." Die Tochter bejaht dies:

> „— Ja, und das ‚immer was zu denken' hat ungefähr dem damals entsprochen. Und ich hab dann einfach auch sehr schnell nach dem Abitur, das ging damals noch, angefangen, Theologie zu studieren."

Schon nach dem Ende des Vikariats zieht es Frau D. wieder zur Reflexion der Praxis, zum „Denken". Sie überlegt, in welcher Weise sie eine wissenschaftliche Vertiefung einschalten könnte. Sie ergreift die Gelegenheit, als Assistentin an die Universität zu gehen.

> „Und da gab es einen ganz gewagten Plan, ich ... hab mich um ein Stipendium beworben ..., hab, während diese Bewerbung lief um das Stipendium, erfahren, daß der (Name) hier einen Assistenten sucht und so rumfragt ... und so innerhalb von drei Tagen zerschlug sich das mit dem Sti-

pendium, und er hat angerufen, und ich hab ja gesagt. Und dann war ich allerdings noch ein halbes Jahr – ne, ich bin nicht hier geblieben – sondern war noch ein halbes Jahr dazwischen als Pfarrerin in (Ortsname). Das war mir sehr wichtig, bin dann ordiniert worden, und war wirklich – hatte zwei Dörfer für mich – und hatte wirklich meine vollen Sachen, bin dann weggegangen – war auch wieder schade, das war auch von vornherein klar – und wollte, und will immer noch, diese vier Jahre – also die drei oder vier Jahre, die ich – die dieser Vertrag hier läuft – das ist ja eine befristete Stelle – um zu promovieren, aber auch, um mit Studenten, Studentinnen zu arbeiten – so wie ich's jetzt tu. Mir war von vornherein klar – also das hätte mich sehr gewundert, wenn's anders gewesen wär – ich will keine akademische Laufbahn ansteuern. Ich bin eben doch niemand, der am Schreibtisch sitzt und sich so in Geschichten vertieft. Ja, ja so, ganz kurz."

Die gesellschaftlich hergestellte Sprachlosigkeit der Frau zu überwinden, ist demnach eine wichtige Motivation für Frauen, diesen öffentlichen Predigt-Beruf zu wählen. Das jahrhundertelange Redeverbot „Das Weib schweige in der Gemeinde" wird damit aufgehoben. Das öffentliche Rederecht ist das Wiedererlangen der Sprachfähigkeit als Frau, subjektiv verstärkt durch eine „unsichtbare", sprachlose Figuration von Frausein am Beispiel der eigenen Mutter.

3. Sich selbst auf die Spur kommen: Feministische Theologie als Klärung der eigenen Situation

Sich selbst auf die Spur kommen

Mit einer konservativen Theologie im Elternhaus groß geworden, erlebt Frau J. während des Studiums die Konfrontation mit Themen und Anfragen der Feministischen Theologie als befreiend. Sie nimmt an einem feministisch-theologischen Seminar teil. Seither beschäftigt sie die Frage, wie sie beides, ihr Theologin-Sein und ihr Frausein, authentisch leben kann. Immer wieder wird diese Fragestellung angeschnitten. Sie entwickelt ein klares Bewußtsein ihrer Sonderrolle, aber auch ihrer besonderen Verantwortung, für andere Frauen in ähnlicher Situation ein Vorbild zu sein.

„... Und erst in der Mitte des Studiums hab ich dann in Heidelberg angefangen, ein Frauenseminar zu machen, sechs Männer und sechs Frauen, die neutestamentlichen Texte so anzuschauen, was gibt's eigentlich auch für Hindernisse, die man von den Texten her aufbaut, um Frauen nicht ins Amt zu lassen."

Auch Frau G. erfährt die wesentlichen Anstöße schon während des Studiums:

„Also da hat es eigentlich den Anfang genommen, daß ich mir dann Gedanken gemacht habe über die Theologie, über die Schultheologie, auch was die mir persönlich zu sagen hat, welche Anfragen ich habe und welche ich als Frau habe, und wie komme als Frau ich mir in der Kirche vor. Und da habe ich mir dann Gedanken gemacht über den Beruf, also vor allem auch angestoßen von anderen Frauen, die da viel kritischer gegenüber Kirche waren, viel kritischer gegenüber Theologie. Ich war da sehr zahm. Aber, ich meine, das steckt ja auch ein bißchen an, und da bin ich ins Nachdenken gekommen und habe meine Kirche nicht mehr so ganz rosig gesehen. Das war eine spannende Sache, wir haben über Matriarchatstheorien – damals war das noch gar nicht so aktuell ...

— Und da haben wir ein Seminar oder eine Arbeitsgruppe über Hexen gemacht und dann ein autonomes Seminar über feministische Theologie, und das haben wir eben ohne Lehrbeauftragte gemacht. Frauen gab es da überhaupt noch nicht, es gab noch keine Lehrbeauftragte für feministische Theologie, und die Männer wollten wir alle nicht haben, und da sind wir halt da zum Hochschulrat und haben es wirklich durchgesetzt, daß wir das machen können und daß wir auch einen Raum kriegen. Das war so mancher Gang nach Canossa, aber das also kämpferische Fähigkeiten geschult, das durchzudrücken, dann auch immer wieder zu begründen, warum wir das machen wollen und was uns daran wichtig ist und warum das nur für Frauen sein soll. Das waren schon wichtige Erfahrungen, das hat mich dann auch nicht mehr losgelassen. Und dann haben wir auch noch versucht, in Seminaren auch wieder Fragen zu stellen oder uns gemeinsam vorzubereiten auf ein Thema. Also alleine hätte ich mich da kaum vorgewagt, aber eben wieder durch die anderen, durch die Gruppe. Das hat mir sehr geholfen ...

— Und wie haben Sie es weiterverfolgt? ...

— Ja, und dann in der Gemeinde und für mich persönlich, zusammen mit meiner Arbeit. Das geht also alles in die Richtung."

Bei Frau I. dagegen ist es die ungerechte Behandlung von Kolleginnen, die sie derart empört, daß dies zur Reflexion struktureller Ungleichbehandlung von Frauen in der Kirche, zu einem Umdenken in ihrer eigenen Arbeit führt.

„— Ich muß sagen, ... da fing dann schon die Auseinandersetzung an. Und vor allem fing sie dann damit an, weil ich Kolleginnen hatte, die unheimlich gedrückt wurden von Pfarrern. Also da kann man auch Stories erzählen, das war einfach gemein. Und ich muß sagen, ich habe das nie erlebt. Insofern ist es mir vielleicht leichter gefallen. Ich habe das also nie erlebt, daß ich irgendwo zurückgesetzt worden wäre, bis auf diese eine Geschichte ... Aber so in der Zusammenarbeit mit den Kollegen, ... bin ich nie in dem Maße gedrückt worden wie Kolleginnen, die das so auf das Butterbrot bekamen: Du bist eine Frau und du hast eigentlich im Pfarrdienst nichts zu suchen.

— Nun, aber Sie waren ja auch in einem Bereich tätig, der sowieso für Frauen prädestiniert war.

— Schule und Jugendarbeit, muß man dazu sagen. Und ich habe dann in dieser Zeit – und jetzt verwischt sich das mit den Jahreszahlen – es gab dann Theologinnenzusammenkünfte. Den Theologinnenkonvent gibt es noch. Und das wurde auch von der Landeskirche bezahlt. Aber da herrschte so ein Ton: wir müssen ja dankbar sein, daß wir zusammenkommen dürfen. Und ... der alte N.N., der ließ sich von den Frauen in den Mantel helfen. Und für uns Jüngere war das fürchterlich. Und ich entsinne mich dann, eines Tages, wie wir sagten, jetzt hat es dankend ein Ende. Das ist unser gutes Recht, hier zusammenzukommen. Ja, da hat sich dann eigentlich so etwas formiert. Denn es war – wenn ich mich im nachhinein so mancher Zusammenkünfte entsinne – es war schon sehr deprimierend, wie so die einzelnen erzählten. – Eine, die dann eines Tages mal zu mir sagte: ja, ihr Jüngeren, ihr könnt ja weggehen, aber wir können nicht mehr weggehen. Und in der Zeit sind sehr viele gute bayerische Theologinnen ausgewandert".

Für Frau L. wiederum ist es das negative männliche Vorbild von Pfarrersein, das sie reizt, dem etwas Positives entgegenzusetzen, nach dem „weiblichen" Beitrag in der pastoralen Berufspraxis zu fragen:

„Haben Sie das Gefühl, Sie kriegen ein Bein auf den Boden – als Frau?
— Ja. Vordergründig schon. Aber daß ich da irgend was verändern würde – oder daß überhaupt nur den Kollegen wirklich klar werden würde, wie sie mit Frauen umgehen. Und was das im Grunde für eine Ungeheuerlichkeit ist, da sehe ich keine Chance. Ich glaube, die merken das wirklich nicht. Die kommen sich toll vor noch, wenn sie eine Kollegin da sitzen haben und sagen, wir sind fortschrittlich ...
— Ich könnte mir vorstellen, daß es mir im Moment Spaß machen würde, in einem Frauenprojekt zu arbeiten. Wobei ich nicht sagen könnte, was das jetzt konkret sein sollte. Ich könnte nicht sagen, ob das ein Frauenhaus wäre oder sonst irgend was, ganz egal. Aber da könnt' ich mir vorstellen, daß das was bringt."

Eine interessante Ausnahme bildet Frau D. Hier ist es in der Ablösung vom mütterlichen Leitbild so, daß sie die von ihrer Mutter vertretenen emanzipatorischen Thesen bisher eher abgewehrt hat, ehe sie dann, durch eigene Bruch- und Kollisionserfahrung hindurch, deren Berechtigung einsieht.

„— Und so mit dem Bereich Feministische Theologie, haben Sie sich damit während des Studiums beschäftigt, oder war das für Sie kein Thema – so die Frauenrolle innerhalb der Theologie?
— Ja. Das ist ganz komisch. Es ist einerseits ein enormes Thema, immer Thema gewesen, weil ich – das hat auch mit meiner Mutter zu tun, auch mit dem Vater – ich nie, nie auch nur den Hauch davon gespürt hab, daß ich als Frau irgend was nicht machen könnte, was Männer machen. Also ich hab insofern damit wenig Problembewußtsein und muß mir am eigenen Leib zunächst mal – und diese ganze Unterdrückungsgeschichten hab ich aus meiner Biographie erstmal nicht. Das mußte ich alles anlesen. Und, also ich bin mit großem Selbstbewußtsein da rein. Ja, auch in diesen Beruf

und hatte auch da – ja, die Gemeinden haben sich immer gefreut. Die haben sich zwar zunächst auch gewundert, aber es war immer gut. Ein Problem war, daß ich wie ganz viele, denk ich, auch noch meiner Generation praktisch keine Frauen als Vorbilder hatte. Und im Studium war wirklich ein einziger Gottesdienst mit der (Name einer Theologin) das einzige Mal, daß ich bewußt gesehen hab, aha, da steht eine Frau. Und das war auf eine bestimmte Weise sehr eindrucksvoll. Auf der anderen Seite – gelernt hab ich bei Männern, und meine Lehrer sind Männer zunächst. Und da gibt's auch gewisse Situationen und gewisse Verhaltensweisen, die, denk ich, zunächst über diese Männer laufen. Also so mit feministischer Theologie bin ich im Grund natürlich dann während des Vikariats konfrontiert worden, weil ich da dann auch dafür gradestehen mußte. Da wird man dann auch gefragt und wird als Referentin eingeladen, wo das geradezu lächerlich ist, und kriegt da zum ersten Mal indirekt diese Aueinandersetzung mit. Kriegt dann mit, wie sich Männer bedroht fühlen, allein dadurch, daß man völlig scheinbar, völlig sachlich erzählt, was da so läuft, was da so ist, und wie die in die Luft gehen und völlig unsachlich und emotional reagieren. Und das waren so die ersten Erlebnisse, wo ich dann gedacht hab, aha, sehr interessant, so läuft das. Und ich weiß natürlich seitdem auch, daß man als Frau, also ich hab das auch erlebt, völlig identifiziert wird mit der Feministischen Theologie. Und daß das absolut an denen vorbeigeht, daß man selber ... – daß das völlig eine ganz breite Sache ist und daß ich da, mein, ich weiß, was ich gut finde und was ich nicht gut finde. Ich kann mit einigem zunächst nichts anfangen, mit anderem sehr viel."

Für eine ganze Reihe der befragten Pfarrerinnen sind es genau diese Bruch- und Kollisionserfahrungen im Versuch, Familie und Beruf zu vereinbaren, die sie zwingen, nachzufragen, nachzudenken über ihre Situation als Frau in der Kirche, als Frau in einem pastoralen Männerberuf. Es ist allerdings, so scheint es, eine lebensgeschichtlich spät anzusetzende Erfahrung. Über einen langen Zeitraum hinweg kann die Illusion der überall erreichten Gleichberechtigung festgehalten werden, bis sie sich in den Problemen der Unvereinbarkeit von Familie und Beruf verflüchtigt.

Der Wissenschaftsbetrieb als „fremde Welt"

Frau D. wird erst durch die Promotion existentiell mit Fragen feministischer Theologie konfrontiert. Indem sie sich nun längerfristig im Wissenschaftsbetrieb einrichten muß, erkennt sie, daß es sich dabei um eine ihr letztlich fremde Welt handelt, um Werte, die ihr fremd bleiben werden und die sie dennoch in einem gewissen Maß akzeptieren muß, um zu überleben. Das Thema der von ihr begonnenen Promotion bringt ihr hermeneutisches Interesse und die Möglichkeit, in einem Spezialfach zu arbeiten, zusammen. Besonders reflektiert sie dabei den „Druck", wie sie es nennt, zwar an einem Thema arbeiten zu können, das „ihrs" ist, in den Methoden jedoch an eine männliche Struktur gebunden zu sein, die ihr nicht entspricht. Die sog. „Wissenschaftlichkeit" empfindet sie als etwas, dem sie sich zu unterwerfen hat, um akzeptiert zu sein. Lieber möchte sie ihr Thema auf eine ihr entsprechende Art und Weise durchdenken und gestalten. Sie muß akzeptieren, daß sie diese Freiheit nicht hat. Ihr Frau-Sein empfindet sie zum ersten Mal als etwas, das diese Herausforderung, der sie sich zu stellen hat, schwerer macht. Die praktische Erfahrung radikalisiert sie also – ein Vorgang, der sich so immer wieder in der Geschichte der Theologinnen abgespielt hat.

„... ich hab Kollegen, einen Assistenten und einen ... – der tausendmal besser ist als ich ... Kann man gar nicht vergleichen. Aber gut, ich muß jetzt auf diesem Terrain was leisten und bin froh, wenn's vorbei ist. Ich freu mich über das, was ich lerne, aber wär das eben auch ein Grund ... Also ja, sicher hab ich gesagt, ich hab das am Anfang nie so am eigenen Leib gemerkt, wie das ist als Frau, daß das was Besonderes wäre. Jetzt merk ich's natürlich. Und jetzt muß ich aber auch aufpassen, daß ich's in Grenzen halte und mir sage, gut, es ist jetzt so, und es hat keinen Sinn, ein Grundsatzproblem draus zu machen. Ich kann mir nicht leisten im Moment – ja ich kann mir nicht leisten, rumzujammern. Oder so ein Bewußtsein jetzt sehr deutlich zu machen, weil mich das von dem abhält, was ich jetzt auch machen muß und wo kein Weg dran vorbeiführt und wo ich auch ja gesagt hab."

Gerade weil es sich beim Thema ihrer Dissertation um ein „Frauenthema" handelt, fällt Frau D. die Abgrenzung besonders schwer.

„— Ja, das ist was, ja unglaublich Faszinierendes, und zwar eine Arbeit, die ich mir nicht selber gesucht habe, die mir der ... vorgeschlagen hat ... Das ist auch mit den Ideen, die ich dazu habe, mit dem Entwurf, den ich dazu habe, was ganz Faszinierendes. Das ist was, wo ich immer noch mit großer Energie sag, ich will, daß das niemand anders macht, nur ich, und keiner von diesen Männern."

Im Widerstreit, in dieser Promotion „ihres" zu sagen, und der Notwendigkeit, sich in einem übermächtigen System zu arrangieren, fühlt sich Frau D. aufgerieben. Ihr Gefühl ist, daß es Frauen in ähnlichen Situation vergleichbar geht.

„Aber es könnte gut sein, daß es in Nuancen anderen Doktorandinnen zum Beispiel ähnlich geht. So, die auch das Gefühl haben, sie müssen ja einerseits eine formal sehr männliche Arbeit leisten, und andererseits ist es doch ihres. Also sie müssen ständig vor Männern grade stehen für das, was sie tun. Ja, also ich bin noch ganz offen, ich bin sehr gespannt, ob ich das schaffe, und wenn ja, wie ... Ich hab auch die Motivation, daß das Thema faszinierend ist und daß ich schon denke, daß mir gute Sachen einfallen oder eingefallen sind dazu. Und die Motivation ist eine – kann natürlich auch – ja, ich will das auch zeigen. Aber das darf auch nicht die einzige sein. Also nur so eine gewisse Aggression da drin zu verpacken, ist es auch nicht."

Frau D. nimmt für sich selbst den Druck, um jeden Preis fertig werden zu müssen weg, insofern sie die Möglichkeit sieht, es eventuell auch nicht zu schaffen. Sie hat genug Selbstvertrauen, daß sie beides verkraftet.

„Vor allem, was mach ich denn, wenn ich's nicht schaffe?! Also. Ja. Doch, und die Motivation ist auch, oder war zumindest auch, daß ich während des Studiums gemerkt hab, ich kann auch Arbeiten schreiben. Und das macht mir Spaß, so Sachen zu formulieren. Das macht mir nicht mehr soviel Spaß, wie es mir mal gemacht hat, leider. Aber ich kann es, und es ist eine ganz große persönliche Herausforderung, sich an eine Arbeit zu machen, die über Jahre unstrukturiert ist, oder deren Strukturierung völlig mir überlassen ist, wo auch keiner nachfragt."

Ganz realistisch möchte sie den Abschluß dieser Arbeit auch als Sprungbrett benützen, um in der Kirche eine qualifizierte Arbeitsstelle zu bekommen, wo sie ihre eigentlichen Pläne realisieren kann.

„Ja, aber ich muß es auch um meiner selbst willen beschränken. Und das denk ich immer noch, wenn ich in dieser Kirche wirklich jemals das machen möchte, was ich gerne und was ich wirklich selber machen möchte. Dann geht es sicher leichter, wenn ich solche Hürden nehme. Und sicher schwerer, auch selber, wenn ich sage, naja, ich hab's zwar probiert, aber ich hab's nicht geschafft. Es ist trotzdem kein Grund, daß ich keine gute Arbeit auf allen Gebieten mache, aber es ist ein Druck. Und im Moment – Sie merken das auch – im Moment ist es ein großer Druck. Also, ja."

„Neben" ihrer wissenschaftlichen Arbeit ist Frau D. zur Frauenbeauftragten der Fakultät berufen worden, engagiert sich, indem sie Studentinnen berät.

„… und jetzt ist sowieso was ganz Apartes passiert. Ich bin etwas unfreiwillig Frauenbeauftragte der Fakultät.

— Ja, auch nur weil's im Gesetz steht und weil die das brauchen. Und weil's außer mir und einer anderen Kollegin niemanden gibt, der dies tun kann. Also tun wir das. Und ja, es ist verbunden mit unendlichen Problemen, aber – was ich selber daran merke – ist, daß es ganz wichtig ist, mit Studentinnen – den Studentinnen ein Gefühl dafür zu geben, daß sie das, was sie machen, als Frauen machen. Also im Grunde das, was ich nicht gehabt habe, auch wohl gemeint hab, ich bräucht es nicht, aber was ich erst später gelernt habe, jetzt schon Möglichkeiten dafür – oder ein Forum dafür zu haben, daß sie das überhaupt äußern können, daß sie auch merken, wir kommen nicht vor – oder wo können wir vorkommen. Wir kommen in den Themen, wir kommen in den Seminarplänen nicht vor. Die reden, natürlich reden die selbstverständlich von „der Pfarrer", daß sie sich ein bißchen wehren oder auch eine, ja manchmal kann man's, werden sie auch polemisch und fühlen sich verletzt und finden das alles frauenfeindlich; aber auf eine witzige Art wehren, auf eine Art, die eben gleichzeitig ein Gefühl gibt, was sie können, und nicht nur, daß sie ständig dagegen müssen. Das ist eine Arbeit, die ich unheimlich gerne tun würde."

Wieder stößt Frau D. damit an ihre Grenzen. Will sie in diesem System der Wissenschaft etwas werden, kann sie sich eigentlich auf dieses Amt einer Frauenbeauftragten nicht wirklich einlassen. Tut sie es aber nicht, wird sich nie etwas an den exklusiven Strukturen der Fakultät ändern.

„Das Problem ist nur, daß ich das alles ehrenamtlich tue, tun muß, und diese ganzen Professoren alle natürlich sagen, Frau D., Sie wissen schon, wozu Sie hier sind?! Also gell, um zu promovieren und nicht um mit Frauen rumzumachen. Und das ist natürlich auch ein wunderbarer Abwehrmechanismus, auch dieser Herren. Andererseits haben sie auch Recht, das heißt, und das ist auch was, was mir sehr nahegeht, ich kann mich – und das steht sehr zur Debatte – in diesen Kreisen, diesen Männerkreisen im Moment nicht dadurch qualifizieren, daß ich eine gute Arbeit mit Studentinnen mach, sondern nur dadurch, daß ich auf dieser Männer-, jetzt in dem Fall, -qualifikationsebene versuch zu promovieren. Und da arbeite. Da gucken die. Und das ist schon schwierig."

Wieder wird deutlich, wie ungern sich Frau D. allein auf die Dissertation festlegen lassen möchte. Ihr Interessengebiet ist weiter, sie möchte im Gespräch bleiben mit den Studierenden, sieht ihr Engagement als Frauenbeauftragte nicht nur als Nebenjob. Gerade darin vertritt Frau D. einen spezifisch weiblichen Standpunkt. Generell gilt, daß Frauen in wissenschaftlichen Karrieren ihr Studium und ihre weitere wissenschaftliche Arbeit sehr viel weiter anlegen, als dies im Durchschnitt Männer tun. Diese eher universalistische Studienorientierung führt zu Verzögerungen, die sich dann wieder nachteilig auswirken, wenn sich Möglichkeiten einer wissenschaftlichen Karriere ergeben. Im Interview von Frau D. ist dies typisch.

„Also ich hab dann auch das Gefühl, ich mach soviel, was mir wichtig ist, und da ist die Dissertation eines. Und ihr seht nur das. Und ihr seht nur den Erfolg, und wenn der nicht kommt, hat die Frau hier nichts geschafft. Das ist schwierig. Aber das ist klar, und das heißt, Frauen – ich denke in so einer Situation – müssen, ja, so eine – also eine amerikanische Theologin, Exegetin, hat das mal ‚Zweisprachigkeit' genannt, die müssen wirklich beides, auf beiden Ebenen sein. Und dann kommt's halt – so allmählich merk ich's selber – dann kommt's zu diesem ‚Frauen müssen besser sein' … So entsteht das dann, dieses Gefühl."

Zusätzlich hat Frau D. einen Lehrauftrag, der ihr große Freude macht. Die Motivation, es anders und besser zu machen, als sie es selbst in ihren Anfangssemestern erlebt hat, ist groß. Das Feedback der Studierenden ist erfreulich. Ein Stück weit kann sie hier, wo sie freie Gestaltungsmöglichkeit hat, etwas von der Art, Theologie zu treiben, verwirklichen, die ihr vorschwebt.

„Ich hab – ach ja – was sehr schön ist – stimmt – ich hab natürlich einen Lehrauftrag … Das ist was absolut Faszinierendes. Ich hab in meinem Studium … erlebt und hab gesagt, so auf keinen Fall, nie wieder. Ich geh da nie wieder rein, ich kann das alles alleine. Und mach seitdem, mach es ... anders, mach sie mit sehr viel Gespräch und dem Versuch, die Studenten das selber erarbeiten zu lassen, frag sehr viel, mach, was weiß ich, verschiedene Arbeitsformen, obwohl das mit sechzig Leuten fast nicht geht. Hab, denk ich, eine ganz gute Atmosphäre drin, also mach ich jedenfalls keinen Eineinhalbstundenvortrag. Und die, die kommen, kommen gern. Und ich lern unglaublich viel dabei. Ja, das mach ich seit vier Semestern ... Das hat mir sehr viel Spaß gemacht. Das ist was sehr, sehr Schönes. Da hab ich am Anfang auch sehr viel Energie reingesteckt. Und ich krieg Studenten – und das ist auch das Witzige – ich krieg sie ganz am Anfang, da sind sie noch ganz weich. Und da kann man sie plötzlich – wirklich, da kann man sie – die merken plötzlich, ... ist nicht so wahnsinnig trocken. Da steht jemand vorne und strahlt und sagt – was erleben Sie eigentlich, wenn Sie diesen ... lesen ... Ich denk, das sollen die sehen. Die sollen merken – das ist ja deswegen nicht weniger qualifiziert, aber es ist – es lebt. Ich möcht es gerne, ich möcht gern selber so ... arbeiten ..."

Gerade in dieser Art zu lehren findet sich Frau D. wieder. Sie kann explizit Frauenthemen behandeln und baut den Kommunikationszusammenhang auf, um Wissenschaft so zu betreiben, wie sie es sich vorstellt.

„Und eben diese Frauengeschichten. Das heißt mit einer Gruppe von Studentinnen, die so allmählich ein Gespür dafür kriegen, was es heißt, als Frau zu studieren und Formen suchen und das zu zeigen und zu artikulieren, mit denen zu arbeiten. Und das ist auch sehr schön."

Akkulturation

Sind Frauen in vielen Bereichen beruflicher Arbeit in einer Minderheitensituation, so gilt dies in ganz besonderem Maß für die Welt der Universitäten. Die Zahl der Studentinnen, d.h. der relativ kurzfristig im Wissenschaftssystem arbeitenden Frauen, hat sich zwar in den letzten Jahren gesteigert und liegt bei knapp 40%.[3] Es gibt für sie als Gruppe jedoch spezifische Abweichungen im Vergleich zu männlichen Studierenden, die eine Erklärung fordern. So verteilen sie sich, bezogen auf die Vielfalt der möglichen Studienrichtungen, auf nur wenige Fächer.[4] Sehr viel häufiger als Männer streben sie das Lehrfach an oder einen sonstigen pädagogischen Beruf. Innerhalb der Lehrerausbildung wählen sie eher den Grund- und Hauptschulbereich, Männer dagegen mehr die Ausbildung für das Lehramt an Gymnasien. Die Wahl eines Studiums wird sehr viel häufiger mit sachlichen oder sozialen Interessen begründet, während für Studenten durchaus der Blick auf eine mögliche spätere Karriere ausschlaggebend sein kann. Ähnlich wie im schulischen Bereich schreiben Studentinnen Erfolge eher glücklichen Umständen zu, während sie bei Versagen die Schuld bei sich suchen. Studieren bedeutet für Frauen in der ersten Phase häufig die Möglichkeit, sich vom Elternhaus zu befreien, sich von alten Weiblichkeitsklischees zu befreien und den eigenen Weg zu suchen. Sie haben dennoch, trotz ihrer im Durchschnitt besseren Noten, weniger Aussichten auf eine beruflich dauerhafte Stellung, müssen häufiger wechseln. Haben sie eines der frauenspezifischen Massenfächer wie Germanistik gewählt, müssen sie sich einer starken Konkurrenz stellen, der sie sich aufgrund des „weiblichen Arbeitsvermögens" oft nicht gewachsen fühlen.[5] Die Ausschlußkriterien gegenüber Frauen aufgrund des geschlechtsspezifischen Arbeitsmarktes werden umso härter angewendet, je knapper die Ressourcen sind. Je höher die Positionen im Wissenschaftssystem, umso geringer ist der Frauenanteil.[6] Wissenschaftlich zu arbeiten, bedeutet für Frauen einen „Aufstieg mit Hindernissen"[7]. Die Berufsbiographien und Aufstiegsverläufe von Wissenschaftlerinnen zeigen im Vergleich zu denen ihrer männlichen Kollegen typische Abweichungen.[8] Ihre formale Qualifikation ist im Durchschnitt geringer als die der Männer. Da Frauen ihre wissenschaftliche Karriere oft erst nach erfolgter Berufsausbildung beginnen, ist auch das durchschnittliche Lebensalter bei Übernahme einer Professur im allgemeinen höher.[9] Insgesamt ist der wissenschaftliche Karriereverlauf der Frauen unsicherer, wechselhafter. Sie haben häufiger nur befristete Stellen inne. Es sind offensichtlich die gleichen Mechanismen und widersprüchlichen Sozialisationsvorgaben, die Frauen außerhalb und innerhalb der Universität an der Ausbildung von Selbstwertgefühl und der Besetzung höherer Positionen hindern.

Das Theologiestudium ist im Vergleich mit anderen Studienfächern zwar ein ausgesprochen frauenuntypisches Studium, einmal aufgrund seiner Länge, dann aber auch aufgrund der rein männlich definierten und strukturierten Inhalte und didaktischen Strukturen. Gerade darin aber werden die Widersprüche zum sog. „weiblichen Arbeitsvermögen" um so deutlicher. Diese Inkompatibilität beider Lebensbereiche wird zwar für Studentinnen, die relativ rasch dieses System wieder verlassen, nicht so stark spürbar. Doch für Promovendinnen, die zumindest intentional den Blick auf eine mögliche wissenschaftliche Karriere richten, wird diese Fremdheit der beiden Bereiche deutlich, wie das Gespräch mit Frau D. gezeigt hat.

Frauen können in diesem System nur dadurch überleben, daß sie sich weitgehend anpassen. Ein Element dieser „Akkulturation"[10] genannten Anpassungsstrategie ist auch hier der Verzicht auf Partnerschaft, auf Kinder. Da Frauen aufgrund ihrer Sozialisation und des gesellschaftlichen Vorurteils für Kindererziehung „zuständig" sind und es kaum familienergänzende Maßnahmen gibt, greift die Familiensituation viel stärker in die wissenschaftliche Karriere von Frauen ein, als dies von befragten Professoren genannt wurde. Kinder zu haben bedeutet für Wissenschaftlerinnen in den meisten Fällen den Abbruch der eigenen Karriere, da hier der Zeitfaktor eine große Rolle spielt. Es verwundert deshalb nicht, wenn Professoren zu 36% eine nichterwerbstätige Frau haben und im Blick auf ihre familiäre Situation vor allem die Entlastung von Kindererziehung und Hausarbeit betonen. Die verheirateten Professorinnen betonen dagegen sehr viel stärker den Aspekt der emotionalen Unterstützung durch den Partner. „Das aber bedeutet, daß insgesamt – und zwar im Hinblick auf den gesamten Karriereverlauf – bei männlichen Hochschullehrern sehr häufig zwei Personen am Aufbau einer Karriere beteiligt waren. Bei den Frauen dagegen, so sie verheiratet sind (oder waren), handelt es sich fast ausschließlich um ‚dual-career'-Ehen, mit allen ihren spezifischen Problemen, vor allem in bezug auf die Zeitorganisation, auf die besonderen psychischen Streßsituationen."[11] Ein besonderes Phänomen sind auch die sog. „späten Mütter"[12], d.h. Wissenschaftlerinnen, die sich erst zu einem relativ späten Zeitpunkt, wenn die berufliche Position einigermaßen erreicht ist, zur Gründung einer Familie entschließen. Es verwundert deshalb nicht zu sehen, wieviele der wissenschaftlich ambitionierten Frauen unverheiratet bleiben bzw. in einer Partnerschaft ohne Kinder leben.

Deutlich dürfte eines geworden sein. Es sind nicht die intellektuellen Anforderungen, mit denen Studentinnen Schwierigkeiten haben. Im Gegenteil – sie studieren „leidenschaftlich" gern. Es ist vielmehr die Unverträglichkeit, ja Widersprüchlichkeit der inneren Dispositionen und strukturellen Hürden, die hier immer wieder von Frauen angesprochen wird. Was „weibliches Arbeitsvermögen" unter den Bedingungen einer nach den Anforderungen des „männlichen Arbeitsvermögens" strukturierten Wissenschaftskontextes bedeutet, wird in zahlreichen Untersuchungen[13] erhoben. Die Kluft zwischen beiden Welten kann nur in einem Prozeß der Akkulturation überwunden werden. Ein selbstverständliches Leben und Arbeiten als Frau bedeutet dies für Wissenschaftlerinnen in keinem Fall.

„Die Ausschließlichkeit der Männer in Forschung, Lehre und Studium hat die Hochschule, hat Leben und Wirken der in ihr Tätigen, der Lehrenden und Lernenden bis zur Öffnung für Frauen eine Prägung gegeben, die von männlichem Geist und von männlichem Lebensstil durchdrungen ist. Die mehr als 500 Jahre männlicher Prägung und Sozialisation der jeweils nachrückenden Generationen von Männern hat ihnen Vorteile den Frauen gegenüber verschafft, die aufzuholen den nun seit Anfang des Jahrhunderts nachrückenden und einrückenden Frauen bis heute wenn überhaupt, nur in Ansätzen gelungen ist."[14] „Berichte von Studentinnen zeigen, daß auch sie sich noch wie ihre Geschlechtsgenossinnen zu Anfang dieses Jahrhunderts in Pioniersituationen befinden. Noch immer sind Frauen dabei, in den ‚Herrenclub' einzudringen, ohne eine Chance zu haben, selbst bei vollständiger Rollenidentität in der Hochschule von männlichen Kollegen anerkannt zu werden."[15]

Eine weitere Strategie der Akkulturation ist in den von Studentinnen eingerichteten studienbezogenen Arbeitsgruppen zu sehen, die soziale Beziehungen intensiv gestalten.[16] Dies scheint dem weiblichen Sozialverhalten entgegenzukommen, weil es soziale Nähe zu Personen positiv wertet.[17] Durch die im „weiblichen Arbeitsvermögen" angelegte Ausrichtung auf konkrete Zwecke von Arbeit ist starkes berufsinhaltliches, praktisches Interesse der Studentinnen verständlich. Da diese berufspraktischen Interessen jedoch kollidieren mit Zuweisungen zum familiären Bereich, müssen beide immer wieder neu abgewogen werden.

Nicht schon die steigende Zahl der Studentinnen kann demnach als Gewähr für eine selbstverständliche Integration von Frauen gewertet werden.[18] Männliche Wissenschaftler bewegen sich aufgrund der Kongruenz ihres Arbeitsvermögens, ihrer Sozialisation mit den Erfordernissen des historisch so gewordenen Wissenschaftsbetriebs sehr viel selbstverständlicher darin, haben neben der Freiheit von Erziehungspflichten unbestreitbar die Vorteile einer mit dem sog. „männlichen Arbeitsvermögen" kongruenten Kultur.[19] Zur Durchsetzung innerhalb der männlich geprägten universitären Welt ist es für Frauen deshalb unerläßlich, die Spielregeln zu beherrschen, die dort gelten, die sozialen Rollen mindestens ebenso bravourös zu spielen wie die wissenschaftlichen. Hier aber haben die Wissenschaftlerinnen die eigentlichen Schwierigkeiten.[20]

Gerade Frau D. spürt sehr deutlich, daß es letzten Endes nicht nur um das Erbringen abstrakter „Leistung" geht. Vielmehr sieht sie sich selbst betroffen von der Erkenntnis, daß Frauen im wissenschaftlichen Kontext zwei verschiedene Lernprozesse zu bewältigen haben. Zum einen müssen sie sich danach richten, welchen wissenschaftlichen Standards sie entsprechen müssen, müssen „männliche" Leistung erbringen. Zum andern sind die geheimen Spielregeln der Wissenschaftswelt zu begreifen. Die Frage, ob die immer wieder von Frauen in der Wissenschaft geäußerten Probleme an den Frauen oder an der Wissenschaft lägen, ist deshalb einseitig. Schon die Fragestellung übersieht, daß es eine Assymetrie zwischen weiblicher Identität und wissenschaftlicher Kultur gibt, die es allererst zu reflektieren gilt.

Ein letzter Aspekt weiblicher Akkulturation ist darin zu sehen, daß nur durch eine starke männliche Förderung „Karriere" möglich ist. Frau C. wird immer wieder durch Professoren oder andere Männer in der Kirche ermuntert, an ihrer wissenschaftlichen Arbeit festzuhalten. Auch im Fall von Frau D. gab die Anfrage eines Professors den Ausschlag, noch einmal eine Zeit an der Universität wissenschaftlich zu arbeiten. Ebenso wird Frau J. eine Promotion von einem der prüfenden Professoren nach erfolgtem Examen angeboten.

Noch immer gilt also die These, daß sich gerade im Bereich von Universität und Fakultät die geschlechtsspezifische Arbeitsteilung am striktesten manifestiert und reproduziert.

„Es hat sich halt so ergeben" – das sogenannte weibliche Planlosigkeitssyndrom

Die Undurchschaubarkeit des Wissenschaftsbetriebs, die der weiblichen Sozialisation zuwiderläuft, wie auch das Fehlen von weiblichen Identifikationsfiguren auf der Seite der DozentInnen erzeugt in den anfänglich durchaus wissenschaftlich ambitionierten Studentinnen ein unsicheres Gefühl. Oft wurde diese mangelnde Zielstrebigkeit als fehlender Ehrgeiz, mangelnder Leistungswille der Studentinnen ausgelegt. Mit Hilfe der Theorie des geschlechtsspezifischen Arbeitsmarktes wird jedoch deutlich, daß dieses Phänomen, „Planlosigkeitssyndrom" genannt, mit eben diesen unsichtbar hemmenden und widerständigen Strukturen zusammenhängt, auf die Studentinnen treffen.[21]

Die eigene Karriere beruht dabei nach der subjektiven Einschätzung der befragten Frauen auf „Glück", „Zufall", auf Männern, die sie protegiert haben, mehr als auf eigener Leistung. Es ist ja auch durchaus zutreffend geurteilt, daß erst durch gezielte positive Impulse von außen und „Glück" im Sinn von bildungspolitisch günstigen Situationen sich Frauen auf untypische Laufbahnen einlassen, eine wissenschaftliche Karriere beginnen können.[22] „Planlosigkeit" scheint demnach Teil einer spezifisch weiblichen Strategie zu sein, mit der das Unvereinbare als vereinbar gedacht und auch bewerkstelligt wird. Ich bin „reingerutscht", „reingeholt", „reingezogen" worden in eine wissenschaftliche Karriere, ist die vorherrschende Deutung dieser Laufbahnen.[23] Auffällig ist die unbestimmte Sprachwahl, wie sie auch im Gespräch mit Frau H. deutlich wurde.

Frauen reagieren also auf Angebote, die von außen auf sie zukommen. Erst im Verlauf der damit gemachten Erfahrungen, des Heimischwerdens im Wissenschaftsbetrieb, entwickelt sich eine weitergehende Berufsperspektive. Eine sagt: „Ich habe mir die Zufälle zunutze gemacht. Es ergab sich etwas, aus dem ich dann etwas gemacht habe."[24] Frau J. hat, wie erwähnt, die Chance zu einer Promotion „von außen" angeboten bekommen, die Anregung, sich noch einmal vertieft mit wissenschaftlichen Themen zu befassen. Sie wählt sich jedoch dann den Zeitraum und das Thema selbständig, läßt sich in diesem Fall nicht von außen bestimmen. Auch die Arbeitsmöglichkeiten versucht sie sich so zu schaffen, daß es leistbar ist. Auffällig ist aber auch hier, daß jeder Gedanke, es wegen des Titels und d.h. als karrierefördernde Maßnahme zu tun, gleich abgewehrt wird.

> „Der Titel ist ganz nett, aber es geht mir eigentlich auch drum, mich nochmal ein bißchen auszuprobieren mit so einer Arbeit. Denn beruflich ist das im Grund egal, ob ich damit rumlauf oder nicht. Weil ich eh nicht vorhab, jetzt eine wissenschaftliche Laufbahn einzuschlagen. Da bin ich einmal zu lang weg von der Uni, und zum andern auch zu gern in der Gemeinde, als ich unbedingt jetzt nur noch so was machen wollte."

Auch die Art und Weise, wie Frau J. auf den immensen Zeitdruck, der mit einem solchen Projekt unweigerlich gesetzt ist, fertig wird, ist typisch für Frauen. Sie selbst hängt ihre Erwartung sehr tief, ihr Aspirationsniveau ist, jedenfalls nach außen hin, so, daß sie es „halt mal probiert", sich für diese Arbeit nicht unter allen Bedingungen abmühen will.

> „— Haben Sie sich einen bestimmten Zeitraum jetzt gesetzt, wenn Sie Ihre Promotion abschließen wollen, oder wollen Sie das – ?
> — Also ich hab mir jetzt hier den Vertrag verlängern lassen für weitere drei Jahre und hoffe, daß in der Zeit so ein Grundbestand erarbeitet ist. Ich kenn leider viel zu viel Kollegen und Kolleginnen, wo ich weiß, daß das in drei Jahren nicht zu machen ist. Aber das ist jetzt so mal mein Zeitraum, wo ich mir sag, na gut, vielleicht muß ich mich danach ein halbes Jahr nur für die Arbeit beurlauben lassen. Oder ich seh – das ist völlig offen – ich seh nach einem Jahr, daß ich eh ganz arbeite hier, und daß ich dann lieber das sein lasse, weil, wie gesagt, so eine Fanatikerin bin ich auch nicht, daß ich's dann lieber sein lasse und mir sag, ich hab's probiert, aber unter den Bedingungen ist es nicht zu machen …"

Ursachen dieses Musters einer „Karriere nach Zufallsprinzip"[25] sind zum einen der Pragmatismus der Lebensumstände, die nur „beschränkte Strategien" zulassen.[26] Hinzu kommt dann die Fremdheit der Wissenschaft, der Spielregeln des Wissenschaftsbetriebs und das mangelnde Zutrauen der Frauen in ihre eigenen Fähigkeiten. Alles zusammen begründet dieses auf Intuition und Zufall gegründete Karriereprinzip.[27] Die Aussage „Es hat sich eben so ergeben" ist also Ergebnis der Verarbeitung dieser widersprüchlichen Situation.

Auch Frau J. zeigt insofern dieses Phänomen, als sie das Theologiestudium weniger zielgerichtet beginnt, sondern eher bestrebt ist, sich stets verschiedene Optionen offenzuhalten. Bestimmte Erfahrungen, die sie macht, werden als positive oder ausschließende Faktoren der nächsten Entscheidung gewertet.

> „Und ich fand's ganz praktisch, immer so von einer Stufe zur andern zu leben ... und beschlossen, jetzt mach ich erstmal Vikariat, und dann läßt sich immer noch sehen, was draus wird ..."

Frau L. versteht Abitur und Studium als reinen Zeitfaktor, um sich nicht vorschnell auf etwas festlegen zu lassen, was sie nicht will.

> „Ansonsten – also ich weiß nicht, ich war in der Schule nie gut – und ob ich dann unbedingt Abitur gemacht hätte, wenn mir damals meine Mutter nicht immer irgendwo reingeredet hätte, daß auch wirklich was aus mir wird, hätte ich mir vielleicht auch was ganz anderes gesucht. Das kann auch sein, aber dann hab ich jetzt gesagt, entscheide ich mich jetzt gar nicht, sondern mache erst mal Abitur, und dann hab ich noch ein paar Jahre Zeit, und dann kann ich immer noch sehen, was dann wird.
> — Und war das schwierig, das durchzusetzen? ...
> — Ich hab gesagt, ich mach das nicht, da hat sie zwar noch rumgezetert, aber das war mir eigentlich egal. Für mich war klar, ich mach's nicht."

Ebenso will Frau H. „einfach mal sehen", wie sich das mit dem Theologiestudium anläßt. Der Unbestimmtheitsgrad der eigenen Berufswahl ist dabei auffallend. Es überwiegen in der Schilderung ihrer Motivationsgeschichte die Füllwörter „vielleicht", „irgendwann", „einfach mal" und „halt". Diese Passage des Interviews vermittelt den Eindruck, als sei es gar nicht die eigene Entscheidung, sondern eine von außen implantierte Entscheidung, nach der Frau H. hier handelt.

> „... und das hat sich halt dann bis zum Abitur so weitergezogen, und irgendwann hat der Pfarrer zu mir gesagt, naja also, wenn jemand Theologie studieren muß, dann doch Du ... wie ich halt dann doch dabei geblieben bin, dann ist das halt so losgegangen, mehr kann ich zu meiner Motivation gar nicht sagen. So war das. Und ich habe mir eigentlich wenig Gedanken gemacht über das, wie das dann später als Beruf weitergeht, sondern das war, halt einfach einmal – naja, das Studium hat mir halt Spaß gemacht, und auch während des Studiums, muß ich sagen, habe ich sehr den Augenblick gelebt und mir nicht große Gedanken gemacht, wie das dann später weitergeht, hab einfach mal studiert."

Die genannten drei Pfarrerinnen versuchen demnach zusammenzubringen, was gesellschaftlich unverbunden nebeneinanderherläuft. Versuchen im einen Fall Familie und wissenschaftliche Arbeit zu verbinden, im andern Fall Beruf und wissenschaftliche Arbeit zu verknüpfen. Schon der Eintritt ins Theologiestudium

wird unbestimmt erlebt und bewertet, als ein „Versuch trotz Zweifel" an der eigenen Befähigung oder an der Möglichkeit dieser Berufsvorstellung.
Dies deckt sich u.a. mit den Ergebnissen einer empirischen Befragung von Theologiestudierenden[28], in der die Gruppe der Studentinnen eher als die Studenten einen „Versuch trotz Zweifel" wagen wollte.
Untersuchungen zur Berufswahl von Frauen bestätigen diesen Eindruck. Für Frauen geht es bei dieser Frage eben nicht in erster Linie um eine „Wahl" im Sinne der Entscheidung angesichts mehrerer Alternativen, sondern eher um einen Prozeß der Berufsfindung.[29] „In der Berufsforschung werden die Frauen dementsprechend als ‚Berufsdrifterinnen' bezeichnet im Gegensatz zu Männern, die bewußt ihren Berufsweg planen."[30] Diese Diffusität ist zu interpretieren als eine Konsequenz aus der doppelten Orientierung auf Beruf und Familie hin.[31]
Die Berufswahl von Mädchen wird dabei von Faktoren bestimmt, in denen sich die Bedeutung der Familienrolle widerspiegelt. In der von Frauen überwiegend getroffenen Berufswahl sozialer Berufe etwa setzt sich die bisherige Familienrolle fort. Zum andern wird der Beruf aber auch im Hinblick auf die zukünftige Familie gewählt, er bringt eine zusätzliche Qualifizierung für spätere Aufgaben. Und nicht zuletzt ist das gewichtigste Argument die mögliche Vereinbarkeit des gewählten Berufs mit späteren Familienpflichten. Aber auch die Begründung, sich von der Herkunftsfamilie abzusetzen, wird in Befragungen genannt. Gerade letzteres ist für Mädchen ungleich schwieriger als für Jungen. Die soziale Kontrolle ist stärker, die Bindung an die Eltern, speziell an die Mutter, in der Regel enger. „Dieser Schritt kostet die jungen Frauen meist so viel Trennungsenergie, daß oft keine Kraft mehr bleibt, sich über eine besondere Berufswahl Gedanken zu machen oder gar unkonventionelle Wege zu beschreiten."[32]
Das Theologiestudium ist sowohl seiner Länge nach wie in seiner Strukturierung ein frauenuntypisches Studienfach. Die Gruppe der Studentinnen, die mit einer klaren Berufsmotivation das Studium beginnt, tut sich schwer aufgrund der abstrakten Wissenschaftlichkeit, die ihr hier begegnet. Persönliche Moratorien werden eingeschaltet, Gruppenbeziehungen, autonome Seminare gesucht, um den eigenen Ansatz nicht zu verlieren. Das Planlosigkeitssyndrom, Studien- und Berufswahl als „Finden" und Geführtwerden finden sich hier wie bei Studentinnen anderer untypischer Berufe häufig. „Akkulturation" also, der Prozeß der äußeren Anpassung an eine im Grunde fremde Welt ist wichtig, um darin zu überleben. Die Diskrepanz zwischen weiblicher Sozialisation und wissenschaftlicher abstrakter Struktur bleibt jedoch ungelöst, die Frage nach einer authentischen theologischen Existenz als Frau stellt sich für jede einzelne im Rückblick auf das Studium dringlich.

4. Auf der Suche nach Sinn

Zum weiblichen Sozialcharakter gehört es, Beziehungen zu anderen Menschen Priorität einzuräumen. Beziehungsverluste, Trennungserfahrungen werden deshalb besonders traumatisch erlebt. Offensichtlich spielen für eine Reihe der Befragten diese Verlusterfahrungen in der Motivation für das Theologiestudium eine Rolle. Mit der geheimen Hoffnung, diese Sinnkrisen im Theologiestudium bearbeiten zu können, beginnen sie das Studium.

Für Frau G. etwa ist es der Tod der Großmutter, der sie entscheidend trifft, kurz bevor sie mit dem Studium beginnt. Gerade zur Großmutter hatte sie eine intensive Beziehung, was religiöse Fragen betrifft. Von ihr hatte sie ihre erste Bibel geschenkt bekommen, was ihr viel bedeutete. Frau L. hat ebenfalls eine frühe Verlusterfahrung zu verarbeiten, insofern sie nicht im eigenen Elternhaus, sondern bei Verwandten aufwachsen muß, zu denen sie keine nahe Beziehung entwickeln kann. Es ist von daher verständlich, daß sie ein ursprüngliches Distanz- und Fremdheitsgefühl allen Bindungen gegenüber entwickelt. Für Frau B. dagegen wird die Frage nach dem Sinn des Lebens, ausgelöst durch die Konfrontation mit Tod, Sterben und Krankheit, zum Lebensthema schlechthin. Durch die schwere Krankheit des Vaters wird die ganze Familie in Mitleidenschaft gezogen. Alles, auch die Bedürfnisse der heranwachsenden Tochter, haben sich dem unterzuordnen. Frau B. übertitelt ihre Berufsgeschichte deshalb als „Lebensdrama". Aber auch das Ende ihres Studiums ist durch intensive Trennungserfahrungen geprägt. Der Tod des Vaters, die Trennung von ihrem Freund verstärken ihren Wunsch, einen Halt zu finden. Das Thema Tod fasziniert sie aber auch abgesehen davon, sie wird magisch davon angezogen.

> „Und ich bin von daher unheimlich intensiv mit dem Tod aufgewachsen, also auch – es ging schon früher los. Als ich noch ein kleines Kind war, waren wir mit einem Totengräber befreundet, und ich war noch nicht in der Schule, da hat der ein Grab ausgehoben, und dann hat er immer die Knochen zur Seite gelegt, und ich weiß noch, ich hatte damals einen Schädel in der Hand und hab mir überlegt, ob das ein Mann oder eine Frau gewesen ist, und ob die wohl jung oder alt gestorben ist, und fand das ganz komisch, daß man das nicht mehr weiß. Ich weiß noch, ich hab mir damals gedacht, man müßte eigentlich immer Bilder an die Grabsteine machen. Oder so dann auch die Hand, die er freigelegt hatte – da hab ich dann meine Hand angeschaut und hab gedacht, aha, das also steckt da drin, und das kommt da mal raus, wenn das Fleisch weg ist. Also Tod ist mir immer begegnet, und grad an der Leidensgeschichte von meinem Vater hab ich mir dann – hab ich mich unheimlich viel damit auseinandergesetzt. Ich konnte mir nie vorstellen, daß ich älter werde, ich wußte immer, ich sterbe früh, so ganz eigenartig. Und auch so – ich konnte nicht aushalten, daß das Leben mit dem Tod aus sein soll, und ich konnte nicht glauben, daß es weitergeht."

Zusätzlich dürfte der Lebens- und Frömmigkeitsstil, der in ihrem Elternhaus praktiziert wird, diese „dunkle" Seite betont und die ambivalente Faszination dieses Themas bei Frau B. gefördert haben.

> „Und ich hab dann auch angefangen mit der Theologie, aber immer so mit dem Ziel, ich will wissen, ob ich glauben kann, ich will wissen, wie das mit dem Tod ist. Das war eigentlich immer so die Frage nach dem Tod.

Und es war eigentlich eine schlechte Motivation, weil ich in allen Seminaren und in allem immer nur drin saß mit dieser großen Frage und keine Antwort gekriegt hab und auch gar nicht genug Abstand von der Frage hatte, um mich dann mal auf andere Sachen einzulassen."

Immer ist es die Frage nach dem Tod, die sie durch das Theologiestudium zu „lösen" hofft. Sie muß aber erkennen, daß dieses dafür denkbar ungeeignet ist.

„Ich bin aus vielen Seminaren wieder raus, von denen ich mir viel erwartet hatte. Also ich hab das Studium wirklich schon als sehr unpersönlich erlebt, und das auch als was Schlechtes. Ich denke, es müßte mehr immer auch der Lebensbezug gesucht werden bei all den Fragen, die behandelt werden, es ist zu wissenschaftlich."

Frau B. unterbricht deshalb das Studium – eine Reaktion, die sich im Studierverhalten von Studentinnen häufiger beobachten läßt. Sie entschließt sich, ähnlich wie Frau J., zu einer Ausbildung als Krankenschwester.

„Das war eigentlich eher so, daß mir aufging, das sind Fragen, die mich mein Leben lang beschäftigen. Und ich muß zu einer Antwort kommen, zu einem Ja oder einem Nein. Das war auch noch völlig offen. Und ich konnte mir auch gut vorstellen, wenn es dann ein Nein ist, dann hab ich auch meinen Frieden. Und dann studier ich irgend was anderes, aber das kann ich dann wirklich mit freiem Herzen studieren sozusagen. Naja, und dann hab ich zehn Semester studiert, mehr oder weniger intensiv – eher weniger. Und hab dann im Examen – ich hab schon das Examen angefangen gehabt – da ist bei mir eine Freundschaft auseinandergegangen, was mich sehr mitgenommen hat, und dann hat's mir endgültig gereicht. Dann ist mir erst aufgegangen, wenn ich so weitermach, dann werd ich Pfarrerin und kann das eigentlich noch gar nicht. Meine Fragen werden im Studium nicht beantwortet, und außerdem kotzt mich alles sowieso an, die ganze Welt. Und dann hab ich's Studium aufgehört und hab eine Ausbildung als Krankenschwester angefangen in Ingolstadt.
— Das heißt, Sie haben's abgebrochen?
— Ja. Und dieses Jahr, das ich dort war, das war ein sehr entscheidendes Jahr."

Auch hier aber ist Frau B. erst richtig zufrieden, als sie sich als Krankenschwesternhelferin auf der Intensivstation mit dem Themenkreis Sterben und Tod auseinandersetzen muß.

„Und das zweite Erlebnis, das in dieses Jahr im Krankenhaus fiel, war eine Patientin, die ich sehr geliebt hab, eine alte Frau, die hab ich auf der Station betreut, und dann bin ich an eine andere Station gekommen, und in einer Nacht hab ich geträumt, die stirbt. Und ich bin dann am nächsten Tag auf die Station, und die war gestorben in der Nacht. Und das war der zweite totale Schock für mich. Und dann ist mir das erste Mal, wirklich mit dem Verstand, auch deutlich geworden, es gibt doch noch mehr als das, was man so sieht. Und ich konnte mir auch vom Verstand her vorstellen, daß es nach dem Tod weitergeht, und hab dann eben mit der Lektüre von diesen Büchern auch irgendwann das Gefühl gehabt, ich halt's sogar für wahrscheinlicher, daß es nach dem Tod weitergeht. Und dann noch so viele Gespräche mit Patienten, einfach so in ihren Grenzsituationen, soweit ich als Krankenschwester oder als Schülerin Zeit hatte, die haben mir dann das Gefühl gegeben, so ich kann und ich will Pfarrerin werden. Ich will für solche Leute da sein und will Zeit haben."

In ihrer Freizeit übt Frau B. einen waghalsigen Sport aus, nämlich Drachenfliegen, und riskiert damit immer wieder bewußt ihr Leben. Als sie dann wirklich abstürzt und tagelang mit dem Tod ringt, gewinnt sie aus dieser endgültigen Konfrontation mit ihrem „Lebens"thema die Kraft, auch mit Ermutigung von außen, sich dem Leben wirklich zuzuwenden. Ihre „Lebens"frage, ihre Todessehnsucht ist auf eine sehr existentielle Weise beantwortet worden.

„Ich hatte kurz vorher Drachen geflogen und bin verunglückt beim Drachenfliegen und hatte mir den Halswirbel angebrochen und hatte da so eine Art Sterbeerlebnis, also wo ich eben geredet hab dann, ohne mich jetzt dran zu erinnern – aber es wurde mir dann von anderen eben erzählt – und gesagt hab, daß ich seh, wie mich alle abholen und daß ich jetzt sterbe, und daß das unheimlich schön ist, und daß ich gar nicht verstehe, warum ich Angst davor gehabt hab. Und das hat mich total erschüttert, wo sie mir das hinterher erzählt haben, weil ich in der Richtung eigentlich wenig sensibel bin oder mir eingebildet hab, wenig sensibel zu sein. Und daraufhin fing ich an, sehr viel Bücher über Parapsychologie zu lesen."

Wieder in einer ganz anderen Weise wird das Theologiestudium für Frau I. zu einer Suche nach neuem Sinn. Sie erfährt den Verlust ihrer Wertewelt nach dem Ende des Zweiten Weltkriegs sehr existentiell. Das, wofür sie so begeistert eingetreten war, war nun zerbrochen. Sie sucht nach einer Instanz, dieses Sinn-Vakuum wieder aufzufüllen und kann dabei anknüpfen an Religionsunterricht, Kindergottesdienst und Konfirmandenunterricht, die sie auf Drängen der Eltern besucht hatte. Auch die Jugendarbeit in der Kirchengemeinde bietet ihr eine Möglichkeit, an Vertrautes anzuknüpfen. Aus all dem heraus entsteht der Wunsch, Theologie zu studieren.
Es ist verständlich, daß gerade an den Brüchen menschlicher Existenz die Sinnfrage besonders drängend wahrgenommen wird. Die Einsicht, daß die Antwort auf diese Frage auf rein reflexivem Weg nicht zu gewinnen ist, ist ein schmerzhafter längerer Prozeß.

5. Pionierin-sein – als Frau etwas Besonderes

Quer zu diesen verschiedenen Motivationsperspektiven, die sich bei einigen auf den pastoralen Beruf, bei anderen auf die intellektuelle Arbeit im Theologiestudium, bei einigen wenigen auf die Durcharbeitung persönlicher Fragestellungen richtet, äußern doch sehr viele der Befragten, daß sie selbst grundsätzlich diese Herausforderung ihrer Berufswahl, „Pionierin zu sein", eine „exotische Existenz" zu führen, positiv bewerten.

Ich habe es genossen, etwas Besonderes zu sein

Frau G. etwa, durch ihre Kindheit und Jugend an Ausnahme und Minderheitensituation gewohnt, reizt es, gerade mit diesem Beruf als Frau „etwas Besonderes" zu sein. Dabei ist schon der Besuch des Gymnasiums für die soziale Schicht, aus der die Eltern von Frau G. stammen, eine Besonderheit. Um so mehr ist dann das Studium, und vor allem das Theologiestudium, in ihren Augen etwas Ungewöhnliches.

„— Für die war es ungewöhnlich schon – ich bin das älteste Kind und die einzige Tochter – da war das schon neu, daß die Kinder aufs Gymnasium gehen; das war schon der erste Schritt für beide, daß die Kinder aufs Gymnasium geschickt werden, und dann waren sie sowieso erstaunt, daß wir das schaffen und dann studieren ...

— War das schon etwas Besonderes?
— Ja, das war schon etwas Besonderes, das war nicht üblich, also in der ganzen Verwandtschaft nicht. Das war etwas ganz Neues."

Für Frau G. ist dieses Studium und der Pfarrerinnenberuf ganz eindeutig mit einem sozialen Aufstieg verbunden, wird deshalb auch von ihrer Herkunftsfamilie bejaht und mitgetragen.
Frau J. berichtet, durch ihr Erscheinen als Pfarrerin immer wieder positives Erstaunen, Nachdenken und Gespräche auszulösen.

„— und ein bißchen auch genossen hab und dann manchmal noch so exotische Kirche zu sein. Das wird sehr deutlich zum Beispiel bei Konfirmationen, wo plötzlich Leute in die Kirche kommen, die zehn Jahre nicht mehr da waren, und die dann staunen, daß es so was wie Pfarrerin überhaupt gibt."

Auch in ihrer jetzigen Stelle weiß sie sich als Ausnahme.

„— Und Ausnahme ist es auch hier ... Ich bin ... die einzige Frau, die nicht Putzfrau oder Sekretärin ist, sondern eine halbwegs leitende Funktion hat ..."

Auch für Frau H. ist der Beruf der Pfarrerin ein besonderer, der ihr erlaubt, eine Pionierin-Existenz zu führen.

„Ja, ich habe mich ja so sehr als Pionierin empfunden, weil in meinem ersten Semester war das ja damals, daß das dann mit der Frauenordination beschlossen wurde, also das konnte man vorher noch gar nicht so absehen, daß es dann doch so schnell geht, und von daher habe ich mich doch als

Pionierin empfunden, obwohl manche von meinen Studienkolleginnen das sehr abgewehrt haben – das wäre etwas ganz Normales."

Allerdings kann sie es an keinen konkreten Schwierigkeiten festmachen, die sie als Frau erlebt.

„— Aber Sie hatten nicht gegen Schwierigkeiten zu kämpfen?
Also im Studium nicht, nein, könnte ich also nicht sagen. Von meinen Eltern her oder auch von der Gemeinde, da war eigentlich alles aufgeschlossen. Nein, während des Studiums bin ich also selten da auf Widerstand gestoßen. Es ist ja noch einmal etwas anderes im Studium als später im Beruf."

Für die ganze „Gattung Frau" verantwortlich

Die Kehrseite der Medaille ist, in allem Verhalten, Reden und Tun als Vertreterin einer Gattung, „der Frau", ganz allgemein beurteilt zu werden. Dieses für eine Minderheit typische „Token-Syndron" bedeutet,[33] daß ein Teil für das Ganze genommen wird. Eine Frau steht für die ganze Gattung, muß mit diesen Vorurteilen, Klischees fertig werden. Frauen in untypischen Berufen laufen Gefahr, „in diese Rollenfallen zu tappen, also diesen Abbildern tendenziell zu entsprechen ..."[34].

So berichtet etwa Frau M., daß sie die Erwartung der Gemeinde spürt, jede Predigt von ihr müsse eine Meisterleistung sein, da sonst die „Gattung Frau" negativ beurteilt werde. Wenn allerdings ihrem Kollegen eine Predigt nicht so gut gelingt, wird dies durchaus tolerant beurteilt. Dieser ständige Druck, Höchstleistungen erbringen zu müssen, findet sie auf die Dauer lästig. Frau J. kann dies bestätigen.

„— Also ich denke, daß ich und vor allem die Frauen vor mir, aber ich auch noch besser ... Also ein Dekan hat mich mal fürchterlich dafür aufgespießt, weil ich das einer Kollegin bei der Ordination erzählt hab, daß ich gesagt hab, wenn du eine Beerdigungsansprache hältst, oder wenn ich eine halte, und ich bin schlecht vorbereitet oder irgendwas geht nicht, wie's sein soll, dann wird sehr schnell die Frage aufkommen, ob ich nicht meinen Beruf verfehlt hab. Wenn ein Mann dasselbe macht, dann heißt es, der ist schlecht drauf, der ist schlecht vorbereitet. Also da hab ich schon empfunden, daß die Ansprüche ein Stück höher sind. Ich denk, das wird sich allmählich dann auch geben, wenn das nicht mehr die Exotinnen sind. Auf der anderen Seite, das liegt sicher an meiner Person, hab ich's manchmal auch genossen, so ein bißchen Überraschungseffekt auszulösen, wenn da eine Frau auftaucht, wo man eigentlich immer einen Mann vermutet. Das netteste war im Vikariat dann eine über neunzigjährige Frau, deren Mann ich zu beerdigen hatte. Ich hab mich vorgestellt, und wir haben darüber gesprochen, und ich hatte so das Gefühl, sie akzeptiert mich, und am Schluß sagt sie dann: aber gell, Sie ziehen bei der Beerdigung auch so ein Kleid an wie der Herr Pfarrer. Und als ich ihr das dann versprochen hab, war die Sache in Ordnung, und der Mann kam gütlich unter die Erde."

Sicher kritisieren die Befragten den ungerechtfertigten Erwartungsdruck, dem sie sich ausgesetzt sehen. Auf der anderen Seite sind sie durchaus bereit, sich dieser Minderheitensituation zu stellen, die Herausforderung anzunehmen und neue Wege zu erkunden. „Wenn Frauen sich wie Männer verhalten, so ist die Bewertung durch die Berufsumgebung dennoch eine andere, als wenn die Handelnden Männer wären."[35] Frauen versuchen in dieser Situation einen doppelten Balanceakt. Sie möchten sich auf der einen Seite durchsetzen, anerkannt sein „wie ein Mann"; auf der anderen Seite ihr „Ich-sein als Frau" verwirklichen, ihre Weiblichkeit einbringen. Sie möchten Gefühle zeigen können und nicht immer nur sachlich auftreten. Die Angst vor „Rollenfallen" ist dabei durchaus berechtigt, die Sorge, dem erwähnten „Token-Syndrom" zu verfallen, d.h. sich durch die Erwartungen anderer ständig überfordern zu lassen. Die dabei gängigen Klischees sind Stereotypisierungen für Frauen wie „Weibchen", „Emanze", die überall helfende und einspringende „Mutter" oder der „Gruppenclown".

Auf Umwegen zum Ziel

Erstaunlich ist, wieviele der Befragten ganz gegen die Gepflogenheiten männlicher Karrieren einen „Umweg" in ihrer Ausbildung bewußt einplanen und durchhalten. Hennig/Jardim nennen es das Phänomen der „Karrierebrecherinnen", d.h. die Tatsache, daß Frauen vor oder während der Ausbildung und auch noch während der ersten Berufsjahre plötzlich „aussteigen".[36] Sie versuchen, in anderen Berufszweigen oder Tätigkeitsfeldern bisher vernachlässigte Dimensionen ihres Lebens kennenzulernen, nachzuholen. Immer wieder läßt sich in Befragungen von Frauen in untypischen Berufen erkennen, daß sie für sich ein solches persönliches Moratorium einschieben. Es dient dazu, persönliche Defizite auszugleichen, wieder mehr zu sich zu finden. Die Fragen nach Heirat, Mann, Kindern, die bisher aufgeschoben worden waren, werden nun virulent. Manche der Befragten ändern daraufhin auch ihren Lebensstil. Sie arbeiten weniger, nehmen sich mehr Zeit für sich, für Mode, Kosmetik. „Weibliche Symbole" sind nun nicht mehr wie bisher ausschließlich negativ besetzt. Einige der befragten Karrierefrauen beginnen, auch ein Leben außerhalb des Berufs aufzubauen. Sie entdecken die „weibliche Seite" an sich, werden in ihrer eigenen Einschätzung jetzt erst zu einem „ganzen Menschen"[37].
Bei den von uns Befragten ist ein solcher „Karriere-Bruch", eine Unterbrechung folgerichtiger Ausbildungsverläufe ein Mittel, um gegenüber starken extrinsischen Motivationsfaktoren die eigene Entscheidung zu überprüfen. Liegt die Distanzierungsstrategie bei Frau K. in diesem „Das kann ja nicht alles sein" – so setzen sowohl Frau M. als auch Frau B. alternative Berufsmöglichkeiten ein, um sich über den Eigenanteil ihrer Entscheidung klar zu werden. Frau J. schiebt noch vor Beginn eines Studiums ein Jahr Krankenpflege-Ausbildung dazwischen, um sich über ihren späteren Berufswunsch klar zu werden.

„Und ich hab dann so nach dem Abitur überlegt, was ich da machen könnte. Ich hab eigentlich ziemlich vielseitige Interessen und bin dann erstmal ein Jahr in die Krankenpflege gegangen, um Abstand von meinem Elternhaus zu kriegen und so aus sechshundert Kilometern Entfernung nochmal zu gucken, was will ich eigentlich selber ... Es war alles sehr vertraut und lief als Familienunternehmen. Und dann hab ich mir aus dem Abstand nochmal sehr gründlich überlegt, was ich nun eigentlich auf Dauer selber will ..."

V Pfarrerin werden ist nicht schwer – Pfarrerin sein dagegen ...

1. Als Pfarrerin akzeptiert

Die Erfahrungen der befragten Pfarrerinnen aus der Praxis der Gemeindearbeit sind durchweg positiv. Gerade der gute Kontakt mit den Menschen in der Gemeinde, aber auch die Bestätigung, in der „amtlichen" Rolle bestehen zu können, wird mit Überraschung notiert. Ähnlich wie in der Geschichte der Theologinnen gibt die positiv erfahrene Praxis den Frauen Selbstvertrauen, löst Prozesse der Veränderung des eigenen Selbstbildes aus.
Die erste praktische Ausbildungsphase hat „Spaß gemacht", meint Frau G. Sie findet „sehr guten Kontakt" zur Gemeinde, zum Mentor, obwohl sie die erste Vikarin dort ist. Ihr Mentor war zwar anfänglich

> „überhaupt nicht darauf erpicht, eine Vikarin zu kriegen – also nicht, weil er das ablehnen würde, er hat vorher schon Vikare gehabt –, weil er eben dachte, die Gemeinde ist nicht so geeignet zur Ausbildung, weil etliche Arbeitsbereiche eben nicht vorhanden sind und das nicht umfassend genug wäre. Das war also so seine Tendenz, und er hat gesagt, ja grundsätzlich gern, aber er meinte halt, die Gemeinde wäre nicht so – ja, und jetzt war ich eben da. Es lief aber wirklich ganz toll. Es hat mir Spaß gemacht und ich habe sehr guten Kontakt zur Gemeinde gekriegt und auch sehr guten Kontakt zu dem Mentor gehabt. Dort war ich die erste Frau, also die hatten mit Pfarrerinnen überhaupt noch nichts zu tun gehabt, waren vielleicht anfangs etwas – naja, schauen wir uns das erstmal an – diese typische Haltung. Aber ich war wirklich begeistert, also ich muß ehrlich sagen, die waren sehr angetan von Gottesdiensten vor allem und auch so. Ich habe wirklich Erfolg gehabt dort."

Frau G. weiß, daß sie gut predigt. Sie sieht darin einen Schwerpunkt ihrer Arbeit, weiß, daß sie „ankommt". Die Erfahrungen von Frau J. gehen in ähnliche Richtung. Sie fühlt sich vom Team der beiden anderen Pfarrer angenommen, von der Gemeinde akzeptiert. Besonders freut sie sich, daß nach ihr wieder eine Pfarrerin zur Anstellung gewünscht wird. Sie wertet dies als ein indirektes Lob für ihre Arbeit.

> „... während in den beiden Gemeinden, wo ich gearbeitet hab, das ziemlich schnell ging, daß sich rumgesprochen hat, das ist unsere Pfarrerin oder unsere Vikarin, mit entsprechendem Besitzanspruch. Das ging gut vor allem deswegen, weil ich in ... mit zwei Männern zusammengearbeitet hab, so daß also die Gemeinde nicht sofort damit konfrontiert wurde, jetzt leitet uns eine Frau oder so, sondern wir haben als Team – ganz verschiedenartige Menschen, muß man wirklich sagen – ganz gut harmoniert, und das hat

99

> sicher der Gemeinde geholfen, eine Frau im Dienst der Pfarrerin anzunehmen. Als ich weg bin, haben sie sich wieder eine gewünscht, haben aber keine bekommen, ..., aber das hat mich richtig gefreut, daß ich dachte, also – nach drei Jahren war das so weit, daß sie festgestellt haben, daß es eigentlich eine Bereicherung für die Gemeinde war."

Die Befürchtungen, die Frau M. vor der Übernahme eines „richtigen" Pfarramtes hatte, „kann ich das, schaff ich das?", haben sich schnell zerstreut. Sie merkt, daß sie von der Gemeinde ernstgenommen wird, findet rasch in ihre Rolle als Pfarrerin. Die gute Zusammenarbeit mit den Kollegen erleichtert dabei vieles.

> „Ja, die Befürchtung war nochmal ähnlich hoch, grad weil's am Anfang so war – war die Schwelle hoch, die Angst auch groß, schaffe ich das? Aber erstaunlich war, hat sich das diesmal nicht mehr so schlimm erwiesen, sondern ich hab' jetzt gemerkt – ich hab am Anfang relativ schnell hier rein gefunden."

Frau M. ist die erste Pfarrerin in dieser Gemeinde. Von daher begegnet auch ihr natürlich zunächst einmal Neugier, große Erwartung. Die anfänglichen Ressentiments sind jedoch schnell verflogen.

> „Ich bin hierhergeschickt worden, habe nach relativ kurzer Zeit beschlossen, es ist nicht schlecht, wo man mich hingeschickt hat, also ich kann mich da gut darauf einlassen, und habe mich auch mit der Rolle als Pfarrerin doch im Verhältnis schnell daran gewöhnt. Mir kam auch viel Neugier entgegen, viel Ungewohntes; ich bin die erste hier, die es hier je gab. – Von da aus große Spannung, wie wird es sein. – Gerüchtemäßig war mir vorher auch zugetragen worden, der Kirchenvorstand hat nur mit Zögern beschlossen, daß im Notfall auch eine Frau genehmigt ist. Das hat mich am Anfang verunsichert, aber ich habe gemerkt, das hat mehr zu tun mit Unkenntnis – mehr als mit der grundsätzlichen Ablehnung, daß jetzt auch andere Reaktionen – sehr viele mir sagen, ich habe mir nicht vorstellen können, aber warum eigentlich nicht. Es sind vereinzelte, die tun sich nach wie vor hart, haben natürlich hier das Glück, daß wir allmählichen Frieden haben, also ich denke ..."

Auch für Frau L. ist nach den bisherigen negativen Erfahrungen das Vikariat eine wichtige Station auf ihrem Weg in den pastoralen Beruf. Sie fühlt sich in der Großstadtgemeinde wohl.
Die Gemeinde

> „— hatte vor mir eine Vikarin und waren da anscheinend sehr stolz drauf und sind sich furchtbar gradstöckig vorgekommen und haben gesagt, sie wollen wieder eine. Und das haben sie auch bei jeder Gelegenheit wieder rausgekehrt, daß sie jetzt also wieder eine Vikarin haben, und wie gradstöckig sie doch sind – sehr ernst gemeint ..."

Daß mit Frau L. allerdings, im Unterschied zu den meisten Frauen der Gemeinde, eine berufstätige Familienfrau in der Gemeinde lebt, wird nicht realisiert oder strukturell berücksichtigt. Die Öffnungszeiten etwa des Kindergartens nehmen keine Rücksicht auf diese Gruppe der Mütter.

„Mit den Frauen war das nett, das ist dann bei vielen anderen Sachen ganz deutlich rausgekommen. Zum Beispiel – es war ein paar Wochen, nachdem sie mich da großartig begrüßt haben, und daß sie jetzt wieder eine Frau haben und wie toll und wie großartig – ging's drum, ob die Öffnungszeiten vom Kindergarten nicht den Bedürfnissen der Frauen da ringsum angepaßt werden könnten. Und dann war also die einhellige Meinung: nein, wir haben doch keinen Kindergarten, damit Frauen berufstätig sein können. Und das paßt also absolut nicht zusammen, aber das haben sie nicht kapiert.
— Und wie ging's Ihnen da mit der Erfahrung?
— Ich hab erstmal geschluckt. Und – na, ich hab das vorher ohnehin nicht so ganz ernst genommen, sondern ich hab mir gedacht, naja, eine Vikarin habt Ihr schon noch ganz gern, aber wenn hier jetzt einer von Euch geht, damit wir hier mal Parität haben können, dann würdet Ihr was anderes sagen. – Und, äh, ich hab dann einerseits geschluckt, daß sie's so deutlich sagen und hab dann dabei aber auch gemerkt, daß sie's selber nicht kapiert haben, was sie da eigentlich sagen und wirklich denken. Und hab mich dann aber in dem Moment komischerweise nicht eingemischt. Ich weiß auch nicht warum, ich hab's halt einfach mal gelassen.
— Also, Sie haben sich dann mehr oder weniger ...
— Ich hab überhaupt nichts dazu gesagt. Ob ich das nicht wollte, oder ob es einfach damit zu tun hatte, daß ich jetzt im ersten Moment überrascht war, oder ob ich bei dem Thema Kindergarten erstmal abgeschaltet hab, weil ich gesagt hab, das geht mich jetzt gar nicht an, ich bin später bei Jugend und sonst was zuständig. Das kann ich nicht genau sagen. Also wahrscheinlich hat's auch damit zu tun gehabt, daß ich mir gesagt hab, mir gefällt es jetzt hier ganz gut und ich fühl mich ganz wohl und ich will mich jetzt hier nicht unbedingt gleich anlegen."

Frau L. reagiert darauf, indem sie nicht reagiert. Die endlich erreichte und erfahrene Harmonie will sie nicht aufs Spiel setzen, zumal es sich beim Kindergarten nicht um ihr eigenes Arbeitsfeld handelt. Sie fühlt sich in dieser Gemeinde wohl, bekommt in ihr den Freiraum, ihre eigenen Schwerpunkte auszubauen, vor allem in der Jugendarbeit, auf die sie sich völlig konzentriert. Die positive Rückmeldung, die sie bekommt, ist für sie wichtig.

„— Das hat sich dann so ergeben, mein Mentor, der war Jugendpfarrer und war da aber nicht sehr begabt dafür, und dann bin ich dann gleich in die Jugendarbeit reingeraten. Es waren ziemlich viele Jugendliche da, aber grad keine Jugendleiterin, die war im Mutterschutz, hatte Erziehungsurlaub, und dann bin ich da rein. Und das war ein schönes Arbeiten dort. Von vornherein, das hab ich damals noch nicht so kapiert, es waren von vornherein nur Jugendliche dort, die auch wissen, was sie dort wollen ... Und die haben ziemlich viel auch selber gemacht oder selber Ideen entwik-

kelt, sind dann gekommen und haben gesagt, das wollen wir machen -
machst' mit? Und da ging das ganz gut. Da haben wir zusammen Freizeiten
gemacht und alles mögliche. Fortbildungen oder einfach Abende und sowas. – ... Ja, und das war also der Bereich, in dem ich hauptsächlich war.
Und so die langweiligen Teile aus der Gemeinde, die hab ich gar nicht so
sehr mitgekriegt.
— Haben Sie sich das selber gewählt, also war das das, was Sie von vornherein wollten, oder war das so eine Lücke, die da war?
— Die Lücke war da.
— Aber kam auch Ihrer Neigung entgegen?
— Kam mir entgegen, die Personen kamen mir entgegen. Das ging dann
eigentlich so weit, daß die Jugendlichen gesagt haben: gut, du kommst zu
uns, du machst bei uns mit, das gefällt uns, dafür kommen wir dann auch
mal am Sonntag zu dir in die Kirche. Und das war dann mal ein ganz erfreulicher Anblick, wenn wenigstens ein paar Leute da waren, die ich gekannt hab, weil das wär' sonst in der großen Gemeinde ... – dauert das ja
doch eine Zeitlang, und das ist in zwei Jahren kaum zu schaffen, daß man
die Leute kennt, die da auftauchen. Und ja – also mit Altenarbeit hab ich da
zum Beispiel überhaupt nichts zu tun gehabt. Das hat der Diakon gemacht.
Die Gemeinde hat auch einen Kindergarten gehabt, aber der ist irgendwie
voll an mir vorbei. Das ist mir erst später aufgefallen, daß der ja auch noch
da war. Sondern das hat sich angeboten, und das war gut so, und das hab
ich gemacht."

Für Frau D. ist es von ihrer Erziehung und Herkunft nichts Ungewöhnliches, in
einer Gemeinde zu arbeiten und dabei auch die Führungsrolle zu übernehmen.
Auch sie erfährt überwiegend positives Angenommensein: „Und, also ich bin mit
großem Selbstbewußtsein da rein. Ja, auch in diesen Beruf und hatte auch da – ja,
die Gemeinden haben sich immer gefreut. Die haben sich zwar zunächst auch
gewundert, aber es war immer gut."

2. Schwesternstreit

So positiv im allgemeinen die Berichte aus der pastoralen Praxis sind, so gibt es
doch Beziehungsfelder, die konflikthaft erlebt werden. Dies hängt sicher mit der
Pionierinnenrolle von Pfarrerinnen zusammen. Indem sie als Frauen ihnen bisher
verschlossene, ja „verbotene" Tätigkeitsfelder betreten, werden lang eingefahrene Rollen und Machtverhältnisse in Frage gestellt. Dies kann sich im Einzelfall
dann auch gegen die Pfarrerin selbst richten.

Pfarrfrauen – die halb amtlichen Pfarrerinnen?

Die Tatsache etwa, daß jahrhundertelang die ehrenamtliche Mitarbeit der Pfarrfrau erwartet und geleistet worden war, hat zur Ausprägung eines ganz bestimmten „halb-amtlichen" Selbstbildes von Pfarrfrauen geführt, z.T. zugeschrieben

durch die Gemeindeglieder, z.T. aber auch selbst so gestaltet und ausgefüllt. Es ist von daher nicht verwunderlich, wenn es gerade in der Beziehung zwischen der Frau des Kollegen und der Pfarrerin, der Kollegin des Pfarrers, zu Reibungskonflikten kommt. Beinahe in jedem der von uns geführten Gespräche spielt die Pfarrfrau eine Rolle. Manche Arbeit, die jene bisher ehrenamtlich in der Gemeinde getan hat, wird nun, professionell sozusagen, von der Pfarrerin übernommen. Damit sind eindeutige Konfliktbereiche geschaffen, die bearbeitet werden müssen, sind Fragen von Status und Kompetenz unter kirchlich engagierten Frauen zu diskutieren. Das Rollenbild der „klassischen Pfarrfrau", das selbst im Wandel begriffen ist, macht die Auseinandersetzung nicht einfacher.
Frau E. etwa berichtet von Differenzen mit der Frau des ersten Pfarrers, der zugleich der Dekan ist. Wie Frau E. ist nämlich auch die Dekansfrau in der Frauenarbeit engagiert, einer traditionell den Pfarrfrauen vorbehaltenen Domäne. Verständlicherweise kommt es deshalb zu Konkurrenzen. Nach anfänglichen Schwierigkeiten können sie schließlich ihre verschiedenen Zielsetzungen nebeneinander stehen lassen.

„— Ja, also daß die Frau vom Dekan am Anfang schon ein bißchen ärgerlich war, als sie gemerkt hat, daß ich, ohne sie zu fragen, diesen Frauenkreis angefangen habe, und sie hat dann kurz danach auch eine eigene Frauengruppe angefangen, und macht dort aber ganz andere Sachen, also mehr basteln und sowas. Und inzwischen haben wir uns auch miteinander arrangiert und verstehen uns auch besser. Also ich hatte am Anfang schon das Gefühl, daß da so ein bißchen Konkurrenzdenken da ist, aber das ist jetzt eigentlich nicht mehr so."

Manche der Kollegenfrauen unterstützen sie, andere fühlen sich dagegen allein schon durch ihr Auftreten angegriffen.

„Es ist auch eine Menge an Erwartung da, grad von den Frauen ... wo ich schon das Gefühl hab, ich werd auch sehr genau beobachtet: wie ist das jetzt, wenn die auf der Ebene unserer Männer agiert? Und wo manche mich sehr unterstützen und das auch für gut finden, daß da endlich mal jetzt eine Frau ist, und wo andere auch schon ihre eigene Rolle dadurch irgendwo angegriffen sehen.
— Und die Frau des Pfarrers? War die für Sie eine Bedrohung, oder war die irgendwie ...?
— Nein, die war ganz in Ordnung. Wir haben nicht viel miteinander zu tun gehabt. Aber wenn, dann haben wir uns gut verstanden. Oder, ja man könnte vielleicht sogar sagen, wir haben uns dann manchmal ... ein bißchen zusammen getan, wenn es irgendwie darum ging, was durchzusetzen."

Frau N. dagegen schildert die Beziehung zur Frau des Mentors, wie überhaupt zum Pfarrersehepaar, als ambivalent. Zunächst wird sie mit offenen Armen empfangen. Bald aber empfindet sie diese Umarmung als erdrückend. Sie muß ihre eigene Rolle für sich selbst noch abklären, ist noch nicht so weit wie der Mentor, der ihr einige Jahre an Berufserfahrung voraus hat. Auch die Pfarrfrau scheint sich über die eigene Rolle noch im Unklaren zu sein. Die Distanzierungsversuche von seiten Frau N.s ziehen heftige Auseinandersetzungen nach sich. So schwierig sie auch sind, sieht sich Frau N. doch dadurch gezwungen, ihre pastorale Rolle sehr genau zu reflektieren. Im nachhinein schätzt sie dies als positiv ein.

> „Und das heißt, daß da zunächst, wie man sagt, wir durchaus auf einer Linie lagen, jetzt der Mentor und ich, und daß da auch Sympathien bei allen Beteiligten deutlich waren, aber daß da ein sehr starker Versuch war, grad auch von ihr aus, das zu einer massiven privat gelegten Freundschaft zu machen – die waren selber noch nicht lange am Ort und hatten nicht so viel Kontakte und da war das – jetzt kamen da also auch zwei junge Leute hin – mit Vikariatsbeginn haben wir dann geheiratet. Und da sollte dann möglichst alles die dicke Freundschaft und und sein. Und vieles, was dieses Pfarrerspaar für sich so allmählich gefunden hat, wie die das miteinander leben, auch eben wie die Pfarrfrau das für sich, und ich erst am Suchen war, hab aber die Ansprüche an die Vikarin, ist da durchgeschlagen. Und das waren halt große Auseinandersetzungen dann, was höchst anstrengend war, so daß ich mein, daß gerade zur Berufsrolle finden, haben natürlich intensivst beigetragen genau diese Auseinandersetzungen."

Worunter die Pfarrfrau leidet – das „öffentliche Leben", die Schwierigkeiten, eine Privatsphäre zu haben –, kann Frau L. offensichtlich anders angehen. Sie hat es insofern leichter, weil sie den Erwartungen der Gemeinde nicht so direkt ausgesetzt lebt. Die Frau des Mentors dagegen lebt

> „... auf dem Präsentierteller im Pfarrhaus, direkt neben der Kirche, mit einem offenen Garten usw. ..., und wir haben zwar nur kurz davon weg gewohnt, da war halt nichts auf dem Präsentierteller, und haben uns da ganz anders auch rausziehen können, und waren ja auch nicht die Erwartungen der Gemeinde da, und dieses ganze Feld war halt viel Anlaß zu Streitereien, die sich da ergeben haben.
> — Das heißt, Sie konnten sich Sachen leisten?
> — ja, und Sachen auch, die ich gar nicht mal als leisten empfunden hab. Manches hab ich bewußt versucht, mich rauszuhalten und abzublocken, und anderes, wo's mir gar nicht bewußt war und wo die aber selber ganz andere Mühe damit hatten und sich intensiver da reingehängt haben und vielleicht darunter gelitten haben, daß es so intensiv ist, wurde auch so verstanden, als würde ich mich bewußt da raushalten. Und das war dann halt alles schwierig, weil da die privaten Erwartungen verbunden waren mit dem, was von mir jetzt auch als Leistung und berufliches Engagement verlangt war. Und haben dann aber erlebt, daß ich komm und von manchem, wie's ihr jetzt und mit dem kleinen Kind natürlich auch mühsam und anstrengend war, daß ich diese Dinge nicht hatte."

Ein weiterer Konflikt entsteht dadurch, daß Frau N. bei öffentlichen Anlässen mit dem Mentor zusammen die Kirchengemeinde repräsentieren muß. Dies ist eine Rolle, die ihr überhaupt nicht liegt. Auf der anderen Seite merkt sie, wie sie darum von der Pfarrfrau beneidet wird.

„Und jetzt stand ich plötzlich bei Situationen vorne dran in der kleinen, sehr kleinen Kleinstadt, mitgenommen von ihrem Mann zu Repräsentieranlässen, wo ich mich gar nicht wohlgefühlt hab. Ich wollte sowas gar nicht so sehr, ich mußte mich halt mühsam reinfinden, daß das zu meiner Rolle dazugehört. Und sie wäre vom Typ her genau die gerne gewesen, die vorne dransteht, sag ich halt. Und dieses war halt dann – ging halt hin und her.
— Das heißt, das war halt durchaus auch eine Frauen –?
— Das war die Rivalität, ganz klar. Ganz klar, sag ich, ich seh das so. ich mein auch, daß ich da Dinge seh, aber es waren nicht Dinge, die ausgesprochen gewesen wären, so benannt gewesen wären zwischen uns."

Sekretärinnen – Zuarbeiterinnen der Männer?

Potentiell konfliktreiche Beziehungen bestehen auch zwischen Pfarrerin und Sekretärin. Bisher konnten diese Mitarbeiterinnen sich im gegengeschlechtlichen Rollensystem einordnen. Nun wird durch eine weibliche Vorgesetzte dieses „Weltbild" verschoben. Das schafft Unsicherheiten, Irritationen auf beiden Seiten. Frau J. bestätigt dies.

„Und das ist auch für Frauen nicht ganz einfach. Im Schreibbüro, wo ich, glaube ich, mehr Überzeugungskraft aufbringen muß, daß ich was geschrieben haben möchte und zu einem bestimmten Termin haben möchte und ohne Fehler habe möchte, als das einer der Herren –
— Für den ist es selbstverständlich?
— Das ist klar, das ist ja eingespielt so.
— Und wie haben Sie sich da durchgesetzt? Wie haben Sie das gemacht?
— Ja, zum einen, indem ich deutlich sag, was meine Rechte sind, und zum andern schon auch, indem ich mich dann sehr genau überprüfe, wo sind Konfrontationen sinnvoll und nötig, und wo laß ich's. Das ist für mich eine Balance. Denn es hat, denk ich, keinen Sinn, wenn ich hier mir die Türen vor der Nase zuwerfe."

Aber auch gute Erfahrungen werden berichtet. Frau E. findet, ebenso wie Frau F. guten Kontakt zu den Sekretärinnen. Beide wissen dies zu schätzen.

„— Also, da möcht' ich da auch nochmal über die Frau Dekan hinaus, fragen – wie geht's denn so mit ehrenamtlichen Frauen, oder Frauen, die halt – vielleicht gibt's auch eine Sekretärin? Oder eine Gemeindehelferin?
—Ja, wir haben mehrere Sekretärinnen hier. Also eine für den Dekan und eine für das Pfarramt. Und mit denen komm ich ganz gut zurecht. Also da hab ich eigentlich nie Probleme."

Diese oft so kurz hingeworfenen Bemerkungen decken sich mit den Auswertungsergebnissen über Frauen in anderen Männerberufen. Gerade Hennig/Jardim berichten, daß Chefinnen regelrecht kämpfen mußten, um die gleiche sachliche Zusammenarbeit mit Sekretärinnen zu erreichen, wie jene sie für männliche Vorgesetzte zu leisten bereit waren. Frauen als Vorgesetzte wollen oft den eigenen Vorsprung an Kompetenz und Gestaltungsfreiheit nicht herausstreichen.[1] Dies läßt die sachliche Zuordnung verschwimmen, schafft Konflikte. In der Ausarbeitung des Gespürs für diese „neue" Rolle als Vorgesetzte ist eine der wichtigen Herausforderungen in der pastoralen Praxis von Theologinnen zu sehen.

Ehrenamtlich arbeitende Frauen – die Stützen der Gemeinde

Neben den Pfarrfrauen und Sekretärinnen gibt es jedoch noch eine dritte wichtige Gruppe von Frauen, mit denen sich Pfarrerinnen arrangieren müssen. Es ist die Gruppe der ehrenamtlich arbeitenden Frauen, der „Stützen" der Gemeindearbeit. Frau E. berichtet von guten Beziehungen zu den Frauen ihrer Gemeinde. Sie finden sich in einer Gesprächsgruppe zusammen, in der sie sich wohl und angenommen fühlt.

> „Und ehrenamtliche Frauen, ja, das sind hauptsächlich die aus meiner Kindergottesdienstgruppe, Leitungskreis, mit denen ich öfter zusammenkomm. Und ich versuch halt das, was ich mir damals im Vikariat gedacht hab, daß ich also nicht diesen autoritären Führungsstil da haben möchte, auch zu verwirklichen, und – ja – die als gleichberechtigte Mitarbeiterinnen zu betrachten, die also auch ihre Ideen einbringen können, die ich akzeptier', daß ich also nicht versuch', da immer meine Vorstellungen zu verwirklichen, daß es also wirklich ein gemeinsamer Kreis ist. Und ich denke, das geht auch ganz gut, weil es eben – ja – Frauen sind, die schon selber auch eine Vorstellung haben von dem, was sie wollen. Und das erleb ich als sehr positiv. Also das gefällt mir."

Frau E. dagegen fühlt sich als „Neue" in der Gemeinde in das Konfliktfeld verschiedener Interessen und Fraktionen hineingezogen, die sie jeweils für ihre Seite gewinnen möchten. Es ist für sie daher nicht einfach zu unterscheiden, worauf jeweils die konkrete Ablehnung zurückzuführen ist, ob es an ihrem Frausein oder an dem liegt, was sie als Interesse oder Vorschlag einbringt. In jedem Fall, meint Frau E. jedoch, verschärft ihr Frausein die Ablehnung von seiten derjenigen Partei, die nicht von ihr unterstützt wird.

> „— Es ist sehr unterschiedlich. Es gibt in dieser Gemeinde zwei sehr deutliche Fraktionen. Und in dieses Feld gehört dann auch, daß ich da bin mit meiner Richtung, sprich mit der Fraktion, zu der ich gehör. Und da kommt dann als ein Aspekt, denk ich, dazu, daß ich eine Frau bin. Aber das heißt, die Frage nach Akzeptanz hängt – spielt sich in diesem Rahmen ab, und da denk ich, wird für einige Frauen, die sich dann im Akzeptieren eher schwer tun, daß, daß ich jetzt eine junge Frau bin, eine Rolle gespielt haben. Nicht daß sie bewußt Frauen in dem Beruf ablehnen, aber daß das bestimmt stark so ist. Und bei andern quasi, bei der Fraktion, wo ich dann dazu gehör und

> wo man miteinander kann, da ist es nicht das Thema. Das spielt natürlich immer eine Rolle. Aber da denk ich auch, auch bei jungen Frauen, die ich erleb und die auch für sich schauen, wie können sie Beruf, einen anderen Beruf und Privatheit in Verbindung bringen, ist so wenig Vorstellung davon, was jetzt dieser Beruf konkret heißt und was der dann für eine Frau heißt usw., daß ich da oft – und die so von dem Teilzeit und dem, wie sie's in ihrem Beruf vielleicht erleben, ausgehen."

Aber auch grundsätzliche Ablehnung ihrer Arbeit als Frau im pastoralen Beruf erfährt Frau E. Diese Ablehnung durch Frauen schmerzt sie besonders. Sie kann sie allerdings verarbeiten auf dem Hintergrund ihrer sonst positiven Erfahrungen. Es gibt

> „natürlich auch die anderen, die es völlig ablehnen, von einer Frau da irgendwie – ja zum Beispiel getraut zu werden oder so. Da gab's schon ein paar Situationen, wo dann männliche Kollegen einspringen mußten. Aber das waren – ja – Erfahrungen, die mehr in der Minderzahl waren. Das kam nicht so oft vor.
> — Wie geht's Ihnen damit?
> — Naja, es tut schon irgendwie weh. Das muß ich schon zugeben. Aber – ach, ich kann schon damit umgehen. Das ist nicht so, daß mich das dann ganz niederdrückt, weil ich eben auch die anderen Erfahrungen hab, an denen ich mich dann festhalten kann. Und ich kann's dann immer noch eher akzeptieren, wenn sowas von Männern kommt. Also wenn Frauen mich ablehnen, da kann ich ganz schwer mit umgehen, das kann ich nicht begreifen. Ich denk immer, wir müßten doch solidarisch sein. Aber offensichtlich ist das nicht immer so.
> — Macht Sie das auch ärgerlich?
> — Ja, das macht mich schon ärgerlich. Ich denk mir immer, also was geht in diesen Frauen vor, wie haben sie die ganze – ja – patriarchale Erziehung so verinnerlicht, daß sie jetzt selber so denken können, daß sie so ein geringes Selbstbewußtsein haben können und ein so negatives Bild von Frauen. Das kann ich einfach nicht verstehen. Da werd' ich schon wütend auch."

Ganz ähnlich erlebt es Frau O., eine Pfarrerin im ehrenamtlichen Dienst. Sie kennt das Phänomen, daß sich gerade Frauen schwer tun mit Pfarrerinnen. Auf der einen Seite glaubt sie nicht, daß sich je eine Frau „die alten Zeiten" wieder wünscht. Auf der anderen Seite erlebt sie aber auch viele Ängste der Frauen dem Neuen gegenüber, viel Abwehr, Nichthandeln und aus diesem Grunde Ablehnung. Das ärgert sie, es verletzt sie diese Abwehr mehr, wenn und weil sie von Frauen kommt. Sie weiß jedoch auch nicht, wie dieser Zustand zu ändern wäre.

> „Es gibt ja auch genug Frauen, die uns noch in den Rücken fallen, nicht.
> — Frauen?
> — Jaja, Frauen, die Frauen in den Rücken fallen.
> — Kennen Sie das selber auch?

— Naja, in der Gemeinde. Also einerseits bin ich immer überrascht – daß eigentlich alle Frauen, auch Frauen, von denen ich's überhaupt nie erwartet hätte, an sich hinter der Emanzipation stehen, also das ist für mich das große Erlebnis. Wenn's immer hieß, das ist nur so eine Welle jetzt, das erleb ich anders. Ich kenn' eigentlich keine Frau, die wirklich die alten Zeiten haben möchte. Aber manche haben eben noch Ängste. Ich erleb das so mit dem Frauenreferat zum Beispiel, wozu ist das nötig, und – hab dann immer gesagt, schreibt halt hin, eure Meinung ist auch wichtig. Und ich hab auch – also nicht persönlich erlebt – aber ich weiß von Frauen, die sich zum Beispiel mit Pfarrerinnen schwer tun und so Sachen. Das find ich absolut lächerlich."

Frau H. ihrerseits als beurlaubte Pfarrerin leidet in ihrer jetzigen Situation daran, „zwischen allen Stühlen" zu sitzen. Sie wurde nicht mit ihrem Mann gemeinsam in der neuen Gemeinde eingeführt, ihr Status bleibt ungeklärt. Sie will keine traditionelle Pfarrfrau sein. Gegenüber den ehrenamtlichen Mitarbeiterinnen wird sie als Konkurrenz empfunden, denn alle ehrenamtlichen „Posten" sind schon besetzt. Frau H. hat deshalb das Gefühl, nirgends so recht dazuzugehören. Gegenüber ihrem Mann, dem „Herrn Pfarrer" wird sie nur als „schmückendes Beiwerk" wahrgenommen. Die Beziehung zu den „Stützen" der Gemeinde ist von daher eher unterkühlt.

Insgesamt spiegelt sich in diesen konfliktreichen Frau-Frau-Beziehungen die zunehmende Differenzierung der Lebens- und Berufskontexte von Frauen wider. Positionen, von denen sie bisher qua Geschlecht ausgeschlossen waren, werden nun von ihnen besetzt. Frauen sind damit nicht mehr nur eine homogene Gruppe, die sich in der Minderheitensituation solidarisch fühlt. Gerade Frauen mit theologischer Ausbildung und der Möglichkeit, Zugang zur „amtlichen" Autorität zu erlangen, müssen von daher auf die „etablierten" Strukturen und Rollenträger und -trägerinnen verunsichernd wirken. „Frauen haben es aufgrund der tradierten Rollenmuster und Erwartungen, auf dem Hintergrund einer geschlechtsspezifischen Arbeitsteilung, einerseits sehr schwer, in Machtpositionen zu gelangen, andererseits müssen sie auch selbst ein anderes Verhältnis zur Macht entwickeln."[2] Der weibliche Sozialcharakter, die Zuschreibungen, die damit von außen an die betreffende Pfarrerin herangetragen werden, lösen bestimmte Erfolgserwartungen und Handlungsmuster in der Person selbst aus. „Das Geschlecht wirkt somit als Etikett ... Es reicht aus, eine Frau oder ein Mann zu sein, beziehungsweise als solche(r) erkannt zu werden, um entsprechende Erfolgserwartungen in der Person auszulösen. Der Initialcharakter von Erwartungen und Zuschreibungen, die an eine Person gestellt werden – vor allem, wenn sie von Kindheit an und ständig existieren, wie es bei den geschlechtsspezifischen stereotypen Verhaltenserwartungen der Fall ist – kann nicht genug betont werden."[3]

Zusätzlich zu dem im Miteinander von Frauen neu zu lernenden Umgang mit Macht ist es vor allem das aus dem sog. weiblichen Arbeitsvermögen resultierende größere Anschlußbedürfnis der Frauen, das ihnen oft zum Stolperstein wird. Frauen bewerten Beziehungen höher als Erfolg, möchten diese nicht aufs

Spiel setzen. Konflikte auszutragen, fällt ihnen schwer. Die so oft zitierte Erfolgsangst der Frauen ist nichts anderes als Angst vor dem Verlust der Beziehung, ist Anschlußbedürfnis.[4] Eine Änderung des Bewußtseins ist nur dann zu erreichen, wenn sich durch berufliche Erfolgserfahrungen auch das Handeln von Frauen verändert. „Indem Frauen sich ermutigen, hohe Leistungen zu erbringen, beispielsweise in Führungspositionen zu gehen, machen sie emotional bedeutsame Erfahrungen, wobei eine Änderung des Selbstwertes durch Handeln entsteht."[5] Frauen, in deren Lebensentwurf diese Möglichkeiten nicht enthalten waren, haben oft Mühe, ihre „Schwestern" zu akzeptieren. Das internalisierte negative Selbstbild wird zweiflerisch den anderen zugeschrieben. Die positiv eingestellten Frauen bringen dagegen Frauen in hervorgehobenen Stellen unter Zugzwang. Sie müssen ihrer Meinung nach nun etwas ganz Besonderes leisten, sich deutlich abheben von allem, was je von Männern getan wurde, das „Rad neu erfinden" – diesmal von der weiblichen Seite aus.

Die von uns befragten Pfarrerinnen erkennen die Schwierigkeiten, zwischen einer falschen „Verschwisterung", die die Führungsposition nicht annimmt und einer Ausübung der amtlichen Rolle in einem bloß „amtlichen" Umgang einen neuen Umgangsstil zu leben. Sie sehen, welche Irritation sie gerade für die etablierten Frauen in der Gemeinde bedeuten und versuchen dabei, zu ganz individuellen Lösungsstrategien zu kommen.

3. Die Amts„brüder"

Er wollte mich „bevatern"

Ähnlich wie in der Beziehung zu Frauen in der Gemeinde stehen auch in der Beziehung zu Männern zwei „Fallen" bereit. Im einen Fall geraten die Betroffenen unter die Fittiche paternalistischer „Väter". Sie werden als Töchter „adoptiert", mit einem gewissen Wohlwollen geschützt, protegiert. Auffällig ist der Stolz, mit dem in nicht wenigen Fällen die junge Kollegin als „meine Vikarin" vorgestellt wird. Dieses „Adoptionssyndrom" greift vor allem da, wo auch der Altersunterschied zwischen Mentor und Vikarin in etwa dem Vater-Tochter-Verhältnis entspricht. Es wird eine familiale Harmonie suggeriert, die jeden Gedanken an Konflikte, an wesentliche Unterschiede oder harte Konfrontation schon in der Vorstellung unmöglich erscheinen läßt. Der klassische Beleg dafür ist Frau D., die als Vikarin, wie erwähnt, neben dem eigenen Mentor noch von den fünf Pfarrern der Nachbargemeinde „bevatert" wird.

Ich kämpfte darum, wahrgenommen zu werden

Dagegen kämpft Frau L. darum, von ihrem Mentor überhaupt wahrgenommen zu werden. Das partnerschaftlich-kritische Gespräch findet nicht statt.

> „Ich hab eigentlich gedacht, der kommt in den Gottesdienst, hört sich das an und sagt hinterher mal was dazu. Das war gut oder das hätt'st auch so

und so machen können oder da hätt' ich noch eine Idee dazu, oder nächstes Mal bereitest dich wieder besser vor, oder irgend sowas. Was er gemacht hat, das war, mich dann hinterher zum Tee zu bitten. Und dann hat er sich hingesetzt und hat gesagt: und wie geht's dir jetzt? – Ich mein', das ist zwar schön, das ist ja freundlich. Das hätt' er ja auch machen können am Anfang, aber irgend was hätt' da noch kommen müssen, aber das kam nie. Und so im Lauf der Zeit hab ich den Eindruck gehabt, äh, er scheut sich davor, irgend etwas zu kritisieren, weil er Angst hat, daß ihn auch mal jemand kritisieren könnte, und deshalb bleibt er so auf der Ebene – ja, wir gehen da gar nicht weiter ins Detail, sondern: du machst das so und ich mach das so, und jeder macht, was er will. Und deshalb hab ich da auch nicht viel gelernt."

Auch Frau E. und Frau B. machen diese Erfahrung, ringen darum, von ihrem Mentor wahrgenommen zu werden. Es gibt demnach eine Art von Unsichtbarmachen von Frauen, das durch bloße Nichtachtung, durch Nichtwahrnehmen geschieht. Beiden Frauen gelingt es erst nach einiger Zeit des Sich-abarbeitens, durch vehemente Forderungen ein Mindestmaß an Beziehung herzustellen.

Ich weigerte mich, Kaffee zu kochen

Frau J. achtet in der Beziehung zu ihren Kollegen sehr darauf, daß sie als Kollegin akzeptiert, in ihrer Sachkompetenz ernstgenommen wird. Ist dies der Fall, kann sie auch ihre „mütterliche Seite" zeigen. Sie ist aber nicht bereit, dies als Anlaß für geschlechtsspezifische Arbeitsteilung im Kleinen zu akzeptieren.

„Und in diesem Leitungsgremium, wie ist es da mit den anderen Kollegen, mit den – äh – an den leitenden Funktionen hier? Kommen Sie da mit den Männern zurecht?
— Soweit man das selber sagen kann, würd ich behaupten gut. Ich vermute, daß es mir an dem Punkt ein bißchen zugute kommt – es hat ja alles zwei Seiten – an dem Punkt kommt es mir, glaube ich, irgendwie zugute, daß ich ein ziemlich rationaler Typ bin. Das heißt, daß, was die so erwarten, jetzt kommt Frau und ist wahnsinnig emotional und bricht in Tränen aus, wenn sie das nicht erreicht, was sie will, das passier bei mir nicht, und daß die Art ziemlich berechenbar ist, was ich mach', hat's ihnen, glaube ich, auch erleichtert, mit mir umzugehen. Ich mein, die andere Seite ist, daß ich da schau, wo die anderen Anteile bleiben. Aber für die Art von Arbeit kommt, glaube ich, mein Typ, Frau zu sein, denen auch sehr entgegen …
— Und die andere Seite?
— Die andere Seite, hoff ich, daß ich mit den Frauen leb, indem ich versuch, auch Leut zu verwöhnen, mütterlich zu sein und so was, und die kann ich dann mit den Männern leben, wenn ich akzeptiert bin. Also das heißt konkret, daß ich keinen Kaffee koche und keinen Kuchen backe, ganz am Anfang, weil ich erstmal klären muß, was ich für eine Rolle hab. Daß ich, wenn das klar ist, sehr wohl gern mal so was mache – und Oh und Ah – das

kann sie auch. Wenn klar ist, daß ich das freiwillig mache und weil ich dazu Lust hab oder so.
— Und nicht, wenn's von Ihnen erwartet wird?
— Und nicht, weil ich hier zufällig weiblich bin und deshalb Kuchen backe. Und das hat eigentlich auch in der Gemeinde gut funktioniert, das so rum zu machen."

Als Intellektuelle akzeptiert

Gerade deswegen weiß sich Frau J. in ihrer Arbeit als Intellektuelle akzeptiert, wenn auch etwas argwöhnisch betrachtet.

„Und ist es auch so gewesen, daß Sie ja praktisch dann nicht nur Frau waren, sondern eben auch die Intellektuellere waren?
— Ja, und da denk ich eben, das ist für einige Männer eben nicht leicht zu ertragen. Und wo ich auch schon Fingerspitzengefühl versucht hab einzusetzen, wie ich damit umgehen kann.
— Sie wollten Ihre Vorstellung nicht zu deutlich machen, oder wie?
— Ja, ich denke, daß ich keine Mühe hab vom Typ her, Angst oder Aggression auszulösen. Das ging mir also schon im Vikariat so, wenn ich Kollegen ein bißchen deutlich auf Sachen hinweise, daß ich schon erlebt hab, daß es für die viel schwieriger zu schlucken ist, wenn's von mir kommt, als wenn's von einem ähnlich denkenden Kollegen kommt."

In Gremien, in denen Frau J. die Sache ihrer Schülerinnen vertritt, wird ihr selbstbewußtes Auftreten anders interpretiert, als dies bei Männern der Fall gewesen wäre.

„— Also ich bin einerseits relativ selbständig ... bin auf der anderen Seite Mitglied in diesem Lehrerkollegium, wo ein Schulleiter den Vorsitz führt ... Und da hab ich also relativ wenig jetzt zu tun. Ich bin nicht allzu oft in diesen Sitzungen mit dabei, nur wenn's die Belange der ... betrifft, aber da merkt man den Sonderstatus noch ganz deutlich, und da war ich also die erste Pfarrerin und auch die erste Frau insgesamt, die eben nicht diese Hilfsfunktion hat. Ich hab eine Rückmeldung so über mehrere Ecken bekommen, das war ganz interessant, daß zu mir selber gesagt wird, wie tüchtig ich bin, weil das hier läuft, und daß ich das durchsetzen kann, was ich möchte usw., und daß zu andern Leuten über mich gesagt wird: die ist aber schon sehr selbstbewußt. Und das war mir auffällig, weil ich denke, daß ich in den Sitzungen nichts anderes gemacht hab, als die Interessen meines Ressorts zu vertreten. Und das wird von jedem Mann, der da sitzt, erwartet. Sonst bräucht ich nicht dazusitzen. Aber wenn ich das tue, und das ziemlich deutlich tue, dann wird das auf mein Selbstbewußtsein geschoben. Und ich hab meine Funktion. Und das sind so die Feinheiten, ja, die das Leben dann spannend machen."

Als Frau abgelehnt

Trotz der nun schon so langen Zeitspanne der Zulassung von Frauen zum Pfarramt wird doch immer wieder von Amts„brüdern" berichtet, die Pfarrerinnen die Berechtigung absprechen, als solche zu arbeiten. Von diesen werden sie jedoch eher als „Relikte" und „Fossilien" mit ironischer Distanz geschildert, ohne daß sie ernstgenommen würden. Ob sich dahinter tiefergehende Verletzungen verbergen, die nur mit Ironie und Distanzierung zu bearbeiten sind, kann nur vermutet werden. Es könnte eine unbewußte Strategie sein, diesen negativen, ausschließenden Tendenzen so wenig Raum wie möglich, selbst im Gespräch mit anderen, einzuräumen. Es fällt auf, daß in keinem der Interviews auf diese sexistischen Äußerungen oder Bemerkungen verbittert oder wütend reagiert wird. Es ist eher die gelassene Haltung jener, die „über diesen Dingen" stehen. Frau K. berichtet aus ihrer Studienzeit.

„— Daß also bis – ab 1975 die Kollegen dann ablehnen können, mit einer Frau zusammenzuarbeiten. Ja, und da hat der (Name) halt sehr – also sehr aggressiv reagiert, und zwar in die Richtung, daß der Bischof hätte das verhindern müssen, also das Einspruchsrecht hätte immer gelten sollen, weiterhin. Und den (Name), den kenn' ich also auch, der ist ... Lehrer, ist Volltheologe und Pfarrer von der Ausbildung her, aber er ist im Lehramt, und das ist halt – also ich mein, ich kann wirklich nicht anders sagen, ein Frauenhasser. Und irgendwo liegt's immer – also fast immer auf der persönlichen Ebene, nicht auf der theologischen. Das sind ja Rationalisierungen, die da ablaufen, also wirklich, ich kann das nicht schrecklich ernst nehmen.
— Scheinrationalisierungen oder wie?
— Also die theologischen Argumente sind drübergestülpt über die psychologischen Probleme."

Frau E. berichtet einen Spezialfall. Sie erzählt von Schwierigkeiten, bei ökumenisch gestalteten Gottesdiensten, Trauungen usw. partnerschaftlich beteiligt zu werden. Ihre katholischen Amtskollegen können sich auf eine solche Zusammenarbeit nicht einlassen. In dieser Auseinandersetzung findet sie aber auch in den Reihen der eigenen Gemeinde wenig Unterstützung.

„Also, ganz so, wie ich mir's früher vorgestellt hab, ist es im Moment eigentlich nicht. Und da wären wir bei der Frage der Katholiken. Also, ich hab mir immer vorgestellt, wenn ich dann mal im Beruf bin – ich möcht mich ja auch gern ökumenisch engagieren – und jetzt merk ich halt, daß von katholischer Seite oft Widerstände da sind, also ökumenische Gottesdienste sind manchmal schwierig und auch überhaupt das Verhältnis zu den Katholiken. Am Anfang war's zwar schlimmer als jetzt, das muß ich schon sagen. Also unser direkter Nachbarpfarrer hier, der katholische Münsterpfarrer, der hat am Anfang eine ganze Weile gebraucht, um zu kapieren, wer ich überhaupt bin. Und ich hab das Gefühl, er hat mich verdrängt. Er mußte jedes Mal, wenn wir uns begegnet sind, neu fragen, wer ich eigentlich bin, obwohl ich ihm schon ein paarmal vorgestellt wurde. Und das fand ich dann schon ein bißchen eigenartig. Und er hat sich auch einmal geweigert, eine ökumenische Trauung mit mir zu machen. Aber dann im Lauf der Zeit ist es besser geworden. Also wir haben einmal zusammen eine Taufe gemacht im Münster. Also, da waren innerhalb einer Familie drei Taufen, davon zwei evangelische und eine katholische, und die haben wir halt dann alle zusammen gemacht da im Münster. Und das war eigentlich recht schön. Da hab ich ganz neue Erfahrungen gemacht. Aber trotzdem – ja, man hat immer das Gefühl, das ist so eine aufgesetzte Freundlichkeit, so nach außen, und weil man sich halt irgendwie dazu gezwungen fühlt, aber ehrlich ist es nicht. Jetzt weniger bei diesem Münsterpfarrer als bei den katholischen Kollegen in der Schule, in der ich unterrichte. Also bei denen hab ich schon so das Gefühl. Denn auf der einen Seite, ja, ist es schon möglich mit ihm zusammenzuarbeiten, ökumenische Gottesdienste mit ihm zu machen, auf der anderen Seite höre ich aber auch von Schülerinnen, daß er sich über Evangelische – das heißt über meinen Kollegen hier in der Gemeinde und mich und auch andere – zum Teil sehr abfällig und unfreundlich äußert. Also, es ist eine blöde Situation."

Frau E. macht dabei wieder einmal die Erfahrung, daß in schon bestehenden Konflikten das Frausein ein verstärkender Faktor ist.

„Haben Sie in dem Zusammenhang, also was Ökumene betrifft, ist es so, daß Ihre Situation als Frau eine Rolle spielt? Also, weil Sie gesagt haben, der Münsterpfarrer verdrängt Sie?
— Teils-teils. Also, ich glaub, daß es das vielleicht noch ein bißchen verstärkt. Also meine männlichen Kollegen hier haben zum Teil schon auch ganz schöne Schwierigkeiten. Das ist ganz einfach, ja der Geist der Gegenreformation weht hier halt noch sehr stark, und das merkt man schon. Aber, doch gegen mich als Frau richten sich da auch schon manche Sachen. Also wir hatten in meiner Anfangszeit hier mal das Thema ‚Frauenordination' in einem ökumenischen Gesprächskreis, und da hat sich eben dieser Münsterpfarrer und auch einige katholische Gemeindemitglieder haben sich da sehr vehement gegen die Frau am Altar geäußert. Das ist schon schwierig. Aber ich merk auch, daß die da in ihrer eigenen Kirche Konflikte haben. Also ich hab schon bei ökumenischen Trauungen, wo ich hinterher eingeladen war, junge katholische Frauen kennengelernt und von denen erfahren, daß die da sehr unzufrieden sind mit ihrer Kirche und eigentlich schon hoffen und sich auch dafür einsetzen, daß sich da was verändert. – Ja das waren dann wieder positive Erfahrungen im Rahmen der Ökumene. Also ganz negativ ist es nicht."

In ihrer Vikarinnenzeit erfährt Frau G. die Grenzen der Amts„brüderlichkeit" vor allem in der Beziehung zum Kollegen ihres Mentors, der zugleich erster Pfarrer ist. Diese Ablehnung betrifft nicht etwa ihre konkrete Person, sondern es geht um die grundsätzliche Ablehnung als Pfarrerin, als Frau im pastoralen Beruf.

„Der hat Schwierigkeiten gehabt, mich überhaupt als Kollegin zu akzeptieren. Für ihn war Kollege nur mein Mentor, nur der zweite Pfarrer. Und er hat überhaupt Probleme gehabt mit partnerschaftlichem Arbeiten, also weder Sozialarbeiter noch Sekretärin fielen da in die Besprechung hinein. Das war eine ausschließliche Pfarrersache, und mit dem habe ich Probleme gehabt, als auch wegen Abendmahl, weil er dagegen war, daß ich das mache, aber mein Mentor und ich uns da einig waren, daß ich das mache, und da – da gab es Auseinandersetzungen. Da habe ich schon Schwierigkeiten gehabt, mich zu behaupten. Das ist mir schwer gefallen.
— Aber Sie haben es gemacht?
— Ich habe ein oder zweimal nachgegeben, als er da war und gesagt hat: ja, aber es ist doch keine Notwendigkeit, daß ich das jetzt mache, wenn er doch dabei wäre. Wir haben es einmal zusammen gemacht, aber ich habe es auch alleine gemacht – ich habe sogar am Anfang mich durchgesetzt, am Anfang mit Ellenbogen stärker als am Ende, um zu demonstrieren, daß ich nicht nachgebe. Ich habe es ein paarmal gemacht, und dann habe ich es aber auch mit ihm zusammen gemacht. Erst mal auf einer Ebene, also auf der rechtlichen, ihm gesagt, daß er da nichts zu sagen hat, daß das so und so abgesprochen ist. Da ist er sofort nach ... und hat sich erkundigt beim Kreisdekan, wie das überhaupt ist. Und als ihm das gesagt worden ist, daß er rechtlich nichts dagegen machen kann, hat er sich erst einmal ein bißchen beruhigt, und zwar hatte er da große Bauchschmerzen und ist auch nie zum Abendmahl gegangen bei mir. Er saß in der Kirche und hat sich das angehört, ist aber nicht zum Abendmahl gegangen. Das fand ich auch etwas komisch, aber so sind wir dann verblieben. Und gegen Ende der Vikarinnenzeit hat er mich durchaus geschätzt, also da hat er mich rundrum gelobt, hat mich dann, als bekannt war, daß ich nach ... komme für gewisse Zeit, dort in den höchsten Tönen angepriesen und vorher schon, als er beim Examen schon geprüft hat mit, überall herum erzählt, wie gut das gewesen wäre, hat also wirklich angegeben."

Dies ändert sich für Frau G., als sie ihren Probedienst antritt. Sie wird nach dem zweiten Examen als Langzeitvertretung einem Dekan zugeordnet und soll in Vakanzfällen im Dekanatsbezirk aushelfen. Grundsätzlich begrüßt der Dekan es, daß eine Frau auf dieser Stelle arbeitet. Er hält jedoch nichts von einer Strukturierung und Abgrenzung der ihr aufgetragenen Arbeit. Darauf angesprochen, interpretiert der Dekan dies als Schwäche, als mangelnde Belastbarkeit, läßt dies Frau G. fühlen. Das Tabu, über die notwendige Begrenzung der pastoralen Arbeit nicht reden zu dürfen, belastet sie in dieser Zeit außerordentlich. Sie fühlt sich ausgenützt, nicht ernst genommen. Die geschlechtsspezifisch zugeschriebene „weibliche Schwäche" wird zum Vorwand genommen, nun überhaupt nicht über eine Eingrenzung und Strukturierung ihrer Arbeit sprechen zu müssen. Mit einem männlichen Kollegen, so vermutet sie, wäre der Dekan vielleicht nicht so weit gegangen.

„— Ja. Zu einem Mann hätten sie es vielleicht genauso gesagt. Obwohl ich

... schon stärker das Gefühl gehabt habe, ein Herr Pfarrer ist schon etwas anderes, der wird auch wirklich ernst genommen. Bei mir war ich mir oft nicht ganz sicher, ich werde nicht ganz für voll genommen, bin ich mir – also das trifft jetzt auch auf andere Bereiche zu – bin ich mir nicht ganz sicher, ob es an meinem Alter liegt, am Frausein oder auch an mir, weil ich so klein bin. Also das trifft bei mir alles zusammen. Inzwischen tendiere ich schon dazu, daß es am Frausein liegt. Da tendiere ich schon zu der Meinung. Aber ich habe ... gemerkt, gegenüber dem Dekan – er hat es grundsätzlich, so wie er sich geäußert hat, begrüßt – Frau im Pfarramt, auch immer sehr verteidigt, wenn das Gespräch darauf kam und fand das immer richtig, daß Frauen Pfarrerinnen sind. Er hat mir das Gefühl gegeben, wenn ich gekeucht oder gstöhnt habe, das möchte ich jetzt nicht mehr machen, mir reicht es – mir das Gefühl gegeben: ach, Sie sind zu schwach, Sie schaffen das nicht, Sie Ärmste. Und da habe ich so unausgesprochen das rüber bekommen, die Frauen schaffen halt doch nicht so viel wie die Männer. Er hat das nie gesagt, aber –. Wir haben uns also auch, ich denke, da ist der Dekan ein Prototyp für viele Pfarrer, wir konnten uns gar nicht richtig darüber unterhalten, welche Belastungen mir der Beruf bedeutet, weil er in seiner Denkweise ganz anders ist als ich. Er versteht das nicht, daß eine Predigt eine Belastung sein könnte, weil er froh und dankbar ist für jedes Mal, wo er Gottes Wort verkündigen darf. Da waren ja meine Grenzen, ich konnte also nur vermitteln dann, ich habe jetzt wirklich genug gemacht, ich kann jetzt nicht mehr machen. Es hieß aber dann, ich schaffe nicht mehr, und nicht, daß ich auf der anderen Seite auch wieder Zeit brauche und andere Eindrücke brauche, um auch wieder etwas sagen zu können. Also das hat mich sehr belastet, die Zeit dort."

Sachlich zusammenarbeiten – ist das möglich?

Frau E. schildert das Eingebundensein in den Kollegenkreis als Pfarrerin im Probedienst als wichtig und hilfreich. Auch die Kolleginnen im Dekanatsbezirk sind für sie wichtig.

„Sie haben nur männliche Kollegen?
— Also ich hab in der Gemeinde nur männliche Kollegen, aber im Dekanat sind auch Frauen in der Nähe. Und das sag ich deshalb bewußt, weil das von Anfang an für mich sehr wichtig war, daß ich in der Nähe auch Frauen gleicher Generation und Vorgängergeneration erlebe, und Eingebundensein auch sonst mit Kollegen im Dekanat, was vorher ja kaum zu spüren war, da war das vereinzelter. Also man saß einzeln in der Gemeinde und die andern waren weiter weg. Und mit den Kollegen vor Ort, naja, durch die Kollegenrunde geht dieses gleiche an Fraktionen und Machtkämpfen und Schwierigkeiten wie durch die Gemeinde oder die Kerngemeinde, und insofern ist das Eingebundensein in die Kollegenrunde und ins Dekanat wichtig. Und den Kollegen in der Gemeinde, meine ich, macht es sicher

Schwierigkeiten, daß eine junge Frau da ist. Und je nach dem, wie man sich persönlich dann gut versteht und die Sympathien und die Beziehungen sind, ist im einen Fall die Schwierigkeit halt da und zum Teil bewußt und zum Teil tiefer als bewußt. Und wir mögen uns aber und können damit umgehen. Und im andern Fall kommt zuviel Ablehnung und sich in Frage gestellt sehen – gehört halt auch dazu, daß ich als junge Frau da vieles in Frage stell. Und wir haben es schwer miteinander. Also das ist müßig. Es gab auch einen Kollegen, der jetzt nicht mehr da ist, der ordinierte Frauen ablehnt und wo man trotzdem so einen irgendwie lockeren Ton miteinander gefunden hat. Das hat nicht irgendwie ständig zu sonstwas für Konflikten geführt, aber es war insgesamt halt schon zu spüren ...
— Wie haben Sie Ihre Beziehung zu Ihrem Mentor erlebt, also auch so dieses Kollegiale. Sie waren ja wohl die einzige Kollegin da? Haben Sie sich als Frau akzeptiert gefühlt, ebenso wie ein Mann?
— Ebenso wie ein Mann? – Ja, denk ich schon, also. Er hat sich darüber gefreut, daß überhaupt eine Vikarin oder ein Vikar kam. Das war dort das erste Mal, und der fand das schön und hat sich toll gefreut, daß eine Frau kommt und war sich auch sicher nicht drüber im klaren, was für Probleme wir miteinander kriegen werden, und daß diese ganzen Rivalitätsgeschichten dann auch mit der Vikarin, die kam, zusammenhingen – aber Ablehnung von Frauen im Beruf war da sicher keine, auch wenn ihm das neu war und in vielem ungewohnt, und kollegiales Behandeln von Anfang an war da. Er hat sich gefreut, daß jetzt jemand Zweiter da ist, mit dem er auch vieles besprechen kann, der ja eben auch noch nicht ewig lang in dem Beruf so für sich dahinmachen, sondern gern auch austauschen wollte. Und im nachhinein, wo ja doch ein paar Jahre Abstand inzwischen ist, sehe ich auch viel mehr. Also in der Zeit der Konflikte dort, was ich da auch vieles, nicht nur gelernt hab, sondern eben auch an gutem Umgang miteinander war. Also da – naja, ich kriege jetzt mit, wo ich mit Kollegen anderer Generationen so zusammen bin, was an vielen Dingen, die ich als ziemlich selbstverständlich genommen hab, an neueren Methoden und was halt so ein junger Kollege hatte, und wo ich mir einfach viel davon abschauen konnte und profitiert hab, und weil man Dinge miteinander vorbereitet hat, und er mir auch viel Freiheit dabei gelassen hat, und nur von seinen Dingen was weitergegeben hat, und nichts für sich behalten mußte, und solche Dinge – da hab ich halt auch mitgekriegt – ja, Handwerkszeug, die ein Kollege von wenigen Jahren vor uns hat, was der zuviel hat und was andere schlichtweg nicht hatten. Und das war ein offenes Lernen-können und Miteinander-was-vorbereiten-können.
— Sie haben Ihn also als Pfarrer anerkannt?
— Ja, ich hab das – äh – zu Zeiten, wo sich diese Konflikte sehr zugespitzt haben, hab ich da vieles nicht akzeptiert und sehr in Frage gestellt. Eben vom Pfarrerbild her, von der Rolle her, von Sich-da-völlig-aufsaugen-lassen und nur noch rudern und nicht mehr sich absetzen können und sowas. Aber mit seiner beruflichen Kompetenz, die man ja davon dann nicht letzt-

lich trennen kann, war das dann sehr damit reingezogen für mich, in der Zeit der Konflikte, aber das kann ich jetzt wieder anders sehen. In seiner beruflichen Kompetenz also hab ich ihm da nichts generell – von der hat er mir eben durchaus auch viel geben wollen und auch können."

Trotz mancher oft schwierigen Beziehung zu Amtskollegen wird also doch auch von fairer, sachlicher Zusammenarbeit berichtet. Frau M. etwa freut sich, daß sie sich mit ihrem Kollegen theologisch versteht, sie sich gegenseitig ernstnehmen. Das hat ihr die Einarbeitungszeit in der Gemeinde sehr erleichtert. Sie weiß, sie hat neben ihrem Kollegen „Platz", braucht nicht ständig darum kämpfen.

„Da haben wir Glück gehabt, weil wir ähnlich von der theologischen Auffassung und vom Gemeindeverständnis sehr ähnlich sind, auch sonst uns gut verstanden haben in der Familie, also auch persönlicher Kontakt, Freundschaft entstanden ist. Das hat mir auch die Zusammenarbeit leicht gemacht, weil ich nicht kämpfen mußte um meine Rechte, sondern irgendwo – also das habe ich schon gemerkt, am Anfang, wo ich sehr empfindlich reagiert habe, wenn ich über Dinge nicht informiert war oder sowas, aber nicht sagen konnte, von daher Reibungsflächen ausgeräumt wurden. Also ich – eben von daher, denke ich, hat die Zusammenarbeit gut geklappt, weil ich ihn als Mann erlebe, neben dem ich Platz habe."

Die Schwierigkeiten und Spannungen können jedoch auch so zunehmen, daß selbst die Vikarin es für besser hält, wenn nach ihr wieder ein Vikar geschickt wird – ein Rat, den Frau E. mit Recht als zwiespältig empfindet, untergräbt sie damit doch die Basis einer späteren selbstverständlicheren Akzeptanz von Frauen in pastoraler Arbeit.

„Auf jeden Fall hab ich sicher ein kleines Bonbon – auf jeden Fall hab ich am Schluß auch durchaus bei entsprechenden Gesprächen und Stellen dann deutlich gesagt, ich fänd es gut, wenn nach mir ein Vikar hinkäme, ich bin eine Vikarin, was dann auch so passiert ist – was sicher der gesamten Situation dort zur Entlastung war. Und was ich aber auch mitgekriegt hab, bei manchen Kolleginnen, daß die auch beim Abschluß ihres Vikariats sowas gesagt haben, wo natürlich mir dann auch einmal deutlich war: naja, wenn das mehrere sagen, wo kommen dann die nächsten Vikarinnen hin?! Und was heißt das, und was müßte man nicht bewußt da und dort erst durchkämpfen. Schön und gut, aber für sich selber, an seiner Stelle, sagt man's dann halt, und da hab ich's auch gesagt, da meine ich, wär's das nächste Mal geschickt anders."

4. Geschlechtsspezifische Arbeitsteilung in der pastoralen Arbeit?

Seelsorge, Kasualien

Entsprechend der Verberuflichung „mütterlicher" Fähigkeiten, die sich im sog. „weiblichen Arbeitsvermögen" zusammenfassen lassen, wird auch von Frauen im Pfarramt zunächst einmal angenommen, daß sie von Natur aus seelsorgerliche Fähigkeiten mitbrächten, was sich vorzugsweise in der Zuwendung zu Kindern, älteren Menschen und Kranken zeige. Indem Pfarrerinnen diesen Erwartungen entsprechen, erfahren sie Anerkennung und Lob und bringen auch tatsächlich etwas „Farbe", Mitgefühl und Wärme in die pastorale Praxis mit ein. Auf der anderen Seite befestigen sie damit natürlich die geschlechtsspezifische Rollenteilung, verhindern eine Erweiterung des eigenen Repertoires, aber auch das der männlichen Kollegen. Mit Recht wird deshalb die Frage, ob sie aufgrund der eigenen Einschätzung manches in der Gemeindearbeit anders tun würden als ihre männliche Kollegen, von den Befragten eher zögerlich beantwortet. Sie fürchten, in Klischees zu verfallen bzw. subjektive Erfahrungen vorschnell zu verallgemeinern. Entsprechend vorsichtig möchten sie deshalb auch die folgenden Äußerungen verstanden wissen.

Frau N. etwa bejaht zunächst einmal diesen Unterschied. Sie meint schon, daß sie im Gegensatz zu ihren männlichen Kollegen neben der Sachebene immer wieder auch die Beziehungsebene anspreche. Konflikte sollten nicht einfach unter den Teppich gekehrt werden.

> „Glauben Sie oder haben sie bestimmte – als Frau gewisse Elemente, von denen Sie glauben, daß Sie anders als Männer sie einbringen können? Also etwas, was Männer nicht haben? ...
> — Ich glaub's allgemein gesagt sicher. Allgemein in dem Sinn, daß so, wie ich eben bei der Gemeinde auch mit verschiedenen Kollegen das grundsätzlich als eine Chance ansehe, daß jeder verschiedene Menschen anspricht durch verschiedene Persönlichkeit, verschiedenes Wesen, Alterslage, Frömmigkeitsstile und und. Und in dem Sinn, denk ich, daß Frauen und Männer in dem Beruf eben auch verschiedene Frauen und Männer aus der Gemeinde ansprechen können. So."

Frau N. führt diese festgestellte Differenz jedoch eher auf die Mentalitätsunterschiede verschiedener Menschen zurück.

> „Und jetzt ist aber zu benennen, daß in einer allgemeinen Frage, was es dann für Elemente oder für eine Art ist, dies tu ich ungern, weil es dann schnell klischeehaft klingen kann. Natürlich denk ich, daß ich mit meiner Weise, im Gottesdienst mich zu verhalten, in Sitzungen mich zu verhalten, anders bin. Und da die Gesamtsituationen in meiner Weise beeinflusse als der männliche Kollege. Aber genauso ist der eine männliche Kollege anders als der andere und kann das durch seine Art.
> — Könnten Sie jetzt das ganz persönlich für sich etwas benennen, wo ein Kollege eine Sitzung anders führt, wenn Sie dabei sind, oder wenn ein Gottesdienst anders beeinflußt wird, den Sie halten?
> — Ja, das kann ich schon, aber das klingt so – das kann so platt werden und so – ja, eben klischeehaft wirken, damit ich jetzt sag – wodurch eine Sitzung anders wird, daß ich anders – daß ich meine, daß ich anders in der Sitzung was persönlich sage oder da was nachhake oder ein Konflikt viel-

leicht mal auf den Tisch kann oder es ermöglicht wird und nicht so die Dinge nur – oder daß ich's zumindest möchte, ob ich das kann, ist die zweite Frage – daß es mir halt wichtig ist, daß man Dinge nicht bloß zudeckt und nicht bloß auf Sachebenen rumreitet und nicht sieht, was da sonst ist ..."

Auch Frau E. bestätigt in ihrer Praxis diese Differenz. Ihr Schwerpunkt, ihr Interesse innerhalb der vielen Möglichkeiten pastoraler Praxis liegt eindeutig bei der Seelsorge.

„Ja, das war's zunächst, dann aber schon auch das Ziel, als Pfarrerin in einer Gemeinde zu arbeiten. Naja, eben diese ganzen Arbeiten zu tun, die ein Pfarrer so macht, das konnte ich mir schon recht gut vorstellen. Im Lauf des Studiums hab ich dann vor allem an der Seelsorge sehr viel Interesse gefunden. Also das ist für mich heute immer noch das Wichtigste in dem Beruf."

Allerdings kommt Frau E. viel zu wenig dazu, diesen Schwerpunkt wirklich auszubauen.

„Sie haben vorhin gesagt, Ihr Schwerpunkt im Moment ist so Seelsorge?
— Wäre es theoretisch. Ich hab eigentlich wenig Möglichkeit dazu, außer im Rahmen von Geburtstagsbesuchen bei älteren Menschen. Ein Altersheim liegt in meinem Sprengel, für das ich zuständig bin. Naja, und dann vor allem bei Kasualien, bei Beerdigungen, da komm ich am meisten dazu. Es läge noch ein kleines Krankenhaus hier in meinem Sprengel, aber da sind ganz wenige Evangelische drin, und da macht eigentlich hauptsächlich eine Frau aus dem Besuchsdienstkreis unseres Klinikseelsorgers Besuche. Und die sagt mir dann höchstens, wenn's mal wirklich notwendig wird, daß ich da rein komm. Aber das ist ganz selten der Fall."

Im Blick auf ihre Zukunftsperspektiven möchte sie diesen Schwerpunkt ausbauen, sich in diesem Bereich fortbilden.

„Aber Seelsorge ist etwas, was Sie ausgesprochen gern machen?
— Ja, ich möcht auch gern jetzt irgendwann in nächster Zukunft eine größere Seelsorgeausbildung machen, also so berufsbegleitend, aber so über einen längeren Zeitraum. Und irgendwann für später stell ich mir schon auch eine Klinikseelsorgestelle für mich vor. Das wär so mein Wunsch."

Gegenüber diesen Wunschvorstellungen bildet faktisch ein anderes Teileelement traditionell weiblicher Fähigkeiten ihren Arbeitsschwerpunkt. Frau E. hat damit angefangen, Kinderbibelwochen zu gestalten. Auch der regelmäßige Kindergottesdienst wurde wieder eingeführt, die Arbeit mit Kindern in der Gemeinde intensiviert.

„— Was ist denn im Moment Ihr Schwerpunkt, also jetzt so in der Realität?
— Ja eigentlich Kinderarbeit. Ich hab hier in der Gemeinde zusammen mit

dem Kantor, der hier in der Gemeinde ist, angefangen, Kinderbibelwochen zu halten einmal im Jahr. Und seit einiger Zeit haben wir jetzt auch mal wieder gewagt, einen Kindergottesdienst anzufangen. Das gab's lange Zeit hier nicht, einfach mal für Kinder, ist das vor mehreren Jahren eingeschlafen. Und jetzt haben wir's halt doch wieder mal versucht, und es kommen auch wieder einige Kinder. Und es ist so, ich hab da einen Kreis von Frauen, die damals schon bei den Kinderbibelwochen gleich mitgemacht haben, und die sind jetzt auch bereit, bei diesen Kindergottesdiensten mitzumachen. Und mit denen treff ich mich halt regelmäßig, um das zu besprechen und vorzubereiten, und mach auch selber mit von Zeit zu Zeit. Je nachdem, wir teilen es uns halt immer so ein, wer grad Zeit hat. Und, ja das ist eigentlich so, wo ich mich am meisten verantwortlich fühle im Moment – der ganz eigene Bereich, den ich hier hab.
— Und wie sind Sie zu dem gekommen? Oder nach welchen Gesichtspunkten haben Sie diesen Bereich gewählt?
— Also zum einen stand es schon in der Stellenbeschreibung hier drin, daß der Pfarrer z.A. für Kindergottesdienst usw. zuständig wäre, und zum anderen war das – ja, was noch frei war sozusagen, denn der zweite Pfarrer, wie gesagt, macht ja hauptsächlich Jugendarbeit mit älteren Jugendlichen, und der Dekan macht sowieso überhaupt nichts in der Beziehung. Also war das noch etwas, wo ich mich wirklich noch ganz selber einbringen konnte – eben auch wirklich Bedarf da war in der Gemeinde ... wo ich halt auch wirklich gemeint hab, das ist sinnvoll, wenn ich das jetzt mal anfange. Also ich find schon, daß unsere Gemeinde für so viele Pfarrer ein bißchen klein ist und daß da jeder wirklich noch so einen eigenen Bereich hat, das ist schon ein bißchen schwierig."

Auch im Gespräch mit Frau G. zeigt sich dieser frauenspezifische Kanon pastoraler Arbeitsfelder. Er entspricht jedoch z.T. auch ihren eigenen Neigungen. Sie hat schon von ihrer Studien- und Berufsmotivation her eine starke Neigung zum seelsorgerlichen Umgang mit Menschen, nennt es das „typische Helfersyndrom". Während ihrer Schulzeit war sie Anlaufstelle für Klassenkameradinnen, um sich deren Nöte anzuhören. Dieses Zuhörenkönnen, Aufnehmen und Beraten liegt ihr. Dies möchte sie auch in ihrer pfarramtlichen Praxis weiterführen.

„— Ja, und ich denke, das hängt natürlich auch mit der Berufswahl zusammen, so dieses Helfersyndrom. Die Erfahrung, die habe ich eben in der Schulzeit schon gemacht, daß ich immer Ansprechpartnerin war für Sorgen oder Probleme, und da habe ich das Gefühl gehabt, ich kann das ganz gut, jemandem zuzuhören oder auch etwas zu raten, Anstöße zu gebe, Denkanstöße zu geben. Da habe ich eben gemerkt, daß ich das genauso brauche, und zwar war wirklich sehr gut, daß ich auch andere gebrauchen durfte und es konnte in der Situation."

Frau N. hat, weil sie im Teildienst arbeitet, wenig Möglichkeiten, über die „Pflichtaufgaben" hinaus noch einen eigenen Schwerpunkt, noch eine „Kür" zu absolvieren. Sie berichtet dies mit Bedauern, empfindet es als eine Einengung ihrer eigenen Möglichkeiten. Auch hier sind es schwerpunktmäßig Kinderarbeit und Seelsorge im Krankenhaus, die ihr vom Team der Kollegen als „halbe" Stelle zugedacht wurde – neben all den anderen „klassischen" Aufgaben in der pastoralen Arbeit wie Kasualien, Unterricht und Gottesdienst.

„Ja, vielleicht noch, noch inhaltlich zu Ihrer Arbeit hier, möchte ich noch einmal nachfragen. Nach welchen Gesichtpunkten wählen Sie Ihre Schwerpunkte aus? Sie haben doch vorhin schon gesagt, Sie wollten Gemeindearbeit machen, haben sich nicht eingelassen auf eine zeitlich wahrscheinlich etwas klarer strukturierte Krankenhaustätigkeit. Aber nach welchen Gesichtspunkten machen Sie jetzt Gemeindearbeit? Und was machen Sie?
— Zuständig an Schwerpunktgebieten bin ich für Kindergottesdienstarbeit und Krankenhausarbeit, das heißt Begleitung oder Leitung oder wie auch immer, eines Krankenhausbesuchsdienstes von ehrenamtlichen Mitarbeiterinnen, der schon dar war, bevor ich kam ... Und dann dazu sagen, nach was bestimm ich meine Schwerpunkte, ist schon müßig, weil – weil ich da nicht mehr viel bestimme, sondern die Dinge so dann anlaufen und sich so der Reihe nach ergeben. Und natürlich hab ich mitbestimmt, daß ich zum Beispiel die Sache mit der Partnergemeinde so intensiv jetzt mit und auch zeitlich und sonst beansprucht und so, das sind Dinge, die hab ich mir schon wohl überlegt. Und andere Dinge, die ich sehr wichtig fände und wo ich, wenn ich eine ganze Stelle hätte, ganz anders noch in der Versuchung wäre als jetzt, zu sagen, da engagiere ich mich noch und da will ich, und das halt ich für wichtig, die halt ich mir jetzt halt weg und engagiere mich da nicht weiter – also Thematik Asylbewerber zum Beispiel oder oder. Und das tut mir auch leid drum, weil ich das auch eigentlich als schwach find, daß ich da als Pfarrerin mich in solchen Arbeitsfelder größer zu engagieren. Und das sehe ich für mich als einen Vorteil von einer halben Stelle aber an, daß ich mir alle solchen zusätzlichen Dinge, wo ich dann Schwerpunkte setzen müßte, gar nicht mehr zusätzlich suchen kann, weil ich mir sag, alles, was ich jetzt noch zusätzlich machen würde, wär's nur noch absurd mit dieser halben Stelle. Aber Schwerpunkt setzen sonst – ist da nicht mehr viel drin.
— Also, das, was Sie machen, war Ihnen mehr oder weniger vorgegeben?
— Ja, es war Kindergottesdienstarbeit und Krankenhaus vorgegeben und die Kinderbibelwoche damals dann auch. Und die klassischen Dinge wie Gottesdienst, Schule, Konfirmandenarbeit auch ... – das sind alles so Dinge, die ich mir denke, bei einer ganzen Stelle, da ist es halt so schon wieder ganz, und bei der halben Stelle brauch ich, ob ich das jeweils bewußt vorher hab oder ob sich's so ergeben hat, das ist eine andere Frage. Aber brauch ich zum Ausgleich eben auch, daß ich ein Gebiet hab, wo ich in der Weise arbeiten kann, wie ich's möchte und mit Leuten, wo's leichter ist. Und bei all diesen Dingen zu sagen, ich kapple stur nach soundsovielen

Tagen oder halben Tagen oder was weiß ich, würde auch heißen, selber da auch anderes aushalten müssen: daß ich das tu, was ich sowieso tun muß, und dieses aber nicht so ist – naja; aber jetzt ist halb und jetzt ist Schluß …
— Ich mein, es war mir auch, als ich kam schon, hab ich auch gelächelt drüber, wie klassisch sich die jetzt für die Pfarrerin anbieten mit Kindergottesdienst und Krankenhaus und Altenheim, was da alles damals im Gespräch war. Und nun ist es halt so, daß diese Gebiete, diese Arbeitsgebiete damals sozusagen anstanden, neu besetzt zu werden. Und insofern hat sich das einerseits zufällig so ergeben. Und andererseits war's auch nicht so, daß jetzt im Gesamtgefüge mit den Kollegen man sich alles neu überlegt hätte. Man hätte ja hin und her anders schieben können. Und das andere ist, daß es mir insgesamt auch durchaus zum Teil auch recht so war. Insofern kann ich schon auch selber lächelnd sehen, ob es jetzt klassische Frauenarbeitsfelder sind, aber wenn's mir auch recht ist, dann kann's auch so sein.
— Sind vielleicht auch die klassischen Frauenarbeitsfelder Ihre Rolle? Ich meine, Sie sind ja eine Frau, und Sie sind ja auch aufgewachsen als Frau?
— Ja, zum Teil ja.
— Ist das was, was Ihren Neigungen …?
— Ja, wobei – bei der Kinderarbeit würd ich das auf jeden Fall sagen, weil ich da auch halt herkomme und mir das auch gut zugetraut habe und mit dem Gefühl kam, da hab ich auch Erfahrungen, da kann ich was mit anderen zusammen dann machen. Und beim Krankenhaus mich da so reinzufinden, neben allem an Nähe und Wichtigfinden, ist so eine eigene Geschichte. Da denk ich mir immer, da müßte man wirklich eine halbe Stelle nur im Bereich Krankenhaus haben oder auch ganz sich da verwurzeln können. Aber das krieg ich sehr schlecht hin. Mit der gesamten Gemeindeeingebundenheit dann sozusagen, wie ich's da sinnvoll und wichtig fände. Und insofern, ob's nun meine Neigung trifft oder nicht, kann ich nicht so sagen, weil zumindest wenn, dann nicht so gelebt wird. Das geht mir da ähnlich wie mit dem Bereich Schule, daß es so eine eigene Welt für sich ist, wo ich meine, man müßte sich da viel stärker reingeben können, damit man da sinnvoll drin was tun kann und nicht wie ein Fremdkörper so ab und zu mal durchschwirrt."

Erfahrungen im Teildienst

Trotz Teildienststelle möchte Frau N. allerdings ins Kommunikationsnetz der Kollegen eingebunden sein. Dies scheint nur um den Preis zu gehen, daß aus der halben Stelle unter der Hand ein ganzer Dienstauftrag wird. Das Problem der Abgrenzung beschäftigt Frau N. stark, in immer neuen Variationen überlegt sie die verschiedenen Möglichkeiten.

„Also Sie hätten's lieber raus, Krankenhaus und Schule?
— Jaja, so, wenn ich's mir malen könnte, ja. Das heißt nicht, daß ich's nicht sinnvoll finde, daß Gemeindepfarrer im Krankenhaus auch sind, das ist

eine andere Ebene. Aber für mein, für das, wie ich in meiner Woche zurechtkomme und mit meinem Rhythmus, krieg ich's nicht gut unter einen Hut. Weil und das ist – will ich durchaus nicht sagen, daß das nicht anders vielleicht besser wäre, aber so ist es jetzt, weil mein Schwerpunkt halt so stark das Gemeindliche ist, mit allem, was daran an Terminen und so sich ergibt, daß das für mich innerlich immer so den Vorrang hat, daß ich da Mühe habe, in die andere Welt aufzusteigen, und das, ich will nicht sagen, daß das gut ist. Aber das ist jetzt so die Beschreibung."

Frau N. hatte es im Stellenbesetzungsgespräch abgelehnt, in der Funktion einer „reinen" Krankenhauspfarrerin zu arbeiten. Sie wollte lieber einen richtigen Sprengel zugewiesen bekommen. Dies hat ihre Kollegen überrascht, weil sie eigentlich damit gerechnet hatten, sie würde lieber, der traditionellen Vorstellung entsprechend, die Seelsorgestelle übernehmen.

„— Ich bin teilbeschäftigt, 50 von 100, so heißt das offiziell. Und als ich herkam, zum ersten Gespräch noch hier vor Dienstantritt, da hieß es dann, es gäbe jetzt zwei Möglichkeiten, die sich halt die Kollegen der Gemeinde bisher schon überlegt haben: entweder ich hätte einen Sprengel, einen deutlich kleineren als die Kollegen, und zwei Aufgabengebiete in der Gemeindearbeit, ne, und eins – oder ich hätte keinen Sprengel und wäre zuständig für Krankenhaus und Altenheime und hätte da sozusagen eine Seelsorgerinnenstelle innerhalb der Gemeinde. Das wären die zwei Möglichkeiten, die sie sich überlegt hätten, wie das jetzt mit dem ‚halb' machbar ist. Und dann war meine alte Gemeindepfarrerinnenseele, die gesagt hat, ich will unbedingt auch einen Sprengel und in diesem Konzert der anderen da entsprechend eingebunden sein. Und da gab's eine große Überraschung, denn es war ja auch durchaus die Vorstellung, daß Frauen – also das deute ich so – daß Frauen gerne solche Seelsorgestellen haben, funktional Krankenhaus/Altenheim, und daß das gerade wunderbar paßt so."

Allerdings wurde in der Praxis dann doch eine Kombination der beiden Möglichkeiten realisiert, und dies heißt, das sieht Frau U. durchaus kritisch, daß die Teildienststelle weitgehend auf dem Papier steht. Dies bringt vor allem im Blick auf ihre Partnerschaft und die dafür zur Verfügung stehende Zeit große Probleme.

Gottesdienst leiten, predigen

Näher beim gesellschaftlichen Leitbild des sog. „männlichen Arbeitsvermögens" liegen die kybernetischen Aufgaben der Gemeindeleitung. Auch die Predigt und die Vorbereitung des Gottesdienstes muß dazu gerechnet werden, wie das Gespräch mit Frau D. gezeigt hat. Gerade im liturgischen Sprechen und Agieren wird „amtliche" Vollmacht demonstriert, wird öffentliches Rederecht beansprucht. Auch positive Erfahrungen und Rückmeldungen seitens der Gemeinde haben diese Dimension pastoraler Arbeit für einige der Befragten wichtig werden lassen.

Unterrichten

Das Unterrichten-müssen wird dagegen sehr unterschiedlich erfahren. Mit einem gewissen Stolz gegenüber diesen neuen Herausforderungen beschreibt Frau J. ihre gegenwärtigen Aufgaben. Sie hat in einer Klasse junger Erwachsener zu unterrichten, die zum ersten Mal eine Dozentin in ihrer Person erleben. Neben der sachlich spannenden Aufgabe, zu überzeugen, ihre Kompetenz zu beweisen, findet Frau J. auch die erotische Komponente, die sie sehr wohl spürt, reizvoll, kann diesen Aspekt durchaus zulassen.

„— Ich hab eine Stelle mit zwei Aufgabenbereichen ... Das geht los bei der Bewerbung, und die da oben wohnen, da bin ich sozusagen die Begleiterin, zuständig für Gespräche, für Beratungen, für so organisatorische Sachen. Und ich bin dann zuständig, wenn die Frauen im Beruf arbeiten ..., daß ich ... sie besuche, daß ich Wochenendseminare mache mit denen zusammen und solche Dinge. Und die andere Hälfte der Stelle ... da hab ich Männer und Frauen zu unterrichten zusammen. Ich hatte auch mal eine reine Männerklasse ..., das war ganz lustig ...
— Wieso war das lustig?
— Ich fand's spannend, weil die ein Jahrzehnt jünger sind als ich, und weil ich da schon stark empfunden hab, Frau zu sein gegenüber den Männern, was in den gemischten Klassen so nicht wirkt, weil da ein Drittel Frauen dabei sind.
— War das besonders schwierig oder besonders ... dieser Unterricht dann für Sie?
— Also ich hab gemerkt, daß ich mein Frausein viel stärker reflektieren muß als in der gemischten Klasse. Da kommen verschiedene Faktoren rein. Da kommt einmal, daß die eine Klasse intellektuelle Schwierigkeiten hatte, und daß das für die anders wirkt, wenn eine Frau sagt: ach das wissen Sie nicht, oder das sollten Sie sich aber bitteschön mal anschauen, als wenn das ein Mann macht. Und, ja das war sicher eine Hauptschwierigkeit. Und das andere war grad auch bei ethischen Themen, daß manches mir stammtischmäßig vorkommt und die so das Gefühl haben, jetzt wird mal richtig diskutiert, wo's mir sicher besser gegangen wäre, wenn mehr Frauen in der Klasse gewesen wären. Aber das ist ja der Normalfall, daß die Klassen gemischt sind, und damit leb ich sehr gut.
— Und ist es auch so gewesen, daß Sie ja praktisch dann nicht nur Frau waren, sondern eben auch die Intellektuellere waren?
— Ja, und da denk ich eben, daß ist für einige Männer eben nicht leicht zu ertragen. Und wo ich auch schon Fingerspitzengefühl versucht hab einzusetzen, wie ich damit umgehen kann."

Frau L. dagegen meint, daß sie zwar am Religionsunterricht Freude hat, gern mit Kindern umgeht, sich für diese Aufgabe jedoch in keinster Weise adäquat ausgebildet fühlt.

„Dann bin ich also endlich in der Grundschule gelandet, und da war's recht schön bei einer Religionslehrerin. Äh, die Frau, die war blind. Und die hat sich dann Mühe gegeben mit mir, hat mir dann ihre Klasse da überlassen. Bloß das Problem war, ich mußte immer das machen, was sie auch gemacht hat. Denn wenn ich was anderes gemacht hätte, dann hätte sie sich das nachher in Blindenschrift übertragen lassen müssen, damit sie wieder weiterarbeiten kann, wenn ich im Seminar bin und nicht da bin. Und von daher konnte ich da eigentlich nicht viel eigene Ideen entwickeln, sondern hab halt immer gefragt: wie machen Sie das, und dann hab ich das auch gemacht. Und das ist mir dann manchmal sehr schwer gefallen, weil das inhaltlich Sachen waren, die ich so nicht vertreten konnte. Und dann hab ich immer versucht, die irgendwie abzubiegen, aber dann gab's gar nichts mehr. Dann hat's überhaupt nicht mehr gepaßt. Und deshalb war's eine unangenehme Sache. Obwohl ich eigentlich an der Schule gern war und mit den Kindern auch gern umgegangen bin. Und das ist etwas, was ich auch heute noch sehr gern mache – Religionsunterricht. Aber – von meiner Ausbildung hab ich da auch nicht viel gehabt."

Frau E. kämpft dagegen mit der Aufgabe, Religionsunterricht zu geben, möchte ihn am liebsten „loswerden". Dies mag mit ihrer allgemeinen Scheu zusammenhängen, öffentlich zu reden, sich vor andere hinzustellen. Im Blick auf ihre Studienmotivation hatte sie ihre Redescheu damit begründet, daß sie in ihrer Kindheit und Jugendzeit vom Elternhaus her, vor allem von ihrem Vater aus, sich ständig überwacht gefühlt habe. Dies alles läßt die Aufgabe des Religionsunterrichts für sie doppelt unangenehm werden.

„Also Schule ist für mich ganz allgemein der unangenehmste Teil an dem Beruf, also mit dem ich am wenigsten zurecht komme und den ich am liebsten auch loshaben möcht. Also ich geh da wirklich immer nur rein und halt meine Stunden und geh dann wieder raus. Und ich bin im Moment auch sehr wenig in der Schule. Dadurch daß ich Kollegstufe hab, krieg ich ja Stundenermäßigung, und so hab ich nur vier Stunden an der Schule und sonst halt vier Stunden Konfirmanden- und Präparandenunterricht und somit grad mein Regelstundenmaß erfüllt … Also, das geht dann grad.
— Aber trotzdem ist es nicht so das Ihre?
— Also, ich meine, in größeren Klassen und in gemischten Klassen hätte ich mit Sicherheit Disziplinprobleme. Ich war schon manchmal an der Grundschule auch im Vikariat und dann im ersten Jahr hier. Und das war wirklich schrecklich. Da bin ich jedesmal auf dem Zahnfleisch rausgekommen. Und, aber auch so die ganze Atmosphäre an der Schule, das mag ich einfach nicht. Ich bin selber nie gern in die Schule gegangen. Und ich hab's ja vorhin schon gesagt, Lehrerin war für mich immer das allerletzte, was ich werden wollte. Das – ich mag das einfach nicht. Ich seh' den Sinn meines Berufs nicht da drin, abfragbares Wissen weiterzugeben, Schulaufgaben zu schreiben und Noten zu geben. Das ist mir einfach zuwider."

Überblicken wir die von den befragten Pfarrerinnen genannten Arbeitsfelder, so überwiegen diejenigen, die dem sog. weiblichen Arbeitsvermögen zugerechnet werden können. Obzwar sie sich nicht immer mit den Aufgaben decken, die sich die einzelnen selbst ausgesucht hätten, werden doch in der Mehrzahl diese Schwerpunkte akzeptiert. Ob sich hier Tendenzen abzeichnen könnten, die die stärker seelsorgerlichen, zuwendenden, pädagogischen Aufgaben den Frauen, die kybernetischen, leitenden Aufgaben dagegen wieder den Männern zuschreiben, läßt sich aufgrund der geringen Verteilungen nur vermuten. Allerdings ist die Tendenz zu einer solchen Entmischung eines vielfältigen Berufsspektrums nicht auszuschließen.

VI Die Quadratur des Kreises: Beruf und Familie, Partnerschaft und Beruf

1. Ambivalente Lebensziele[1]

Ich will beides oder: Wo ist der ideale Pfarrmann?

Für die meisten der interviewten Pfarrerinnen bedeutet die Entscheidung für das Theologiestudium und den pastoralen Beruf keine grundsätzliche Ablehnung von Partnerschaft oder gar Familie. Vielmehr wird aus den Interviews deutlich, wie sehr sie sich neben dem beruflichen Lebensziel mit der Frage einer möglichen Vereinbarkeit von Familie und Beruf beschäftigen. Hier wird der eigentliche Schnittpunkt zweier gleich wichtiger Perspektiven deutlich. Verschiedene Zuordnungsmodelle werden gedanklich oder in der Realität erprobt und gelebt. Jede dieser Varianten hat ihre Vor- und Nachteile, hängt von Faktoren ab, die nicht ohne weiteres beeinflußt werden können. Gerade die Nichtberechenbarkeit der eigentlich relevanten Faktoren wirkt lähmend, bedeutet ein retardierendes Moment in der Lebensgestaltung. Eine Gleichung mit mehreren Unbekannten läßt sich nicht so einfach lösen wie das kleine Einmaleins. Es handelt sich hier um die Neuauflage des sog. „Planlosigkeitssyndroms", wie wir es bereits als kennzeichnend für das Studierverhalten vieler Studentinnen kennengelernt hatten.

Dabei sind es gerade die offenen, unkalkulierbaren Parameter, die für die Lebensgestaltung von Frauen wichtig sind. Es spielt eine Rolle, und gerade in diesem „exotischen" Beruf, ob der Partner bereit ist, die beruflichen Lasten mitzutragen, sich z.T. sogar in der Gemeinde zu engagieren, in der Gemeindearbeit etwa, ob er zumindest bereit ist, seinerseits Hintergrundsarbeit zu leisten. Außerdem hängt das Gelingen bestimmter Modelle der Vereinbarkeit von Beruf und Familie/Partnerschaft, vom Zuschnitt der Stelle ab, auf der die Pfarrerin arbeitet. Wie ist ein halber Dienstauftrag zu definieren, wenn noch nicht einmal geklärt ist, was im Blick auf die Arbeitszeit unter einer ganzen Stelle zu verstehen ist? Nicht zuletzt spielt es eine Rolle, ob es ein Team von kooperationsfähigen Mitarbeitenden gibt, das flexibel in der Arbeitszeitgestaltung ist und Möglichkeiten für Delegation und Kooperation bietet.

Da Frauen aufgrund der weiblichen Sozialisation sich eher mit Vorgegebenem abfinden, sich damit arrangieren, fällt im allgemeinen ihre Lebensplanung nicht so kontinuierlich und weiträumig aus, wie etwa die von Männern. Die kurzfristige Zeitperspektive ist deshalb typisch für Frauen, die Partnerschaft und Familie als Lebensziele einplanen bzw. schon realisiert haben. Gerade hier nämlich, am Schnittpunkt des männlichen Sozialcharakters, der im beruflichen Bereich gelebt wird und des weiblichen Sozialcharakters, der von der familiären Seite her aktiviert wird, kommen die Widersprüchlichkeiten des geschlechtsspezifischen Arbeitsmarktes voll zum Tragen. Hier wird deutlich, daß es zwei sowohl strukturell wie mental schwer zu vereinende Lebensbereiche sind, die nun in einem individuellen Lebenskonzept realisiert werden sollen.

Wie sehr allein schon der Wunsch, Kinder zu haben, die gegenwärtige Situation bestimmt und das Denken einer Frau in Beschlag nehmen kann, zeigt sehr deutlich das Gespräch mit Frau G. Für sie sind beide Lebensziele gleich wichtig. Ihre berufliche Identität hat sie in verschiedenen Arbeitsgebieten während des Vikariats und in unterschiedlichen Vertretungsaufgaben während ihres Probedienstes entwickelt. Gegenwärtig ist sie vom Gemeindedienst beurlaubt, hat mit einer Promotion begonnen, die sie in jedem Fall zu Ende führen möchte. Ihre Überlegungen bezüglich der Zukunft pendeln zwischen der Wunschvorstellung, wieder ins Pfarramt zu gehen, dem Wunsch, Kinder zu haben und eine Familie zu gründen, und ihren wissenschaftlichen Ambitionen. Sie ist mit einem Mann verheiratet, der ebenfalls im kirchlich-theologischen Bereich tätig ist. Gemeinsam haben sie schon verschiedene Modelle der Zusammenarbeit und Zu-Arbeit erprobt. Da die Berufswünsche und -möglichkeiten ihres Mannes genauso einbezogen werden müssen wie ihre, ist es ein ständiges Abwägen, ein Reflektieren der verschiedensten Möglichkeiten.

> „Es ist schwierig abzuwägen. Wir sehen halt, daß zumindest einer einen Beruf haben muß oder so eine Stellung haben muß, die man kalkulieren kann. Und das ist bei ihm mit Schule am ehesten möglich, weil das eine begrenzte Zeit ist und eine festgelegte Zeit ist. Auch wenn er als Religionspädagoge in der Gemeinde arbeitet oder mit Jugend zu tun hat – daß das halt dann doch viel stärker noch mit Wochenende und Abenden ist."

Es ist vor allem der Rhythmus der pastoralen Arbeit, der Probleme schafft. Gegenläufig zum normalen Arbeitsleben fällt es schwer, damit das Leben mit Kindern zu vereinbaren.

> „... wenn dann die Kinder da sind. – So gut das einerseits ist und so flexibel, aber wenn die Kinder dann da sind – zu organisieren ist dann schwieriger ... Also daß einer immer einen verläßlichen Posten haben sollte."

Die wissenschaftliche Laufbahn ist eine wichtige Perspektive für Frau G. Ob es eine Möglichkeit auch dann ist, wenn Kinder da sind?

> „Theoretisch ja. Ja, könnte auch sein. Das kann ich mir auch vorstellen. Doch, da gibt es bei mir schon irgendwelche Träume – ich kann es mir schon vorstellen, aber nicht so ganz alleine für mich dann, schon mit mehr Kontakt. Das kann ich mir vorstellen, ich bin da noch nicht so ganz sicher.
> — Das ist noch ganz offen?
> — Ja, das ist noch offen. Aber wie gesagt, der Wunsch ist oftmals gerade nach dem, was ich gerade nicht habe, das möchte ich dann wieder haben."

Die Möglichkeit, zwischen verschiedenen Optionen wählen zu können, belastet Frau G. Sie weiß, daß sie dazu neigt, die momentan gewählte Form des Kompromisses negativ und die nicht gelebte Möglichkeit nur positiv zu bewerten. Auf der einen Seite kann sie es sich nicht vorstellen, nur eines dieser Lebensziele zu verwirklichen und zum Beispiel ganz zu Hause zu bleiben.

„— Das ist mir ein großes Problem. Ich könnte mir also nicht vorstellen, daheim zu bleiben, also ganz als Hausfrau und Mutter, das ist das, was ich mir einfach nicht vorstellen kann. Da wäre ich so unzufrieden. Weil ich mache das auch nicht gerne, ich koche mal ganz gerne, aber Abspülen oder Putzen, das ist mir ein Greuel. Wenn ich nur das hätte, das geht nicht."

Auf der anderen Seite fühlt Frau G. auch die Verpflichtung, sich nicht „einfach so" aus dem Beruf zu verabschieden. Es muß sich nach ihrer Ansicht grundsätzlich etwas in der geschlechtsspezifischen Rollenverteilung ändern. Es wird sich aber nur dann etwas ändern, wenn genügend Frauen und Männer andere Rollenmuster realisieren.

„— Ich möchte mich auch nicht zurückziehen aus dem Beruf, auch wenn es vielleicht für eine Frau schwieriger ist. Ich finde es wichtig. Und meine Meinung ist sowieso, daß sich da einiges ändern muß in unserer Gesellschaft und auch ändern kann und daß mehr Männer nicht nur ihre Karriere sehen und daß wir davon wegkommen, daß der Mann der Versorger ist und der Mann alleine – von dieser starren Rollenverteilung."

Frau G. sieht jedoch die Schwierigkeiten sehr genau, die sie sich mit dem Wunsch einhandelt, beide Lebensziele zu verbinden. Problematisch findet sie, daß sie keine gelungenen Vorbilder kennt, an denen sie ablesen könnte, wie es zu realisieren wäre.

„Ich weiß eben noch nicht, wie es zu machen ist, ich kann mir das bisher auch noch nicht vorstellen, wie ich eine Pfarrstelle haben kann und Zeit genug für Familie …, daß ich denke, es muß doch selbstverständlich sein, daß auch ein Pfarrer oder eine Pfarrerin Freizeit hat oder braucht und Zeit für die Familie und nicht nur zur Seelsorge für Hinz und Kunz da ist und die eigenen Kinder dann immer sagen, naja das ist zwar schön, was er da predigt, aber das hat mit unserer Familie nichts zu tun. Also das möchte ich nicht, daß die eigene Wirklichkeit und das, wovon ich spreche und was ich verkündige, daß das so weit auseinander geht. Da würde ich unehrlich sein zu mir."

Es geht Frau G. in der pastoralen Praxis vor allem darum, in dem, was sie sagt und tut, authentisch zu sein. Es kann darum nicht angehen, meint sie, anderen das Evangelium zu predigen und sich selbst durch einen übervollen Terminkalender zu rechtfertigen, sich in der Zuwendung zu anderen völlig zu verausgaben und der eigenen Familie gegenüber keine Zeit mehr zu haben. Die Gefahr, dem Sog dieser Einseitigkeit nicht entgehen zu können, sieht sie allerdings deutlich.

Ihre Hoffnung setzt sie deshalb auf ein Modell, das sie für lebbar hält. Es ist der Dienstauftrag auf einer halben Stelle. Sie sieht aber zugleich, daß, wenn sich an der Struktur der pastoralen Arbeit, an den Erwartungen der Gemeinde an den Pfarrer, die Pfarrerin und an den eigenen Erwartungen nichts ändert, auch dies kein gangbarer Weg sein wird. Grenzen setzen und Schwerpunkte bestimmen fällt ihr schwer. Es ist die nie endende Möglichkeit zu arbeiten, die diesen Sog auslöst. Darin vergleichbar der Hausarbeit, ist sie in der bisherigen Gemeindepraxis begrenzt durch die physischen Konstitution der arbeitenden Pfarrerin, des Pfarrers. Die Konstruktion der halben Stelle jedoch zwingt dazu, diese Grenzen sehr viel früher zu ziehen und selbst vertreten und durchsetzen zu müssen.

„Jetzt habe ich mal gedacht, mit diesen halben Stellen, daß das eine Möglichkeit ist, aber so ganz bewähren wird sich das doch nicht. Ich bin da viel am Überlegen und ich denke oft, daß eines ist, daß man weniger Religionsunterricht geben müßte. Das wäre eine – sicher, das ist eine kleine Sache und das ändert noch nichts an der ganzen Haltung, an der Anspruchshaltung und Versorgungshaltung, da ist damit noch nicht viel geändert. Ich werde in dem Beruf immer sehen müssen, daß ich meine Schwerpunkte setze und daß ich auf etwas verzichte und nein sage, also das gehört unbedingt dazu, weil es ist ja nie so, daß ich am Abend sagen kann, ich bin jetzt fertig mit der Arbeit, nie. Weil es immer genügend gibt, Leute zu besuchen gibt oder zu tun gibt, was ich auch noch machen könnte. Ich muß meine Grenzen wirklich selber setzen und dann auch vertreten."

Während ihr Mann nun, nach ihrer eigenen ersten beruflichen Phase, seinerseits seine ersten berufspraktischen Erfahrungen sammelt, nutzt sie, wie schon erwähnt, die Zeit, um sich durch eine wissenschaftliche Arbeit weiter zu qualifizieren. Die Rollen verschieben sich jedoch schnell. War sie es früher, die den „Restmüll" der täglichen Arbeit mit nach Hause brachte, um alles mit dem Partner durchzusprechen, findet sie sich nun in der Rolle der Zuhörenden, der Mit-Reflektierenden, ohne selbst etwas verändern zu können. So sehr sie dies zeitweise auch sinnvoll findet und wichtig für eine Beziehung, möchte sie dennoch diese Rolle nicht immer spielen müssen.

„Also ich weiß nicht, wie das gelöst sein kann. Ich sehe halt jetzt die Rolle, die (Name des Mannes) eine Zeitlang bei mir gehabt hat, mich immer wieder seelisch und moralisch zu unterstützen und mit mir das durchzusprechen, was sich da in meinem Beruf alles ereignet, was mich belastet, beschäftigt, und die Situation, daß ich gar nicht abschalten kann, weil zu viel zu denken ist, daß ich mich nicht entspannen kann. Daß ich die Rolle jetzt manchmal bei ihm habe, das ist ein bißchen eine andere Situation, aber daß ich das alles abkriege, allen Ärger und Aggressionen und alle Probleme, die kommen erstmal zu mir her, und jetzt weiß ich, wie das ist für den Partner, wenn der sie auch mal von mir kriegt. Jetzt weiß ich, wie dies in dieser Rolle ist, das ist mal ganz gut für mich, das mal zu sehen, was ich dem anderen auch zumute, wie schwer das oft ist – also einmal, das Problem, das sich nicht so schnell lösen läßt, immer wieder durchzusprechen, immer wieder, und daß ich da mal sage: jetzt hör doch mal auf mit dem Zeug – für mich ist es halt kein Problem, und der andere kann nicht loslassen, auch wenn er will, kann das jetzt nicht ad acta legen, was so wichtig ist."

Gerade weil in der pastoralen Arbeit Person und Beruf so eng zusammenhängen, die eigentliche Arbeit durch und über die eigene Person erfolgt, ist die Abgrenzung dem Berufsalltag gegenüber so schwierig, hängt auch im Privatleben so manches nach. Gibt es überhaupt so etwas wie eine Grenze zwischen Berufs- und Privatleben?

„Also ich kann nicht einfach trennen zwischen Beruf und Privatleben, weil es mich verfolgt. Das ist nicht wie bei manchen, die die Tür zumachen können zum Büro, und dann ist es weg. Weil es ja immer etwas mit mir zu tun hat und weil ich es mitnehme."

Gleichzeitig vermißt Frau G., da sie zur Zeit mehr am Schreibtisch sitzt und an ihrer Dissertation arbeitet, die Kontakte, die ihr der Beruf der Pfarrerin vermittelt hat, die Herausforderung, die Anerkennung. Es hat ihr gefallen, in der ersten Reihe zu stehen, „etwas Besonderes" zu sein.

„Ich denke, das ist mir schon auch wichtig an dem Beruf, daß ich auch Bestätigung kriege, daß ich auch mal wichtig bin und ein gewisses Ansehen genieße, und das habe ich als Frau genauso, vielleicht habe ich das sogar noch mehr als bei manchen, weil sie sich eben nicht vorstellen können, daß eine Frau den Beruf hat. Das hängt schon damit zusammen, etwas Besonderes zu sein, ich glaube schon."

Daß Pfarrerinnen in der pastoralen Praxis manchmal besser sind als Männer, daß sie selbst es besser kann als mancher Pfarrer, sagt Frau G. selbstbewußt. Sie findet es deshalb doppelt ungerecht, daß sich doch wieder in der Mehrzahl Frauen den Kopf über die Vereinbarkeit von Familie und Beruf zerbrechen müssen, um ein einigermaßen lebbares Konzept für sich zu finden, während Männer zunächst einmal davon ausgehen können, daß diese beiden Lebenslinien sich schon irgendwie regeln werden.

„Also ich bin ganz sicher, daß die Pfarrerinnen das eigentlich besser können als die Männer. Da bin ich ganz sicher, aber daß die Probleme, die wir uns machen oder die wir uns bewußt machen, was unser Privatleben anbelangt und unsere Rolle anbelangt, viel mehr darüber nachdenken, uns viel mehr damit beschäftigen als die Männer. So im großen und ganzen zumindest.
— Weil der Weg eben nicht klar vorgegeben ist und erst ausprobiert werden muß?
— Und weil für uns es doch immer im Raum steht oder als Möglichkeit da ist: aufhören oder aussetzen oder eine halbe Stelle. Wir beschäftigen uns mit Konstruktionen – gedanklich zumindest –, mit denen sich viele Männer nicht beschäftigen, weil sie sich gar nicht damit beschäftigen können, weil sie drin sind in ihrer Ernährerrolle und das gar nicht praktikabel wäre, wenn eben eine Frau keinen Beruf hat, der ihr das ermöglicht, wieder zu arbeiten oder wenn sie es gar nicht will. Da kommt für viele die Möglichkeit gar nicht auf. Deswegen wäre es ja auch, denke ich, für viele Männer sehr gefährlich, wenn sie sich zu sehr Gedanken machen würden und damit unzufriedener würden im Beruf."

Zwei Aspekte sind Frau G. in ihrer Beziehung zu ihrem Mann dabei wichtig. Sie will und kann nicht als „Frau ihres Mannes" angesprochen werden, „definiert sein über den Mann". Sie will ihre eigene Rolle spielen, ihren eigenen Verantwortungs- und Arbeitsbereich haben, in dem sie auch anerkannt ist. Auf der anderen Seite möchte sie Familie und Kinder. Damit stellt sich ganz klar die permanente Aufgabe der Abgrenzung von Pflichten und Aufgaben, von Bereichen und Zuständigkeiten, um sich hier nicht in ständigen Konflikten aufzureiben. Ist das jedoch in diesem Beruf überhaupt zu bewältigen? Und was noch entscheidender ist: Hat sie persönlich die Kraft, diese Abgrenzungsarbeit zu leisten?

„Ich überlege ja immer, was ich ändern könnte oder müßte oder sollte, einfach von der Struktur des Berufs her ... Ich weiß wirklich nicht, wie es geht, wie es zu machen ist. Ich meine, ich habe auch schon Frauen gefragt, die Familie haben und die als Pfarrerin arbeiten. Eigentlich jammert jede, daß das Privatleben, das Familienleben, zu kurz kommt, die Kontakte mit Freundinnen und Freunden und die ganzen persönlichen Interessen, daß die überhaupt nicht mehr zum Zug kommen."

Eine ähnlich perspektivische Vorwegnahme von Modellen der Vereinbarkeit, aber auch von möglichen Konfliktpunkten, wird im Interview mit Frau N. deutlich. Ihr Partner ist in einem nichtkirchlichen Bereich tätig. Von ihrer Mutter her ist ihr Berufstätigkeit vertraut.

„... daß meine Mutter bewußt, als ich so zehn/elf ungefähr war, bewußt sich wieder eine Berufstätigkeit gesucht hat, um nicht nur daheim zu sein und sich nicht nur auf das einzige Kind zu konzentrieren, und auch bewußt sollte das nicht irgendwie ehrenamtlich sein ..., ... Und daher meine ich, soweit mir das bewußt ist, kommt es bei mir auch ganz stark auch, daß mir klar war, ich will unbedingt einen Beruf haben, und ich will unbedingt auch so eine lange Ausbildung in Kauf nehmen und gegen alle Einwände dann genau in der Diskussion mit der Mutter, die eben gemeint hat, sowas ist ja alles , so ein Beruf ist viel zu schwer, sich das einzuteilen und zu vereinbaren mit Verheiratetsein und Kinderhaben und und, war für mich dann immer klar, daß ich immer gesagt hab, ich möcht erstmal die Möglichkeiten haben, in denen ich die lange Ausbildung und so einen anstrengenden Beruf, der es für eine Frau sicher auch ist, erstmal wähle, daß ich dann diese Möglichkeit hätte. Es ist doch nicht automatisch klar, daß man verheiratet ist und Kinder hat. Und wenn ich dieses bin und meine, das ist mir beruflich zu viel, kann ich dann ja was davon weglassen. Also daß so rum der Weg für mich klar war und für mich immer klar war, ich will erst später heiraten und spät Kinder haben und solche Dinge."

Dennoch reflektiert auch Frau N. vor Studienbeginn die Verhältnismäßigkeit dieses langen Studien- und Ausbildungsweges im Blick auf den späteren Kinderwunsch. Dies führt zu einer zeitweisen Verunsicherung der beruflichen Motivation.

„— Ganz sicher war ich mir da nicht. Ich hab vor'm Studienbeginn sehr hin und her überlegt, ob ausgerechnet dieses das richtige Studium für mich ist,

und hab auch während dem Studium das massiv überlegt und da auch sehr konkret schon mal mit anderen Dingen befaßt gehabt, und wollt aber dann halt doch das Angefangene fertig machen und nicht da abbrechen und mich auf anderes einlassen, da umsteigen.
— Gab es da mal so eine Zeit?
— Jaja. Das war auch, da hat auch dazugehört – paßt gut zum Frauenthema dann – da hat auch dazugehört, eine Zeitlang stark die Überlegung, wie lang dieses Studium dauert und dann noch Vikariat und bis dann eine feste Anstellung kommt, und was immer so mein Ziel war, erstmal fest drin sein und dann schauen, wie das mit Familie und so wäre, und dann diese Vorstellung, das zieht sich ja alles so ewig hin, und dann machst du eine ewig lange Ausbildung, und dann gibt's kaum mehr die Zeit, von der Ausbildung auch noch was haben und das auszuüben, weil man ist ja irgendwann, wenn man rechnet, wie alt man dann ist, wäre dann mal die privatere Zeit dran, einfach vom Alter her, und in welchem Verhältnis steht denn das. Und das hab ich dann eine Zeitlang auch deutlich bezweifelt, ob ich da so eine lange Ausbildung machen will oder ob ich nicht auf viel kürzeren Wegen was Schnelles machen will und dieses dann auch noch ausüben können will. Das ist so das eine dran."

Mit ihrem Mann hat Frau N. schon während des Studiums ein „ideales Modell" entwickelt. Beide sollten auch nach der Ausbildungsphase sowohl für Berufs- wie für Familienarbeit zuständig sein. Zunächst hatte sie hier keine größeren Probleme gesehen.

„Es ist ja auch abgesehen davon so, daß mein jetziger Mann und ich uns sehr früh kennengelernt haben, aber daß ich das mit ihm ausdiskutieren müßte und das schwierig sein könnte, sowas hab ich nie gesehen. Das war für mich klar, daß ich das mach. Also bis ich mir klar war, daß ich Theologie studier, das war trotz allem gemeindlichen Erleben durchaus ein langes Hin und Her. Aber daß ich einen beruflichen Weg gehen werde und nicht die nächste kürzeste Möglichkeit zu Geld zu kommen nach dem Schulschluß oder so ergreifen will, das war klar und, wie gesagt, soweit es mir bewußt ist, hab ich nicht gedacht, das müßt ich mit jemandem durchkämpfen."

Durch die schon länger dauernde Berufstätigkeit ihres Mannes realisiert Frau N. allerdings mittlerweile, wie dessen Bereitwilligkeit abnimmt, seine gerade beginnende Karriere zu unterbrechen und sich Erziehungsaufgaben zu widmen. Sie empfindet dies als ungerecht, daß nun doch, entgegen aller vorausschauenden Planung, offensichtlich die Aufgabe, Beruf und Familie zu vereinbaren, ihr aufgelastet wird. Die Wirklichkeit sieht anders aus als alle gut gedachte Theorie.

„War das von Anfang an klar, daß Sie diese Hälfte übernehmen und Ihr Mann – ?
— Ne, der hatte zum Berufseinstieg auch nur eine halbe Stelle, und das war sozusagen unser Modell, unser freiwilliges: beide arbeiten halb, und beide

> haben dadurch Zeit für anderes, sowohl für sowas wie Haushalt als auch für andere Sachen, die man halt gemeinsam hat oder jeder für sich an Engagements hat oder oder. Aber das war eben die blanke Theorie, weil sich auch finanziell gezeigt hat, daß dieses Halb von mir hatte dann zur Folge, daß man nur eine halbe Dienstwohnung gezahlt hat ... und das heißt, dann ... hier eine halbe Dienstwohnung selber zahlen und das kleine halbe Gehalt von einer Anfangs-z.A.-Stelle und das halbe vom Anfangsgehalt vom Mann dann noch dazu war dann schon deutlich knapp, also es wär schon gegangen, aber es war anders als vorher errechnet durch diesen gewaltigen Punkt mit der Dienstwohnung."

Aufgrund der finanziellen Situation ergreift ihr Mann die Gelegenheit, seine Stelle aufzustocken. Er bricht damit aus der ursprünglich vereinbarten „Gleichheit" aus. Frau N. stimmt dem aus pragmatischen Gründen zu. Ihre eigene halbe Stelle will sie, auch wenn sie die Möglichkeit hätte, nicht ausweiten.

> „Und als er dann die Möglichkeit hatte, seine Stelle aufzustocken, dann haben wir das schnell und gerne wahrgenommen, während ich mir's ja nicht kurzfristig woanders überlegen kann und woanders hingehen kann.
> — Und wenn jetzt die Möglichkeit gewesen wär jetzt für Sie, die Stelle aufzustocken?
> — Dann hab ich das lange Zeit gemeint, ich will das, aber hab mich jetzt dann doch in der jetzigen Lage und hier so mich dafür entschieden, daß ich sie nicht aufstocken werde."

Ihr Mann beteiligt sich zwar nach wie vor an der Hausarbeit.[2] Die grundsätzliche Frage der künftigen Vereinbarkeit dieses Berufs mit der Gründung einer Familie, bleibt jedoch das Problem von Frau N.. Sie kann es sich unter den gegenwärtigen Belastungen nicht als eine lebbare Möglichkeit vorstellen.

> „Das wird schon – also wir sehen's schon beide so, daß wir im Grund genommen beide ganz in unserem Beruf sind und daß es insofern auch ganz klar ist, daß wir beide unseren Teil zu Haushalt und sowas machen."

Schon das bloße Privatleben mit diesem Beruf zu verbinden, sieht Frau N. als ein Problem. Sie leidet darunter, daß sie aufgrund der beruflichen Beanspruchung wenig Zeit gemeinsam haben – trotz ihrer halben Stelle. Gerade weil sie vom „Pfarrmann" nicht erwarten will, in gleicher Weise wie bisher die Pfarrfrau, ihr zuzuarbeiten, Klimapflege und Beziehungsarbeit gänzlich zu übernehmen, gerade weil sie es akzeptiert, daß er sich eine eigene private Welt aufbaut, gibt es nicht allzuviel zeitliche Überschneidungen, Zeit-Räume, die ihnen gemeinsam zur Verfügung stünden. Der gegenläufige Arbeitsrhythmus pastoraler Arbeit – Schwerpunkte sind oft die Wochenenden – kompliziert diesen Sachverhalt. Insofern ist die Frage nach der „Familienfreundlichkeit" dieses Berufs zu ergänzen durch die Frage nach der „Partnerfreundlichkeit".

> „— Ja, das ist so, daß ich das eher auch umgekehrt oft – daß ich's als problematisch empfinde. Weil, es ist nicht so, daß der Mann also heimkäme

und wartet, bis endlich die Pfarrerin kommt, sondern daß der auch seine eigenen Engagements neben dem Beruf hat und die auch bewußt hat, was ich auch von der Theorie her wunderbar finde, daß der auch seine Welt sucht und nicht nur im Gemeindlichen hier nur aufgeht, und nicht nur seinen Beruf hat und dann wartet, bis ich endlich käme. Und dann sicher diese Dinge, daß ich da so eine öffentliche Rolle oft hab – schwieriger werden. Das find ich gut und sinnvoll von der Überlegung her, aber dadurch ist dieses noch gesteigert, daß da dann für uns als Paar, finde ich, zu wenig Zeit bleibt. Weil dann er zusätzlich zu seinem Beruf seine Engagements hat, wo er Abende weg ist oder am Wochenende dies und jenes macht. Dann ist es durchaus nicht die gleichen Abende oder Wochenende, wo's bei mir dick ist. Und dann bleibt halt in der Überschneidung recht wenig übrig. Und da ist bei mir oft große Unzufriedenheit damit, und nebenbei, wenn ich da grad in einer ruhigeren Situation nachdenk, find ich nach wie vor sinnvoll und richtig, daß der Pfarrmann – und das hat dann bestimmt was mit Rollenfinden heute zu tun, daß der Pfarrmann erst recht sucht, wo er seine eigene Welt hat."

Gerade weil diese neue Rolle des „Pfarrmannes" so wenig umschrieben ist, ist das Zusammenleben äußerst kompliziert. Es muß immer wieder neu ausgehandelt werden, wie die beiden Partner trotz ihres eigenständigen Engagements genügend Gemeinsames finden, das ihre Beziehung leben läßt.

„Es ist alles gut und schön, aber da an diesem Punkt find ich's also ganz schwierig dann, wie es eben im Miteinander gehen soll, wenn vom Paar eben eine Pfarrerin ist, dann – ich denk mir oft, grad in letzter Zeit, daß so der klassische Pfarrer mit Pfarrfrau und Pfarrfamilie, die sich voll, in dieses Leben voll mit reingeben, mit allem, wie problematisch, wie ich das finde – du liebe Zeit! – aber daß auf jeden Fall da dieses das Leben völlig Prägende von Gemeindepfarrern zumindest wie's klassisch überliefert ist, daß es andere Möglichkeiten und schöne Vorstellungen gibt, das ist klar, da versuch ich ja so einen Weg auch. Aber daß auf jeden Fall da diese Riesenansprüche, die an den Pfarrer gestellt werden und die sie an sich selber stellen mit allem, was da verinnerlicht ist, daß es da immerhin, solang es klappt, zu leben ist. Und mit allen Versuchen, daß die Pfarrfrau oder der Pfarrmann seine eigene Welt eben auch oder ihre hat und braucht und zu Recht will, völlig klar, mit allem wird halt dieses derart schwierig, weil's ein hohes Maß, sich da zu arrangieren, verlangt wär von zwei Leuten. Und da müßte dann aus dem klassischen Gemeindepfarrerbild, müßte jemand viel Kraft haben, um von sich da einiges auch wegzunehmen und sich da rauszuziehen. Und die Verlockung ist ja ständig riesig groß und im Beruf auch da, wunderbar sich reinzugeben und aufsaugen zu lassen. Und dieses alles, was eben die Paare, wo er der Pfarrer ist und sie die Pfarrfrau von heute, die auch ihres hat und wo's er theoretisch anerkennt und wie die da ihre Mühen haben, das sehe ich also da bei der Pfarrerin und dem Pfarrmann so rum gesehen, wie ich jetzt versuch hab zu beschreiben, schon als nochmal schwieriger an."

Die zu bewältigende Rollendiffusion im Arrangement von „Pfarrerin und Pfarrmann" ist schwierig. Frau N. sieht, trotz aller Einwände, mittlerweile die Vorteile der klassischen Rollenteilung im traditionellen Pfarrhaus. Das war bei aller Kritik, meint sie, wenigstens lebbar. Dieser neue Weg dagegen, den sie und ihr Mann zu gehen versuchen, kostet zusätzliche Energie.

„Das heißt, Sie würden sagen, Sie haben die schwierigste Konstellation, die denkbar ist?
— Das weiß ich nicht, ob es die schwierigste ist. Denn bei uns ist für uns selber und auch für die Erwartungen von außen, ist ja das erstmal ziemlich klar, daß der Mann seinen eigenen Beruf hat und seine eigenen anderen Engagements aufsuchen kann. Das denk ich, ist dann – während die Pfarrersfrau – wo die Pfarrersfrau ihre eigenes hat, sucht, wie auch immer – da gibt's eben ganz andere Widerstände von Gemeindeerwartungen oder von verinnerlichten eigenen dann zu kämpfen und so. Dieses ist ja bei uns nicht, bei uns ist das mehr eine praktische Frage, wie kriegen wir das hin. Prägt meins das so sehr, wie kann dann mein Mann damit leben? Oder schaff ich das, daß ich mich da innerlich anders rauszieh?"

Frau N. weiß, daß ihr Mann es leichter hat, seinen eigenen Weg zu finden, gerade weil es für seine Rolle als Pfarrmann keine definierten Erwartungen seitens der Gemeinde gibt. Dies ist für sie selbst eine besondere Herausforderung, den eigenen Weg in ihrem Beruf zu suchen und damit die Partnerschaft zu verbinden.

„Ich merk nur, ich muß da ganz anders einen Weg suchen und finden als – als, den gibt's ja, naja, das kann ich nicht sagen, wie oft's den noch gibt. Auf jeden Fall der klassische Pfarrer, dem die Pfarrfrau in allem zugearbeitet hat – ich mein jetzt auch gar nicht, daß die – daß die Pfarrfrau des Gemeindepfarrers alle möglichen Dinge in der Gemeinde in sichtbarem Engagement tun muß, aber die halt – das wär' ja bei einem andern Beruf genauso – die dem Mann, sprich dem berufstätigen Partner in der Familie oder in der Ehe, den Rücken vor allem frei hält, und der sich voll in seins geben kann. Dieses sehe ich auf jeden Fall in meiner jetzigen Situation sehr deutlich und bewußt, was sowas ausmacht. Und wenn man das so eindeutig hin und her nicht tun kann und will, dann heißt es auf jeden Fall, sich ganz anders in diesem Beruf sich seinen Weg suchen. Und das, denk ich, ist bei der Pfarrerin, wo der Pfarrmann nicht mit der Selbstverständlichkeit, wie zumindest bei vielen Pfarrfrauen früherer Generationen, diese Rolle spielt: ich halt ihr alles frei, damit sie voll da vorne steht und das macht. Das ist ja auch nur gut so, aber da ist die Pfarrerin auf jeden Fall gezwungen durch die Situation, daß sie sich den Weg durch den Beruf anders sucht. Und ob der Pfarrer, wo sich das Paar heutzutage anders sucht, wie können wir uns da arrangieren in dem Geflecht, der ist da nicht von Haus aus dazu gezwungen, und insofern hab ich das vielleicht sogar schwerer mit der Thematik. Das weiß ich nicht. Auf jeden Fall denk ich, kann ich als Frau in dem Beruf da gar nicht aus, das ist von Haus aus nicht gegeben."

Dabei sieht Frau N. realistisch, daß sie eigentlich noch großes Glück hat, insofern ihr Partner ihrem beruflichen Engagement positiv gegenübersteht. Im andern Fall könnte sie sich eine Arbeit als Pfarrerin auch gar nicht vorstellen. Sie braucht die Unterstützung und Rückenstärkung ihres Mannes, um in diesem Beruf ihre Frau stehen zu können.

„Naja, der Wunsch ist insofern falsch, als mein ‚Pfarrmann' eigentlich viel insofern zuarbeitet und abnimmt. Und an den Wochenenden, wo bei mir Hochdruck ist, irgendwie mir sehr viel abnimmt. Wenn das jetzt jemand wäre, der deutlicher sagt, das ist dein Bereich und ich mach meins, dann vermute ich, daß ich persönlich das gar nicht packen würde, meins da völlig allein durchzuziehen jetzt, in Anführungszeichen."

Auf den Wunsch angesprochen, später Kinder zu haben, schildert Frau N. sehr ausführlich ihre Vorstellungen. Ihre halbe Stelle, die sie jetzt innehat, ist sozusagen schon ein Testfall für die Möglichkeit, später einmal damit Familie zu verbinden. Nicht nur in Gedanken, sondern ganz praktisch prüft sie, welche Wege gangbar sein könnten.

„Nun haben Sie ja keine Kinder. Äh, ja, wie ist das, also hängt die Tatsache, daß Sie keine Kinder haben, mit Ihrer Situation zusammen? Oder ist das eine Folge Ihrer beruflichen Situation, Ihres Engagements, das Sie im Moment haben? Können Sie sich da keine Kinder vorstellen? Wollen Sie gar keine?
— Äh, ich seh das als eine Sache von dem, wie's zur Zeit ist. Und ich stell mir bzw. wir stellen uns vor, daß es Kinder geben soll in den nächsten Jahren. Und das mit der halben Stelle war auch mit der Gedanke dabei, quasi zu gucken, ob das dann ginge, wobei mir aus dem jetzigen auch klar ist, daß das kein realistischer Test war. Auf jeden Fall, daß so, wie's jetzt ist und wie ich bin in der Situation, daß ich da nicht gleichzeitig halbe Stelle haben könnte und Kind oder Kinder. Das liegt wohl auch daran. Und, naja, und es wird sich zeigen, ob ich Kinder bekommen werd oder nicht und wie's dann weitergeht."

Mittlerweile hat sich Frau N. allerdings von der Vorstellung verabschiedet, falls ein Kind kommt, mit einer halben Stelle weiterzuarbeiten. Wie ihre halbe Stelle aussieht, weiß sie. Ob sie dann besser abgrenzen kann, wenn Kinder da sind, ist ihr fraglich. Sie schätzt sich selbst als leicht ausbeutbar ein, denn die Teilhabe an Kommunikation in ihrem Berufsbereich ist ihr wichtig. Sie will sich nicht so abgrenzen, daß sie den Zusammenhang mit der Gemeindearbeit insgesamt verliert. Die Möglichkeit der Beurlaubung sieht sie inzwischen als einzig gangbaren Weg. Er ist freilich für sie, die so bewußt in diese lange Ausbildung, in das Studium investiert hat, keine sehr reizvolle Alternative.

„— Ich stelle mir vor, nach meiner Erfahrung jetzt mit der halben Stelle,

daß ich nicht, zumindest nicht mit einem kleinen Kindm gleichzeitig beruflich mit Anstellung im Gemeindedienst das machen könnte. Ich wüßte nicht, wie wenn's – und das ist reine Theorie – wie das bei einem Erprobungspaar, die sich die Stelle teilen, ob's da ginge, wenn ich eine von beiden wäre, wo man ja alles hin und her sich dann zeitlich einteilen kann, als mit einem Partner, der ganz arbeitet. Und selbst wenn er halb arbeiten würde, hat er seine festen Zeiten, und ich meine unregelmäßigen. Da ist das nicht so gut, das miteinander zu machen. Und ob ich dann in so einer Zeit eine andere Form von Anstellung finden könnte, ob's so einen Weg dann gibt, oder ob ich in so einer Zeit von Pause dann über ehrenamtliches Engagement versuchen würde und wollte, da drin und dran zu bleiben, weil's eine Form von Anstellung nicht gibt in der Weise, wie's ich pack, das wird sich zeigen müssen.
— Aber das ist durchaus eine Idee, die Sie sich vorstellen könnten? Also auszusetzen?
— Ja, weil ich den Weg anders nicht sehe. Ich seh nicht, wie ich eine teilweise Stelle und Kind oder Kinder miteinander hinkriegen sollte."

Sie sieht sich selbst als diejenige, die immer noch leichter als ihr Mann beruflich zurückstecken könnte. Ein ganzes Leben lang nur im Beruf zu sein, erscheint ihr nicht erstrebenswert. Ihr Interesse, ihre Lebensgestaltung, ist von Anfang an breiter angelegt, wie bei so vielen Frauen. Die Doppelung der Lebensziele ist offensichtlich.

„— Es ist eine Möglichkeit, die immer im Gespräch war, daß es genauso er sein könnte. Und ob's letztlich gelebt dann eine sein könnte, das weiß ich nicht. Ob's ich letztlich wollte, daß ich ganz im Beruf bin und nicht diejenige wäre, bezweifel ich. Und ob's er, je länger er jetzt auch im Beruf inzwischen ist, noch so wollte, wie er früher gemeint hat, daß er eine Hausmannszeit hätte, das ist auch nicht mehr so klar.
— Also es kristallisiert sich raus, daß er eher im Beruf bleiben will und Sie eher nicht?
— Jaja.
— Ich find das schon interessant, weil das ja auch all dem, was Sie jetzt erzählt haben und was Sie gegangen sind, Ihre Entwicklung sich dann doch letztlich wieder eher tendenziell zumindest auf die klassische Rolle verteilt.
— Ja, wobei der ganze lange Weg und was ich da vorhatte, der hatte ja nie zum Ziel, daß ich durchgehend die Berufsfrau sein will. Also wenn, obwohl ich das jetzt immer mehr will, je mehr ich da drin bin, das ist jetzt gesagte Theorie gewesen, daß ich dann die wär, die dann aufhört. Und vorstellen, wirklich vorstellen, kann ich mir das nur sehr schwer jetzt, weil ich jetzt halt in meinem drin lebe in allem, wenn ich auch drunter stöhne."

Je mehr allerdings auch Frau N. in den pastoralen Beruf hineinwächst, Routine und Erfahrung gewinnt, Zeit und Energie investiert, um so schwerer fällt es auch ihr, den Gedanken zu akzeptieren, mit diesem beruflichen Engagement für eine bestimmte Zeit auszusetzen. Sie spürt selbst, wie es immer mehr zu einer bloßen Theorie wird, was zunächst einmal eine ganz verlockende Möglichkeit schien, nämlich mit der beruflichen Arbeit aufzuhören und Erziehungszeit einzuplanen.

„... ja, mein Ziel war ja nicht, daß ich durchgehend immer im Beruf sein will, sondern daß ich die Möglichkeit haben will, und daß ich auch, also auch in so jugendlichen Jahren, wo ich so erzählt hab vorhin, für mich war klar, ich will erst spät heiraten und spät Kinder haben, und ich will den Beruf haben können usw. Da war ja immer die Vorstellung, daß es schon auch die privaten Jahre gibt mit Kindern und dann ein Wiedereinsteigenkönnen, aber dafür war nun meine Überlegung, muß erst die Grundlage von Anfang an mal drin gewesen sein, so sein, daß man dann wieder an was anknüpfen kann und sich das dann auch zutraut. So war die Vorstellung.
— Haben Sie das Gefühl, daß das jetzt gelegt ist, dieser Grund?
— Auf jeden Fall war meine Vorstellung immer, daß ich bis zu einer festen Anstellungstätigkeit kommen will. Und das ist jetzt dann oder ist dann bald. Und so, so war das immer gedacht."

Dieser Theorie steht entgegen, daß, nachdem sie erst spät geheiratet hat und jetzt erst im Beruf „sattelfest" werden will, sich auch der Kinderwunsch noch später realisieren lassen wird. Dementsprechend wird sie auch mit der Freistellung von beruflicher Arbeit erst später wieder aufhören können. Wie Frau N. es auch dreht und wendet, es scheint eine Lebenszeit einfach zu kurz zu sein, um beide Lebensziele darin unterzubringen und befriedigend damit zu leben.

„Und ob ich das Gefühl hab, ist eine ganz andere Geschichte, weil ich inzwischen mit einem Alter, wo ich auch das, was ich früher immer gemeint hab, der Einstieg muß intensiv genug sein, daß man später wieder anknüpfen kann und sich das auch zutraut, daß ich jetzt auch andersrum sehe, daß ich denk, wenn man erst spät als Frau in diese Pause gegangen ist, dann fängt man ja auch – da geht's erst später wieder drum, ob man wieder einsteigt und ob man dann, um diese Jahre älter, später sich's dann zutraut, weil man in einer anderen Lebensphase ist. Das ist ja wiederum auch eine Frage, die ich halt erst heut so sehe. Also ist das mit dem, ob ich das Gefühl hab, daß das jetzt – soweit ich das – das ist nochmal anders.
— Ist das was, was Sie beunruhigt oder ängstigt, daß Sie dann vielleicht nicht mehr die Kraft haben – oder nennen wie das Selbstvertrauen –, wieder einzusteigen? Denn Sie haben am Anfang erzählt, daß es für Sie wichtig war, Ihre Mutter als Berufsfrau zu erleben.
— Ja, das sind auf jeden Fall Fragen, die mich sehr beschäftigen in der letzten Zeit immer. Weil ich halt auch von Haus aus diese ganze Frage, wie mach ich das als Frau mit Beruf und mit Kindern und so, weil mich die halt von Haus aus stark beschäftigt hat und von Haus aus zu diesem ganzen Geplanten geführt hat. Und das wirft halt jetzt auch die Frage auf, wie ist das, wenn man solche Dinge so genau vorplanen will. So rum beschäftigt mich das jetzt."

Frau N. ist eine Frau, die sich sehr genau im vorhinein überlegt, wie sie ihr Leben gestaltet, welche Entscheidungen sie trifft. Sie hat durch ihre Mutter auch weibliche Vorbilder, was die Berufsarbeit betrifft. Aber gerade dadurch, so hat es den Anschein, findet sie kaum mehr aus diesem ständigen Reflexionsprozeß heraus, verfängt sich in den Alternativen.

„Ich bin auf jeden Fall der Typ, der ganz stark planen will und Dinge möglichst genauer vorher wissen will und sich nicht so offen abenteuerfreudig auf was einläßt, und insofern hängt das ganz stark an mir auch, daß ich dann auch, daß ich dann auch in dem Bereich Beruf vorausplanen und damit zusammenhängend, wie ist es mit Familiengründung, -planung, daß ich da so stark planen wollte und das bis jetzt so war. Und, naja, und heute, im Vergleich mit anderen Frauen ähnlicher Alterslage, wo manches ganz anders gelaufen ist, und wo es vielleicht ein abgebrochenes Studium gab, wo die Kinder kamen und und, sehe ich zwar dieses schon beruhigt, daß mir dieses also nicht mehr passieren kann. Aber von der ganzen Grundfrage, ob so genau planen und wie das mit – naja, das ist mir jetzt so eine – so eine Frage von – ja es ist eine allgemeine Frage, zu sagen, find ich das gut, so genau zu planen? Ich bin halt so, und ich sehe inzwischen, es ist kein Zufall, daß es bei uns so war, weil das sicher ganz stark an mir auch hängt, wenn's auch – es wurde zwar nicht zu einem Konflikt zwischen uns, aber ich denk schon, daß ich das stark so geprägt hab. Und, naja, nun kann ich mich allgemein fragen und tu das, find ich das gut, daß Menschen so genau Dinge planen und im Leben nicht manches anders auf sich zukommen lassen. Aber das ist eine müßige, sehr allgemeine Frage. So rum."

Eine weitere Variante des Modells „Leben mit einem idealen Pfarrmann" bietet sich im Gespräch mit Frau K. Auch sie ist mit einem Mann verheiratet, der nicht im kirchlichen Bereich arbeitet. Auch hier ist es zunächst das Problem der Abgrenzung der Arbeit, das immer neu reflektiert wird. Frau K. jedoch, so wirkt ihr Bericht in diesem Interview, hat einen Modus gefunden, mit dem sie beide leben können. Ganz wichtig findet sie zum Beispiel, sich die Arbeitszeit zu strukturieren und freie Zeit genauso einzuplanen wie Arbeitszeit. Ihre Predigt für den Sonntag bereitet sie meistens schon am Donnerstag vor, an dem Vormittag, an dem sie keine Schule hat. Sie hält sich konsequent den Samstag frei, um hier Zeit auch für ihre Partnerschaft zu haben.

„— Ja genau. Also eins tue ich seit Beginn meiner Arbeit, seit 1975, nämlich etwas, was die wenigsten Kollegen schaffen, nämlich die Predigt nicht am Samstag zu machen ....und ich versuch einfach, mir den Samstag von allen Dingen frei zu halten, die vorher gemacht werden können. Natürlich Termine – geht nicht, das ist klar. Aber – also Ausarbeitungen oder auch Schreibtischarbeiten, das muß nicht am Samstag sein.
— Und wann machen Sie das, wenn Sie also vorher mal abends Termin haben, dann machen Sie dann hier so – sagen Sie, ich muß mich jetzt vorbereiten, oder?

— Also ich hab einen Vormittag, wo ich nicht in der Schule bin, sonst bin ich am Vormittag auch in der Schule, das ist der Donnerstag, und an dem Vormittag mach ich meine Predigt, das ist einfach – ich meine, natürlich gibt's da auch mal, ergibt sich die Situation, daß das nicht klappt, aber dann find ich dazwischen drin mal zwei Stunden, wo ich Ruhe hab. Weil sonst wäre wirklich keine Möglickeit, mit meinem Mann zusammen irgend was zu tun. Ich meine, bei dem ist halt der Samstag und der Sonntag frei. Und wenn ich nicht schau, daß ich wenigstens am Samstag, Sonntag nachmittag so einen halben Tag mir freischaufel –.
— Das ist so ein heilsamer Zwang dann?
— Nö, und also Freitagabend ist meistens nichts, da ist selten mal was in der Gemeinde. Zumindest wenn mal was ist, dann ist es übergemeindlich. Und also das heißt, das ist der Abend, den man mal so privat gestalten kann. Und wenn ich dann Samstag früh mit der Predigt anfangen muß, dann könnte ich das auch nicht genießen, so daß da so ein gewisser Spannungsbogen sich halt ergibt.
— Nun fängt sowieso am Freitag das Wochenende an, unterbrochen dann bis zum Sonntag?
— Ja, also vormittags, Freitagabend, Samstag. Wenn halt ... — Also das tut mir wirklich selber gut. Weil wenn – ich bin halt auch so jemand, wenn ich da irgend was noch vor mir hab, dann ist das nicht entspannend für mich."

Frau K. könnte es sich auch nicht vorstellen, eine halbe Stelle zu haben. Sie sieht die Entscheidung der Kirchenleitung, dies zwangsweise über Ehepaare zu verfügen, als eine große Benachteiligung von Frauen an. Wenn in ihrer Partnerschaft eine(r) aufhören müßte, wäre dies doch wieder sie – obwohl sie keine Kinder haben. Sie würde sich nicht ausgefüllt vorkommen. Und die Frage des weiteren Aufstiegs, der beruflichen Möglichkeiten, die sie sehr wohl reizen und die sie anstrebt, würde sie ad acta legen müssen.

„Also ich hatte zwar, glaube ich, wenn ich mich recht erinnere, vor meinem Mann die feste Anstellung, aber von ihm hätte ich also nicht erwarten können, daß er auf halbtags geht, weil das in der Wirtschaft in seiner Branche nicht geht, und er ist auch nicht der Typ dazu, der das gern machen würde, so daß das also auf mich zwangsläufig zugekommen wäre. Und nachdem wir keine Kinder haben, würde ich mich da nicht besonders ausgefüllt sehen. Ich meine, gut, wenn ich mich selber dazu entscheide oder vielleicht mit fünfzig ode sechzig oder so, dann ist das wieder was anderes, aber so das ganze Berufsleben hindurch finde ich das nicht gut. Und ich find, man kann den Leuten das auch selber überlassen, also – eine Bekannte von mir hab ich, die eben auch so in meinem Alter ist, und da haben eben beide eine volle Pfarrstelle, das geht, und es ginge anders nicht bei denen. Und da versucht halt, aber das wird die dann wahrscheinlich selber erzählen, die wird ja auch dran kommen, dafür sucht halt die Kirchenleitung jetzt bei einem möglichen Wechsel, also immer wenn die mal wechseln wollen, die zu drücken auf höchstens eineinhalb Stellen. Das find ich unmöglich, wenn die ihr Berufs- und Privatleben so organisieren wollen, warum sie's nicht dürfen?! Die haben zwei Kinder, und das geht. Also ich meine, das ist ja jedem dann auch selber überlassen."

Gerade wenn in einer Partnerschaft beide eine theologische Ausbildung haben, kann sie sich eine so enge Zusammenarbeit in den wenigsten Fällen als sinnvoll und erstrebenswert vorstellen.

„Ja, also, ich denk, die meisten, zumindest Theologen-Ehepaare, werden sowieso auf eine gemeinsame Stelle zustreben, aber wer das eben nicht kann, und es gibt viele Gründe, warum man das nicht kann, zum Beispiel den, daß jeder seinen eigenen Bereich braucht, weil es sonst auch zum Beispiel eben auch Eheprobleme geben kann. Oder meistens ist es eben so, daß der eine in der Gemeinde eher ankommt als der andere. Wenn's auch nur graduelle Unterschiede sind, kann das halt problematisch werden. Und da find ich also da so einen Eingriff von seiten der Kirchenleitung unmöglich. Also für uns ist das auch sehr gut, daß mein Mann und ich jeder seinen Bereich für sich hat, das ist einfach gut, und jeder hat irgendwie das Gefühl, er ist da selber voll irgendwo drin und auch anerkannt."

Wie verkraftet ein Mann, der in der Industrie in leitender Position tätig ist, seine Rolle als Partner einer „öffentlich" tätigen Frau?

„— Und wie erlebt Ihr Mann das so, ich meine, wenn Sie das so mitbekommen – mit einer Pfarrerin verheiratet zu sein – ist das?
— Also ich hab den Eindruck, daß er das schon ganz gut meistert. Wobei das jetzt die schwierigste Phase ist, glaube ich im Moment, weil ich auf der Stelle wirklich am meisten in meinem bisherigen Pfarrerinnendasein reingespannt bin, also da ist halt fast jeden Abend ein Abendtermin, fast jedes Wochenende ist dickvoll, so daß wir tatsächlich sehr wenig Zeit füreinander haben. Aber es ist eben so, daß er das akzeptiert, und dadurch geht's dann auch. Er macht auch viel mit, also die letzten zwei Wochenenden war er halt zum Beispiel mit mir kirchlich unterwegs auf Konfirmandenfreizeit und auf Pfarrkonvent, und da bin ich schon sehr froh, daß er das mitmacht. Wenn er's nicht machen würde, würden wir uns fast überhaupt nicht sehen. Nun muß man dazu sagen, daß das auch die erste Stelle ist, wo wir mal so richtig normal miteinander leben können, denn vorher gingen unsere beiden Berufe regional immer so auseinander, daß wir also auch sehr viel Wochenendehezeiten drin hatten, und dadurch war's auch nicht viel besser. Da hatte ich zwar mehr – ein bißchen mehr Freiräume, aber dadurch daß er dann oft nur am Wochenende da war, haben wir uns auch nicht mehr gesehen."

Von daher hat die gegenwärtige Regelung also durchaus ihre Vorteile. Auf der anderen Seite haben beide, Pfarrerin wie Pfarrmann, damit zu kämpfen, daß durch das Vorgängerpaar natürlich auch Weichen gelegt wurden, Erwartungen bestehen, wie diese Pfarrstelle, gerade von seiten der Pfarrfrau auszufüllen wäre. Allerdings hegt Frau K. berechtigte Hoffnungen, daß ihr Mann diese Erwartungen, wenn auch vielleicht anders, erfüllt.

„Die Gemeinde hier hatte halt vor mir einen Pfarrer, dessen Frau eigentlich auch ganztags Gemeindearbeit gemacht hat, ehrenamtlich. Und das war, glaube ich, eine große Angst, daß jetzt – also ihnen eine Person fehlt. Ich meine, auf der einen Seite haben sie's eingesehen, daß sie das praktisch nicht fordern können, auf der anderen Seite, glaube ich, daß ich also schon vieles von dem, was vorher lief, auch abdecken kann und einiges andere vielleicht – also anders auf jeden Fall.
— Ja, und der Mann, der berufstätig ist.
— Ja also, das, was mein Mann macht, unterscheidet sich natürlich total von dem, was die Pfarrfrau, die Vorgängerin, tat. Es ist halt was anderes, aber unterm Strich zusammengezählt, glaube ich, kommt auch soviel dabei heraus.
— Wie anders?
— Also – die Frau meines Vorgängers hat halt sehr viel atmosphärisch getan, also mit Blumen und mit Brot selber backen und mit festlich gestalten – alle möglichen Aktivitäten in der Gemeindearbeit – das macht mein Mann natürlich nicht, logischerweise, und ich hab da auch nicht so sehr einen Hang dazu. Natürlich versuch ich so, daß alles schön und gemütlich ist, aber nicht so intensiv, also nicht mit soviel Herz. Dafür kann halt mein Mann mal was Technisches machen oder irgend was organisieren oder er ist halt einfach auch dabei, kocht da mal oder was weiß ich – aber es sind irgendwie, naja er ist halt – die Frau war eine sehr weibliche Frau, sie hatte also sehr das umsorgende Mütterliche – und mein Mann ist ein sehr männlicher Mann, also – was man so unter dem typischen Rollenverständnis sich vorstellt, das heißt, das sind völlig andere Dinge, die da abgedeckt werden – aber auch welche, die sicherlich interessant sind, gemacht zu werden.
— Das ist natürlich eine Umstellung für die Gemeinde?
— Mit Sicherheit, ja. Wobei also mein Vorgänger und ich theologisch sehr ähnlich sind. Von daher ist es jetzt nicht so der totale Umschwung gewesen."

Frau K. hat scheinbar die Quadratur des Kreises „geschafft", pastorale Arbeit und die Partnerschaft mit einem Menschen aus einem nichtkirchlichen Berufsbereich so miteinander zu verbinden, daß es für beide lebbar ist. Es ist ein Kompromiß, der dadurch möglich wird, daß keine Kinder da sind, wie Frau K. an einer Stelle kurz bemerkt. Mehr Raum räumt sie dieser Frage nicht ein. Ohne Kinder, mit einem Partner, der „mitzieht", kann es gehen, ist ihre Meinung.

Zwei auf einer halben Stelle[3]

Wie kann nun pastorale Arbeit und Partnerschaft miteinander zusammengebracht werden, wenn Kinder da sind? Da ihr Mann ebenfalls Pfarrer ist, „erprobt" Frau L. das Modell der Stellenteilung. Beide haben sich Berufsaufgaben und Familienpflichten genau aufgeteilt.

„Ja, jetzt muß man zum Übergang noch etwas sagen: ... mein Mann ist ja auch Pfarrer. Und ich war dann Ende des Vikariats schwanger, und wir haben damals überlegt, wie wir das jetzt weitermachen und haben ursprünglich gedacht, daß sich mein Mann beurlauben läßt, und ich dann erstmal die z.A.-Zeit mache, und dann hab ich immer davon geträumt, daß ich dann seine Stelle haben könnte.
— Ihr Mann war dann schon fertig?
— Ja. Ja, der hatte eine z.A.-Stelle in München. Und da hab ich immer davon geträumt, daß ich die dann haben könnte oder daß man irgendwie so im Umkreis von München irgend was Schönes finden, daß sich eigentlich nicht viel verändert. Aber dann hat die Synode vorher das Erprobungsgesetz geändert, so daß man das als z.A. auch machen konnte, diese Stellenteilung. Und dann haben wir uns das überlegt, und ich hab dann gesagt, das ist mir eigentlich lieber, denn ich möchte mich nicht zu Hause abstellen lassen, um die Suppe zu kochen, und mir gefällt das auch nicht, wenn ich meinen Mann zu Hause abstellen soll. Da tu ich mir dann auch schwer, etwas gegen Männer zu sagen. Also ich mag das nicht, und deshalb hat's mir dann im ersten Moment ganz gut gefallen. Und ich hab gesagt, du, das probieren wir. Kollegen von mir haben sich's auch überlegt, haben dann gesagt, das machen wir lieber nicht, wer weiß, was der Landeskirche da in der Zwischenzeit dann alles einfällt. Und dann sitzen wir da drin und kommen nicht mehr raus. Und da hab ich komischerweise, obwohl ich von der Landeskirche immer nur das Schlechteste gedacht hab, damals nicht soweit gedacht, daß das wirklich sein könnte. Und ich hab gesagt, ich probier das jetzt. Einfach auch, weil ich wirklich gedacht hab, das ist jetzt was Gutes, da könnte was dabei rauskommen. Und man könnte das Ganze weiterentwickeln. Und wirklich feinere Formen finden und von diesem Anwesenheitszwang und diesem Tag- und Nacht-im-Dienst-sein und so was wegkommen. Ich hab das so mehr in die Richtung gedacht und hab gemeint, für uns bietet sich's jetzt grad an. Aber ich hab eigentlich nicht gedacht, daß das jetzt – jetzt weiß ich nicht mehr, was ich sagen wollte – ja, also ich wollte jedenfalls so in die Richtung alternative Arbeitsformen – da raus.
— Sie haben nie erwogen, selber Ihren Beruf aufzugeben, um des Kindes willen?
— Nee. – Und dann war's schwierig, eine Stelle zu finden, die uns einigermaßen entsprochen hat und wo man auch einigermaßen teilen konnte ... Und bei der Stelle hier hat's den Ausschlag gegeben, daß der Landeskirchenrat ausgewählt hatte und nicht die Kirchengemeinde. Und deshalb wußten wir sicher, wir kriegen die. Denn andernfalls hätte es sein können, daß ich erstmal nach dem Mutterschutz dann eine Zeitlang auf dem Trok-

kenen sitz', weil ja meine Vikariatsstelle, die war ja weg, und ich hätte dann nichts gehabt, und mir war es schon wichtig, daß es gleich übergeht. – Ich wollte mich nicht erst beurlauben lassen und fünf Jahre nach einer Stelle suchen, so ungefähr. Das wäre ja – das hätte ja alles soviel Zeit – und das wollte ich vermeiden."

Wie funktioniert nun dieses Modell, pastorale Arbeit und Partnerschaft, Beruf und Familie miteinander zu leben und zu gestalten?

„Ja, jetzt bin ich sechs Jahre da. Ja, was mach' ich jetzt hier? – Ich halt neun Stunden Religionsunterricht. Das ist ja von einer halben Stelle schon mal ziemlich viel. Und das macht mir Spaß, das mach ich unheimlich gern. Das ist hier in … an der Grundschule. Das ist also überhaupt kein Problem, den Unterricht zu halten, und das hat den Vorteil, daß es genau die Kinder sind, mit denen ich in der Gemeinde auch wieder zu tun hab. – Und dann haben wir es so geteilt, daß ich für den Sprengel in … selber zuständig bin. Und mein Mann, der hat im Grunde eine eigene Kirchengemeinde. Das sind nochmal drei Dörfer. Also ich bin praktisch die zweite Pfarrerin in …, und er hat selber eine Pfarrstelle. Normalerweise ist das problemlos … Und sonst mach ich eigentlich nicht viel. Ich halt regelmäßig meinen Gottesdienst, so alle drei/vier Wochen …"

Durch die genaue Aufteilung scheint hier ein Modell gegeben, das eine Vereinbarkeit beider Lebensziele sinnvoll erscheinen läßt. Allerdings merkt Frau L., wie das Verhalten ihrer Kollegen darauf abgestimmt ist, daß die traditionelle Rollenteilung nach wie vor in Kraft ist, sie mithin nicht für Kinder zuständig sind.

„— Gibt's was, worüber Sie sich ärgern?
— Ja, das liegt auf einer ganz anderen Ebene. Ich werde zum Beispiel bei jeder Pfarrkonferenz aggressiv, wenn meine Kollegen da sitzen. – Bei uns unten im Gemeindesaal, da ist nebenan der Kindergarten – und ich merk dann so zwischen vier und halb fünf, daß jetzt die Leute kommen und ihre Kinder abholen. Das ist für mich zwar kein Problem, denn wenn ich bei der Sitzung bin, dann ist mein Mann daheim und holt die, aber da werd' ich jedesmal stinksauer auf die, weil die alle zuhaus' ihre Kinder haben und jetzt da hocken und die Zeit vertrödeln, weil sie genau wissen, ja die Frau, die rennt und holt sie. So auf der Ebene, sowas ärgert mich dann. Da brauchen die jetzt gar nicht was Dummes sagen – da werden sie sich auch schwer hüten –, aber wenn ich so merk', wie da die Zeit vergeht und keiner vorwärts macht und anscheinend keiner noch irgend was zu tun hat – ich kann dann höchstens sagen: ich hab heute noch Passionsgottesdienst, jetzt muß ich los."

So positiv Frau L. im großen und ganzen von ihrer Erfahrung der Stellenteilung berichtet, so sehr belastet sie das Gefühl, in den Bereichen, die sie interessieren, wo sie mehr investieren möchte, wie etwa in der Jugendarbeit, ihre Fähigkeiten nicht voll einbringen zu können. Es gibt in dem engen Zeitrahmen, in den sie eingespannt ist, wenig Möglichkeiten, außer den Pflichtaufgaben eigene Schwerpunkte setzen zu können.

„Wir haben aber von Anfang an nie mehr gearbeitet, als einer allein auf einer Stelle gearbeitet hätte. und das war damals ganz gut. Wir sind mit einem zwei Monate alten Baby hergekommen, hatten das eine Einkommen und hatten kein Interesse daran, dieses für Babysitter oder sonstwas auszugeben, und haben von Anfang an halt nur abwechselnd gearbeitet. Das haben wir jahrelang gemacht. Und irgendwann hab ich dann aber auch schon gemerkt, daß das langweilig ist, und daß das auch frustiert, wenn man dann irgend was gern machen möchte, aber sieht, es geht nur, wenn wir dann beide weg sind, wenn wir einen Babysitter nehmen oder die Kinder irgendwo unterbringen, halt wenn wir auch mal was machen, was Spaß macht. Und bis jetzt hab'n wir's nicht so sehr gemacht. Da hab ich immer gesagt, ich hab eine halbe Stelle und ich arbeite nur für ein halbes Gehalt, und da halt ich mich dran und mehr mach ich nicht. Und jetzt im Moment steh ich also grad vor der Frage, soll ich jetzt mit den Leuten was anfangen, die ganz gute Ideen haben, und praktisch den Kirchenvorstand dann links liegen lassen und sagen, ich arbeite halt mit anderen Leuten – und das, was ihr von mir verlangt, das mach ich halt, damit ihr Ruhe gebt, und die eigentliche Arbeit, die mach ich dann in meiner Freizeit …"

Frau L. fühlt sich wohl in ihrer jetzigen Situation. Sie wüßte selbst nicht, welchem Lebensziel sie vor einem anderen Priorität einräumen könnte.

„— Wenn Sie sagen müßten, welchen Stellenwert Ihr Familienleben und Ihr Beruf hat …
— Also von der Gewichtung her würde ich sagen, so halbe-halbe.
— Könnten Sie das eine fürs andere – ich meine, das ist jetzt eine hypothetische Frage, aber angenommen, Sie …
— Bestimmt nicht. Schon aus Prinzip nicht.
— Okay. Was hat im Zweifelsfall Priorität?
— Kann ich nicht sagen.
— Oder Vorrang? …
— Daran, was mir Spaß macht. Also wie gesagt, wenn es um irgendeine gemeindliche Aktivität geht, die ich für sinnvoll halte und die mir Spaß macht, laß ich dann mal mit mir reden, damit ich die Kinder mal weggeb oder – wir sind da wohl ein wenig gleich, selten und sparsam. Aber wenn ich etwas tun soll, was mir absolut nicht einleuchtet oder was ich für sinnlos halte, dann käm ich nie auf die Idee. Dann sag ich sofort, das geht nicht, da ist mein Mann nicht da, und da muß ich zuhaus bleiben."

Auch auf ihre Partnerschaft, meint Frau L., wirkt sich ihr Modell der Stellenteilung positiv aus. Weder sie noch ihr Mann könnten einen Partner, eine Partnerin ertragen, die nur zu Hause sitzt „und die Suppe kocht".

„— Und was bedeutet Ihr Beruf oder auch Ihr Berufstätigsein für Ihre Ehe? Ist das etwas, was Sie eher trennt oder eher verbindet?
— Das, was uns eher verbindet.
— Ja, nun trennt er ja äußerlich erstmal. Es arbeitet immer nur einer.
— Ja, äußerlich schon, aber mein Mann könnte sich auch keine Frau vorstellen, die den ganzen Tag zu Hause ist.
— Könnte er sich eine vorstellen, die etwas ganz anderes macht?
— Ja sicher. Er könnte sich eher vorstellen, daß er zu Hause bleibt. Aber das gefällt mir eben nicht. Das habe ich ja ganz am Anfang schon gesagt.
— Gibt es da irgendwelche Konflikte zwischen Beruf und privat?
— Selten. Also es kann schon mal sein, daß wir uns um die Zeit streiten – wer die jetzt strickt. Aber das ist nicht so besonders tragisch. Das läßt sich irgendwie dann schon arrangieren. – Ja, das hat sicher auch damit zu tun, daß wir beide keinen so großen Wert auf Ordnung legen oder auf einen irgendwie geregelten Tagesablauf oder auf sehr viel Sauberkeit oder sowas. Und ich muß auch sagen, daß ich jetzt im Moment keinen Hobbies nachgehe oder irgend sowas. Ich wüßt' auch gar nicht, was ich hier tun soll. – Wer richt' den Garten, ja da streiten wir drum, ob Gartenarbeit zur Hausarbeit gehört. Ich sag nein und er sagt ja. – Und sehr viel Klavierspielen tut er. Er verschont mich bloß, wenn ich nebenan Predigt mach.
— Aber Sie haben nicht das Gefühl, es geht irgend was auf Ihre Kosten?
— Nee, das nicht. Und ich glaub auch, was die Zeit angeht, da bin ich letztendlich durchsetzungsfähiger ..."

Der Preis dieses Modells, beide Lebensziele zu vereinbaren, ist die Notwendigkeit einer strikten Begrenzung, die wenig Möglichkeiten offenläßt, sich im beruflichen Feld ganz erproben zu können, eigene Möglichkeiten und Grenzen entdecken zu können. Auf der anderen Seite kann dann, wenn die Kinder aus dem Haus sind, hier auch mehr Freiraum gewonnen werden.

In der Schwebe lassen

Das Thema einer engeren Partnerschaft bleibt im Interview mit Frau J. gänzlich unerwähnt bzw. wird kurz abgetan. „Es ist im Moment kein Thema." Im Gespräch mit Frau E. spielt die Frage nach tragfähigen Beziehungen schon eine Rolle, wird allerdings dem Zufall, der glücklichen Fügung überlassen.

„Ist Partnerschaft etwas, was Sie als eines Ihrer Lebensziele ansehen?
— Ne, das war früher so, so als Jugendliche und auch noch so mit Anfang zwanzig, da konnt ich mir eigentlich gar nichts anderes vorstellen, als mal zu heiraten. Aber inzwischen, naja, ich muß mich ja irgendwie mit meinem Singledasein anfreunden. Und es hat je keinen Zweck, da immer nur zu hoffen und davon zu träumen, daß man mal einen Partner findet, und unglücklich zu sein, solang man keinen hat."

Frau E. findet es wichtiger, die Situation so anzunehmen, wie sie ist, statt ständig einer anderen Version nachzutrauern. Mittlerweile hat sie gemerkt, daß sie auch gut allein leben kann. Sie findet Befriedigung in ihrem Beruf, bekommt Anerkennung, Rückhalt. Sie könnte sich im Blick auf eine Partnerschaft zwar vorstellen, das berufliche Engagement einzuschränken. Aufgeben würde sie es nicht.

> „Ich find, es ist wichtiger, einfach das Leben, so wie's jetzt eben ist, anzunehmen und, naja, wie man so sagt, das Beste draus zu machen. Einfach damit zufrieden zu sein auch. Und ich hab gemerkt, ich kann auch allein leben. Also, es ist jetzt nicht mehr so, daß das ein Ziel für mich wäre. Es wäre schön, wenn sich's noch ergeben würde, aber wenn nicht, dann kann ich auch so leben.
> — Würden Sie Ihren Beruf opfern oder teilweise aufgeben für einen Partner?
> — Ja, teilweise schon. Ich mein, eine andere Möglichkeit hätt ich ja dann auch fast gar nicht mehr, als da eine halbe Stelle anzunehmen, und das könnt ich mir schon vorstellen. Also bis dahin würd ich schon gehen, aber ganz aufgeben – also nur unter ganz extremen Situationen. Da müßt schon, ja, irgendwie was ganz Besonderes eintreten."

2. Ich muß beides schaffen – der Alltag alleinerziehender Pfarrerinnen[4]

Mit einer ganz anderen Realität sehen sich alleinerziehende Pfarrerinnen konfrontiert. Frau A. lebt getrennt von ihrem Mann, arbeitet mit einem halben Dienstauftrag und versorgt zusätzlich ihre drei Kinder. Zunächst einmal war es schon ein Kampf, das Recht auf eine halbe Stelle durchzusetzen, solange sie noch verheiratet war. Sie stößt damit auf Unverständnis, gerade auch bei Frauen. Frau A. wollte aber schon damals unabhängig sein, um nicht irgendwann einmal als Bittstellerin auftreten zu müssen.

> „— Das war dann eine halbe Stelle, die ich zuerst im Angestelltenverhältnis hatte, also auf Zeit. Das haben sie so zur Bedingung gemacht, einfach aus technischen Gründen, weil sonst nichts da war. Und nach drei Jahren haben sie mir dann von sich aus angetragen, ich soll die Anstellungsfähigkeit beantragen. Ich hab auch nicht gedacht, daß ich die schon krieg mit der halben Stelle, aber da ich noch Altrechtlerin war, haben sie das dann zur Not – ich mein, die wollten das halt einfach ... Und dann hab'ns die Stelle also automatisch ausgewiesen als halbe Pfarrerstelle. Das war ja zuvor eine z.A.-Stelle. Und ich hab's ja dann noch ganz kurze Zeit – dann hat der Meinige den plötzlichen Einfall gehabt, er möcht sich jetzt scheiden lassen. Also wir haben da getrennt gelebt die ganze Zeit, aber da war eigentlich nie die Rede davon. Die im Amt, auch der Kreisdekan, hat zu mir gesagt: na, sagen S' lieber nichts, mit den alten Leuten weiß man nicht – War sicher auch so. Aber es war halt dann mittlerweile so ein Bild, na, die Leute haben mich idealisiert, besonders die alten Frauen, na, da kommt jetzt eine, die hat drei Kinder und macht alles das, was mir nicht dürfen haben. Und die haben sich halt damit ganz stark identifiziert ...

— Und wie alt sind die Kinder jetzt?
— Die Älteste wird dreizehn heuer, und die Kleinen sind neun und acht. Das geht schon. Als ich wieder angefangen hab, wurde die Kleine drei. Also das war schon schwer. Vor allem, weil man dann blöd angeredet wird – haben Sie's überhaupt nötig zu arbeiten? Bleiben S' doch daheim und schauens in Ihre Ecken, da wird Ihnen die Langeweile schon weggehen, so in dem Stil. So ging das dann oft auch, höflicher, aber auf derselben Ebene. Und da kriegt man schon eine Wut. Ich hab mir's ja eigentlich nicht rausgesucht gehabt."

Zusätzlich zu den unsicheren privaten Verhältnissen wollte Frau A. aber auch einfach „am Ball" bleiben, sich beruflich nicht abhängen lassen. Sie sieht ganz klar, daß sie es nach einer längeren Zeit der Beurlaubung schwerer haben wird, um eine Stelle nachzufragen.

„Ich hab halt einfach gedacht, ich brauch für meine Kinder und mich eine gewisse Sicherheit. Und die Beurlaubung ist abgelaufen. Damals waren es ja nur sechs Jahre. Und, naja, es war schon klar bei den Mengen, die jetzt da anrücken, wenn ich da den Fuß nicht in die Tür gehalten hätte, dann wär wahrscheinlich nichts mehr gewesen. Ich hab halt dann gedacht, wenn ich so mit 45 daherkomme, dann nehmen s' mich bestimmt nicht mehr. Und sagen dann, naja wieso, Sie kriegen ja Unterhalt und so. Man macht sich ja selber keine Vorstellungen davon, was da auf einen zukommt mit so einer Scheidung ... ich hab mich jetzt drüber aufgeklärt, was ich beanspruchen könnt, wenn ich geschieden wäre, was ich an Unterhalt beanspruchen könnte. Das sind also ganze 1500 Mark im Monat. Da hab ich ihm vorgerechnet, daß ich davon nicht einmal Miete zahlen kann mit drei Kindern. Jetzt wenn man da nicht so ideell und materiell eine sichere Position hat, ist man einfach ewig der Dumme."

Wie schafft Frau A. es nun, die beiden Lebensbereiche miteinander zu verbinden? Sie gibt offen zu, daß es nicht zu schaffen ist. Es ist eine ständige Überforderung. Ruhepausen sind selten, sie fühlt sich sehr erschöpft.

„Und jetzt sind Sie praktisch eine alleinstehende Frau und Mutter, alleinerziehende Mutter von drei Kindern.
— So ist es, ja.
— Wie schaffen Sie jetzt Beruf und –
— Na, ich schaff's natürlich nicht, das ist klar. LACHEN – Ich tu's halt einfach. Es ist halt so. Es geht von der Motivation, und ich mach halt einfach mein Zeug und versuch mich halt da durchzuwurschteln. Ich rechne schon aus – zehn Jahr bei der ..., dann ist die ... 18 und macht ihr Abitur. Dann kannst' in Frieden sterben, wenn's sein soll. Es ist ehrlich so, na. Jetzt muß ich halt irgendwie schau'n, wie ich über die Runden komm bis dahin. Da bin ich jetzt grad dabei – LACHEN – Ja, das ist nicht immer so. Jetzt im Moment geht's, aber es ist viel. Ich hab halt einen Arbeitstag von früh um halb sieben bis abends um halb elf."

Frau A. leistet sich zwar eine Haushaltshilfe, so daß sie sich darum nicht mehr kümmern muß. Auf der anderen Seite muß sie sich noch um ihre psychisch labile Mutter kümmern. Für außerberufliche oder über den engen privaten Rahmen hinausgehende Beziehungen hat sie keine Kraft mehr. Ab und zu mal ins Kino zu gehen ist ihre liebste Entspannung.

„Und so hakel ich mich halt von Kleinigkeit zu Kleinigkeit. Man kann nicht sagen, daß viel passiert. Aber ich bin froh, wenn's abends rum ist, und ich kann eine Stunde lesen ... Vor halb zwölf bin ich halt nicht fertig. Nie.
— Haben Sie eine Hilfe im Haushalt?
— Ja, das schon, ja. Gott sei Dank, im Moment eine sehr gute, und die so ziemlich alles macht. Aber, also sogar einschließlich Garten und Versorgung der Meersau, aber die ist andererseits auch ein wenig angekratzt psychisch und braucht zusätzlich noch eine Betreuung. Also die braucht auch mehr Stunden am Tag, mindestens. Zusätzlich hab ich noch eine psychisch kranke Mutter. LACHEN – Also ich mach alles, was ich zu tun hab. Und das ist wirklich halt oft so. Das, was mir wirklich am meisten fehlt, ist der Schlaf. Das läßt sich ja alles leicht machen. Und was auch gut ist, ist eine Zeit des Lebens, wo man halt gefordert wird, und dann ist auch wieder Ruhe. Und wenn man Glück hat, werden dann nochmal zehn Jahre, wo's einigermaßen schön ist. Aber schlimm ist halt, wenn man zu erschöpft ist, und ich bin oft so erschöpft, also wenn ich halt so über lange Zeit nur fünf, sechs Stunden Schlaf abkrieg, das ist in zunehmendem Alter einfach zu wenig. Also so zwischen zwanzig und dreißig hab ich das locker gepackt, aber jetzt pack ich das nicht mehr. Aber das –
— Und wo tanken Sie mal auf? Und wie?
LACHEN – ich geh ab und zu auch mal in Urlaub. Das hilft nachher schon. Jetzt war ich eine Woche weg. Da muß ich mir dann auch natürlich irgendeinen Streß machen. Aber irgendwie verträgt man's dann wieder, das ist klar. Das ist schon schön. Und so einmal in der Woche kommt ... (Name des geschiedenen Mannes) zu seinen Kindern, und da kann ich abends weggehen. Und an den Wochenenden, wo ich Gottesdienst hab, da nimmt er die Kinder ... Wenn ich dann Predigt mach, muß ich natürlich ... aber so ab und zu muß man schon mal einen Abend rausnehmen. Da geh ich halt ins Kino. Und das Kino ist eigentlich der wichtigste Ausgleich für mich.
— So ganz mal was anderes.
PAUSE
— Na aber so also – für das Pflegen von irgendwelchen gesellschaftlichen Beziehungen, dazu hab ich überhaupt keine Lust, was bestimmt nicht an mangelnder Kontaktfreudigkeit liegt. Aber ich kann einfach nicht ... Ich denke an diesen Streß, und mich am Abend dann noch mit jemanden hinsetzen und Wein saufen oder – ich schaff das einfach nicht. Ich brauch dann meine Ruh. Und da tu ich halt lesen und so, wenn's geht. – Naja, ich zieh mich durch."

Für Frau A. mit ihren drei Kindern ist es ein Lebenskonzept, das sich durch die äußeren Notwendigkeiten so ergeben hat. Es nimmt sie kräftemäßig sehr in Anspruch. Viel Freiheitsräume zu kreativem Engagement im Beruf bleiben da nicht mehr.

Ich muß mich abgrenzen

Für Frau F., alleinerziehend mit einem Kind, ergibt sich eine ähnliche Situation. Durch die Geburt des Sohnes – über die näheren Umstände, Vaterschaft, persönliche Beziehungskonflikte wird kein Wort verloren – ist sie gezwungen, als Alleinerziehende ihren Lebensunterhalt zu verdienen und trotzdem noch genügend Zeit für die Erziehung des Sohnes zu haben. Eine halbe Stelle Religionsunterricht, die sie zunächst angenommen hatte, weil sie leichter mit der Versorgung ihres Sohnes zu vereinbaren gewesen war, gibt sie allerdings wieder auf. Sie fühlt sich dadurch eingeengt, möchte die Breite des Gemeindepfarramtes, wie es schon im Studium ihr Wunsch gewesen war, nicht verlieren. Hier nun allerdings, in der Gemeindearbeit, ist sie dem ständigen Kampf um Abgrenzung ihrer Arbeit ausgesetzt. Es ist die gleiche Problematik, wie sie bei Frau N. schon aufgetaucht war. Hier allerdings steht nun nicht mehr nur die Partnerschaft und ein möglicher Kinderwunsch dahinter, sondern die reale Notwendigkeit, für ihren Sohn angemessen zu sorgen. Für Frau F. steht diese Abgrenzungsthematik im absoluten Mittelpunkt des Interviews. Sie stellt sich dieser Aufgabe mit einer bewundernswerten Nüchternheit. Sie bekommt allerdings, wie sie auch immer wieder betont, gerade von kirchenleitender Stelle Unterstützung. Vor Ort dagegen muß sie die Begrenzung ihrer Arbeitszeit, des Arbeitsfeldes immer wieder durchkämpfen und sich auch hier auf Kompromisse einlassen. Der Bericht über die verschiedenen Stadien der Abgrenzung, jeweils auch mit neuen Hauptamtlichen in der Gemeinde verbunden, nimmt den überwiegenden Teil ihres Interviews ein.

> „... und dann war eigentlich so das einschneidende Erlebnis für mich die Geburt von ... (Name des Sohnes), der kurz nach dem zweiten Examen geboren ist und wo ich dann überlegen mußte, was mache ich jetzt dann weiter. Und damals gab es ja das Erprobungsgesetz noch nicht, das heißt, es gab zwar für mich die Möglichkeit, Teilzeit zu machen, das hätte aber geheißen, daß ich nicht übernommen werde – weil Probezeit hieß, daß man unter Beweis stellen muß, daß man voll belastbar ist, und das kann man natürlich nur, wenn man eine volle Stelle hat. Ich war in München, habe mit dem Oberkirchenrat ... gesprochen, und dem lag natürlich sehr viel daran, daß ich möglichst keine volle Stelle mache, weil er meinte, die Mutter gehört zum Kind und so, und ich habe dann aber mit dem Rektor vom Predigerseminar ... gesprochen gehabt, und wir haben dann gesagt, das Günstigste wäre eigentlich in der Schule, weil ich dann einfach eine überschaubare Arbeitszeit habe, die planbar ist, und dann natürlich voll, damit ich möglichst bald übernommen werde, weil mir ging es ja auch darum, eine Sicherheit zu haben, zu wissen, ja, die Landeskirche kann mich nicht ohne

weiteres rausschmeißen. Das hieß dann, daß ich dann ... anfing am Wirtschaftsgymnasium, an der Wirtschaftsschule, mit einem Jahresvertrag, und dann vorhatte, längerfristig an einer Schule zu bleiben, aber nicht an einer städtischen Schule, ... weil ich von der städtischen Schule an eine andere städtische Schule oder an eine staatliche Schule sehr schwer gekommen wäre, und deshalb habe ich also gesagt, ich möchte an eine staatliche Schule wechseln, ... habe da dann aber gemerkt, daß auf Dauer das für mich zu einseitig ist. Und ich habe eigentlich erst im nachhinein so gemerkt, wie sehr mich das eingeschränkt hat, ja auch persönlich eingeengt irgendwo, und auch ein Stück belastet, die Schulsituation ..."

Das neu geschaffene Erprobungsgesetz eröffnet auch für Frau F. neue Möglichkeiten. Sie kann eine reguläre halbe Stelle auch in der Gemeindearbeit bekommen. Sie nimmt diese Gelegenheit wahr und bekommt eine Stelle zugewiesen.

„... habe ich durch einen Brief etwas vom Erprobungsgesetz gehört und habe da eigentlich dann gedacht, das ist die Möglichkeit für mich, in die Gemeinde zurückzukehren ... dann eben hierher kam, und dadurch, daß ich ja nicht mehr z.A. bin, offiziell dem Dekanat angeschlossen bin, aber arbeitsmäßig eben hier ... arbeite ..."

Die Abgrenzungskämpfe, die Frau F. mit dem Vikar und dem Pfarrer z.A. durchzukämpfen hatte, findet sie zwar lästig, bleibt aber beharrlich bei ihren Vorstellungen und setzt diese auch durch.

„Vielleicht fange ich an damit, wie ich hierher kam. Da war es so, daß vorher die z.-A.-Stelle drei Jahre lang nicht besetzt war. Es gab einen Lehrvikar, und ich kam also her und da waren die ersten Probleme, ihm klar zu machen, daß er nicht mein Vorgesetzter ist, daß ich irgendwo einen eigenen Arbeitsbereich habe und den auch ganz gerne selber gestalten will. Ein zweites Problem war, da war ich aber auch selber ein Stück daran mit schuld, daß ich als Springer die Gemeindegebiete bekam, die etwas problematischer sind. Das führte dazu, daß ich einen dreigeteilten Sprengel habe ..."

Frau F. als berufstätige Pfarrerin ohne Hausmann im Hintergrund muß den anderen MitarbeiterInnen in der Gemeinde erst klar machen, daß sie Verfügungszeit braucht, um im Haushalt zu arbeiten und die sonst von einer anderen Person übernommene Hintergrundsarbeit selbst zu erledigen. Hier stößt sie an die Grenzen des Verständnisses. Traditionellerweise wird diese Arbeit von der Pfarrfrau übernommen, so daß der Pfarrer selbst scheinbar völlig unbelastet von diesen Notwendigkeiten ganz der Gemeinde zur Verfügung steht. Frau F. in ihrer Person macht die stillschweigenden Voraussetzungen dieser bisherigen Regelung deutlich, die in ihrem Fall eben nicht greifen.

„Das dritte war natürlich dann, wenn ich gesagt habe, an dem Vormittag habe ich keine Zeit oder da will ich dieses oder jenes nicht machen, dann hieß es, ja warum denn nicht. Und da mußte ich mir wirklich angewöhnen,

> immerzu sagen, ja da muß ich immer im Haushalt was machen, um deutlich zu machen, ich habe eine halbe Stelle und den Rest der Zeit verbringe ich ehrenamtlich in der Gemeinde oder verbringe ich mit Sachen, die deshalb gerade am Freitag vormittag anfallen, weil sie nicht gescheit geplant sind, also weil ihm vielleicht gerade noch einfiel, da müßte jetzt der Gemeindebrief noch eingelegt werden oder solche Sachen, oder er dann auch, wenn ich jetzt gesagt habe, der Termin paßt mir jetzt absolut nicht, weil er wirklich äußerst ungünstig lag und ich da an dem Wochenende etwas vorhatte und ich keinen Dienst hatte, daß er dann gesagt hat, ich habe da ja auch nicht frei. Das waren am Anfang so die Schwierigkeiten."

Sie empfindet es problematisch, daß der erste Pfarrer, gerade aufgrund der Vorstellung, „ganz" in der Gemeinde zu arbeiten, völlig unstrukturiert arbeitet und die Arbeitsvorhaben nicht längerfristig plant. Wenn Mitarbeiterinnen hier nicht flexibel mitziehen, erntet dies Unverständnis. Aber auch diese Schwierigkeiten konnten überwunden werden.

> „Die waren dann nach zwei Jahren halbwegs überwunden. Es war klargestellt, ich habe meine Arbeit, er hat seine Arbeit. Er hat sich auch langsam daran gewöhnt gehabt, daß ich meinen Sprengel habe und er Leuten aus meinem Sprengel, die bei ihm anrufen, sagt, ich bin zuständig, weil die es einfach immer parat hatten, ..."

Bedingt durch die Krankheit des ersten Pfarrers muß Frau F. notgedrungen die Vertretung übernehmen und arbeitet zeitweise mit einem vollen Dienstauftrag. Dies aber, so merkt sie bald, verträgt sich nicht mit der Fürsorge für ihren Sohn, sie spürt die negativen Konsequenzen an seinem Verhalten und ist froh, als diese Zeit durch die Berufung eines neuen Pfarrers endlich überstanden ist. Auf der anderen Seite muß sie nun mit ihm die gleichen Abgrenzungskämpfe durchfechten wie bisher schon mit Vikar, Pfarrer z.A. und bisherigem Stelleninhaber. Die Abgrenzungsthematik läßt sie nicht los.

> „... und dann wurde er krank und die Zwischenzeit, war halt dann dadurch schwierig, daß er teilweise dann wirklich zwei, drei Monate oder noch länger ausfiel und ich die ganze Vertretung hatte, dann zum Teil auch volles Gehalt bekam, aber die Arbeit war halt dann trotzdem da. Da habe ich auch gemerkt, daß so eine ganze Stelle im Moment für mich nicht drin ist, weil einfach (Name des Kindes) darunter leidet. Also ich bin gestreßt, habe für ihn keine Zeit mehr, und er wird aggressiv, weil ich keine Zeit mehr habe ..."

Aufgrund ihrer Stellung als Langzeitvertretung und mit der ständigen Möglichkeit, an einen neuen Einsatzort verpflichtet zu werden, sieht Frau F. allerdings an ihrem jetzigen Dienstort keine langfristige Perspektive für sich. Sie meldet sich deshalb auf die nächste freiwerdende halbe Stelle.

> „Und dadurch, daß ich ja hier keine Planstelle habe, heißt es, daß ich ab Herbst als Springer in ... irgendwo eingesetzt werde. Das hat mir der De-

kan schon vor zwei Jahren angekündigt: So ein Jahr bleiben Sie noch ..., dann setze ich Sie als Springer ein. Letztes Jahr im Sommer hat er mir dasselbe gesagt, und da habe ich gesagt, so jetzt reicht es mir, da ist keine Gemeindarbeit möglich, wenn ich doch letztlich mit der Einstellung hier arbeite, ja ein Jahr bist du noch da, aber dann weißt du es nicht. Und weil ich denke, ich habe gemerkt, die Gemeindearbeit verlangt irgendwo längerfristige Perspektiven, und habe mich dann eben umgeschaut, was so noch an halben Stellen möglich ist und ... und habe mich dann beworben."

Beide Lebensziele zu verbinden, gelingt also nur dann, wenn die Fähigkeit vorhanden ist, sich gegenüber Erwartungen aus zwei wichtigen Lebensbereichen abzugrenzen. Wurde dies schon im Interview mit Frau N. deutlich, so betont gerade auch Frau G. diese Notwendigkeit. Kehren wir kurz zu ihrem Interview zurück. Frau G. ist, wie erwähnt, mit einem Mann aus dem kirchlichen Bereich verheiratet. Während sie voll im Beruf stand, hatte er ihr viel von der Hintergrundsarbeit abgenommen. Dennoch war es eine enorme Belastung. Sie merkt, daß sie im Sich-abgrenzen überhaupt nicht geübt ist. Sie will daran weiterarbeiten.

„... Die Zeit in ... hat mir die Freude am Beruf nicht vergrößert. Ich habe es machen können, weil ich gewußt habe, es ist nur für eine begrenzte Zeit. Ich hätte nicht gewußt, was ich mache, wenn ich das hätte auf Dauer machen müssen. Ich hätte es wirklich nicht gewußt. Ob ich dann – ich denke schon viel darüber nach – ich spreche ja auch viel mit Freundinnen, die jetzt in einer vergleichbaren Situation sind – oder zumindest an eine denke ich gerade, die jetzt eben auch sehr jammert, weil sie nicht weiß, wie sie das weiter durchhalten soll. Ich denke, ich hätte schon versucht, eine Lösung zu finden, aber wie? Ich denke darüber nach, wie professionell ich das machen muß – ob ich nicht Sachen lockerer machen könnte, mit weniger Engagement machen könnte, oder einfach auch wirklich etwas ausfallen lassen. Weil, ich habe da noch keine Strategie. Ich denke immer, ich werde vielleicht wieder in die Situation kommen, und mit der muß ich ja umgehen. Aber wie mache ich das, wie gehe ich damit um. Ich habe gesehen – ich meine, wir waren damals noch nicht verheiratet, ... – ich war so froh, daß er mir viel im Haushalt abgenommen hat und daß er die seelische Aufbauarbeit geleistet hat, aber das möchte ich einem anderen Menschen nicht auf Dauer zumuten, mich ständig hochzupäppeln.
— Er hat ja auch selber seinen Kram, nicht?
— Jaja, und wie geht es anderen, die also niemanden haben?
— Das ist die Frage, muß ich alles hundertprozentig oder hundertfünfzigprozentig machen, oder kann ich auch mal fünfe gerade sein lassen. – Ist es das? – Oder kann ich auch einmal etwas ausfallen lassen, oder wird es zur Routine nachher dann vielleicht doch, wenn es zur Routine geworden ist, einfacher? – Vieles wird schon einfacher, wenn es Routine ist, also gerade das, was Unterricht anbelangt. Das ist eine Sache. Wenn ich etwas öfters gemacht habe und das Gefühl habe, daß es einigermaßen gelaufen ist, daß es dann leichter fällt, aber ich bin schon ein Mensch – ich möchte die Sa-

chen gut machen. Das ist nicht Perfektion – das würde ich gar nicht unbedingt sagen, aber ich möchte hinter dem stehen können, was ich mache. Wenn ich schon das Gefühl habe, in der Predigt kann ich ja gar nicht dazu stehen – da habe ich da ein bißchen was abgeschrieben, da ein bißchen was dazu gemacht, da habe ich ein ungutes Gefühl dabei. Das ist eigentlich so, daß ich das nicht will.
— Also nicht so sehr, daß das jetzt perfekt oder hundertprozentig ist, sondern mehr – also man mit Leib und Seele dahinter steht?
— Ja, und auch dem anderen gerecht wird, also auch – bei einer Beerdigung, dem wirklich gerecht werden, der Familie und dem Einzelfall. Und ich möchte aber auch mir selber gerecht werden ... Und wenn ich nur etwas übernehme oder ich die ganz normale Agende mache, auch die vorgesehenen Gebete, und nicht dahinter stehe, hinter dem Inhalt, weil mir das zu abgehoben ist, mit dem Leben nichts zu tun hat, oder weil mir es von der Sprache her viel zu einseitig ist, oder gerade mit dieser Abendmahls-Liturgie, also ich möchte an dem arbeite, ich möchte es so sagen, wie ich es selber verstehe und wie ich es vermitteln will. Da bin ich hin und hergerissen – entweder sehr viel Arbeit investieren, um es so zu machen, oder etwas zu sagen, etwas zu machen, was ich eigentlich nicht voll vertreten kann. So geht es mir halt bei vielen Dingen."

3. Beides ist nicht zu schaffen – die Auflösung der Ambivalenz der Lebensziele

Pfarrerin im Ehrenamt

Auf eine andere Weise ambivalent den beiden Lebensbereichen gegenüber äußert sich Frau O. Für sich selbst hat sie lange Zeit das Ideal einer großen Familie mit vielen Kindern gehegt. Gleichzeitig hat sie jedoch, noch in einer Zeit, als dies durchaus ungewöhnlich war, die Ausbildung zur Pfarrerin begonnen, sich durch die bestehenden Hürden hindurchgekämpft. Da sie keine eigenen Kinder bekommt, bleibt die berufliche Tätigkeit. Diese nun voll auszubauen, hindern sie aber ihre inneren Vorstellungen und Erwartungen.

„Ja, wissen Sie, ich glaub, daß das gar nicht mal mit der Generation zusammenhängt, sondern auch – ich bin so ein Mensch, der immer nur macht, was ihm Spaß macht. Schon mein Leben lang, und hab mich eigentlich auch immer rumgedrückt um alles, was mir keinen Spaß macht. Und von daher ist es mir auch mit dem Geld – also ich hab auch kein Verhältnis zum Geld. Ich weiß wohl, ich hab ein schlechtes Gewissen, daß ich das alles so locker angehe, aber das ist mir eigentlich egal. Ich möchte nur nicht, und deshalb hab ich das auch mit der Pfarrerin gemacht, irgendwo dann auch beschnitten sein – beschnitten werden in meinen Möglichkeiten.
— Würden Sie heute für Ihren Mann oder für Ihre Familie Ihren Beruf aufgeben? Oder was würde es heißen für Sie, ihn aufgeben zu müssen? ...
— Nein, würde ich nie, hab ich ja damals auch schon nicht im Grunde. Das gab's ja nur hier nicht. Nein."

Frau O. möchte keinesfalls die mit einer bestimmten Berufsausbildung vorgeschriebenen Tätigkeiten übernehmen müssen, gerade auch im pastoralen Bereich nicht. Sie hat sich einen Arbeitsbereich geschaffen, der ihr Spaß macht und sie ausfüllt, indem sie schwerpunktmäßig für Mutter-Kind-Gruppen und Frauenarbeit zuständig ist. Es freut sie, daß ihr für diesen Arbeitsbereich nun die Ordination gewährt wurde, obwohl sie ehrenamtlich arbeitet. Sie sieht es als Anerkennung ihres Weges an, der in einer völlig eigenen Weise versucht, privates Leben und Engagement und pastorale Arbeit zu verknüpfen.

„Also das war mir ja jetzt wichtig bei der Ordination, daß ich eben das, was ich so aufgebaut habe und was ja gar nicht unbedingt so eigentliche Pfarrerarbeit ist, daß ich das jetzt als meinen Aufgabenbereich übertragen bekommen hab, diese ganze Mutter-Kind- und Frauenarbeit, das hat mich auch wieder gefreut, daß das möglich war. Wo ich das jetzt aber gar nicht im Blick auf so was aufgebaut hab, sondern einfach aus Freude an der Sache."

Im Gespräch mit Frau O. wird deutlich, wie die Möglichkeit, zwischen mehreren Gestaltungsentwürfen für das eigene Leben wählen zu können, lähmt und zugleich als ein verlockender Spielraum gegenüber den Zwängen einer lebenslangen Berufstätigkeit auch reizt. Sie weiß, daß sie kein Mensch ist, der sich festlegen lassen möchte. Die Ambivalenz beider Lebensziele sieht sie selbstkritisch in sich selbst angelegt.

Verzicht auf Kinder

Was läßt sich nun von den geführten Gesprächen aus an typischen Problemstellungen herausarbeiten?
In untypischen Berufsfeldern und Positionen lösen Frauen, wie auch andere empirische Untersuchungen[5] ergeben haben, das verschärfte Problem der Vereinbarkeit von Familie und Beruf zunächst durch Verzichtleistungen. Ob es im Fall von Frau K. ein bewußter Verzicht war oder sich einfach nicht ergeben hat, wird nicht deutlich. Klar ausgesprochen wird jedoch, daß die Regelung, die sie mit ihrem Partner getroffen hat, in dieser Weise nur funktioniert, weil keine Kinder da sind. „Männer bejahen also die Berufstätigkeit der Frau, solange keine Kinder da sind. Dann wünschen sie die Kinderbetreuung durch die Mutter. Beinah zwanghaft beharren die Männer darauf, als wäre es das letzte Faustpfand, das sie noch in der Hand ... haben, um die geschlechtliche Arbeitsteilung und damit die (unbezahlte) Haus- und Kinderbetreuungsarbeit der Frauen zu rechtfertigen. Die Koalition der Männer in dieser Frage ist breit. Jede Abweichung (wohl auch der Männer) bedeutet ihnen ein Verstoß nicht nur gegen die guten Sitten, sondern auch die eigenen Interessen."[6] Die Männer treffen damit einen wunden Punkt bei den Frauen und Müttern. Die Vereinbarkeit von Berufstätigkeit und Kinderbetreuung bleibt ihrer privaten Sorge, ihrem Organisationsgeschick, ihrer Belastbarkeit, der Stärke ihres Willens zur Berufstätigkeit überlassen. Männer werden als Väter einer solchen Probe nicht ausgesetzt. „Angesichts der ansteigenden

Frauenerwerbstätigkeit und des zunehmenden Wunsches nach kontinuierlicher Erwerbsarbeit bei den jüngeren Frauen wird der Kinderwunsch der Frauen und Männer zu einer Zerreißprobe für die Frau und für die Beziehung auch."[7] Frauen werden deshalb nicht einmal so sehr wegen ihrer Geschlechtszugehörigkeit diskriminiert, sondern wegen der tatsächlichen oder prospektiven Kinder, die sie haben (könnten) und die sie, nach Meinung der Männer, an einem vollen beruflichen Engagement hindern. „Wollen oder müssen Frauen Beruf und Kinder vereinbaren, stehen sie unter einem doppelten Beweisdruck. Sie müssen einmal gegen Vorurteile beweisen, daß sie als Frauen mehr im Beruf leisten können als Männer, und zusätzlich eine zweite volle Leistung bringen, wenn sie eine Familie haben, durch die sie faktisch mehr und anders belastet sind als Männer."[8] Während Männern eine „abstrakte" Vaterschaft – d.h. die weitgehende Delegation von Erziehungsaufgaben an eine andere Person, nicht zum Nachteil gereicht, wird dies Frauen sehr wohl angekreidet. Sie werden als „Rabenmütter" oder „Karrierefrauen" kritisiert, auch von Frauen selbst, und stehen unter einem enormen Rechtfertigungsdruck. „Die Berufsrolle ist mit der männlichen Identifikation fest verknüpft. Sie wird durch die Vaterrolle noch bekräftigt. Die erste Priorität, die der Beruf im Leben des Mannes, insbesondere des Vaters, hat, führt in der Sicht der Männer mehr oder weniger automatisch zur Neben- bzw. Zweitrangigkeit der Berufsarbeit der Partnerin bzw. Mutter der gemeinsamen Kinder."[9]

Verzicht auf Partnerschaft[10]

Individuelle Verzichtleistungen werden noch deutlicher, wenn um des Berufes willen auch auf eine feste Partnerschaft verzichtet wird. Am deutlichsten formuliert dies Frau M. „Ich kann nur eines" bedeutet für sie, im bewußten Abwägen beider Lebensziele sich für die Berufstätigkeit als Pfarrerin zu entscheiden. Sie sieht genau, worauf sie verzichtet, hat sich in einem längeren Klärungsprozeß gefragt „kann ich das, will ich das?"

> „Deine Entscheidung, allein zu bleiben um des Berufs willen – merkt man manchmal gar nicht, daß man allein ist, wenn man sich um andere kümmert? Ist es für Dich nicht manchmal schwierig, im Bereich Freizeit, privaten Bereich irgendwo noch auszugrenzen und zu leben?
> — Doch, das ist sicher eine Schwierigkeit, eine Härte, die ich auch erlebe, weil ich da auch kaum auf Verständnis stoße, von der Gemeinde aus auch. Ich denke, da ist der Anspruch auch noch größer, die Erwartung – auf Sie wartet doch keiner – also erwartet man mit Selbstverständlichkeit, daß man sich freuen würde, wenn man ... zum Kaffee eingeladen wird."

Daß auch Frau M. Zeit für sich allein braucht, private Zeit, wo sie loslassen, ihre eigenen Kontakte pflegen kann, wird kaum gesehen. Genau aber hier liegt die Gefährdung, die sie spürt: ausgebeutet zu werden in einer Arbeit, die endlos und ohne Beschränkung Beziehungsarbeit ist.

> „... Ich brauche Zeit für mich – also ich brauche Zeit für meine Familie, ist

> das Argument, das jedem einleuchtet – ich brauche Zeit für mich, leuchtet nicht unbedingt jedem ein. Und für mich selber dann auch ... also, daß ich mir das selber zu wenig zugestehe. Ich denke, da muß ich noch daran arbeiten, weil ich mich sonst kaputt mache ..."

Frau M. konnte sich als zweite Pfarrerin die Arbeit bisher sehr gut absprechen mit dem ersten Pfarrer, mit dem sie sich gut verstand. Dieser ist dabei, die Gemeinde zu wechseln. Frau M. merkt, daß sich nun die Frage der Abgrenzung, das Neinsagen und Abgeben von Schwerpunkten ganz neu stellt.

> „... und ich merke, die Frage ist für mich schon neu auf dem Tapet, also für mich war es wirklich sehr gut von Anfang an, einen Pfarramtskollegen zu haben, Verantwortung zumindest im Arbeitsbereich teilen zu können. Also ich merke, daß für mich jetzt momentan die Fragestellung da ist, weil auch da der ... Rückzugsbereich auch nicht gegeben ist. Nur Vertrauen gegeben ist, nur durch Menschen gegeben ist, sondern auch durch einen Raum ..."

Während Frau M. die grundsätzlichen Fragen, ob eine Frau in diesem Beruf zugelassen sei oder etwas bewirken könne, kalt lassen – sie empfindet sie als aufgesetzte, unehrliche Fragestellungen – nimmt sie die praktische Frage, wie denn beides, Familie und Beruf, sich vereinbaren ließen, sehr ernst.

> „... also, wie läßt es sich vereinbaren mit Familie und ähnlichen Dingen. Das war für mich allerdings auch ein Bereich, bevor ich mich wirklich entschlossen habe für's Theologiestudium und für die Pfarrerin – da war für mich die Frage sehr massiv da, ob ich mir vorstellen kann, es zu kombinieren mit Familie, und für mich hängt die Entscheidung für den Beruf damit zusammen, was es heißt für dich, daß du allein bleiben willst, weil ich in verschiedenen Dingen merke, ich kann nur eins – daß ich einfach gemerkt habe, es waren verschiedene Bereiche, denen ich gerecht werden will ... Also bei der Entscheidung hat es schon eine Rolle gespielt ..."

Auch die Nachteile dieser Entscheidung für den Beruf und ohne Familie und Partnerschaft stehen ihr deutlich vor Augen. Sie entwickelt Perspektiven, um diese Nachteile ausgleichen zu können. Sie könnte sich zum Beispiel eine Wohngemeinschaft mit einer anderen Frau gut vorstellen.

> „— Ja, als nächste Perspektive denke ich auch, daß ich wahrscheinlich eine Zeitlang hier sein werde und daß für die darauffolgende Zeit mir vorschwebt, entweder ... oder, was ich halt denke, es wird nicht gehen, eine Form auszuprobieren, bewußt mit einer Frau zusammenzuarbeiten, eine Stelle zu teilen oder so etwas. Das ist immer noch so bei mir im Hinterkopf, wo ich halt denke, da müßte etwas zusammenkommen, das müßte eine Form sein, wo man bewußt mit jemandem teilt ..."

Auch Frau I. sieht sehr genau die Gefahr, vor lauter pastoraler Beziehungsarbeit die eigene Privatsphäre, die individuellen Beziehungen zu vernachlässigen.

„— Das wirft auch die Frage so nach dem Privatleben auf. Also ist das jetzt privat?
— Nein, das sehe ich als Dienst an. Die meinen zwar: ach, die braucht auch mal Entspannung. Gut, ich meine, wenn ich denen sagen würde, das sehe ich als Dienst an, würden sie das nicht kapieren. Aber das ist für mich Dienst.
— Und was hat für Sie Vorrang?
— Ja, das ist eine kniffelige Frage ... daß sie Anspruch auf ihre freien Tage haben und Anspruch haben auf ein Privatleben und nicht mit ihrem Dienst verheiratet sind. Theoretisch weiß ich das alles, aber da hapert's bei mir ganz eindeutig. Das ist halt so. Da schimpfen auch meine Freunde."

Frau I. trennt dabei strikt zwischen der Gemeindearbeit, die sie als „Dienst" auffaßt, und dem Bereich ihrer freundschaftlichen Beziehungen, die sie sich nur außerhalb der Gemeinde angesiedelt vorstellen kann.

„— Wie ist es so – weil Sie sagen, Ihre Freunde – ist das so mit Freundschaft, die außerhalb der Gemeinde. Gibt es die überhaupt eigentlich?
— Die gibt es schon, aber auf Sparflamme. Wenn ich gerade denke ... das ist meine Patentochter ... Und da bin ich eigentlich – ich meine, wir sehen uns zu wenig. Wir kommen viel zu wenig auf dieser Freundschaftsebene zusammen ... Weil, das eine finde auch ich für mich wichtig, ich möchte in der Gemeinde – ich verstehe mich zwar prima mit den Leuten – aber Freundschaften habe ich in der Gemeinde keine. Ganz bewußt. Möchte ich auch nicht. Gut, ich meine, die laden mich ein – und daß ich mal zu einem Fest komme, aber das sehe ich immer eigentlich als Dienst an. Nicht, daß ich jetzt da mit denen – ich weiß, es gibt Kollegen, die haben große Freundschaften auch. Aber ich denke, man ist unabhängiger, wenn man das nicht hat. Weil man nicht das ausnützt.
— Ich stelle mir auch vor, wenn man keine Familie hat, daß es dann noch schwieriger ist, sich abzugrenzen vom Dienst. Man hat nichts, was man so konkret vorschieben kann.
— Ich meine, man müßte nur eben das jetzt genauso wichtig nehmen, wenn ich mir jetzt vorgenommen habe, heute gehe ich ins Haus der Kunst und jemand kommt, dann müßte ich halt sagen: nein, heute habe ich etwas vor."

Gerade weil in diesem Beruf die Beziehungsarbeit die eigentlich pastorale Arbeit darstellt, kann damit leicht der Mangel an privaten Beziehungen überspielt werden. Die Einsamkeit – ganz ohne pastorales Amt – fällt dann nicht mehr auf.

Die fatale Beurlaubung

Der Konflikt beider Lebensziele verstärkt sich im Interview mit Frau H. Am Beginn ihrer Partnerschaft hatten sie zunächst das Ideal „wir machen alles gemeinsam" gelebt und gemeint, dies auch im beruflichen Alltag fortsetzen zu können. Zunächst schien auch hier das Erprobungsgesetz mit der Möglichkeit der Stellenteilung für Ehepaare das Modell einer befriedigenden Zukunft zu sein.

> „... und es war also im letzten halben Jahr vom Vikariat, wo das dann mit dem Erprobungsgesetz kam, und vorher ... das hieß also, ich mache das zweite Examen und höre dann auf. Und als es dann mit dem Erprobungsgesetz kam, da waren wir dann natürlich ganz glücklich, weil wir gedacht haben, naja, also probieren können wirs auf jeden Fall. Das haben wir dann auch gemacht, obwohl sich dann auch schon der (Name des Kindes) angekündigt hatte, aber wir haben halt gedacht, wir machen das solange, bis es halt mit dem Kind nicht mehr geht. Und da (Name des Kindes) ein sehr pflegeleichtes Kind ist, ging es doch ziemlich lang. Wir ... waren auf der dritten ... Also es war auf der einen Seite schon ganz gut, weil Pfarramtsführung und so total weggefallen ist, aber auf der anderen Seite mußten wir uns halt sehr nach dem richten, was da vorgegeben war. Und das Wunderbare war, daß dann in unserem zweiten Jahr der Dekan und der zweite Pfarrer auf einen Schlag weggingen und wir dann ein Vierteljahr über Weihnachten wunderbarerweise also total allein waren da. Das war ein wenig stressig, aber auf der anderen Seite natürlich auch ganz schön, weil wir halt endlich so richtig uns entfalten konnten. Von halbe-halbe war natürlich nicht mehr die Rede, weil halt doch so viel angefallen ist, und es waren mindestens Hundertfünfundzwanzigprozentige, die da gearbeitet haben, mindestens. Naja, und dann nach eineinhalb Jahren bin ich dann beurlaubt worden, weil das dann mit dem (Name des Kindes), der dann vier Jahre alt war, einfach nicht mehr ging."

Der Grund, die Beurlaubung zu beantragen, liegt nach Meinung von Frau H. letztlich darin, daß bei einer Kollision beruflicher und familiärer Pflichten es letzten Endes sie war, die nach traditioneller Weise zuhause zu bleiben und nach den Kindern zu sehen hatte. Sie weiß, daß sie mit ihrem Partner diese Fragen nicht rechtzeitig und konkret genug durchgesprochen und geklärt hat, so daß sie nun die Folgen geschlechtsspezifischer Arbeitsteilung zu spüren bekommt.

> „Durch die FEA (Fortbildung in den ersten Amtsjahren)-Kurse, da mußten wir alle beide weg. Nun war immer das Problem, wo tun wir das Kind hin. Wie er so winzig war, da konnten wir ihn gut mitnehmen, bis zu einem halben Jahr, aber dann war das halt dann einfach nicht mehr drin. Da hat einer immer nichts davon gehabt, und der eine war halt meistens ich, und das war mir dann einfach zu anstrengend, und wir haben auch beim (Name des Kindes) gemerkt, er hat das nicht mehr verkraftet. Naja, und dann haben wir gesagt, gut , dann laß ich mich erst einmal beurlauben. Und dann hat sich auch die (2. Kind) angekündigt, und naja, dann war das sowieso – und jetzt bin ich das fünfte Jahr beurlaubt. Im Herbst ist das sechste Jahr herum, und dann muß ich mich wohl endgültig entscheiden, was ich mach ...

"— War das für Sie schwer, nach dieser Phase, sich schon mal richtig entfalten können, und dann plötzlich aufhören?
— Nein, das war für mich eine sehr große Erleichterung, eben, weil es sehr belastend geworden ist für mich. Also, ich muß das sagen, in meiner jugendlichen Verliebtheit habe ich es versäumt, die Richtlinien festzulegen, und von daher waren wir also nicht darauf eingerichtet, wirklich alles zu teilen. Das heißt also, Kinder und Haushalt waren sehr weitgehend meine Sache und dann noch eine halbe Stelle dazu, das war einfach sehr viel ...
— Konnte man das nicht absprechen?
— jetzt, wo ich ja wirklich daheim bin und nichts anderes zu tun habe und die Trennung da total vollzogen ist, also ich denke, daß es ziemlich aussichtslos ist, mich daraus zurückziehen, also wenn ich jetzt wieder anfangen wollte ..."

Ihre Beurlaubung erspart Frau H. auch manche Konfrontation, das Durchstehen von Konflikten in der Gemeinde. Denn auch das Arbeiten unter den Bedingungen des Erprobungsgesetzes gestaltet sich nicht so einfach, wie sie angenommen hatte. Die Gemeinde versteht lange Zeit nicht, daß sie beide nur je einen halben Dienstauftrag haben.

„Und auch am Anfang mit dem EPG (Erprobungsgesetz). Sie haben also gemeint, wir arbeiten halb und verdienen doppelt. Und das ist zu uns nicht gesagt worden, deswegen konnten wir dem auch nicht entgegentreten, sondern nur dazu Bemerkungen: Naja, Sie habens ja gut, Sie haben ja besonders viel freie Zeit. Und das hat also eine Zeitlang gedauert, bis wirklich überall ausgeräumt war und – das Klima war also am Anfang nicht besonders gut. Und von daher war ich dann richtig froh, wie das dann alles weg war und ich mich wirklich nur noch um das Kind kümmern konnte und daheim war ..."

Frau H. wurde als Beurlaubte beim Amtsantritt ihres Mannes nicht mit vorgestellt. Ihre Identität als Theologin, als Pfarrerin wurde nicht sichtbar gemacht. Darauf sind nach ihrer Meinung viele Unsicherheiten und Irritationen zurückzuführen.

„Es hat ja lange gedauert, bis die Leute begriffen haben, daß ich auch eine richtige Pfarrerin bin. Und ich bin ja auch nicht so eingeführt worden. Naja, ich habe schon manchmal Gottesdienst gehalten. Aber ich habe halt gemeint, die ganze Gemeinde schreit ‚Hurra', weil ich komme, und die haben überhaupt nicht ‚Hurra' geschrien. Der Frauenkreis ist also in sehr fester Hand, und ich will es ihr auch nicht abnehmen, denn sie macht das prima, und das wäre mir auch viel zu viel. Aber ich habe halt gedacht, die freuen sich jetzt, daß ich mitkomm, aber ich war halt nur schmückendes Beiwerk, und der Herr Pfarrer war halt wichtig. Naja, und dann haben wir also den Kindergottesdienst aufgebaut, und dann so ab und an halte ich halt Gottesdienst, aber mehr, wenn mein Mann nicht kann ... und dann haben die Leute gesagt: Was, sie sind auch richtige Pfarrerin, das wußten wir ja gar nicht. Und seitdem ist das Verhältnis besser ..."

Nach einer kurzen Phase, in der sie die Beurlaubung als Befreiung und Entlastung erlebt, sieht Frau H. deutlich, wie sie in der Reduktion auf den häuslichen Bereich auch abgeschnitten wird von der Weiterentwicklung ihrer beruflichen Identität. Ihre ständige Frage ist seither, wo über ihre Aufgaben als Mutter und Ehefrau hinaus ihre Kompetenz als Theologin noch gefragt ist. In der theologisch-praktischen Begleitung der Praktikanten und Vikare ihres Mannes blüht sie auf, fühlt sich als theologische Gesprächspartnerin ernstgenommen, erfährt auch selbst Anregung. Indem sie stundenweise Entlastung von Hausarbeit und Kinderbeaufsichtigung organisiert, kann sie sich darüber hinaus einzelne „Nischen" erobern, in denen sie sich im übergemeindlichen Dienst, besonders in der Arbeit mit Frauen, engagiert.

„Und das denke ich, sehe ich als meinen Beitrag zu der Vikarsausbildung an und auch für die Praktikanten, daß die eben mitkriegen, wie das dann in Wirklichkeit ist, daß das also auch nicht das heile Leben beim Pfarrer ist – weil man beim Pfarrer ist, daß man dann keine Probleme hat. Und umgekehrt heben die natürlich auch mein Selbstwertgefühl – weil sie mich als Theologin ernst nehmen, aber auch weil ich mich halt wirklich einmal über etwas anderes unterhalten kann als nur über Kinder und den ... Klatsch und Tratsch. Also wir haben da schon echt theologisch diskutiert, das war schon interessant. Der hat uns Sachen erzählt, der Praktikant, was halt jetzt gerade an der Uni in ist. Ich meine, so informieren kann ich mich da auch nicht. Das fand ich schon gut. Natürlich über das, was mich persönlich interessiert, hat der auch nichts gewußt, naja über feministische Theologie. Jetzt nicht bloß so diese populären Auslegungen, sondern wirklich Theologie. Und da habe ich im Moment einfach den Nerv nicht dazu. Also, das ist mir dann zu anstrengend, wirklich immer einen neuen Entwurf zu lesen. Ich versuchs auslegungsmäßig, was ich halt so mitgekriegt habe mittlerweile, aber so richtig, daß ich jetzt mitreden könnte, ist es eigentlich nicht. Das finde ich eigentlich schade."

Ähnlich belastend im Blick auf ihre berufliche Identität findet Frau C. ihre Situation als beurlaubte Pfarrerin. Auch sie kann ihrer Situation als Beurlaubte nur wenig Positives abgewinnen. Ihren „über alles geliebten Beruf", den sie mit soviel Einsatz sich erkämpft hat, kann sie nun nicht ausüben, da durch die Berufstätigkeit des Mannes sowie die Zahl der Kinder es ausgeschlossen erscheint, Familie und Beruf zu vereinbaren. Angesprochen auf das Thema ihrer Dissertation, die sie jetzt, in der Zeit der Familienphase, schreiben möchte, wird deutlich, daß Frau C. darin ebenfalls ihr Lebensthema abhandelt.

„Wie sind Sie denn selber zu diesem Thema gekommen?
— Durch ein persönliches Leiden eigentlich. Es ist im Grund mein Lebensthema. Eigentlich schon zu Hause, muß ich sagen. Ich mußte zu Hause

durch die kleinen Geschwister eigentlich schon ziemlich viel helfen und Hausarbeit machen und hatte ständige Auseinandersetzung. Ich hab lieber Hausaufgaben gemacht als der Mutter geholfen. Also der Zwiespalt zwischen Hausarbeit und anderen Arbeiten, familienorientierten Arbeiten, hab ich als junges Mädchen eigentlich schon immer gehabt. Und dadurch, daß natürlich unser erstes Kind so früh kam, hat mich das weiter begleitet. Und das waren ständig innere Kämpfe auch. Also ich war immerzu am Aufhören und Wiederweitermachen, und hab immer auch Hilfestellungen gebraucht, auch psychologische Hilfestellungen von anderen Leuten, speziell einen Theologieprofessor als Seelsorger und Gesprächspartner, der mich immer ermuntert hat, und halt immer wieder so kleine Schritte. Wenn das nicht geht, dann geht vielleicht das, und so. Ja, der Konflikt hat mich jetzt eigentlich, kann man sagen, fünfzehn Jahre direkt, aber im Grunde schon in meiner Jugend begleitet.
— Das Thema Gerechtigkeit kommt ja dann auch –
— Das ist sehr stark, ja. Also ich weiß, daß ich schon als Kind das einfach ungerecht fand, daß ich am Samstagnachmittag den Hof kehren muß, und der Vater sitzt im Wohnzimmer, mit der Begründung, das sei eben so, weil er das Geld verdiene. Das hat mir nicht eingeleuchtet, weil ich hab ja während der Woche auch gearbeitet. Das ist vielleicht jetzt schwieriger zu verstehen, weil ich glaub, viele Männer jetzt sich auch geändert haben. Aber mein Vater kannte das nicht anders. Der hätte sich gewundert, wenn ich den Hof hätte kehren lassen ..."

Von ihrem Mann wird Frau C. unterstützt. Er kommt aus einer kinderreichen Familie, ihm liegt auch Hausarbeit. Er würde sich gern beruflich auf eine halbe Stelle zurückziehen, wenn dies von seiner Arbeitsstelle her nur möglich wäre.

„... also mein Mann kommt aus einer sehr kinderreichen Familie mit sechs Geschwistern und ist sehr – macht auch gern und viel Hausarbeit. Er würde gerne andere Dinge machen, zum Beispiel eine Teilarbeit, wenn's möglich wäre. Aber es gab bisher also nicht den Schimmer einer Möglichkeit. Das war also so mein Traum, ich weiß noch, als wir so jung befreundet waren und so, Anfang der siebziger Jahre hab ich gesagt, Mensch, wenn man das teilen könnte – halbe, halbe. Und damals haben alle gesagt, das ist eine absolute Utopie. Daß das jetzt in einigen Bereichen geht, das find ich ja schon viel. Aber es geht also in der Industrie sehr zögerlich. Sehr zögerlich ...
Aber für ihn, er ist also so im normalen, noch tariflich bezahlten Angestelltenbereich da – aber diese Art Arbeitskräfte sind einfach ersetzbar. Da gibt's genug andere Leute, die so was auch machen können. Er hält die Augen offen. Sobald's mal Teilzeit gibt, wird er sich drauf einlassen. Aber es ist wahrscheinlich – er hat erst neulich gesagt – eher der Weg ist der, daß er zu Hause am Computer sitzt und sozusagen Heimarbeit macht. Also die Verlagerung der Arbeit nach Hause ist vermutlich das, was eher kommt. Da muß man zwar auch erreichbar sein, aber es ist dann. – Es ist

halt das ewige, wenn halt die Kinder krank werden und Schule ausfällt, das ist das, was so ans Haus bindet. Das wäre dann mindestens gegeben. Ansonsten wäre er grundsätzlich bereit dazu. Wenn er Lehrer wäre oder Jurist oder eben auch Pfarrer, dann könnte er sich das ganz anders einteilen. Und mal eine Zeitlang aufhören, das kann er halt auch nicht. Er kriegt dann nichts mehr. Ein Physiker, der drei Jahre zu Hause war, die sagen ‚hier' (macht entsprechende Handbewegung) – das ist eben im nichtbeamteten Bereich nicht möglich. Und ansonsten ist er praktisch zehn/zwölf Stunden weg, wenn man noch die Fahrzeit dazu rechnet. Und die ganzen Arbeitszeitverkürzungen, da kann ich nur lachen, die müssen alle nachgearbeitet werden. Da springt nichts dabei raus. Die Arbeit ist da.
— Sie sind voll für Haushalt und Kinder zuständig?
— Jein – ich muß dazu sagen, er hilft viel, wenn er kommt. Er hat im Grunde auch nicht viel Freizeit. Aber wenn er abends kommt – erstens stürzen sich die Kinder auf ihn und verlangen, daß er sie ins Bett bringt. Ich bin dann auch meistens so erledigt, daß ich dem auch nichts entgegenzusetzen habe. Und es ist meistens auch noch irgend was zu machen, im Garten oder mal geschwind die Spülmaschine auszuräumen. Das macht er schon. Eigentlich hat er auch sehr wenig Freizeit. Und am Wochenende auch. Jetzt hat er ein paar Tage frei gehabt, da bin ich alleine weggefahren, und er hat alles gemacht. Wir sind eigentlich beide sehr belastet, aber sagen wir mal, das Größere von der Familienarbeit hängt natürlich schon an mir, aus den rein äußeren Gegebenheiten, vor allen Dingen so dieses Kleckerliszeug, das was mich so ärgert, daß – fällt einfach Schule aus, und dann hat man zu Hause zu sein. Oder sie sind krank und man muß zu Ärzten oder man muß zu Kieferorthopäden mitgehen und ach – dieser Krempel dauernd, der einfach so viel anfällt, immer wieder."

Frau C. fällt es schwer, die Entscheidung zugunsten von Familien- und Hausarbeit, die sie treffen mußte, ohne eine echte Alternative zu haben, wirklich positiv zu füllen. Sie versucht, die Härte dieser Entscheidung abzumildern, indem sie mit ihrer wissenschaftlichen Arbeit beginnt. Aber auch hier hat sie mit ständiger Zeitnot und Überbeanspruchung zu kämpfen, sieht sich einem Übermaß an Pflichten gegenüber.

„Ich hab das Gefühl, das pack ich alles nicht mehr. Ich hab die Erfahrung gemacht, daß Familienarbeit, auch wenn die Kinder größer sind, sich nur verändert, quantitativ eigentlich nicht weniger wird, daß aber meine Kräfte weniger werden, und zwar im Moment rapide, daß die Kraft, die die Erziehungsaufgaben kosten, aber zunehmen.
— Die Anforderungen?
— Die Anforderungen, ja. Und daß man, wenn man mehr Schulkinder hat, hat man zwar in der Regel, wie gesagt, wenn sie nicht frei haben oder krank sind, den Vormittag zur Verfügung, aber die Nachmittage mit der ewigen Hausaufgabenbetreuung, die sind so anstrengend. Also im Grunde dürfte ich eigentlich nichts anderes machen. Ich hab das, als jetzt unser

drittes Kind in die Schule kam, hab ich im Herbst so sieben/acht Wochen lang alles liegen lassen, alles Theologische, und praktisch nur Familienarbeit gemacht. Und wenn ich mal ein bißchen Luft hatte, bin ich am Vormittag mal eine Stunde spazieren gegangen und bin da kaum rum gekommen. Ich hab mir das schon so gedacht, daß die Einschulung so ein schwieriger Punkt wird, und das war auch so. Es ist schwieriger geworden als vor sieben Jahren – empfinde ich's – als bei unserem ersten Kind. Aber vielleicht hab ich da nicht so drauf geachtet. Und im Grunde müßte man früh, den Vormittag, wirklich die äußerlichen Hausarbeiten – und am Nachmittag da zu sein. Und das ärgert mich irgendwo, weil's in anderen Ländern anders geht. Und der ganze Streß und Frust, das könnte genausogut an Erziehungs- an Erziehern in der Schule 'nausgehen, daß das immer an den Eltern 'nausgeht, was da an Aggressionen und dann an Ärger und Unlust hochkommt, das seh ich eigentlich nicht ein, aber ich kann's jetzt auch nicht ändern. Und das sind nur Verschiebungen, also ich hab – muß mit unserem Großen sehr viel Latein lernen, die anderen Sachen macht er weitgehend selbständig. Jetzt kriegt er nächstes Jahr Griechisch, da seh ich also schon – da wird dann zwar das Latein wegfallen, dafür kommt das Griechisch. Dann die Konfirmandenzeit. Was da alles an Aufgaben an die Eltern verwiesen wird. Das ist zwar alles gut und schön – bei mehreren Kindern – ich hab immer das Gefühl, die Elternarbeit geht eigentlich nur bei einem Kind, und kann ich nur ein Kind haben. Sobald man mehrere Kinder hat – also so über den Winter waren wir, also jede Woche bald, auf einem Elternabend. Ob's nun der Kindergarten war. Überall soll man mitmachen. Und im Kindergarten soll man Martinslaternen basteln und irgendwelche Ostersachen. Und in der Schule machen sie ein Krippenspiel, wo die Eltern mit dazukommen sollen. Und im Gymnasium ist dies und jenes. Und die Konfirmandeneltern sollen doch bitte. Und im Adventsbasar sollen die Konfirmandeneltern mithelfen usw. usw. – Also ich war im Frühjahr total frustriert und hab von daher so meine Zweifel. Ich dachte, wenn das noch ein paar Jahre so weitergeht, dann kann man mich nur noch zusammenkehren. Also ich weiß es nicht. Also meine Pläne sind schon noch so, daß ich vielleicht, wenn's gut geht, in zwei Jahren die Promotion hab und mindestens irgend was zu Papier gebracht hab, was sich in einer anständigen Weise veröffentlichen läßt. Und wenn's für eine Promotion nicht langt, dann vielleicht als kleines Essay. Ich hab da also schon Abstriche gemacht. Und daß ich dann eine halbe Stelle vielleicht im Krankenhaus oder was weiß ich was – ich würd auch sehr gern mit Studenten arbeiten. Da hat mir ... auch schon geschrieben, die wollen auch den Studentenseelsorgern noch so halbe Stellen oder so zugesellen. Da hat er mir eben geschrieben: daß würde Sie auch sehr interessieren. – Ich hab ein paarmal, eben zusammen mit meiner Arbeit, hab ich ein paarmal so Seminargruppen gemacht, auch selbständige Seminare. Die Mischung zwischen wissenschaftlich und seelsorgerisch hat mir gut gefallen. Aber es gäb andere Möglichkeiten auch noch für halbe Stellen. Das wär also schon eine Möglichkeit – fünf, sieben Jahre lang eine halbe Stelle und dann eine ganze. Also inzwischen kommt mir das ein wenig unrealistisch vor."

So sehr Frau C. stolz darauf ist, als Pfarrerin auf einer ganzen Stelle gearbeitet zu haben, als ihr Mann noch im Studium war, so fraglich erscheint es ihr, ob sie daran einfach wieder anknüpfen kann. Immerhin liegen zwanzig Jahre zwischen damals und jetzt, ihre Kräfte sind nicht mehr dieselben wie damals.

„— Mal sehen. Also, was mir mehr zu denken gibt, daß man einfach älter wird, und ich denke, wenn dieses Programm so abgehen will, dann bin ich Ende vierzig, wenn ich mit einer ganzen Stelle anfang. Gut, ich hab's schon mal gemacht, aber da sind ja dann zwanzig Jahre dazwischen. Und ob ich da noch gesund genug bin und die Kraft hab, das weiß ich nicht. Es kommt noch dazu, ein zweiter Unsicherheitsfaktor, daß ich überhaupt nicht weiß, was mit unserem Kind sein wird. Es könnte sein, daß das so, also in sieben, acht Jahren, zehn Jahren der Zeitpunkt ist, wo's ihm furchtbar schlecht geht. Damit muß man mindestens rechnen. Und wie dann sich das dann gestaltet, das weiß ich ja auch noch nicht. Es gibt auch keinerlei gesetzliche – ob man da nochmal beurlaubt wird oder was. Es ist da nicht vorgesehen im Gesetz, wenn man kranke Angehörige hat. Also das macht mich im Moment sehr skeptisch, auch die eigenen Eltern. Wir haben jetzt erst den Großvater, sozusagen mithelfen – ins Altersheim bringen und besuchen und gar ein Haus pflegen – der ist im Frühjahr gestorben, das war jetzt erst der Großvater. Die Großmutter lebt noch. Also das seh ich als Problem unserer Gesellschaft, grad in dem Moment auf die Frauen zukommen, wo die selber von der Kinderbetreuung her wieder ein bißchen Luft hätten vielleicht. Eine Möglichkeit wär dann, daß eben mein Mann ganz aufhört. Da müßte er aber beruflich praktisch ganz aussteigen. Das wäre nicht undenkbar, aber ich seh's auch problematisch. Da müßte er halt dann die Entscheidung treffen."

Für Frau H. und Frau C. ist also die einzige Lösung, die sie für sich gefunden haben, die Beurlaubung. Zunächst ist dies sicher ein entlastender Ausweg. Die Nachteile dieses einseitig von der Frau zu leistenden Berufsverzichts werden jedoch auch deutlich gesehen und benannt. Schon allein die Tatsache, daß der Entschluß, sich beurlauben zu lassen, nicht freiwillig gefaßt wurde, sondern unter erheblichen Zwängen von außen, aufgrund der Unvereinbarkeit von Familie und Beruf, belastet diese Entscheidung. Hätte es mehrere Optionen gegeben, wäre der persönliche Freiheitsgrad in dieser Entscheidung höher, wäre, so ist anzunehmen, die persönliche Zufriedenheit mit dieser Lösung sicher größer.
Zum andern ist dieser Zustand der Beurlaubung zwar dienstrechtlich geregelt, wird aber pastoralpsychologisch keineswegs gestützt. Der Übergang von einer gerade im Aufbau befindlichen beruflichen Identität in den Status einer Beurlaubten wird nicht bearbeitet. Der Status währenddessen ist ungeklärt. Eine beurlaubte Pfarrerin ist weder eine der ehrenamtlichen mitarbeitenden Frauen in der Gemeinde. Hier sind die Positionen meist schon vergeben. Sie ist aber auch

keine Pfarrfrau mehr im klassischen Sinn, sie hat schließlich eine ebenso lange theologische Ausbildung hinter sich wie ihr Mann oder der Kollege der Nachbargemeinde. Sie ist aber auch keine Pfarrerin mehr mit einem offiziellen Dienstauftrag, hat keinen eigenständigen Tätigkeitsbereich. Dieser ungeklärte Status einer beurlaubten Pfarrerin kommt im Interview mit Frau C. in geradezu klassischer Weise zur Sprache. Aber auch die Hilfen, um während dieser Zeit beruflich „am Ball" zu bleiben, sind allein dem eigenen privaten Engagement überlassen, ebenso die Möglichkeit, sich weiterqualifizieren zu können.

Zwei gleich erstrebenswerte Lebensziele, berufliche Tätigkeit und familiale Beziehungsarbeit, sind es, die den meisten Befragten erstrebenswert erscheinen, deren Verknüpfung, deren lebbare Vereinbarkeit jedoch vor große individuelle Konflikte stellt. Die Ambivalenz in der Entscheidungsphase ist dabei fast ebenso kräftezehrend wie das Eingeständnis, daß es trotz anfänglicher Ideale nun in der Praxis doch nicht geht. Die Verzichtleistungen sind in jeder der praktizierten Lösungsmöglichkeiten beträchtlich. Sie reichen vom Verzicht auf Kinder zur Entscheidung gegen Partnerschaft und Familie grundsätzlich bis zum Verzicht auf den Beruf – mit allen Unsägbarkeiten eines späteren Wiedereinstiegs. Gerade die Möglichkeit der Beurlaubung entpuppt sich dabei als ein undefinierter Status, der nicht nur Entlastung, sondern neben der beruflichen Unsicherheit neue psychische Belastungen mit sich bringt.

Unsere Leitfrage war gewesen, wie Frauen in einem männlich definierten und dominierten Beruf arbeiten. Hier zeigt sich die anfänglich so bestechende Theorie der gleichen Chancen als trügerisch. Gerade im Lebenskonzept der berufstätigen Familienfrauen reiben sich die Leitbilder von „männlicher" Berufstätigkeit und „weiblicher" Beziehungsarbeit, rächt sich, daß keine gesamtgesellschaftlichen Optionen angeboten werden, die den individuellen Druck mildern und wirkliche Wahl- und Entscheidungsfreiheit anbieten. Hier ist das eigentliche Problemfeld jedenfalls deutlich geworden, das sowohl strukturelle Veränderung wie auch pastoraltheologische Reflexion notwendig macht, bisher jedoch noch keineswegs angemessen wahrgenommen geschweige denn bearbeitet worden ist.

VII Strategien und Zukunftsentwürfe

1. Von der „Beschränktheit der Strategien"[1]

Welche Perspektiven und Visionen, Strategien und Projekte entwickeln nun die befragten Pfarrerinnen selbst, um in ihrer jeweiligen Situation arbeiten zu können? Verschiedene Möglichkeiten werden dazu genannt, ausprobiert, gelebt. Für jede der Befragten ist anderes wichtig.
In der Beschreibung dieser Möglichkeiten wird dabei eines deutlich. Wirklich große umwälzende Veränderungen, weiträumige Perspektiven stellen sich nicht ein. Auch die vielleicht erwarteten kirchenreformerischen Impulse bleiben aus. Die Frage nach dem Eigenen im Fremden wirkt eher theoretisch, als daß schon praktische Erfahrungen berichtet werden könnten. Die befragten Pfarrerinnen sind mit dem Alltäglichen beschäftigt, eingespannt in ein großes Maß an Pflichten, Aufgaben und Verzichtleistungen. Es ist die aus der weiblichen Sozialisation hinlänglich bekannte Haltung einer „Strategie der beschränkten Ambitionen", mit der sie in ihrer jeweiligen Situation zu überleben suchen.
Mädchen, so sahen wir im Abschnitt über geschlechtsspezifische Sozialisation und Berufswahl, stoßen früher und deutlicher als Jungen an die durch ihre Geschlechtsrolle abgesteckten Grenzen. Die Unerfüllbarkeit bestimmter Berufswünsche gehört mit dazu. Frau O. hat dies so erfahren.

> „— Ja, mein Vetter war Chemiker, und da hieß es immer, die Firmen – wenn du dann ein Kind bekommst – in den ersten Berufsjahren – das wollen sie nicht. Sie wollen dann auch, daß die bei ihnen bleiben längere Zeit. Da hat man schon überlegt."

Früh werden also Rücksichtnahme auf die Interessen anderer, Vermeiden von Risiko- und Gefahrensituationen, von provokativen Entscheidungen zum alltäglichen Habitus. Gerade Studentinnen richten sich in ihrer beruflichen Zielsetzung sehr nach der realistischen Einschätzung möglicher Erfolgschancen in ihrer Studienrichtung. Ebenso realistisch, das hat der vorangegangene Abschnitt gezeigt, werden aber auch die Möglichkeiten einer späteren Vereinbarkeit von Beruf und Familie durchgespielt, werden die verschiedenen Modelle antizipiert. Gerade die hier bestehenden Schwierigkeiten wirken einschränkend auf die Entwicklung weiträumiger Perspektiven.
Eine solche „beschränkte Strategie" sieht etwa für Frau D. und Frau J. so aus, daß sie im Blick auf ihre Dissertation schon froh sind, trotz der vielfältigen Hürden und sonstigen Verpflichtungen dem wissenschaftlichen Maßstab einigermaßen zu entsprechen. Das Bewußtsein, etwas Besonderes, Einzigartiges auf ihrem wissenschaftlichen Gebiet leisten zu wollen, ist nicht ihre eigentliche Motivation. Auch für Frau C. bedeutet es schon einen Sieg, trotz Hausarbeit und Kinder an ihrer wissenschaftlichen Arbeit in irgendeiner Weise dranbleiben zu können. Von einer zielgerichteten wissenschaftlichen Perspektive kann keine Rede mehr sein.

Für Frau B. ist es schon viel, wenn es ihr gelingt, auch dann, wenn ihr Kind geboren ist, die Balance zwischen Familie und Beruf zu ihrer Zufriedenheit halten zu können. Frau L. und Frau H., beide stark in Familienpflichten eingebunden, erstreben nichts sehnlicher, als endlich ihre eigenen Impulse zumindest ansatzweise beruflich verwirklichen zu können. Frau O. ist dabei, sich ein eigenes Arbeitsfeld als Theologin zu zimmern, da sie sich nicht in eines der vorgegebenen Arbeitsfelder einbinden lassen will.

2. Nischen-Räume

Die befragten Pfarrerinnen entwickeln dafür eine besondere Fähigkeit, ihre eigenen „Nischen-Räume" zu entdecken, sich Freiräume im Schnittpunkt konfligierender Anforderungen zu erobern. Sie sind Meisterinnen der „Kleinkunstbühne des Alltags" und lernen, trotz großer Widerstände von außen, ihre eigenen Freiheitsräume auszubauen. Drei der befragten Pfarrerinnen versuchen, wie erwähnt, sich wissenschaftlich weiter zu qualifizieren. Frau H. findet in der übergemeindlichen Frauenarbeit einen Ort, wo sie gefordert ist und sich entfalten kann, ohne an regelmäßige Verpflichtungen gebunden zu sein, die sie wegen der Kinder nur mit Schwierigkeiten wahrnehmen könnte. Frau F. erkämpft sich immer wieder mit viel Energie die konkrete Abgrenzung ihres Arbeitsgebietes, um genügend Zeit für ihren Sohn zu haben. Manchmal, wie im Gespräch mit Frau H., hat es den Anschein, als müßten diese Freiheitsräume erst gegen die eigenen inneren Barrieren, gegen die internalisierten Leitbilder erkämpft werden.
Diesen Wünschen und Hoffnungen ist gemeinsam, daß sie relativ nah gesteckte Ziele ansteuern, minimale Erfolge zu schätzen wissen, ingesamt aber eher von einer Atmosphäre geprägt sind, die sich in der Haltung ausdrückt „Mal sehen, wie sich das weiter entwickelt". Es ist die realistische Einsicht in die vielen Faktoren, die einer zielgerichteten beruflichen Perspektive in die Quere kommen können. Die Bedürfnisorientierung im Beziehungsgeflecht der Familie und die damit verbundene Kurzfristigkeit in der Zukunftsorientierung ist ein Kennzeichen weibliche Normalbiographie und Lebensweise. Frauen kommen selten dazu, ihre eigene Dynamik, ihre „Schwungkraft" zu erproben und zu erfahren, da sie schon frühzeitig, um im Bild zu bleiben, „an den Flügeln gestutzt" werden.

3. „Stimmungen"

In alle Richtungen zugleich[2]

Die verschiedenen Optionen, vor denen Frauen heute stehen und die sich in ihrem Lebensgefüge oft so konflikthaft spiegeln, stellen auf der anderen Seite auch einen großen Reichtum verschiedener Erlebensebenen und -horizonte dar, die auf der rein männlich-beruflichen Schiene so nie möglich wären. Da ist die berufliche Herausforderung, die allen Befragten wichtig ist und in den Gesprächen dominiert. Aber auch die Möglichkeit intensiverer Gestaltung von Partnerschaft und vor allem das Leben mit Kindern sind ihnen ebenso ein erstrebenswertes Ziel. Zusätzlich eröffnen sich während der Phasen der Beurlaubung Möglichkeiten speziellerer Weiterbildung. Die Beschäftigung mit feministischer Theologie fordert zur Reflexion theologischer Tradition heraus und zur Neubestimmung des eigenen Standortes.

„In alle Richtungen zugleich" – so läßt sich das Bemühen der befragten Pfarrerinnen umschreiben, keine dieser möglichen Optionen zu verlieren, die Fülle der Möglichkeiten nicht vorschnell aufzugeben. Der Preis dafür ist eine Unschärfe in der Gestaltung des eigenen Lebensplans, das Zurückscheuen davor, sich festzulegen, sich zu entscheiden, eine der Möglichkeiten endgültig zu verabschieden. Nur wenige der Befragten entscheiden sich schon frühzeitig und mit Konsequenz etwa für die berufliche Dimension. Vielen fällt es schwer, sich für eine der Möglichkeiten zu entscheiden. Sie verfangen sich in Ambivalenzen, in einer fast selbstquälerischen Diskussion möglicher Modelle und Alternativen, ohne konkrete Schritte struktureller Veränderungen zu wagen.

Resignation

Wenn der eigene Handlungsspielraum gering ist oder als zu gering eingeschätzt wird, um die Komplexität der Wünsche und Erwartungen zu realisieren, ist Resignation einer der Auswege. Trotz der Möglichkeit, ihre pastorale Arbeit weitgehend selbst gestalten zu können, durchzieht etwa gerade das Gespräch mit Frau O. eine Atmosphäre des Zögerns, des Sichtreibenlassens und der Resignation. Es wäre gut, meint sie, die Jahre zurückdrehen zu können, mit dem Wissen von heute damals anders gehandelt und entschieden zu haben. Sie möchte eigentlich

„— Fremdbestimmung abwerfen. Ich sag immer, ich bin ewig nur gelebt worden. Aber dazu müssen ja erstmal eigene Lebenskräfte und Lebensentwürfe da sein. Ich weiß ehrlich nicht. Was ich auch gern möchte, wär immer mal – da ist natürlich auch schon wieder die Bezeichnung unmöglich – einen Hausfrauenkatechismus, sag ich immer, einen verständlichen Katechismus zum Beispiel schreiben, die ganze Theologie mal in verständlicher Form – würde mich wahnsinnig reizen, aber ich bin mit lauter Mätzchen eingedeckt, also da bin ich – da denk ich viel drüber nach, was ich da mal ändern könnte. – Wahrscheinlich auch hier ewig hocken werden, ich zieh so gerne um, aber da ist nichts.
— Also Sie würden gern aufs Wesentliche kommen?
— Ja genau.
— Ist es denn auch so, daß alles, was Sie bisher gemacht haben, dann doch irgendwie fremdbestimmt, also Sie sich Ihren beruflichen Tätigkeiten auch angepaßt haben, als Gegebenheiten hingenommen haben ... Ihr Mann ... die Pfarrstelle ...
— Da hab ich schon viel drüber nachgedacht. Ich glaub nicht, durch meinen Mann, sondern – es ist wie so ein Fluch, daß – meine Mutter hat schon immer unglaublich drunter gelitten, daß sie – oder im ganzen Haushalt.

Und für sie war immer das Höchste, wenn sie zu ihren Büchern konnte. Und im Grunde geht's mir genauso. Ich könnte mein Leben lang im Gasthaus essen, ich würde nichts entbehren, ja. Ich bin eigentlich ein fauler Mensch, aber – irgendwie ahm ich dann irgendwelche Muster nach und stürz mich dann in lauter so Beschäftigungen. Dann hätt ich auch wieder Skrupel, mich bedienen zu lassen – ich bin schon wahnsinnig nett immer zu meiner Putzfrau, aber ein Traum wäre im Grunde so das Kontemplative ...

— Ja, mir fiel die Frage noch ein, weil Sie sagten, sie möchten gern allein sein oder kontemplativ leben. Ja, und die nächste Frage ist natürlich, was hindert Sie daran, oder wer hindert Sie? Oder wieso kann das nicht eintreten, was Sie sich wünschen?

— Ja, darum sag ich ja, das sind so Vorgaben, wo ich gar nicht weiß, wo ich das habe ... Am liebsten würde ich jetzt nochmal fünfundzwanzig sein mit meinen jetzigen Erfahrungen. Es ist kein geplantes Leben, sondern im Grunde so ein entstandenes. Wahrscheinlich bin ich auch relativ glücklich, weil ich nicht Ziele setze und denen partout nachstrebe, sondern ich laß es so kommen ..."

Zwischen einem Leben, das nun einmal so geworden ist, wie es ist, das seine unverwechselbare Struktur hat und den vielen Möglichkeiten, die auch hätten gelebt werden können, schwankt Frau O., unterliegt den verschiedensten Stimmungen. Radikale Entscheidungen zu treffen fällt ihr jedoch schwer, da sie sonst ihren Lebenskontext völlig verändern müßte, was sie nicht will.
Frau L. dagegen sieht es eindeutiger. Im Rückblick, im Aufrechnen der Kämpfe und Kosten dieses Weges würde sie sich heute für einen anderen Beruf entscheiden.

„Ja, wenn Sie neu anfangen könnten, was würden Sie dann machen? Oder was würden Sie nicht machen?

— Was ich statt dessen machen würde, kann ich so konkret nicht sagen. Ich weiß nur, daß ich in die Kirche, so wie sie ist, bestimmt nicht mehr gehen würde, weil ich das für eine reine Männerwirtschaft halte. Und ich glaube nicht, daß ich mir irgend was Gutes tue, wenn ich mich da reinhänge und nie ein Bein auf den Boden krieg und auch merk, daß ich da im Grunde nichts beeinflussen kann. Und mich ja dann doch nur über diese Typen, mit denen ich da arbeiten muß, ständig ärgere."

Eine solche negative Einschätzung der eigenen Veränderungsmöglichkeiten läßt angesichts der schon investierten Lebenszeit nur noch den Ausweg der inneren Resignation übrig.

Zufriedenheit

Es gibt aber auch Gespräche, in denen das gegenwärtige Lebenskonzept als zufriedenstellend erlebt wird, wo es „paßt". Frau J. etwa und Frau M. gehören zu dieser Gruppe. Es sind dies Pfarrerinnen, die nicht der Ambivalenz zweier konfligierender Lebensziele unterliegen. Sie haben den beruflichen Bereich soweit jedenfalls geregelt, daß sie zufrieden sind. Entscheidend dabei ist jedoch, daß es Lebensentwürfe sind, die trotz persönlicher Verzichtleistungen von einem hohen individuellen Freiheitsgrad geprägt sind. Es war die eigene Entscheidung, diesen Beruf auszuwählen. Es war die eigene Entscheidung, dem Beruf Priorität vor dem privaten Bereich einzuräumen. Mit ihrer Entscheidung sind beide jedenfalls in ihrer gegenwärtigen Situation als alleinlebende Pfarrerinnen zufrieden.

4. Beredtes Schweigen

Eine wichtige Beobachtung ist dem Gesagten noch hinzuzufügen. Gerade das nämlich, was in den einzelnen Gesprächen nicht gesagt wurde, ausgespart blieb, erlaubt Rückschlüsse auf persönliche „Untiefen", auf Tabus, auf schwierige Themen, die in einem solchen ersten Gespräch offensichtlich nicht angeschnitten werden können. Die Methode des narrativen Interviews verzichtet darauf, diese Tabus durch Nachfragen doch noch zu veröffentlichen. Obwohl in der vorliegenden Erhebung eine Mischform verwendet wurde, ist es um so auffälliger, daß es eigentlich in jedem Interview bestimmte Themen gibt, die ausgespart bleiben.
Frau J., die ansonsten recht konkret über ihre Familie, den häuslichen Alltag berichtet, verliert kein Wort über ihre Mutter. Es ist jedoch gar nicht denkbar, daß in einem großen Pfarrhaus, mit einem in die Gemeinde integrierten Leben die Pfarrfrau nicht eine wesentliche Rolle gespielt hätte. Ebenso erwähnt Frau L. erst in einer sehr späten Phase des Gesprächs und nur mit einem Satz den Widerstand der Mutter gegenüber den Berufsplänen der Tochter. Auch Frau A. erwähnt ihre Mutter nur einmal und dann im Zusammenhang eines psychischen Leidens. Frau O. nennt ebenfalls nur den Vater ausdrücklich, während die Mutter in der Rede von „der Familie" mitgemeint ist. Es ist offensichtlich, daß hier die „Unsichtbarkeit" der häuslich arbeitenden Frau noch einmal im Urteil der Töchter reproduziert wird. Das Mißverhältnis zu ihrem Lebensentwurf tritt deutlich hervor, unabhängig davon, wie die Mutter-Tochter-Beziehung jeweils individuell gewesen sein mag. Die Verunsicherung dieser Beziehung durch die männerorientierte Berufswahl der Tochter mag dieses Schweigen hervorgerufen haben.
Aber es gibt noch andere Tabubereiche. Bei Frau F. etwa ist es der Vater ihres Kindes, der mit keinem Wort erwähnt wird – aus ihrer Situation als Alleinerziehende heraus verständlich. Im Gespräch mit Frau K. wird nicht deutlich, ob das Fehlen von Kindern ein bewußter Verzicht oder ein hinzunehmendes Schicksal ist. Offensichtlich ist es jedoch ein so bedrängendes Kapitel, daß darüber nicht einfach geredet werden kann. Frau L. ihrerseits erzählt nicht einmal andeutungsweise über Konflikte mit dem Partner. Dies erscheint bei einer so neuartigen Weise, Beruf und Familie zu teilen, sehr ideal. Die Illusion einer perfekten Partnerschaft läßt auf dem Hintergrund unserer These nach dem Preis fragen, der dafür zu zahlen ist.
In fast allen Interviews wird außerdem der Bereich der Spiritualität ausgespart.

Hierüber wird wenig berichtet. Er scheint keine eigene Qualität, keine Frag-Würdigkeit zu besitzen. Oder gerade doch? Vielleicht trifft auch hier die Vermutung am ehesten zu, daß in diesem Bereich mit ganz erheblichen Verunsicherungen gerechnet werden muß. Wenn schon die eigene weibliche Existenz in diesem männlich definierten Berufsraum so schwer zu finden ist, wie kann sich dann hier eine selbst verantwortete Form von Spiritualität entfalten?

Einen guten Einblick in dieses Suchen und Ringen nach einer eigenen Form gibt wieder das Interview von Frau O.

> „— ja, was ich mir wünsche. Ich möchte schon, solange ich lebe, fast als Mönch leben, so irgendwie als Nonne. – LACHEN –
> — Als Mönch oder als Nonne, das ist ja ein Unterschied?!
> — Ja, das ist auch gut! – Nein, ich träume immer von einem weiß gekalkten Raum mit nichts drin außer mir ...
> — Ja, ich möchte, daß jede diese Zugangsmöglichkeit hat zu einer Quelle. Und darum möchte ich auch die Bindung lösen von der Kirche. Das bedrückt mich immer, diese Persongebundenheit. Einerseits ist das wunderschön, aber andererseits bedrückt mich das, und ich möchte, daß im Grunde jede Frau ihren Zugang unabhängig von Menschen findet. Ich kann das gar nicht ausdrücken. Über die Bibel meinetwegen, ganz egal, wo sie jetzt ist. Daß sie nicht dann abgeschnitten werden kann durch irgendeine Veränderung.
> — Meinen Sie, daß das möglich ist – oder ist das so ein Traum für Sie oder – Zugang zur Kirche oder Religion ohne Personenbindung?
> — Naja, es muß aufgebaut und genährt werden schon durch eine persönliche Bindung. Aber die auch dann austauschbar sind, eigentlich."

Deutlich ist hier der Wunsch nach einer Spiritualität, die jeder und jedem als „Quelle" zur Verfügung steht. Es ist der Wunsch, auch hier „Fremdbestimmung abzuwerfen". Dies ist für die meisten der von uns Befragten jedoch ein höchst riskantes Unterfangen. Noch nicht so lange im „Amt", daß sie Routine und damit Distanz gewinnen können, ist es vor allem der Erwartungsdruck von außen, der sie zwingt, sich über Leistung und Kompetenz als zugehörig zur Gruppe der AmtsträgerInnen zu zeigen. Gerade im spirituellen Bereich eine ausgesprochene Nonkonformität durchzuhalten, würde die Nichtzugehörigkeit schmerzhaft zum Bewußtsein bringen, ja vielleicht sogar „amtliche" Konsequenzen nach sich ziehen. So ist jeder Befreiungsversuch dieser Frauen, jeder größere Schritt in eine selbst verantwortete pastorale Existenz ein zumindest grundsätzlich häretischer Akt. Er muß dies sein, weil sowohl auf der Ebene der Inhalte wie der Strukturen dieses Arbeitsfeldes jahrhundertelang der Ausschluß eben dieser Frauen fixiert war. Es ist unschwer nachzuvollziehen, wie schwierig diese Emanzipationsversuche gerade auch für die befragten Pfarrerinnen sein müssen, arbeiten sie doch in einem Arbeitsfeld, das gerade ihre ureigensten Fragen, Visionen und Wünsche bisher ausschloß oder negierte. Das Schweigen der befragten Pfarrerinnen über bestimmte existentielle Bereiche und Themen spricht eine deutlichere Sprache als hochfliegende Theorien, die nicht der Realität entsprechen.

Als Frauen in einem weitgehend von Männern strukturierten pastoralen Arbeitsfeld versuchen die von uns befragten Pfarrerinnen ihren Weg zu finden. In den Gesprächen mit ihnen haben sie Einblick gegeben in ihren Alltag, in das Gelingen und die Freude über ihre Arbeit in der Gemeinde, aber auch in die konfliktreichen Bereiche ihres Lebens. Es ist ein nüchternes Bild entstanden. Zwischen Anpassung und Verweigerung, zwischen Resignation und Utopie, in einer fragmentarischen, aber gerade deshalb lebendigen Weise gestalten sie Arbeit und Beziehungen, ihren Alltag im Schnittpunkt „männlicher" Berufs- und „weiblicher" Familienorientierung als „Frauen in einem Männerberuf".
Welche Konsequenzen sind nun von diesen Gesprächen aus für die pastoraltheologische Diskussion zu ziehen?
Nun ist es naheliegend, vom sozial-psychologischen Ansatz unserer Untersuchung aus die strukturellen Veränderungen zu benennen, die hier notwendig wären, etwa im Blick auf Arbeitszeit-Vorgaben, Rahmenbedingungen und klarere Strukturierung pastoraler Arbeit. Auf der anderen Seite hat sich durch die ganze Untersuchung hindurch gezeigt, wie sehr z.B. die geschlechtsspezifische Struktur unserer Gesellschaft und Arbeitswelt sich auf der symbolischen Ebene immer wieder neu reproduziert. Theologie, so hatte sich gezeigt, ist einer der Reproduktionsebenen geschlechtsspezifischer Leitbilder, geschlechtshierarchischer Vorstellungen wie auch der immer neu erzeugten „Unsichtbarkeit" von Frauen im theologischen Diskurs.
So muß die Zielsetzung unserer abschließenden Überlegungen zunächst einmal dahin gehen, das Verschweigen der Frauen innerhalb der Pastoraltheologie zu beenden, sie selbst in der Vielschichtigkeit ihrer Wirklichkeit zu Wort kommen zu lassen und die wesentlichsten Anfragen an die pastoraltheologische Reflexion zu benennen.
Die folgenden Überlegungen möchten einen Beitrag in dieser Richtung geben.

VIII   Elemente einer inklusiven Pastoraltheologie

Die geschlechtsspezifische Arbeitsteilung zeigte sich als eine gesellschaftliche Struktur, die das Leben von Frauen und Männern durchgängig prägt, in geschlechtsspezifischen Sozialisationsprozessen, in der Ausprägung von Geschlechtsrollen, im Erwerb eines geschlechtsspezifischen Sozialcharakters oder eines sog. „Arbeitsvermögens". In welcher Weise wird davon die theologische Definition des Geschlechterverhältnisses und der sie prägenden Leitbilder bestimmt? Welchen Einfluß haben diese auf die Ausprägung pastoraler Berufstheorie, auf die Begriffsbildung etwa von „Amt" und „Dienst"? Gibt es gegenüber männlicher Berufsbiographie eine Deutungsmöglichkeit spezifisch weiblicher Lebensmuster, die nicht von vornherein als defizitär abgestempelt wird?
Indem Frauen innerhalb pastoraler Arbeit sich selbst zu Wort melden, ihre eigene Situation reflektieren, beenden sie das jahrhundertelange Verschweigen von Frauen in der Kirche.

1. Das Verschweigen beenden

Pfarrerinnen werden, wie der Blick auf die pastoraltheologische Literatur gezeigt hat, in der Besonderheit ihrer Existenz, ihrer Perspektiven und Probleme noch immer kaum wahrgenommen. Wo es geschieht, wird diese Wahrnehmung von deutlichen Zeichen der Irritation begleitet. Stimmen werden laut, die vor einer „Feminisierung" des pastoralen Berufsstandes warnen – und das meint immer auch vor einem Prestigeverlust der Gruppe männlicher Theologen. Ein Beispiel für die eher oberflächliche Weise, mit der die irritierende Existenz von Pfarrerinnen abgehandelt wird, ist die Bemerkung, die ihnen Josuttis[1] in seiner neuesten Pastoraltheologie widmet. Scharfsichtig benennt er die Ängste seiner Amtskollegen (und seine eigenen wohl auch), die durch ihre Anwesenheit geweckt werden. „Aber nicht alle Pfarrer sind Pfarrer. Manche sind eine Pfarrerin. Ihre unauffällige Anwesenheit auf den Pfarrkonventen hat man mancherorts erst in den letzten Jahren wirklich endeckt. Noch die langweiligste Diskussion zwischen Theologen gerät fast unvermeidlich in Turbulenzen, wenn man Fragestellungen der feministischen Theologie einbringt. Und daß die Ablehnung von Pfarrerinnen nicht nur eine Generationsfrage darstellt, zeigen jene jungen Vikare, die deutliche Vorbehalte gegen ihre Kolleginnen äußern. Alle diese Einzelbeobachtungen zeigen, daß die Kirche die pastorale Praxis von Frauen noch längst nicht verarbeitet hat. Und wenn es dem Pfarrer schon schwerfällt, das Existenzrecht von Brüdern, von anderen Gottesmännern innerlich anzuerkennen, so dürfte es für ihn um so schwieriger sein, das Vorhandensein von gleichrangigen, von gleichberechtigten Schwestern ernsthaft zur Kenntnis zu nehmen."[2] Auf der anderen Seite wird die Herausforderung, die sich durch eben diese „Schwestern" stellt, nicht wirklich theologisch aufgenommen. Das Kapitel über „Die Brüder (und Schwestern)" könnte genausogut ohne den Zusatz in Klammern geschrieben sein. Die „pastoralen Schwestern" werden additiv hinzugenommen, ohne den Gedankengang des ganzen Buches qualitativ zu bestimmen. Es ist ein Kapitel unter anderen. Ebenso läßt die Einführung neuer rechtlicher Regelungen aufgrund der Partizipation von Frauen an pastoraler Praxis die Konsequenzen in ekklesiologischer und systematisch-ethischer Hinsicht vermissen. Chr. Janowski hat recht, daß in einer bloß pragmatischen Akzeptanz, die theologisch nicht explizit gemacht und vermittelt werden kann, das Pfarramt der Frau ein dunkler Punkt bleiben muß.[3]

Um so wichtiger ist es, daß Frauen sich selbst zu Wort melden, sich in ihrer konkreten Lebens- und Arbeitswirklichkeit zeigen. Über eine bloß additive Erwähnung hinaus wollen Pfarrerinnen an der Mitgestaltung und Veränderung pastoraler Praxis und Arbeit beteiligt werden, ihre Perspektiven artikulieren und Gehör finden. Damit machen sie den Prozeß des Verschweigens von Frauen in der Kirche rückgängig, laden zur Revision überholter und schädlicher Einstellungen und Entscheidungen ein, die seit den Anfängen der Kirche deren Geschichte durchziehen und gerade im religiösen Bereich so langlebig und schwer zu verändern sind.[4] Die Geschichte der Pfarrerinnen von ihrer grundsätzlichen Ablehnung bis zur Gleichstellung mit ihren männlichen Kollegen kann dabei als ein Weg verstanden werden, der noch keineswegs zu Ende ist. Die bloß rechtliche Akzeptanz der Frauen in der pastoralen Arbeit hat eben noch nicht die tatsächliche Gleichstellung im Sinn gleicher Optionen und Zukunftsperspektiven gebracht. Strukturen, die sich im Lauf der Jahrhunderte aufgrund der geschlechtsspezifischen Arbeitsteilung ergeben und sich in der Ausprägung des traditionellen Pfarramtes, aber auch in den kirchlich vermittelten Leitbildern niedergeschlagen haben, stehen dem entgegen.

Diese müssen zunächst in den Pfarrerinnen selbst, aber dann auch bei ihren männlichen Kollegen und in den Erwartungen der Gemeinden überwunden werden. Korrespondierend zu den Strukturen muß uns deshalb immer wieder die Frage nach den Leitbildern, nach ihrer Dynamik und den Interessen beschäftigen[5], die sie mächtig erscheinen lassen. Die geschlechtsspezifisch differenten Leitbilder stabilisieren das hierarchische Geschlechterverhältnis.[6] Ihre generationenübergreifende Langlebigkeit war durch unsere ganze Untersuchung hindurch immer deutlicher geworden. Durch ihre scheinbar „natürliche" und unabänderliche Gültigkeit werden sie aus ihrer historischen Gewordenheit herausgelöst, ihre Bedingtheit wird „vergessen"[7], wird unsichtbar gemacht, ebenso ihr Einfluß auf die Begründung und Struktur pastoraler Praxis. Gerade hier jedoch, in der kritischen Reflexion dieser prägenden Leitbilder, bei der Analyse der gesellschaftlich wirksamen Geschlechtsrollenstereotypen, muß die pastoraltheologische Reflexion ansetzen. Wenn überhaupt, wird nur der Prozeß einer umfassenden Bewußtmachung dieser Mechanismen, nur eine elementare Veränderung im Bewußtsein der Betroffenen eine offenere, flexiblere Praxis von Frauen und Männern gerade auch im pastoralen Arbeitsfeld ermöglichen. Durch die zwar zögerliche, aber doch zunehmende Partizipation von Frauen im Bereich der Kirche werden alte Stereotypen aufgelöst. Dies wird von vielen, gerade von männlichen Kollegen als bedrohlich erlebt. Aufgrund der Auswertung der Gespräche mit Pfarrerinnen erweist sich diese „Krise" jedoch als Chance für eine Neuinterpretation pastoraler Praxis, wie für eine Re-definition weiblich-pastoraler Existenz.[8] Doch gilt es zuvor, Abschied zu nehmen von den alten, lähmenden und einengenden Leitbildern für das Handeln und die Selbstdeutung von Frauen und Männern.

Das Leitbild der „guten Mutter"

Eines der auf Frauen fast suggestiv wirkenden Leitbilder ist das der „guten Mutter"[9]. Über Jahrhunderte hinweg[10] hat es auf Frauen domestizierend-regulativ im Sinn einer Befestigung ihrer Geschlechtsrolle gewirkt. Dabei wurden im Laufe kirchlicher Wirkungsgeschichte die „hellen" Seiten dieses Ideals immer mehr betont. Es kristallisiert sich schließlich ein Frauenbild heraus, das keine Bemächtigungstendenzen kennt, nichts für sich selbst begehrt, sich in der Sorge um andere ganz aufopfert.[11] Das Verschlingende des Mutter-Urbildes, die bedrängende Undifferenziertheit als Schatten von Beziehungsmächtigkeit werden verdrängt, abgespalten und dämonisiert. Maria und Eva, die Heilige Mutter und die Hexe, sind in ihrer Entzweiung und radikalen Entgegensetzung, in der Stilisierung und religiösen Überhöhung der lichten Seiten ein höchst problematisches, ja krank machendes Bild. Sie machen es Frauen unmöglich, ihre agressiven Anteile zu akzeptieren, zu bearbeiten. Die Furcht der Frauen vor ihrer eigenen Mächtigkeit ist Ergebnis dieses sich über Jahrhunderte erstreckenden Prozesses. Ein Zweites kommt hinzu. Beim Übergang der agrarisch-bäuerlichen in die industrielle Gesellschaft verbindet sich das Bild der Frau als Mutter mit einer zunehmenden Abwertung des häuslichen Bereichs. Damit wird die bisher religiös begründete double-bind-Struktur zu einer real-gesellschaftlichen, verbindet sich konkrete Machtlosigkeit mit einer nach wie vor hohen ideellen Wertschätzung.

Es liegt deshalb sozusagen in der „Natur" der Sache, daß die Verberuflichung gerade dieses Leitbildes es Frauen ermöglichte, aus der eng begrenzten Sphäre der Familie in die außerhäusliche Berufswelt einzutreten. Was geschieht jedoch, wenn Frauen, die von diesem Leitbild geprägt sind, berufstätig werden? Was geschieht, wenn Gemeinden, wenn Kollegen ganz selbstverständlich davon ausgehen, daß dies das einzige und vor allem wirklich christliche Leitbild von Frausein ist – auch für Pfarrerinnen? Die Gefahr liegt nahe, daß die Figur des pastoralen „Über-Vaters" durch die der „guten Mutter" ausgetauscht wird. An der familialen Mustern nachempfundenen Struktur innerhalb der Gemeinde ändert sich nichts. Diese Tendenz wird verstärkt durch die christliche Tradition des Helfens und Dienens, die eng mit dem Leitbild der guten Mutter verbunden ist. Gerade der christliche Dienstgedanke, der an und für sich positiv zu werten ist, hat sich im Lauf der Zeit so mit dem Ideal der vollkommenen christlichen Frau verbunden, daß er dadurch zur Zwangsjacke für Frauen in der Kirche wurde. „Muttersein" und „Helfen-wollen" im Sinn dieses kirchlichen Leitideals bedeutet, ganz und vorbehaltlos für die Bedürfnisse der Anvertrauten zur Verfügung zu stehen. Es bedeutet, ohne Rücksicht auf die eigenen Interessen die der anderen höher zu stellen. Es bedeutet, aufgrund einer Berufung, eines Auftrags zu handeln, der sich letztlich nicht im Sinn eines weltlichen Berufs und damit einer leistungsabhängigen Entlohnung rechnen läßt. „Professionelle" Beziehungsarbeit in den vielfältigen Aspekten pastoraler Praxis würde dagegen bedeuten, die Zuwendung zu anderen als Arbeit und tatsächliche Leistung zu verstehen, d.h. aber auch, Zeitgrenzen zu setzen, innere Anteilnahme zu begrenzen, sich vor allzu starker Identifikation zu schützen. Sie fordert von den „KlientInnen" ein gewisses Maß der Selbstorganisation, fordert die Fähigkeit, das eigene Bedürfnis so zu artikulieren, daß es im Rahmen der angebotenen Möglichkeiten bearbeitbar ist.

Frauen können aufgrund ihres „weiblichen Arbeitsvermögens" den Überschritt zwischen privatem und professionellem Helfen, zwischen Selbstausbeutung und der Möglichkeit, sich gegenüber den Erwartungen anderer abzugrenzen, oft nicht rechtzeitig wahrnehmen. „Bei Frauen ist dieser Konflikt besonders virulent, da sie i.d.R. tagtäglich zwischen den verschiedenen Formen des Helfens hin und her wechseln. Aber auch weil in ihrem Berufsideal beide Ziele mit eingeschlossen sind: einmal wollen sie dem Ideal mütterlicher Fürsorge folgen, einem Ideal, in dem frau immer für den anderen da ist, ohne wirklich etwas im Gegenzug zu fordern. Und gleichzeitig möchte die professionelle Frau professionell sein, ihre Beziehungsarbeit als qualifizierte, methodisch abgesicherte und vor allem auch professionell anerkannte gewürdigt wissen. So versucht sie den Ansprüchen der Mutter wie denen des Lehrers/Wissenschaftlers gerecht zu werden. Man könnte hier auch von einer Doppelmoral weiblicher Professionalität sprechen, weil diese unterschiedlichen Ideale eben auch unterschiedliche moralische Verpflichtungen implizieren."[12] Frauen stehen unter dem Druck, besonders „natürlich" und „weiblich" sein zu müssen. Sie sind deshalb in Gefahr, diese Stützen professioneller Beziehungsarbeit aufzugeben, sich zu verausgaben. Im Bild des mütterlichen Helfens ist es schwierig, eigene materielle Ansprüche durchzusetzen. Die in einer helfenden Beziehung immer entstehende Assymmetrie wird geleugnet, „Bezahlung" erfolgt eher in einer indirekten oder abstrakten Art und Weise.

Der Slogan „Ein Pfarrer, eine Pfarrerin ist immer im Dienst" ist, wie sich leicht nachvollziehen läßt, nur eine Variante dieses Leitbildes. Ähnlich wie in der familialen Arbeit fördert die Unstrukturiertheit und Bedürfnisorientiertheit der Zuwendung Erwartungen, die entweder in eine ständige Überforderung der Pfarrerin oder in eine übersteigerte Enttäuschung der Gemeinde führen. Es liegt nahe, daß diese Leitbilder, die zur Existenz von Frauen so naturwüchsig dazuzugehören scheinen, von ihnen „mitgenommen" werden, wenn sie in die pastorale Arbeit eintreten. Die Affinität zu denjenigen Segmenten der pastoralen Generalistenrolle, die zum sog. weiblichen Arbeitsvermögen „passen", ist groß. Die Frau als „gute Mutter der Gemeinde" ist jedoch ein Zerrbild dessen, was pastorale Praxis sein sollte. Andere Leitbilder müssen stattdessen gefunden werden, die die Beziehung zwischen Gemeinde und Pfarrerin strukturieren. Eine bloße Feminisierung traditionell pastoraler Bilder kann noch nicht als wesentlicher Fortschritt gesehen werden.

Die Frau als „Die Andere"[13, 14]

Verlockend, weil relativ einfach, wirkt die zweite Variante eines „weiblichen"

Leitbildes für die pastorale Praxis. All das, was in der männlich definierten pastoralen Berufstheorie bisher nicht oder nicht ausreichend berücksichtigt worden war, wird nun der Frau, der Pfarrerin zugewiesen. Die Vorstellungen bewegen sich wieder in Richtung des sog. weiblichen Arbeitsvermögens. In der Reflexion der Geschichte der Theologinnen war jedoch deutlich geworden, welche Probleme diese Rede vom Anderssein der Frau gerade in der pastoralen Praxis nach sich zieht. Die Diskussion und schließlich die Ablehnung eines sog. „Amtes sui generis" hat gezeigt, wie damit zum einen der Versuch verbunden war, Theologinnen auf unselbständige Arbeitsgebiete abzudrängen. Andererseits wird in der Konstruktion eines „anderen" die Norm des Männlichen als definitorischer Ausgangspunkt beibehalten, ist jenes nichts anders als sein eigenes Spiegelbild.
Der gegenwärtige Diskurs innerhalb feministischer Philosophie zum Thema der Geschlechterdifferenz und -gleichheit zeigt die Mechanismen dieser Sprachmuster auf.[15] Feministische Wissenschaftskritik macht deutlich, wie sehr die vermeintliche „Objektivität" in der Konstitution der vorherrschenden europäischen Wissenschaftskultur und Technik eine androzentrische, von männlichen Fragen und Verhaltensweisen konstituierte ist. „Natur" als bloße Materie, die dem „männlichen" Forscherdrang ausgeliefert ist, wird z.B. beschrieben im Bild der Frau, die dem sexuellen Begehren des Mannes willfährig zu sein hat oder vergewaltigt werden muß. Indem Wissenschaftlerinnen aufzeigen, wie stark gerade die naturwissenschaftliche Sprache mit Metaphern dieser Art durchsetzt ist[16], wird deutlich, wie das „Andere" immer auch das zu Beherrschende ist, das Unterlegene, das beliebig ausgebeutet werden kann, das „Andere", das im Erkenntnisprozeß vom erkennenden Ich abgespalten, getrennt, objektiviert werden muß. Chodorow[17] entwickelt aufgrund ihrer therapeutischen Erfahrungen die These, daß der heranwachsende Junge sich in einer traumatischen Erfahrung von der Mutter als „Erster Anderer" lösen muß, um seine Geschlechtsidentität zu finden. Männliche Identität definiert sich demnach im Prozeß der Abgrenzung. Die Mutter wird zum Objekt. Beziehung, Entgrenzung und Verbundenheit werden eher als bedrohlich und verschlingend erlebt. Die Theorie der geschlechtsspezifischen Arbeitsteilung macht nun plausibel, wie entlang dieser ersten und tiefsten Erfahrung von Männern sich auch der männliche Sozialcharakter, das sog. männliche Arbeitsvermögen in der „männlichen" Fähigkeit zur Abgrenzung, zur Abstraktion, positiv gewendet, zur Individuation bildet. Durch spezifisch männliche Erkenntnistheorie und Ontologie wird dies immer wieder neu verstärkt. Auf diese Weise laufen Abgrenzung und die rigide Opposition von Ich und Nicht-Ich als Strukturdominanten durch alle männlich dominierten Gesellschaften. „Die Kategorie Geschlecht selbst, deren Aufbau mit der Entwicklung eines Neugeborenen zu einem gesellschaftlichen Wesen, einer Person, einhergeht, ist ja nichts anderes als die Schaffung von Persönlichkeiten, die dazu neigen, sich selbst, andere und die Natur selbst auf geschlechtsspezifische Weise wahrzunehmen."[18]
Gegenüber dieser androzentrischen Verfaßtheit unserer Wissenschaftskultur, gerade in den vermeintlich objektiven Disziplinen der Naturwissenschaften, machen Frauen deutlich, daß für sie ein anderes Gleichnis, eine andere Metapher sehr viel mehr Sinn macht, die sie an die Stelle des durch Unterwerfung definier-

ten „Anderen" setzen möchten. Ohne einer neuen Ontologisierung Vorschub leisten zu wollen, ist doch festzuhalten, daß das „grundlegende weibliche Selbstgefühl ... Weltverbundenheit, das grundlegende männliche Selbstgefühl ... Separatheit"[19] ist. Es ist dies nichts anderes als die Erfahrung von Frauen, in Empfängnis, Geburt und Stillen einen „anderen" Menschen in sich zu beherbergen, zu nähren, mit ihm verbunden zu sein, ohne ihn beherrschen oder ausbeuten zu müssen, ohne von ihm bedroht zu werden. Es gibt demnach auch die Erfahrung von Anderssein auf der Basis von Verbundenheit und Beziehung, eine Erfahrung, die Frauen sehr viel natürlicher und einleuchtender erscheint.

Es wäre an der Zeit, diese Metapher stärker auch in den wissenschaftlichen Diskurs der Naturwissenschaften, nicht zuletzt aber auch in die Theologie einzubringen.[20] Der diskurstheoretische Ansatz[21] in der Erklärung der bestehenden Geschlechterhierarchie weist darauf hin, daß weder Natur noch Gesellschaft eine Bedeutung in sich selbst besitzen, die etwa durch Sprache nur noch zu Tage gefördert werden müsse. Vielmehr gilt, daß innerhalb der Sprache als eines symbolischen Systems konstituiert wird, was gelten soll. Gerade auf der Ebene der Sprache etablieren sich deshalb die Machtspiele, zeigt sich, wer Definitionsmacht und damit auch gestaltende Macht besitzt. Der Ausschluß der Frauen aus dem Diskurs wissenschaftlicher Theologie gewinnt auf diesem Hintergrund noch eine verschärfte Bedeutung, ist kein zufälliges Ereignis, sondern muß als Ergebnis eines harten Kampfes um tatsächliche Macht benannt werden.

Wenn nun aber Frauen einen neuen Diskurs über das Konzept von „Weiblichkeit" beginnen[22], liegt die Gefahr nahe, daß dieser wiederum zu einer Bestätigung männlicher Weiblichkeitsentwürfe gerät, „indem sie die Weiblichkeitskonstruktionen, die der patriarchale Weiblichkeitsdiskurs produziert, gewissermaßen zur Tugend machen und eine Bestätigung beispielsweise des Bildes der sinnlichen, natur- und körpernahen Frau liefern"[23]. Die Fixierung von Geschlechtsidentitäten zeigt sich auf dieser Ebene einmal mehr als ein in der symbolischen Verständigung hergestelltes Konstrukt. Das Dilemma wird deutlich. Jeder feministische Diskurs bewegt sich innerhalb des etablierten Symbolsystems, sonst könnte er sich nicht mehr allgemein verständlich machen. Dennoch arbeitet er auf Überwindung des Dualismus von Rationalität und Sinnlichkeit hin, hatte sich doch gerade dieser als ein Produkt männlicher Symbolbildung gezeigt. Indem nicht mehr das männliche Modell als alleiniger Maßstab für Menschsein akzeptiert wird, wird die Partialität der Entwürfe von Frau- und Mannsein deutlich.[24] Keines der Geschlechter kann sich an die Stelle von „Menschsein" überhaupt setzen. Das Festhalten an einem Anderssein, das nicht aus der Entgegensetzung zu einer festen Norm gewonnen wird, eröffnet die Möglichkeit, daß jedes Geschlecht sich als Ort einer je für sich autonomen Subjektivität begreift, die das andere Geschlecht weder von sich aus mißt noch definiert, sondern ihm als ein Verschiedenes begegnet. Diese Möglichkeit ist allerdings nur auf dem Boden einer realen Gleichstellung gegeben. Über die Differenz der Geschlechter, über das „Anderssein" von Frauen kann nur dann sachgerecht nachgedacht werden, wenn die politische Gleichberechtigung tatsächlich und nicht nur deklamatorisch eingelöst worden ist. Bis dahin ist jeder Rede vom Anderssein der Frau mit dem

Verdacht zu begegnen, daß gerade durch sie die alten Hierarchiemuster verfestigt und bestärkt werden sollen.

Gleich-sein als „Männlich-werden"

Ebensowenig kann jedoch in der bloßen Angleichung an das männliche Prinzip[25], an den männlichen Sozialcharakter, die Lösung des Problems gesehen werden. Wird das „Anderssein" als bloßes Spiegelbild des männlichen Modells „Mensch" kritisiert, so gilt diese Kritik in gleicher Weise einer „Gleichheit" der Geschlechter im Sinn einer Angleichung der Frauen an männliche Standards und Werte. „Die Angleichung der Frauen an das männliche Modell gewährt tatsächlich Rechte, aber sie greift nicht die Macht an, wie die wirkliche Macht – die die patriarchale Ordnung bewahrt und bekräftigt – stärker als die Rechte ist. Und die patriarchale Herrschaft ist um so stärker, je erfolgreicher der Prozeß der Angleichung ist, welcher dazu tendiert, die weibliche Geschlechterdifferenz, die einen Wert an sich hat, zu tilgen, indem er die Frauen zu Subjekten des neutralen/ männlichen Rechts macht."[26] Ein gutes Beispiel dafür ist die Gruppe der „Jungfrauen" in der Geschichte der Frühen Kirche. „Jungfräulichkeit" als „Männlichwerden" spielt in den ethischen Texten dieser Zeit eine große Rolle. In der kirchlichen Rangfolge rangieren ehelos lebende Frauen vor den Ehefrauen. Das höchste Ziel der Vervollkommnung wird in der sexuellen Enthaltsamkeit gesehen. Während der Mann dabei jedoch mit sich identisch bleibt, ist für die Frau dieses Ziel nur über den Umweg, wie ein Mann zu werden, zu erreichen. Gleichheit wird nur im Sinn von Angleichung gewährt. Dieses Konzept der Jungfräulichkeit sieht „im zölibatären Leben eine Möglichkeit irdischer Gleichstellung vor: die jungfräulich lebende Frau als real lebende Person – nicht nur als theologisches Konstrukt – kann eine dem männlichen Status vergleichbare Stellung erreichen."[27] War hier für Frauen immerhin eine Möglichkeit gegeben, dem Zwang zur Ehe zu entgehen, ein Stück weit ein eigenes Leben führen zu können, so doch nur unter Verzicht auf eine eigene, weibliche Identität. Hier dürfte auch die Wurzel für die zunächst so selbstverständlich akzeptierte Zölibatsvorstellung für die Pfarrerinnen der ersten Generation liegen. Nur im Männlichwerden war es ihnen möglich, diesen Beruf auszuüben. Die Parallelen zu den von uns befragten Pfarrerinnen, zur Situation überhaupt von Frauen im pastoralen Männerberuf, sind deutlich.

Die beiden Pole von Differenz und Gleichheit können im feministischen Diskurs keine Alternativen sein. Sie sind vielmehr als zwei Seiten zu verstehen, die nur insgesamt das Spektrum der komplizierten Geschlechterdynamik hinreichend, wenn auch eingegrenzt auf unseren Kulturraum, zu beschreiben vermögen.[28] Beide Pole müssen zusammengesehen werden. Differenz ohne Gleichheit, ohne gleiche Rechte, hat immer schon Hierarchien begünstigt. Gleichheit ohne Differenz führt zur Angleichung an ein herrschendes Ideal. Wichtig ist dagegen die Verbindung von Gleichheit und Differenz. Erst von der Ebene der Gleichheit bezüglich der Rechte, der finanziellen Ressourcen aus, ist das Nachdenken über Differenz, über Verschiedenheit z.B. in den Kommunikationsformen und Wertvorstellungen einer spezifischen Praxis möglich. Dies gilt nicht nur für Frauen, sondern für Minderheiten überhaupt. Gerade weil das Recht auf Gleichheit und das Recht auf Differenz zusammengehören, müssen Frauen in ihrem Kampf um Gleichberechtigung nicht „anders" oder gar besser sein als Männer. Sie haben das Recht, genauso begrenzt, aggressiv und manchmal auch unmäßig zu sein wie Männer auch. Ihre Begrenztheiten, Widersprüche und Fehler gehören genauso zu ihrer Existenz wie die vielbeschworenen „weiblichen Werte".

Weder in Entgegensetzung noch in bloßer Angleichung an männliche Standards kann demnach die Lösung gesehen werden. Die Herausforderung liegt vielmehr darin, im Fremden das Eigene zu denken und zu gestalten, ohne sich auf Klischees des Anderssein-müssens einschränken zu lassen, die nur als Spiegelbild des Herr-schenden zu verstehen wären. Dies aber ist leichter gesagt, als getan. Wie können diese Frei-Räume für die Definition von Frau-Sein gefunden werden? Wie können sie innerhalb einer jahrhundertelang ausschließlich männlich definierten pastoralen Berufslehre gefunden werden?

Die Schwierigkeiten für eine Re-Definition weiblicher Existenz, eine Neubestimmung des Geschlechterverhältnisses aus der Perspektive von Frauen zu finden, sind erheblich. In einer männlich dominierten Welt groß geworden, vertraut mit der Sprache der „Väter", begünstigt durch sie und angewiesen auf ihr Wohlwollen, soll ein Raum für das eigene Frau-Sein gefunden werden, das weder in bloßer Angleichung noch in radikaler Entgegensetzung bestehen kann. Was könnte gegenüber einer bloß theoretischen Zusammenschau von Gleichheit und Differenz wirklich weiterführen? Es ist die aus der Rückschau auf die Geschichte der Theologinnen genährte Hoffnung, daß durch veränderte Praxis sich auch theoretische Systeme und Symbolbildungen verändern können. Nur indem Frauen durch die Erfahrung der männlich bestimmten Rationalität hindurchgehen, werden sie diese verändern können, werden sie sich neue Horizonte eröffnen. Gerade die Geschichte der Theologinnen hat dies immer wieder mit bemerkenswerter Deutlichkeit gezeigt. Neue Praxis wehrt damit der Versuchung, eine Ideologie durch eine andere ersetzen zu wollen. Sie ermöglicht vielmehr den Überschritt auf eine Ebene neuer Handlungs-Spielräume. Cavarero und die Philosophinnen aus Verona und Mailand deuten solche Möglichkeiten neuer Praxis an.[29] Im affidamento, im Zusammenschluß von Frauen finden Frauen aus ihrer Isolation heraus, stellen sich in eine Gemeinschaft mit anderen Frauen, die die gleichen Erfahrungen gemacht haben. Es braucht demnach den Kommunikationszusammenhang mit den vielen, die ähnliche Erfahrungen machen, um gemeinsam transformative Visionen entwickeln können. Die extreme Minderheitensituation der Pfarrerinnen im Gemeindedienst, ihre Isolierung muß demnach als eigentliches Hindernis für das Entstehen „neuer" Praxis und Handlungsspielräume angesehen werden. Die Suche nach Vorbildern, nach „Müttern" und „Schwestern" hat in der Auswertung unserer Gespräche mit ihnen die Notwendigkeit der Verstärkung eines solchen Kommunikationszusammenhangs deutlich gezeigt. Der Zusammenschluß der Theologinnen in Konventen, in berufsständischen Verbänden könnte eine solche Möglichkeit bieten. Auch die autonomen Netzwerke und Plattformen feministischer Sprachsuche sind hier zu nennen.[30]

Ob sich die zahlenmäßige Minderheitensituation rasch beheben lassen wird, ist allerdings zu bezweifeln. Nur wenn sich an der geschlechtsspezifischen Arbeitsteilung in Kirche und Gesellschaft etwas grundlegend verändert, wird es auch hier zu deutlichen Veränderungen kommen können. Dies wird ohne einschneidende strukturelle Eingriffe nicht zu erreichen sein. Die Frage der Quotierung etwa stellt sich auf diesem Hintergrund neu und kann nicht einfach als unzumutbar oder lächerlich abgetan werden.

In jedem Fall jedoch schärft die Debatte um Differenz und Gleichheit die Sensibilität für hierarchische Tendenzen, für die Gefährdung einer bloß männlich dominierten Assimilations-Gleichheit im Geschlechterverhältnis. Sie stärkt den Wunsch der Pfarrerinnen nach eigenen Artikulationsmöglichkeiten, nach einer auch theologisch definierbaren Eigenständigkeit auf der Grundlage von Gleichheit.

2. Theologische Anthropologie[31] und die Definition des Geschlechterverhältnisses[32]

Männliche und weibliche Leitbilder oder Geschlechtsrollenstereotype sind nun keine isolierten Vorstellungen, die sich in beliebiger Weise miteinander verbinden ließen. Vielmehr ist ihr Verhältnis hierarchisch in der Weise „geordnet", daß der minderwertigere Pol dem Weiblichen zugeschrieben wird, während der männliche Pol Priorität hat.[33] Dieses Geschlechterverhältnis schlägt sich gerade auch in der Begrifflichkeit theologischer Anthropologie nieder und beeinflußt dadurch kirchliches Handeln und Reden.

Die Definition des Geschlechterverhältnisses und „der Mensch"

Im kirchlichen Bereich ist die Definition des Geschlechterverhältnisses über lange Jahrhunderte hinweg vom Leitbild des „Andersseins" der Frau und der hierarchischen Zuordnung der Geschlechter geprägt gewesen. Interessant ist nun allerdings, wie sich dies in einer theologischen Redeweise verbirgt, die blind macht gegenüber diesen Hierarchien. Wie I. Prätorius in ihrer Untersuchung anthropologischer und ethischer Entwürfe der neueren Theologiegeschichte dargelegt hat[34], wird in diesen Texten fast durchgängig der abstrakte Begriff des „Menschen" gebraucht. Damit wird eine in der Realität nicht vorkommende ungeschlechtliche beziehungsweise übergeschlechtliche Version von Menschsein als die eigentliche theologisch relevante vor Augen gestellt. „So wie es für den christlichen Theologen nur *einen* Gott gibt, so gibt es ... nur *einen* Menschen. Dieser ‚wirkliche Mensch', ‚der Mensch als Mensch' ist definiert durch seine Gottesbeziehung: vor allen weltlichen Bezügen – und zu diesen gehört auch das Geschlecht – existiert ‚der Mensch selbst' coram deo."[35] Diese Abstraktion wird jedoch in der späteren Ausführung ethischen Handelns in den verschiedenen Lebensbereichen und Fragestellungen nicht durchgehalten, sondern die ethischen Konkretionen werden durchaus geschlechtsspezifisch interpretiert.[36] Wird in der

Interpretation des Schöpfungsberichts immerhin noch die Gleichwertigkeit von Frau und Mann theologisch proklamiert als eine Gleichwertigkeit „coram deo", findet „die Frau" im weiteren ethischen Nachdenken nur noch in den Abschnitten über „Ehe und Familie" genauere Erwähnung. Alle anderen ethisch relevanten Themenbereiche werden als Domäne des männlichen Menschen abgehandelt. Es ist die Rede vom Menschen als „Lehrer, Jurist, Kaufmann, Staatsmann".[37] Der Mensch als „Bürger", als verantwortlich den Staat Gestaltender meint selbstverständlich den Mann. Er ist der „öffentliche Menschentypus"[38], die Frau dagegen ist qua Wesensbestimmung aus diesem öffentlich-beruflichen Bereich ausgegrenzt, ausgeschlossen. Sie ist das auf die private Sphäre bezogene „Naturwesen", agiert intuitiv, bestenfalls indirekt über den Mann in die Welt hinein. Sie hat für sich allein keinen Selbstand, lebt im Dienst für Mann und Kinder, ist „Dasein für andere". Dies ist ihre eigentliche „Berufung". Diese „Wesensbestimmung" der Frau und damit auch die Feststellung dessen, was „schöpfungsgemäß" ist, wird als überzeitlich verstanden, als von Gott eingestiftetes Gesetz, als Schöpfungsordnung. Dadurch aber wird die theologische Rede vom „Menschen" zu einem verschleiernden Akt, der die konkreten Machtverhältnisse ins Unbewußte, Unsichtbare verdrängt. In dieser verallgemeinernden theologischen Explikation ethischer Prämissen scheinen Mann- und Frausein gleichermaßen aufgehoben. In Wirklichkeit wird die hierarchische Struktur des Geschlechterverhältnisses jedoch dadurch befestigt.[39]

Das Geschlechterverhältnis und die „Unsichtbarkeit" der Frau
in Theologie und Kirche

Die sozialpsychologische Diskussion der Konstitution des Geschlechterverhältnisses hat diese Ontologisierung geschichtlich gewordener und gesellschaftlich bedingter Vorstellungen aufgebrochen. Die Kategorie „Geschlecht" ist stattdessen als eine komplexe Konstruktion zu verstehen, die sowohl generische, biologische wie soziale Elemente der Deutung enthält. Aber auch die neueren historischen Arbeiten zur Geschichte der Frühen Kirche[40] zeigen sehr deutlich, daß Frauen von der Leitung, Mitgestaltung und vom theologischen Diskurs keineswegs von Anfang an ausgeschlossen waren. In vielfältiger Weise waren sie gerade zu Beginn der Jesusbewegung, aber auch noch in den Anfängen der Frühen Kirche als Apostelinnen, als Gemeindeleiterinnen tätig, lebten als Asketinnen in der Abkehr von rein familienbezogener Existenz emanzipatorische Tendenzen.[41] Allerdings dauert die Phase dieser gleich-berechtigten Praxis nicht lange. In einem längeren Prozeß und aufgrund vieler interner und externer Faktoren[42], gerade auch in der Abwehr sog. häretischer Gruppierungen und Lehrmeinungen, in denen Frauen führend waren, wird die Partizipation von Frauen immer weiter eingeschränkt. „Soziologisch gesehen war die allmähliche Institutionalisierung der christlichen Bewegung und ihre Angleichung an die zeitgenössische patriarchalischen Strukturen unumgänglich, wenn die Christengemeinde wachsen und sich entfalten wollte. Gleichzeitig aber brachte diese strukturelle Verfestigung eine Patriarchalisierung der christlichen Leitungsaufgaben mit sich, so daß Frauen immer mehr von Führungsaufgaben ausgeschlossen und auf untergeordnete frauliche Rollen beschränkt wurden."[43]

Exkurs: Die Definition des Geschlechterverhältnisses und die Wirkungsgeschichte von Gen 1–3

Ein kurzer Blick in die Interpretationsgeschichte[44] bestimmter biblischer Texte kann diesen Prozeß erhellen. Er zeigt, etwa in der Interpretation der Schöpfungs- wie der Sündenfallgeschichte, wie sich hier die misogynen Elemente verselbständigen, verstärken, sich bestimmte Argumentationsmuster verfestigen und wiederholen, die die Möglichkeit einer positiven Mitwirkung von Frauen innerhalb pastoraler Praxis immer unmöglicher erscheinen lassen. „Besonders verhängnisvoll daran ist, daß die Argumente theologisch, d.h. als von Gott verfügt, die Unterordnung und Minderwertigkeit der Frau zu begründen versuchen. Aus der Verbindung unterschiedlichster Strömungen und Kulturen kommt es in dieser Zeit zu einer für die Frau äußerst verhängnisvollen Mischung von Argumenten. Diese unterschiedlichen Strömungen der Spätantike sind zum Teil leibfeindlich und frauenfeindlich und fast immer dualistisch. Insgesamt sind sie weder biblisch noch christlich."[45] Die Dämonisierung von Schönheit und Sexualität und die Konkretisierung dieser sündhaften Begierde in der Körperlichkeit der Frau bezeichnen den Anfang eines jahrhundertelangen Prozesses der Abwertung des Weiblichen, der, wie wir gesehen haben, bis in die jüngste Theologie- und Kirchengeschichte reicht.[46] Innerhalb der innerbiblischen Wirkungsgeschichte dieser Texte ist in Person und Lehre Jesu eine der großen Ausnahmen zu sehen. „... überall, wo Jesus mit Frauen umgeht und mit ihnen redet, kommt eine überaus freie, positive Haltung zum Ausdruck. Jesus hat offenbar nichts von der frauenfeindlichen Herablassung übernommen, die zu seiner Zeit – vor allem von religiösen und gebildeten Männern – Frauen gegenüber häufig üblich waren."[47] An der einzigen Stelle, wo Jesus sich auf die Urgeschichte beruft (Mk 10,2–9), dient seine Argumentation dem Schutz der Frau. Gegenüber der in seiner Zeit üblichen Kasuistik verweist er auf den ursprünglichen Sinn der Schöpfung.
Schon in der zweiten und dritten Generation nach Christus verändert sich dieses Bild. Mit 1Tim 2,8–15 wird festgehalten, daß die „... Frau ... somit erstklassig in der Sündenordnung, aber zweitklassig in der Schöpfungsordnung" ist.[48] Sie wird ganz bewußt durch das Leitbild der „Mutter" domestiziert. Ähnlich verhängnisvoll hat der in den Korintherbrief eingetragene Vers gewirkt, der eindeutig festschreiben möchte, wer in der Kirche das „Sagen" hat (1Kor 14,34). Obwohl Paulus im ganzen nicht als frauenfeindlich zu bezeichnen ist, hat gerade seine Adam-Christus-Typologie, vom Spätjudentum übernommen, in Richtung einer Abwertung des Weiblichen gewirkt. Hier wird die in den theologischen Ethiken so oft durchgespielte Parallelisierung geprägt: Adam – der eigentlich den androgynen Menschen noch vor aller sexuellen Differenzierung meint – wird mit dem ersten Mann, dieser aber mit Christus parallelisiert. „Eva" – in der Gleichsetzung mit der Frau allgemein – kann demzufolge dann nur noch eine nachgeordnete, zweitrangige, zudem durch ihre Verführungskunst grundsätzlich schuldhafte Existenz führen.[49] Bereits im Neuen Testament läßt sich außerdem die Tendenz zur Ontologisierung von Aussagen über das Geschlechterverhältnis feststellen. Die biblischen Texte selbst, für sich genommen und in ihrem Kontext interpretiert, sind so vielschichtig, daß ihnen eine eindeutige Theorie weiblicher Minderwertigkeit nicht unterstellt werden kann. Dennoch ist in der Wirkungsgeschichte innerhalb des Christentums letzten Endes die lehrhafte Verknüpfung bestimmter Stellen mit frauenfeindlicher Intention wirkungsvoller gewesen. „Lehrhafte Auslegungstraditionen ... prägen daher nach wie vor stärker als der biblische Urtext das ‚christliche Bild' der Frau."[50] Wie die Hausta-

feln und die einschlägigen Ermahnungen der Pastoralbriefe zeigen, setzen sich die allgemeinen Ordnungsvorstellungen der antiken Umwelt schließlich wieder durch. „Die sogenannten Haustafeln in den späten Schriften des Neuen Testamentes, in denen die Unterordnung der Frauen gefordert wird, geben dem aristotelischen Ethos der Unterwerfung der Frau und der Herrschaft des Mannes den Status des in der Heiligen Schrift kodifizierten Gotteswortes."[51]

Entscheidend verschärft sich diese Auslegungstradition von Gen 1–3 durch Augustin, der aus der neuplatonischen Richtung der spätantiken Philosophie kommt und durch die Leibfeindlichkeit des Manichäismus geprägt ist. Die Gottebenbildlichkeit der Frau, wie sie in Gen 1 ausgesagt ist, bezieht sich nach ihm nur auf ihre Seele und gilt nur insofern, als diese geschlechtslos ist. Die Unterordnung der Frau beginnt dort, wo sie als Geschlechtswesen auftritt. „Frau-sein" wird seit Augustin mit Sexualität und diese mit Sündhaftigkeit gleichgesetzt. Alle drei frauenfeindlichen Interpretationsmöglichkeiten der Urgeschichte finden sich hier verknüpft und werden in der Folgezeit mit sich verschärfenden Tendenzen weitergegeben.

Die patriarchale Begründung pastoraler Praxis schließt Frauen auch auf der transzendenten Ebene aus. So wie der eine Gott die Welt, so soll der eine Bischof die Kirche und der Hausvater seine Familie regieren.[52] Die Herausbildung des Klerus als eines besonderen Standes von „Berufenen" nimmt deutlichere Formen an. Die Kluft zum übrigen Gottesvolk, zur Gruppe der unmündigen Laien(frauen), die keinen direkten Zutritt zum Allerheiligsten hatte, wird verstärkt.[53] Die Einführung des Zölibats im Hochmittelalter entfernt schließlich die Gruppe der Kleriker-Männer noch stärker von der Sphäre und Lebenswirklichkeit der Frauen und, was noch gefährlicher ist, entfremdet sie damit ihrer eigenen psychischen Realität. In diese Zeit fällt die Rezeption der aristotelischen Philosophie durch Thomas von Aquin, schreibt dieser sein theologisches Grundlagenwerk. Verhängnisvoll wirkt sich aus, daß Thomas die Minderbewertung der Frau von Aristoteles übernimmt und theologisch untermauert. Nach Aristoteles besitzen nur Männer Vernunft und Selbststand. Nur sie sind zur Leitung der öffentlichen Belange befähigt. Frauen dagegen sind „von Natur aus minderwertig, für den Haushalt und das Aufziehen von Kindern da ..., also für den privaten Bereich. Im westlichen Denken tief verankert, hat diese Zweiteilung zahlreiche tragische Folgen gezeigt. Sie hat nicht nur zu der überwältigenden männlichen Vorherrschaft in der Theologie und im kirchlichen Entscheidungsprozeß beigetragen ..."[54]

Luther und die Reformation bedeuten hier den Versuch einer Rückbesinnung auf neutestamentliche Grundüberzeugungen. Die „kläsis" (1.Petr. 2,9), die Berufung zum ChristInsein, gilt für alle Gläubigen. Das Priestertum aller Gläubigen umfaßt ausdrücklich auch die Frauen. Doch bedeutet diese Einbeziehung der Frauen letztlich nur wieder eine rhetorische, theoretisch-theologische. In praxi, d.h. in der Frage einer möglichen Umsetzung dieser gleichberechtigten Teilhabe herrschen dann wieder pragmatische Gründe vor, wird geschlechtsspezifischen Annahmen größeres Gewicht eingeräumt als evangelischer Freiheit. Frauen sind, „wie die Erfahrung lehrt" oder die bekannten Bibelstellen belegen, nicht dazu berufen, das Predigtamt wahrzunehmen.[55] Haus und Familie sind der Ort ihres eigentlichen Gottesdienstes. Die reformatorische Vorstellung eines Gottesdienstes nach Röm 12 verbindet sich damit unter der Hand wieder mit geschlechtsspezifischen Rollenzuschreibungen.

In der Konstituierung des evangelischen Pfarrhauses allerdings[56] haben die reformatorischen Überzeugungen konkrete Konsequenzen und Umstrukturierungen nach sich gezogen. Hier, an der Seite des seiner „Berufung" lebenden Pfarrmannes, kann die Frau nun mit-wirken, kann sie Gemeinde mit-gestalten. Dies ist noch ganz positiv auf dem Hintergrund der damaligen Sozialform der bäuerlichen bzw. handwerklichen Zusammenarbeit von Frau und Mann in einer Arbeits- und Lebensgemeinschaft zu verstehen. Die Familie wurde damit zum Modell gelebter evangelischer Frömmigkeit, das Pfarrhaus übernahm die Vorbildfunktion, die bisher die Klöster innehatten.⁵⁷ Über diesen Sonderfall der Partizipation der Frau am Pfarramt hinaus gab es dann allerdings – nachdem die Möglichkeit des zölibatären Lebens weggefallen war – nur noch den ehrenamtlichen „Dienst", die Vielzahl der zuarbeitenden Dienstleistungen, die ganz selbstverständlich von Frauen in der Kirche bis heute erwartet werden.

Diese in einer jahrhundertelangen Geschichte tradierten geschlechtsspezifischen Leitbilder als Konkretion eines hierarchischen Geschlechterverhältnisses haben dann, wie die Geschichte der Theologinnen zeigte, in der Auseinandersetzung um die gleichberechtigte Teilhabe von Frauen am Pfarramt eine große Rolle gespielt. Es waren auch hier die seit Aristoteles und Thomas bekannten Argumentationsmuster, die die Unmöglichkeit dieser Forderung deutlich machen sollten, Argumentationsgänge, die bis vor einigen Jahrzehnten noch theologische Anthropologie und Ethik und damit auch kirchlich-offizielles Reden und Handeln geprägt haben.⁵⁸
Nur schwerfällig und unwillig, so scheint es, sind Theologen heute bereit, die veränderte Lebenswirklichkeit und die tiefgreifenden Veränderungen im Selbstverständnis von Frauen aufzunehmen.⁵⁹ Eine echte Revision des traditionell hierarchischen Geschlechterverhältnisses findet auch in den neueren ethischen Entwürfen noch kaum statt.⁶⁰ An die Stelle einer aktiven Verneinung der gleichberechtigten Stellung der Frau ist bestenfalls das Verschweigen der mit der veränderten Situation sich stellenden Probleme getreten.⁶¹ Die Herausforderung allerdings, Androzentrismus als „blinden Fleck" innerhalb theologischer Anthropologie und Ethik und damit auch innerhalb der Pastoraltheologie aufzubrechen, stellt sich durch die pastorale Arbeit der Frauen nachhaltig und unabweisbar.⁶² Es ist zu hoffen, daß in dem Maße, wie Frauen und Männer mit den ihnen angesonnenen sozialen Geschlechtsrollen umzugehen lernen, diese ihre normierenden und hierarchisierenden Effekte verlieren, so daß es leichter möglich sein wird, gemeinsam zu einer Definition des Geschlechterverhältnisses zu finden, die Raum bietet für Gleichheit und Differenz beider Geschlechter, ohne daß eines das andere hierarchisch abwertet. „Der Feminismus, der nach und nach nicht nur Inhalte und Methoden des gesamten wissenschaftlichen Fächerkanons, sondern auch zahllose eingespielte gesellschaftliche Selbstverständlichkeiten als Manifestationen einer androzentrischen Kultur entlarvt, hat bereits in den wenigen Jahren seines Bestehens erhebliche Unsicherheit ausgelöst, ohne daß er die ... geforderten Gegenentwürfe schon in sichtbarer Einhelligkeit vorgelegt hätte. Gerade indem die Entscheidung darüber, was eine Frau und was ein Mann sei und wie eine nicht-androzentrische Kultur auszusehen habe, vorerst zum Gegenstand offener theoretischer Auseinandersetzung gemacht wird ..., indem Neufixierungen vermieden, der Dekonstruktion vor der Rekonstruktion der Vorzug gegeben wird, entsteht die heilsame Verwirrung, die zum Experimentieren anregt, statt vorschnell neuartige Normen zu etablieren."⁶³ In dieser mühsamen „Dekonstruktion" und Aufdeckung der Ausschlußmechanismen für Frauen ist die gegenwärtige Hauptaufgabe auch einer pastoraltheologischen Analyse zu sehen.

3. „Amt und Dienst" – zur Kritik geschlechtsspezifischer Arbeitsteilung in der Kirche[64]

Die Zuordnung der Begriffe von „Amt" und „Dienst" ist auf diesem Hintergrund als Niederschlag eines hierarchisch definierten Geschlechterverhältnisses und als eine spezifische Form von Ausschlußmechanismen zu verstehen. Der Amtsbegriff entwickelt sich auffällig genug[65] entlang der geschlechtsspezifischen Arbeitsteilung. Letztlich dient die Begründung durch die dazu passenden Leitbilder und das Verständnis des Geschlechterverhältnisses dazu, den Ausschluß von Frauen aus dem pastoralen „Amt" plausibel und quasi „natürlich" erscheinen zu lassen.

Dabei war zunächst im neutestamentlichen Begriff der „diakonia" beides zusammen gemeint gewesen, ein „Dienst-Amt", das charismatisch begründet und auf die oikonomia der Gemeinde ausgerichtet war. Beim Übergang des Christentums in den lateinischen Sprachraum wurde dieses „Dienst-Amt" zum „ministerium". Damit schwangen, obwohl durchaus noch Anklänge an den Dienstgedanken zu erkennen sind, höfisch-hierarchische Vorstellungen mit. Es war damit das Ehrenamt gemeint, das Männern aufgrund ihrer sozialen Stellung oder Verdienste bei Hofe zugewiesen wurde. Der Ausschluß der Frauen, ihr Unsichtbarwerden war mitgesetzt, ohne daß dies noch einer besonderen Begründung bedurft hätte. Immer stärker wurde nun der Klerikerstand von dem der LaiInnen abgesetzt, die Abgrenzung durch Weihe und Zölibat dokumentiert. Demgegenüber betonte Luther im Rückgriff auf biblische Aussagen das Eingebundensein des „geistlichen Standes" in das PriesterInnentum aller Gläubigen. Die Taufe war damit das grundlegende Sakrament, das alle zusammenschloß. Der geistliche „Stand" wurde nicht mehr durch Zölibat oder Weihe begründet. Insofern jedoch das „Wort", die Predigt und Verkündigung für die reformatorischen Kirchen und ihren Gottesdienst einen zentralen Platz einnahm, war es vor allem die besondere, akademische Ausbildung, die für alle Pfarrer zwingend vorgeschrieben wurde. Diese aber gerade stand Frauen nicht allgemein offen. Die dadurch entstehende soziale Schließung[66] des Berufsstandes der „Geistlichen" nach „unten" trug wesentlich zum Selbstverständnis der Theologen als „Professionelle" bei. Mit dieser Abgrenzung gegenüber der übrigen Gemeinde und besonders gegenüber der Gruppe der Frauen entwickelt sich in der Praxis wiederum eine „Amts"theologie, die nicht mehr ausbalanciert ist mit der reformatorischen Vorstellung eines PriesterInnentums aller Gläubigen, wie es bei Luther zumindest intendiert war.

Gleichzeitig verengt sich die im neutestamentlichen „Dienstamt" grundlegende Bedeutung von diakonia als „Dienst" auf die rein sozial-diakonischen Aufgaben. Diese waren in erster Linie von Frauen auszuführen. Ob als „Witwen" oder im letzten Jahrhundert als „Diakonissen" – es wird als die natürliche Veranlagung der Frau angesehen, für andere sorgend dazusein. Dies prädestiniert sie zur Übernahme des Dienstes. Das Ideal des Dienens wird im selben Maß, wie sich das „Amt" als Gegenüber zur Gemeinde konstituiert, mit dem Wesen der Frau allgemein identifiziert[67], verbindet sich, wie wir sahen, mit dem Leitbild der „guten Mutter".

Beide Begriffe, „Amt" und „Dienst", sind deshalb für pastoraltheologische Reflexion schwierig geworden.[68] Ein Dienst von Frauen, der ihnen qua Schöpfungsordnung zugeschrieben, als ihre „Berufung" aufgezwungen wird, sie zugleich jedoch von Mitgestaltung, Mitverantwortung und theologischer Mitdefinition ausschließt, korrumpiert zu einer bloßen Zuarbeiterinnenrolle. Ebenso verdirbt ein „Amt" ohne reales Dienen, d.h. ohne Teilhabe an der täglichen Sorge-Arbeit, zu einer notdürftig retuschierten Machtposition. „Was die Praxis aller Christ/inn/en sein sollte, wird zum Wesen der Frau erklärt. Damit sind alle Männer vom realen Dienst weitgehend entlastet. Sie können sich der theoretischen Konzeption des Dienstes (Predigt, Theologie) und der Verwaltung des Dienstes (Leitungsfunktionen) widmen, ohne selbst von den Unannehmlichkeiten seiner alltäglichen Realisierung beansprucht zu werden. Die Tatseite der Nachfolge wird ihnen zum schwachen Moral-Appell, denn die real-liebende Arbeit wird von (ihren) Frauen (zu Hause) geleistet."[69] Damit wird die geschlechtsspezifische Arbeitsteilung, wie wir sie als bestimmende Struktur gegenwärtiger gesellschaftlicher Wirklichkeit gesehen hatten, in der Kirche reproduziert und, was noch viel nachhaltiger wirkt, auf der Ebene der symbolischen Kommunikation, z.B. der pastoraltheologischen Begriffe befestigt und begründet.

Statt von „Amt" wird des öfteren auch von „Berufung-Beruf"[70] gesprochen. Damit scheint die Unverfügbarkeit des Auftrags besser gewahrt zu sein, die Vorstellung eines überweltlichen Sinns pastoraler Praxis, einer transzendent verankerten Qualität. Auf dem Hintergrund unserer Überlegungen zur geschlechtsspezifischen Arbeitsteilung muß jedoch auch dieser Begriff kritisch analysiert werden, immunisiert er doch in ähnlicher Weise wie etwa die theologische Rede vom „Menschen" gegen[71] die Wahrnehmung der gegenwärtigen Bedingungen pastoraler Praxis. Wie ein kurzer Blick auf die Begriffsgeschichte zeigt, ist die Rede von einer solchermaßen gelebten und verwirklichten „Berufung" nur möglich durch die Freistellung dieser Person von allen sonstigen Verpflichtungen des alltäglichen Lebens. Komplementär dazu wurde Haus- und Familienarbeit Frauen zugeschoben, unter dem Vorwand ihrer „natürlichen Berufung". Will man diese geschlechtsspezifische Teilung aufheben, muß ein neuer Begriff gefunden werden, der einheitsstiftende Aussagekraft hat, ohne die geschlechtsspezifische Aufteilung zu programmieren.[72, 73]

Der Begriff „Arbeit"[74]

Gegenüber den problematisch gewordenen Begriffen von „Amt" und „Dienst", „Berufung" und „Beruf" erscheint es sinnvoller, den Begriff der „Arbeit" zu gebrauchen. Er ermöglicht es, auf einer breiten, allgemeingesellschaftlichen Basis sowohl die außerhäusliche Berufsarbeit, die ehrenamtlich geleistete Arbeit, wie schließlich auch die häusliche Erziehungs- und Hausarbeit miteinander so zu verbinden und zusammenzudenken, daß sie als konstitutive Elemente menschlicher Existenz in den Blick kommen.

Exkurs: Zur Begriffsgeschichte des Wortes „Arbeit"

Schon immer erinnerte das Wort „Arbeit" in seiner ursprünglichen Wortbedeutung von „Mühsal, Not, Anstrengung" an den sozial niederen Ursprung und ist damit durchaus dem Begriff der „diakonia" verwandt. Arbeit war vor allem Arbeit der weiblichen und männlichen Leibeigenen, der Knechte und Mägde. Später wurde Arbeit ausgedehnt auf alle „Tätigkeiten, die nur von Abhängigen ausgeübt wurden"[75]. Diese diente vor allem der Herstellung der Dinge des alltäglichen Bedarfs. Zu dieser Art von „Sorge-Arbeit" gehörte u.a. der Haushaltsbereich, der schon in der vorindustriellen Gesellschaft Frauen-Arbeit und lebensnotwendig in der Herstellung von „Lebens-Mitteln" war.
Nur insofern also diese tägliche Sorge-Arbeit delegiert werden konnte, war kulturelle Arbeit, war öffentliches, politisches Handeln und geistiges, kulturelles Schaffen möglich. Dieser Zusammenhang muß gesehen und theologisch bewertet werden. Das eine ist die notwendige und unerläßliche Bedingung des anderen.[76] Seiner „Berufung" zu leben, der Tätigkeit eines freien (männlichen) Staatsbürgers nachzugehen, kann sich nur derjenige leisten, der unabhängig ist von alltäglicher Arbeit, die von einer anderen (weiblichen) Kraft geleistet wird.[77] Aber genau hier liegt auch der Ursprung von Ausbeutung und Herrschaft. In der Antike galt die Auffassung: nur indem man andere zwingt, stellvertretend diese lebensnotwendige Arbeit zu tun, kann „freie Arbeit", nämlich öffentlich-politisches Handeln geschehen, kann ein Mann seiner „Berufung" leben, seinem Auftrag gemäß handeln.
Hinzu kommt eine weitere Überlegung. Im Übergang zur industriellen Gesellschaft verändert sich, was bisher den Wert von Frauen-Arbeit bedeutet hatte. Das „Haus" ist nicht mehr der Ort des Lebensunterhaltes, der Herstellung von Lebensnotwendigem. Arbeit geschieht immer mehr außer Haus. Auch neue Formen außerhäuslicher Frauenarbeit z.B. in den Fabriken kommen hinzu. Nun wird unterschieden zwischen „heimlicher", unbezahlter Hausarbeit, die gar nicht mehr als „richtige" Arbeit gilt, ehrenamtlicher Tätigkeit[78], häuslicher (Heimarbeit) und außerhäuslicher Erwerbsarbeit. Die bisher schon vorhandene Geschlechterungleichheit, die unter dem Druck der für Frauen und Männer gleichen feudalen Abhängigkeit verdeckt war, wird nun transformiert in die Abhängigkeit der Frau vom eigenen Ehemann. Dieser nimmt nun die Rolle ein, die bisher der jeweilige „Herr" innehatte. Hatte vorindustriell die Freiheit des „Herrn" darin bestanden, die Sorge für das Lebensnotwendige an Untergebene – Männer und Frauen – delegieren zu können, wird dies nun zu einer innerfamiliären Angelegenheit. Das Leitbild der „Mütterlichkeit" dient dabei in einer sehr effektiven Weise dazu, diese Delegation zu regeln.
Zudem verbindet sich nun der außerhäusliche Arbeitsbegriff mit der Möglichkeit des persönlichen Aufstiegs, mit gesellschaftlichen Machtpositionen. Bildung und Arbeit ersetzen den Grundbesitz. Dies alles führt zu einer Überbewertung außerhäuslicher Arbeit als gesellschaftlich allein relevanter Arbeit.[79] Demgegenüber wird Hausarbeit immer stärker abgewertet. Von dieser Genese her wird verständlich, warum Frauenarbeit auch heute noch in erster Linie als Zuerwerb verstanden wird und damit, wie jede Rezession zeigt, ökonomisch verwundbar ist.[80] Aus der Frauenarbeit, die zur Herstellung des Lebensnotwendigen beitrug, wird das bloße Verwalten des familiären Konsums. Abhängig vom Lohn des Mannes, verwaltet die Frau das vom Mann verdiente Geld. Wer Geld bringt, schafft an – dieser Grundsatz verändert in der Folgezeit die Frauenarbeit entscheidend. Sie wird immer als eine broß private verstanden, wird unsichtbar, ja im Vergleich zur beruflichen Arbeit als parasitär abgewertet. Diese Minderbewertung gilt, wie unsere Ausführungen zm Konzept des geschlechtsspezifischen Arbeitsmarktes gezeigt haben, auch für die vollzeitliche außerhäusliche Berufsarbeit von Frauen. Der grundsätzliche Zusammenhang zwischen Hausarbeit als Sorge für das Le-

bensnotwendige und der außerhäuslichen Arbeit wird nicht mehr gesehen. Dennoch wäre ohne diese „unsichtbare" Hintergrundsarbeit auch heute die sogenannte „volle" Berufstätigkeit gar nicht möglich.

Leitungspositionen und „Sorge-Arbeit"

Kehren wir in den kirchlichen Bereich zurück. „Amt" und „Dienst" als spezifisch kirchliche Ausprägungen geschlechtsspezifischer Arbeitsteilung wiederholen sich in der Gefahr einer zunehmenden geschlechtsspezifischen Segregation innerhalb des pastoralen Arbeitsfeldes. Bei einer zahlenmäßigen Zunahme von Frauen in pastoraler Arbeit werden auch die Aufgaben nach geschlechtsspezifischen Schwerpunkten aufgeteilt. Dies bedeutet, daß die klientenzentrierte, bedürfnisorientierte Arbeit innerhalb dieses Berufsspektrums vornehmlich den Frauen, die einen Menschen „ganz" fordernden Leitungsaufgaben dagegen wieder den Männern zugeschrieben werden. Damit kommt es erneut zu einer geschlechtsspezifischen Aufteilung des pastoralen Arbeitsfeldes. Kirche als ein Raum, wo es dem Willen Jesu nach „nicht so sein soll" wie unter den Mächten dieser Welt, sollte es zumindest einen Versuch wert sein lassen, diesen Strukturzwängen zu widerstehen. Was in unzähligen kirchlichen Dokumenten schon niedergelegt worden ist[81], bedarf eigentlich nur der Realisierung, der Umsetzung in die Wirklichkeit kirchlicher Praxis. „In einer Gemeinschaft von Frauen und Männern müssen beide ihre Gaben entwickeln und ausbauen können, die wegen der bisherigen Rollen- und Machtverteilung unterentwickelt geblieben oder unterdrückt worden sind. In einer solchen Gemeinschaft muß auch Arbeit neu verteilt werden: Familien-, Haus- und Erwerbsarbeit, leitende und dienende Arbeit, hauptberufliche und ehrenamtliche Mitarbeit. In einer gerechten Gemeinschaft müssen Männer angestammte Vorrechte aufgeben, sich auf die Veränderung von Strukturen einlassen und in der Auseinandersetzung mit Frauen neue Verhaltensweisen lernen."[82]

Wie die Gespräche mit den Pfarrerinnen gezeigt haben, ist die regulative Funktion geschlechtsspezifischer Leitbilder im Blick auf Arbeit und Stellenansprüche unverkennbar. Es wird in Zeiten des Stellenmangels für Pfarrerinnen schwerer sein, ihr Recht auf Arbeit aufgrund ihrer theologischen Ausbildung durchzusetzen als für männliche Theologen.[83] Ihre potentielle oder reale Mutterschaft wird ihnen zum ständigen beruflichen Nachteil ausgelegt. Umgekehrt werden angehende Pfarrer mit größeren Schwierigkeiten rechnen müssen, wenn sie versuchen, für sich die Möglichkeit von Erziehungszeiten und weiterreichender persönlicher Beurlaubung in Anspruch zu nehmen. Gerade im Bewußtsein der überall präsenten Strukturen geschlechtsspezifischer Arbeitsteilung sollte im Raum der Kirche jedoch versucht werden, anders zu handeln. Grundlegende Bedingung dafür ist allerdings, daß in den Partnerschaften „Sorge-Arbeit" von Männern in gleichem Umfang übernommen wird wie von Frauen.

Fällt dies den meisten männlichen Theologen schwer, so zögern Frauen oft, die mit Leitungspositionen verbundene Macht zu übernehmen. Ihre Sozialisation bedeutet oft genug eine für Leitungsaufgaben wenig angemessene Vorbereitung, etwa in der grundsätzlichen Hemmung, Konflikte zu provozieren und auszutragen und Führung zu beanspruchen.[84] Schon in der Verständigung darüber, was unter „Macht" zu verstehen und wie diese zu gebrauchen sei, gibt es geschlechtsspezifische Unterschiede. Während Macht traditionellerweise bedeutet, den eigenen Willen notfalls auch gegen Widerstand durchzusetzen, sieht etwa H. Arendt „Macht" als eine Potenz an, gemeinsam mit anderen etwas hervorzubringen, im Sinn einer Ermächtigung anderer zum gemeinsamen Tun.[85] „Nicht die Scheu davor, Verantwortung zu übernehmen, sondern die Art, wie mit dem damit verbundenen Quentchen an Macht umgegangen wird, schreckt viele Frauen ab."[86] Durch diese doppelte Zielsetzung ist auch in der beruflichen Karriere von Theologinnen etwas von dem „Planlosigkeitssyndrom" zu spüren, das schon für das Studium kennzeichnend gewesen war.[87]

Eine Änderung des Verhaltens von Frauen ist neben der Veränderung des Bewußtseins allerdings nur dann zu erwarten, wenn sich durch berufliche Erfolgserfahrungen das Bewußtsein einstellt, daß Gestaltungsmacht positiv ausgeübt werden kann. Erst wenn – in traditionellen Termini gesprochen – „Amt" und „Dienst" nicht weiter geschlechtsspezifisch verteilt, sondern gemeinschaftlich ausgeübt werden, kann von einer Realisierung gerechter Partnerschaft zwischen Frauen und Männern in der Kirche gesprochen werden. Frauen und Männer könnten sich dann als in beiden Lebensbereichen gemeinsam tätige „Co-Creators"[88], als Mit-SchöpferInnen Gottes verstehen. „Feministische Theologie könnte eine Theologie sein, die die patriarchale Aufteilung des Evangeliums in männliches Wort und weiblichen Dienst auf der theoretischen wie praktischen Ebene aufhebt: Nachfolgerin Christi ... kann nur sein, wer Wort- und Tatseite des Evangeliums nicht trennt. Das bedeutet für die Praxis der Frauen in der Kirche: nicht die ‚Eroberung' der männlichen Wort-Ausschließlichkeit und *auch* nicht das Verharren in weiblicher Dienstbarkeit ist der Ausweg aus dem Dilemma. Es braucht weibliche und männliche Subjekte, die den evangelischen Sinn von Liebe wiederentdecken ... Es braucht predigende Diakonissen, windelwaschende ‚Theologieprofessoren', kaffeekochende Prediger, Mütter im Bischofsamt, Exegeten im ‚Hausmann'-Status ... Und das alles nicht als kokette Mode, sondern als soziale Grundstruktur der Kirche."[89]

Strukturelle Konsequenzen[90]

Dies hat freilich Konsequenzen für die kirchliche Praxis. Zwar wird hier schon einiges für die im kirchlichen Dienst Stehenden getan. Dennoch ist es notwendig, auf die sich aus der geschlechtsspezifischen Arbeitsteilung ergebenden Probleme für Frauen (und Männern) besonders einzugehen. Dazu gehört in erster Linie, daß über die Begrenzung von Arbeitszeit und flexible Arbeitszeitmodelle neu nachgedacht werden muß. Der Versuch, Arbeitszeit auch in pastoraler Praxis einzugrenzen, darf nicht sofort mit dem Verdacht belegt werden, es mit dem „Auftrag" oder der „Berufung" nicht so ernst zu nehmen. Unsere gegenteilige These lautet, daß nur in begrenzter und menschenmöglich verfügbarer Zeit wirkliche Zuwendung geschehen kann und daß im Interesse aller die Strukturen dieser

„Zuwendungs-Arbeit" oder „Sinn-Vermittlungs-Arbeit" neu überdacht und abgegrenzt werden müssen. Es sollten materiale und methodische Kriterien ausgearbeitet werden, damit diese Abgrenzungsarbeit nicht immer nur individuell oder gar innerhalb einer Partnerschaft geleistet werden muß. Dies würde dann auch bedeuten, die Fähigkeit zu delegieren wirklich einzuüben und einzelne Teilrollen der pastoralen „Generalistenrolle" an SpezialistInnen abzugeben. Der Verbund mehrerer solcher spezialisierter Einzelrollen, das Miteinander von Teilzeit- und Vollzeitstellen, sollte systematisch gefördert werden. Noch ist der empirisch begleitete und wissenschaftlich ausgewertete Versuch nicht gemacht, solche schon existierenden Stellen-Verbund-Systeme wirklich längerfristig zu beobachten und auszuwerten, um hier zu vergleichsweise intersubjektiven Fakten zu kommen.

Es leuchtet ein, daß da, wo eingefahrene Gleise verlassen werden, die Beratung und Begleitung von Pfarrerinnen und Pfarrersehepaaren immer wichtiger wird. Gerade die phasenorientierte, lebenslaufspezifische Beratung an den „Brüchen" der Lebensalter ist hier von großer Bedeutung. Die pastoralpsychologische Begleitung in Phasen der Beurlaubung wie dann auch die Wiedereingliederung von längerfristig Beurlaubten (Männern und Frauen) wird in Zukunft verstärkt angegangen werden müssen. Aber auch die Gruppe der Alleinlebenden benötigt diese Begleitung, um nicht die Balance zwischen Arbeitszeit und Privatzeit zu verlieren. Ebenso sind diejenigen Pfarrerinnen besonders zu berücksichtigen, die versuchen, familiale und berufliche Arbeit miteinander zu verbinden. Hier sind es vor allem die Aspekte der eigenbestimmten Zeitstrukturierung, die hier immer wieder neu in Erinnerung gerufen werden müssen.

Der Umgang der Theologinnen mit Macht und Machtstrukturen, die Fähigkeit, sich abzugrenzen und Nein zu sagen, will eingeübt sein. Im Gegenzug dazu müßte sich in der mentalen Struktur von Männern in der Kirche die Vorstellung verankern lassen, daß Erziehungszeiten ein Gewinn und eine Bereicherung und nicht nur als „Karriereknick" zu verstehen sind. Die Ausarbeitung von Qualifikationsprofilen für Leitungspositionen könnte dem insofern nachhelfen, als hier Erziehungs- und Sozialzeiten positiv honoriert, das Fehlen dieser Zeiten dagegen negativ sanktioniert werden sollte.

Suggeriert der traditionelle Berufungsbegriff eine umfassende Verantwortlichkeit, von der es letztlich keine Entlastung, etwa durch Arbeitsteilung gibt, so erleichtert gerade der Begriff der „Arbeit" die Vorstellung von Arbeits-Teilung, von Zusammen-Arbeit, von einer Gleichstellung der Mit-Arbeit von LaiInnen und TheologInnen. Die Spezialisierung bestimmter Teilrollen aus dem Spektrum pastoraler Praxis wird eine solche Zusammenarbeit in Zukunft immer dringlicher und notwendiger erscheinen lassen. Gerade weil sich Frauen und Männer in unterschiedlichen Dienstverhältnissen und Arbeitszeitmodellen, mit verschiedener Kompetenz und unterschiedlichem Professionalisierungsgrad in die pastorale Arbeit einbringen, wird wohl auch über die Ordination als der gemeinsamen, inneren Verpflichtung aller „Arbeiterinnen und Arbeiter im Weinberg Gottes" neu nachgedacht werden müssen.

„Sabbat"[92] als Nicht-Arbeit

Gehören zur Arbeit sowohl die außerhäusliche Berufsarbeit wie die häusliche Hintergrunds- und Erziehungsarbeit, so korrespondiert diesem Begriff im Ganzen der der bewußten Nicht-Arbeit, der „Muße". Diese ist noch einmal etwas anderes als Freizeit, auch etwas anderes als „Familien-Zeit". Muße, Kontemplation als bewußt gesetzte Zeit der Nicht-Arbeit schärft den Blick für die Abgrenzung und Strukturierung von Arbeit in beiden Bereichen, setzt Zeitmarken, Frei-Räume des Ich- und Andersseins gegenüber den Verpflichtungen und Regeln der Arbeit. Alle biblischen Bilder und Redewesen vom Sabbat leben hier wieder auf. Theologisch, auch pastoraltheologisch, ist hierüber schon viel Wesentliches und Gutes geschrieben worden.[93] Doch die Realisierung scheitert am Übermaß der Verpflichtungen, scheitert am Druck von außen. Dieser Außensteuerung gilt es verstärkt die inneren Räume, der Dynamik des „Muß" die Dynamik der Muße entgegenzusetzen. „Auch das ‚Nichtstun' kann dann mit einer bedeutungsschwangeren Sinnqualität besetzt werden. Charakteristisch ist, daß der diesen Aktivitäten zugeordnete Erlebnisstil eng mit der subjektiven Zeit und inneren Dauer gekoppelt ist, was die Erfahrung von einem Erleben von Zeit als Verweilen in der Zeit erzeugt."[94] „Zeitwohlstand" ist dann erreicht, wenn die vielen Momente der Zeitstrukturierung zusammenwirken und sich in einem eigenständigen Gefühl von Zufriedenheit verdichten. Gerade das Bewußtsein, sich in verschiedener Zeitdefinition hin- und herzubewegen, erleichtert das Eintauchen z.B. in diese Muße-Zeit. Die Übergänge zwischen den einzelnen Zeitmodi und -tempi sind dabei entscheidend. Sie müssen bewußt wahrgenommen und genutzt werden. Diese erhöhte Sensibilität steigert das Gefühl für die Zeiträume der eigenbestimmten Zeit. Die Verantwortung für die Verwendung der Zeit nimmt zu.

Gerade berufstätige Frauen mit Familie kennen dieses Wechseln der verschiedenen Zeitmodi und -tempi, können diese Übergänge bewußt wahrnehmen und für sich nutzen[95], brauchen aber darüberhinaus auch bewußte Übergänge in die sog. „Muße-Zeit".

Männer und Frauen, die nach diesen Werten leben, halten sich auch im Blick auf ihre eigene Biographie mehrere Optionen offen. Der flexible Umgang mit lebenszeitlichen Zeitstrukturen ist positiv zu werten. Er eröffnet neue Perspektiven im Blick auf Teilzeit-Arbeit, wie sie gerade von Frauen aufgrund geschlechtsspezifischer Arbeitsteilung immer wieder ausgeübt und als Notbehelf empfunden wird. Als „Grenzgängerinnen" zwischen beiden Lebensbereichen, wie wir sie genannt haben, machen Frauen dabei immer wieder wichtige Relativierungserfahrungen gegenüber den sich absolut setzenden Werten und Leitbildern des jeweiligen Lebensbereichs. Keines dieser Werte kann oberste Priorität gewinnen, das Leben ganz bestimmen. Gerade das Leben mit Kindern verschafft in unserer rationalisierten Welt einen Geschmack für eine andere Qualität von Zeit, die es gilt, auch in der legitimerweise durchstrukturierten Arbeitswelt wenigstens zu erinnern, könnte den Zugang zur Qualität von „Muße" und Kontemplation erleichtern.

Im Übertrag dieser Reflexionen auf die Gruppe der befragten Pfarrerinnen im

Gemeindedienst ist festzuhalten, daß die Relation zur Arbeitszeit neu überdacht werden muß, aber auch die Relation von Arbeitszeit und Freizeit. Frauen bringen allein durch ihre Anwesenheit und durch ihre sog. weibliche Normalbiographie die Notwendigkeit mit sich, fest strukturierte Arbeitszeiten zu installieren und sie in eine lebbare Relation zur Hintergrundsarbeit und Muße-Zeit zu setzen. Letztlich kommen diese klar definierten Eigenzeiten der pastoralen Arbeit jedoch wieder zugute, indem sie der Gefahr des bloßen Funktionalismus und der Vereinnahmung durch äußere Impulse entgegenwirken.

Wenn es denn darum geht, daß in pastoraler Arbeit etwas aufleuchtet von dem überschießenden Sinn des Lebens, von der Geborgenheit in Gott, von der Fülle der in Gott geschenkten Vergebung und Selbstannahme des Menschen und dies anderen zugesprochen und vermittelt werden soll, dann kann dies nicht im Geist des bloßen Aktivismus geschehen. Die „Rechtfertigung" pastoralen Arbeitens liegt dann nicht nur im Tun, in der stetigen Aktivität, sondern der Intention nach gerade im Vermitteln dieses überschießenden Sinns, im Sich-einlassen auf die Bilder der Hoffnung, auf die Visionen des Lebens. Gerade weil es innerhalb pastoraler Praxis auf die eigene Authentizität ankommt, weil es die eigenen spirituellen wie menschlichen Reifungsprozesse braucht, um hier wirklich glaubhaft Sinnhorizonte vermitteln zu könnten, ist die Zeit, die diesen Prozessen eingeräumt wird, von erheblicher Bedeutung.

Von diesen Überlegungen her ist nun aber auch der Begriff der Arbeit[95] theologisch neu zu qualifizieren. Herrscht gerade in der protestantischen Tradition die Vorstellung vor, daß Arbeit weitgehend Mühsal und Fluch der aus dem Paradies Vertriebenen ist, ein Verhängnis, das nur im Gehorsam gegen den göttlichen Willen im wahrsten Sinn des Wortes „abzuarbeiten" ist, ist demgegenüber daran festzuhalten, daß trotz der Mühsal der pastoralen Alltagsarbeit, trotz der Alltäglichkeit der Hausarbeit etwas vom „Glanz des Paradieses" doch noch da ist und hier und da aufleuchtet, das sich nicht einfach im sorgenden Tun erschöpft. „Arbeiten" steht, wie D. Sölle es etwa versteht, immer auch unter der Verheißung des mitschöpferischen Tuns[96], läßt sich nicht trennen von „Lieben" als der anderen Grundform existentieller Bezogenheit auf Welt. Die gegenwärtige Entfremdung der meisten arbeitenden Frauen und Männern von dieser Form der Arbeit wird hier besonders spürbar. Die Entfremdung auch derjenigen, die in pastoraler Arbeit stehen?

Durch das Bild des schöpferischen Gottes, der zur gemeinschaftlichen Arbeit ermächtigt und zur „Ruhe" einlädt, statt in der Gegenübersetzung von „Amt" und „Dienst", von Herrschaft und Zuarbeit die Menschen zu trennen, wird Teilhabe und Gemeinschaft ermöglicht, wird „gute Arbeit", wie Sölle solidarisches Arbeiten nennt, möglich, werden die Charismen der einzelnen gesehen und gefördert. MitarbeiterInnen, „co-creators"[97] Gottes in pastoraler Arbeit zu sein, bedeutet dann die Fähigkeit, im Verbund zu arbeiten, ermöglicht den Abbau von Hierarchien. Die Bedeutung der Taufe als des ersten Sakraments erweckt das PriesterInnentum von Frauen und Männern, von LaiInnen und Hauptamtlichen zu neuem Leben. Gal 3,28 gewinnt als Grundlagentext zentrale Bedeutung. „Arbeit" als theologischer qualifizierter Begriff für beide Lebensbereiche würde dann auch helfen, die Zeiten außerhalb eines aktiven kirchlichen Dienstverhältnisses theologisch zu interpretieren statt in die Beliebigkeit der „Privatheit" zurückzufallen. Dies würde der Gruppe der längerfristig Beurlaubten helfen, an ihrer Berufsidentität in irgendeiner Form konstruktiv festzuhalten.

Frauen und gerade Frauen in Männerberufen könnten auf diesem Hintergrund die ihnen immer wieder negativ angelastete berufliche Diskontinuität als Chance für neue Spiel-Räume, Seins-Räume interpretieren, könnten sich selbst in neuen Bildern positiv verstehen lernen. Dies führt zu einem letzten und abschließenden Gedanken.

4. Als Frau in einem Männerberuf – Von der fragmentarischen Existenz von Pfarrerinnen[98]

Pfarrerinnen, so ergab sich aus der Auswertung unserer Gespräche mit einer Gruppe von ihnen, durchlaufen eine ambivalente weibliche Sozialisation. Obwohl sie teilhaben an den Erwartungen und Zuschreibungen der weiblichen Geschlechtsrolle, werden sie doch schon früh und sehr direkt auch auf der männlichen Berufsschiene verstärkt, ermutigt und motiviert. Fasziniert von der Attraktivität männlicher Berufswelt wenden sie sich in der Mehrzahl gegen den traditionellen Lebensentwurf der Mutter, der den minderwertigeren unterlegenen Pol des geschlechtsspezifischen Arbeitsmarktes repräsentiert. Was aber macht diese Abkehr von den traditionellen Vor- und Leitbildern von Frauein mit den Befragten selbst? Wie beeinflußt dies die Konstitution ihres Selbstbildes? Bis auf die Gruppe der Pfarrerinnen, die sich bewußt gegen Partnerschaft oder Kinder entschieden haben, waren sich alle des Dilemmas bewußt, dem Lebensentwurf der Mutter letztlich nicht entkommen zu können. Die Spannung, beides miteinander in irgendeiner Weise vereinbaren zu müssen, wurde real oder projektiv auf die verschiedenste Weise gelöst. Alle individuellen Strategien, eine Balance herzustellen, konnten vor der Übermacht fremder, nicht steuerbarer Faktoren nicht bestehen. Zurück bleibt das Gefühl von Ohnmacht, von Versagen, ja Schuldigwerden den Ansprüchen der beiden Lebensbereiche gegenüber.

Dieser defizitären Deutung des weiblichen Lebensmusters entgegenzutreten, ist Ziel dieses letzten, abschließenden Gedankengangs. Die Situation selbst ist dabei nicht mit einfachen Rezepten zu verändern. Auf der Ebene struktureller Veränderungen könnte zwar gerade im Bereich der Kirche mit relativ wenig Mitteln manches verbessert werden.[99] Auf der Ebene der Selbstdeutung, der Leitbilder, muß in einem geduldigen und langfristigen Prozeß danach gesucht werden, wie Frauen und Männer, Pfarrerinnen und Pfarrer, die Familie und Beruf vereinbaren möchten, sich in ihrer ambivalenten Situation dennoch positiv verstehen können. Dies kann jedoch nicht dadurch geschehen, daß nun statt der alten Leitbilder schon fertige neue[100] propagiert würden. Aus der Geschichte der Theologinnen läßt sich lernen, daß erst eine neue Praxis, die gemeinschaftlich reflektiert und gedeutet wird, zu neuem Selbstverständnis und zu neuen Veränderungsmöglichkeiten führen kann. Erst wenn eine Vielzahl von Frauen in kirchlichen Führungspositionen wie in allen anderen Bereichen der Kirche ihre Perspektiven einbringen und Kirche und Gesellschaft mitgestalten können, kann gemeinschaftlich nach neuen Leitbildern gefragt werden.

Immerhin sollten im Vorgriff auf diese Veränderungen die theologischen Grundlagen dafür bedacht werden. So, wie die traditionelle Anthropologie seit Jahrhunderten dazu beitrug, den Ausschluß der Frauen aus dem Pfarramt zu legitimieren, so wäre es jetzt an der Zeit, eine Anthropologie zu entwickeln, die den Beitrag der Frauen innerhalb von Kirche und Gesellschaft theologisch zu begründen und ansichtig zu machen vermag. Was heißt etwa Gleichheit und Differenz in der Teilhabe von Frauen und Männern in kirchlichen Leitungspositionen? Was für ein Menschenbild braucht es, damit die Partizipation von Männern an der Sorge-Arbeit als gesellschaftlich notwendige Arbeit verstanden und übernommen werden kann?

Für die Existenz der einzelnen Pfarrerin dagegen bedeutet es, in ihrer ambivalenten und kurzfristig nicht zu verändernden Situation eine Haltung zu entwickeln, die flexibel genug ist, zwischen den zwei gesellschaftlich voneinander getrennten Bereichen zu vermitteln und sich nicht von den Stereotypen auf beiden Seiten, von den Ausschließlichkeitsforderungen der beruflichen wie der privaten Seite vereinnahmen läßt. Eine Haltung also, die gerade in der sog. „Patchwork-Identität", wie sie die Normalbiographie von Frauen kennzeichnet, einen Reichtum[101] an Erfahrungen aus verschiedenen Lebensbereichen und -phasen sieht, die sowohl pastoraler Arbeit wie menschlichem Leben insgesamt zugute kommt.

Ein „Zwischen-Bild" auf dem Weg statt eines fertigen Leitbildes drängt sich allerdings nun doch als Verbildlichung der gegenwärtigen Situation von Frauen auf. Es ist die Gestalt der „Allerleihrauh", wie sie uns in einem der Märchen entgegentritt.

Allerleihrauh[102]

In diesem Märchen wird die Geschichte von einer Königstochter erzählt, die sich weigert, dem Befehl des Vaters zu gehorchen und statt dessen ihren eigenen Weg sucht. Sie fordert für ihren Weg drei Kleider und tausend Felle, flieht aus der Vatergewalt, emanzipiert sich. Chr. Roloff deutet damit die Widersprüche weiblicher Realität in positiver Weise. Ihre Frage ist, wie berufstätige Frauen berufliche Identität unter den Bedingungen geschlechtsspezifischer Arbeitsteilung und Sozialisation gewinnen können. Gerade für Frauen läßt sich zeigen, daß „in der männlichen Berufsumgebung und im sogenannten Männerberuf der Erwerb einer so verstandenen Identität aufgrund vieler Dissonanzen eine besondere Leistung bedeutet bzw. sehr erschwert oder nicht leistbar ist"[103]. Im Gleichnis von Allerleihrauh sieht Chr. Roloff die Situation der in Männerberufen tätigen Frauen anschaulich beschrieben. Fachlich sind sie ein „Rauhtierchen", das Fell ist ihnen noch nicht so natürlich angewachsen wie Männern, die durch ihre Sozialisation den passenden „Habitus" sozusagen schon mitbekommen. Das Fell ist zusammengestückelt, zusammengesetzt aus verschiedenen Phasen und Ebenen der beruflichen und familialen Arbeit. Ohne Mantel allerdings wären sie bloße „Einer-

leiheit", wären sie zwar mit sich identisch, aber der Gewalt des „Vaters" ausgeliefert. Ihre „Identität" wäre definiert vom Männlichen aus. Beides aber gehört zusammen – die „weibliche" Gestalt und der Fell- und Kraftmantel. „Mit diesem in dem uralten Bild dargestellten Symbol der Vielfalt möchte ich die Leistung charakterisieren, die einer Frau in diesen bisher von Männern geprägten Berufsbildern und Berufsstrukturen, vielleicht auch allgemein gesehen, in einer männlich konzipierten Welt abverlangt wird, und die sie sich selbst abverlangt."[104]
Für Frauen, die beide Lebensbereiche miteinander verbinden wollen, ist Identität, wenn überhaupt, dann nur als labile Balance möglich, die zwischen widersprüchlichen Anforderungen ausgehandelt werden muß. Diese Widersprüche, denen Frauen ausgesetzt sind, rühren, wie wir sahen, von geschlechtsspezifischen Arbeitsstrukturen und Lebenszusammenhängen her, aber eben auch aus den damit unauflöslich verquickten Leitbildern, Zuschreibungen und Rollen, die die Frauen in sich selbst tragen. Statt also einem männlichen Ideal von Identität[105] nachzujagen, das so aufgrund der gegenwärtigen Strukturen der geschlechtsspezifischen Sozialisation und Arbeitsteilung für Frauen kaum oder nur unter erheblichen Verzichtleistungen zu realisieren ist, ist es an der Zeit, die „tausend Felle" der verschiedenen widersprüchlichen Erfahrungen aus dem beruflichen und familialen Leben zusammenzubringen, um für den „eigenen Weg" gerüstet zu sein.

Fragmentarische Existenz

H. Luther verwendet in seinen Reflexionen über „Religion und Alltag"[106] eine ähnliche Metapher. In der Abkehr von einem inflationär verwendeten Identitätsbegriff versucht er, Bilder zu installieren, die die Unabschließbarkeit menschlicher Existenz, das nie zu Ende Kommende darin auszudrücken und positiv zu fassen vermögen. Menschliche Existenz wird gedeutet im Bild des „Fragments" und dies in einem doppelten Sinn. Sie ist Fragment der Vergangenheit, insofern sie immer auch eine Summe nichtgeglückter Vorhaben und Ziele, unerfüllter Wünsche und unabgegoltener Hoffnungen ist. Aber zugleich ist sie auch schon Vorwegnahme eines noch unvollendeten Kunstwerks, ist Vorgriff auf Zukunft, Ausdruck von Hoffnung und Sehnsucht. Die Vision der „Ganzheit"[107] wird nicht völlig weggewischt, sondern bleibt stehen, aber deutlich als nicht Verfügbares markiert, als Zielvorstellung eines Weges, der noch nicht zu Ende ist. Indem Frauen und Männer sich als fragmentarische Existenz in dieser Weise verstehen, als auf dem Weg, in Bewegung, halten sie sich offen für neue Begegnungen und Erfahrungen, schließen sie sich nicht ab gegenüber der Erfahrung des anderen, sondern können am Anderen sich selbst und die Welt neu erfahren.
Indem sich Frauen in eine pastorale Praxis und Arbeit einfinden, die nicht von ihnen geformt und definiert wurde, erleben sie sich vielfach als nicht genügend, als nicht angepaßt, als fremd, als Fragment, als Stückwerk. Dies eben in dem doppelten Sinn, daß sie einerseits ihre Vorstellungen und Erwartungen nur zum Teil so umsetzen können, wie sie es gehofft hatten, den Erwartungen, die an sie von außen her gestellt werden, nicht in dem Maß entsprechen, wie sie selbst es von sich erwartet hätten. Die Selbstdeutung von Frauen in pastoraler Arbeit als

„fragmentarischer Existenz" widersteht damit der Meinung, als sei die weibliche Normalbiographie nichts weiter als eine Addition von Defiziten, als eine geteilte Berufsmotivation, als eine auf beiden Seiten hinkende Existenz im Blick auf pastorale Routine und Kompetenz. Im Gegensatz dazu ermutigen sich Frauen, sich doppelt wert zu fühlen aufgrund ihrer doppelten Qualifikation in den beiden Lebensbereichen. Im Märchen von „Allerleihrauh" wird ja gerade der aus vielen verschiedenen Fellstücken zusammengesetzte Mantel des Mädchens zum Zaubermantel, der ihr zum Ziel verhilft.

Auf der anderen Seite ist die Existenzform, als Frau in einem Männerberuf zu arbeiten, auch einer Baustelle vergleichbar, wie H. Luther es nennt, die noch nicht vollendet ist. Wo Frauen nunmehr am Bau mitbeteiligt sind, wird sich auch die Vollendung des Kunstwerks verändern, wird sich die eigene pastorale Existenz, werden sich die kirchlichen Strukturen verändern. Es wird entscheidend sein, ob und inwieweit Kirche in ihrer bisherigen Gestalt sich selbst in dieser offenen, fragmentarischen Existenzweise verstehen kann, um sich dem anderen, das ihr in der Partizipation von Frauen begegnet, auszusetzen. Diese neue, von Männern wie Frauen geübte flexible Weise, mit Lebensrollen und verschiedenen Lebensphasen umzugehen, die Fragmentarizität der eigenen Existenz nicht negativ zu qualifizieren, sondern als „Baustelle" zu verstehen, könnte eine wichtige Zwischenstation auf dem Weg zu neuen tragfähigen Leitbildern für Frau- und Mannsein in Kirche und Gesellschaft bilden.[108]

Spiel-Räume

Letztlich sind es eben gerade die „Bruchstellen" der eigenen Biographie, das Wechseln aus einem Lebensbereich in den anderen, an denen die Sensibilität sich selbst und anderen gegenüber wächst und bisherige Plausibilitätszusammenhänge hinterfragt werden. Wie unsere Befragung ergeben hatte, war ja dadurch, daß die gängige weibliche Sozialisation durch eine intensive Vaterbeziehung „gestört", unterbrochen worden war, die Möglichkeit des sog. „cross-sex-modelling" gegeben, die Möglichkeit, einen frauenunspezifischen Beruf zu wählen. Der damit entstehende Freiraum kann also, wie wir gesehen haben, genützt werden, um zu neuen Interpretationen zu finden, neue Handlungsspielräume für sich zu entdekken. Frauen könnten sich darin positiv verstehen als Grenzgängerinnen zwischen den geschlechtsspezifisch verschieden angesonnenen Zielen und Bereichen von „Verbundenheit" und „Macht". Könnten in den beruflichen Bereich den Faktor Verbundenheit stärker einbringen und in den familialen die Strukturiertheit, die es braucht, um in aller Bedürfnisorientierung noch Ich sagen zu können. Sie könnten aber auch die Hoffnung gewinnen, in sich selbst zusammenzubringen und zu leben, was bisher auseinanderklaffte: die Fähigkeit zu sachlicher Distanznahme wie auch zu mitfühlender Empathie und die Fähigkeit, den jeweiligen Kairos dafür wahrzunehmen, die Leidenschaft für Wirk-Macht und die Fähigkeit, diese auch wieder abgeben zu können, damit wachsen kann, was wachsen will.

Das Wissen um die Zusammengehörigkeit der beiden wichtigen Lebensbereiche, der außerhäuslichen Berufsarbeit wie des häuslichen Erziehungs- und Reproduktionsbereichs bringen Frauen in die pastorale Praxis mit. Es würde auch Männern gut tun, diese beiden Lebensbereiche zu leben. Für Männer wie für Frauen können beide Lebensbereiche jedoch nur dann zusammenkommen, wenn eine Umverteilung der Reproduktionsaufgaben und eine Neuverteilung der Erwerbsarbeitszeiten stattfindet. Da, wo es in seltenen Fällen gelingt, beides miteinander zu verbinden, gelingt es, weil es Männer gibt, die ebenfalls Abschied genommen haben von den „alten Bildern" und sich auf eine Vereinbarkeit beider Bereiche einlassen, von dem gesellschaftlich vorgegebenen, erfolgsorientierten Geschlechtsrollenklischee abrücken und es so ihren Partnerinnen ermöglichen, ihrerseits berufliche Aufgaben zu übernehmen.[109]

Nur dadurch ist, wenn überhaupt, eine Überwindung kirchlicherseits so starr und immer wieder neu reproduzierter Geschlechtsrollenklischees zu erwarten. Nach so vielen Jahrhunderten der Vermittlung geschlechtsspezifischer Leitbilder und der Verfestigung eines Menschenbildes, das grundsätzlich zwischen den Aufgaben der Frauen und Männer trennt, könnte Kirche nun umgekehrt mit ihren Bildungsangeboten und -institutionen zumindest den Vorschein von Visionen gelingender partnerschaftlicher Zusammenarbeit von Frauen und Männern entwerfen und vermitteln.

„Und ist noch nicht erschienen, was wir sein werden ..." stellt D. Sölle fest.[110] Dies trifft sicher auf die Gespräche mit den befragten Pfarrerinnen zu und die Frage, was sich in ihnen an Neuem konstelliert. Es müßten diese Freiräume wachsen, größer werden, in denen die Antizipation neuer gemeinschaftlicher pastoraler Praxis und Arbeit für Frauen und Männer möglich wird, ohne daß Verzicht auf eine der beiden Lebensbereiche geleistet werden muß. Frauen und deshalb auch Pfarrerinnen müssen nicht einfach „die anderen" sein, die allein schon aufgrund ihres Frauseins auch eine andere pastorale Praxis vorweisen müssen, weil sie Werte und Verhaltensweisen kultivieren sollen, die Männer bislang bei sich nicht akzeptieren konnten. Und doch sollten sie die Fragmente einer Hoffnung hüten, es könnte sich in ihrer pastoralen wie privaten Arbeit alles auch noch einmal anders gestalten. Die Aufhebung des Definiertwerdens der Frauen durch das „männliche Prinzip" könnte die Freiheit bedeuten, gemeinsam nach wirklichen und gegenseitigen Beziehungen zu suchen.[111]

Transformation

Gal 3,28 zeigt dabei die Richtung an[112], betont die Gleichheit, ohne daß dies eine bloße Assimilation von Frauen an Männer bedeuten würde. Nicht die Ersetzung der einen Ideologie durch die andere führt weiter, nicht die Herrschaft einer Menschengruppe über die andere. Sondern die Transformation der bisherigen Dualismen und Hierarchien ist gemeint, die von Christus her und auf ihn hin geschehen soll. „Wenn es eine Re-Konstruktion der christlichen Theologie und des christlichen Glaubens gibt, die die Kritik des Androzentrismus in sich einschließt, so wird es eine nicht nur oberflächlich renovierte Theologie sein. Eine solche Theologie zu erschaffen, braucht mehr als nur den gesammelten Scharfsinn gelernter Theologinnen: es braucht Zeit, es braucht Einsicht und Machtverzicht auf seiten der Männer und nicht zuletzt die von vielen geteilte Gewißheit, daß es Sinn macht, der alten, vielbenutzten, oft mißbrauchten Botschaft zu einem befreiten, befreienden Leben zu verhelfen."[113] Ob es gelingt, diesen schöpferischen Geist der Transformation schädlicher Trennungen in eine neue übergeordnete Einheit zu entdecken, zu entbinden, zum Leben und zur Welt zu bringen? Oder ob weiterhin Angst vor Machtverlust die Handlungen diktiert und der Kampf der Geschlechter die Szene beherrscht, in dem die Freiräume für Frauen immer neu erkämpft werden müssen? Am Ende unserer nüchternen und durchaus nicht immer fröhlich stimmenden Untersuchung über die Situation von Pfarrerinnen als „Frauen in einem Männerberuf" möge die Hoffnung auf diese Transformation, die dem Fragment oder prosaisch ausgedrückt, dem Flickwerk unseres Lebens, aber auch unserer pastoralen Arbeit Sinn verleihen kann, erlaubt sein.

Anmerkungen

Zu Kapitel I (S. 11ff)

1 Unter „Pfarrerinnen" werden dabei Theologinnen verstanden, die mit der selbständigen Leitung von Gemeindepfarrstellen beauftragt sind, entweder mit vollem Dienstauftrag oder im Teildienst. Pfarrerinnen im übergemeindlichen Dienst sind in dieser Untersuchung nicht berücksichtigt, aufgrund ihrer unterschiedlichen Berufsfelder und Berufsprobleme sind sie zu einer eigenen Gruppe zu rechnen. Für unsere Erhebung war uns die pastorale Arbeit innerhalb einer Kirchengemeinde als sich durchziehender Faktor der Vergleichbarkeit wichtig.
2 Die soziologische Definition einer Minderheit meint solche Gruppen, die zwischen 0–10% einer Gesamtmenge ausmachen. Diese werden als extreme Minderheit, solche zwischen 10-und 20% als relative Minderheit verstanden. Von dieser Definition her bewegen sich Pfarrerinnen im Gemeindedienst im Bereich der extremen Minderheit! Vgl. Stiegler B., Frauen in untypischen Berufen und Positionen, in: Mohr G. u.a. (Hginnen), Frauen, München u.a., 1982, 78ff; vgl. auch McRae V., Frauen- eine Mehrheit als Minderheit, Gelnhausen, Berlin 1975; sie zeigt auf, wie Frauen als soziologische Gruppe insgesamt unter den Bedingungen einer Minderheit existieren!
3 Vgl. dazu: Reichle E., Die Theologin in Württemberg, Bern, Frankfurt 1975; Reichle E., Die Theologin im Pfarramt in der BRD, Lutherische Rundschau 25, 1975, 62ff; Reichle E., Frauenordination, in: Pinl C. u.a. (Hginnen), Frauen auf neuen Wegen, Reihe Kennzeichen 3, Gelnhausen, 1978, 103ff; Opitz-Meuss G., Mater sororum. Christine Bourbeck und das Vikarinnenseminar der Evangelischen Kirche der Union, in: Die Theologin 23, 1964, 1, 30ff; Senghaas-Knobloch E., Die Theologin im Beruf, München 1969; Hofmeister H., Die Zulassung der Theologin zum geistlichen Dienst nach dem derzeitigen Recht der deutschen Landeskirchen, in: Zeitschrift für evangelisches Kirchenrecht 6, 1958, 4, 406ff; aus der Arbeit des „Göttinger Frauenforschungsprojekts zur Geschichte der Theologinnen" (Hginnen), Querdenken, FS H. Erhart, Pfaffenweiler 1993; Bertinetti I., Frauen im geistlichen Amt. Die theologische Problematik in evangelisch-lutherischer Sicht, Berlin 1965; Janowski Chr. J., Umstrittene Pfarrerin. Zu einer unvollendeten Reformation der Kirche, in: Greiffenhagen M. (Hg), Das evangelische Pfarrhaus, Zürich 1984, 83ff; Nützel G., „Kann sie auch Hebräisch lesen, nicht kann sie Kalchreuth verwesen!" – Die Anfänge der Theologinnenarbeit in der Evangelisch-Lutherischen Kirche in Bayern, in: RKZ 6, 1991, 196ff.
4 Vgl. Schlüter A. (Hgin), Pionierinnen- Feministinnen- Karrierefrauen? Zur Geschichte des Frauenstudiums in Deutschland, Pfaffenweiler 1992; Soden K.v., Zipfel G. (Hginnen), 70 Jahre Frauenstudium, Frauen in der Wissenschaft, Köln 1979.
5 Vgl. Costas I., Das Verhältnis von Profession, Professionalisierung und Geschlecht in historisch vergleichender Perspektive, in: Wetterer A. (Hgin), Profession und Geschlecht, Frankfurt, New York 1992, 51ff, 51.
6 Vgl. Costas aaO 53, über den Aktionsraum und die politische Ausrichtung der Frauenbewegung und deren Auffassung des Geschlechterverhältnisses.
7 Vgl. Hausen K., Die Polarisierung der „Geschlechtscharaktere", in: Rosenbaum H. (Hgin), Seminar: Familie und Gesellschaftsstruktur, Frankfurt 1978, 161–191. Von den Anfängen der industriellen Gesellschaft her bildet sich ein Antagonismus zwischen weiblichem und männlichem Geschlechtscharakter heraus. Es läßt sich zeigen, daß in dem Maß, als sich der feudal strukturierte ständische Staat aufzulösen beginnt, die Abhängigkeiten und Hierarchien umso mehr in die Geschlechterbeziehung projiziert werden.
8 Vgl. Gerhard U., Die Geschichte der deutschen Frauenbewegung, Reinbek 1990; zur zeitgenössischen Reflexion vgl. Lion H., Zur Soziologie der Frauenbewegung, Berlin 1926; vgl. Zahn-Harnack A. v., Die Frauenbewegung, Berlin 1928.
9 Während die proletarische Frauenbewegung in Deutschland heftig bekämpft und abgewehrt wurde.
10 Heinsius M., Vom Dienst der Frau in der Kirche in alter und neuer Zeit, Stuttgart 1948.
11 „Das Engagement der bürgerlichen Frauen sprengt den Rahmen ihrer Beschränktheit auf das eigene Heim, es ist Selbsthilfe und Hilfsangebot für andere Frauen zugleich." Schenk H., Art. Frauenbewegung, in: J. Beyer u.a. (Hginnen), Frauenhandlexikon, München 1983, 85ff; 86; vgl. auch Costas aaO 57.
12 Zwar hatten auch die Ideen und Impulse der französischen Aufklärung, etwa die Proklamie-

rung der Menschenrechte Einfluß auf diese frühe Frauenbewegung, dennoch sind sie in Deutschland in der bürgerlichen Frauenbewegung nie wirklich zum Tragen gekommen. Vgl. Costas aaO 57.

13 „Aus der intellektuellen Verschiedenheit der Geschlechter und der Wesensbestimmung der Frau zur Mütterlichkeit leitete Helene Lange ab, daß Frauen, denen die biologische Mutterschaft versagt blieb, ihre durch Bildung kultivierten typischen weiblichen Fähigkeiten zur Hebung der allgemeinen Wohlfahrt dem Kulturleben zur Verfügung stellen müssen ..." Costas aaO 57f.

14 Vgl. Hege M., Die steinerne Fee, Weinheim, Berlin 1987, 2.Aufl.

15 Vgl. Senghaas-Knobloch aaO 67.

16 Durch den Vergleich mit den anderen europäischen Staaten kann Costas dies empirisch belegen. „Das hohe Sozialprestige eines Studiums an deutschen Universitäten, die im 19. Jahrhundert auf vielen Gebieten in Forschung und Lehre weltweit führend waren, resultierte aus den damit zugänglichen akademischen Berufskarrieren in der Administration und Regierung, in der Justiz, dem Medizinal- und Schulwesen sowie in der Kirche. Die Professionen und die Mehrheit der entsprechenden Universitätsprofessoren lehnten das weibliche Geschlecht in ihren Reihen vehement ab, sie waren nicht bereit, ihm Zugang zu den mit Macht, Prestige und relativ hohem Einkommen ausgestatteten Positionen zu gewähren. Diese Abwehrhaltung wurde noch verstärkt, wenn der Berufsstand sein eigenes Prestige und/oder Einkommen innerhalb der Rangskala der gesellschaftlichen Bewertung erhöhen wollte oder eine Verminderung befürchtete", Costas aaO 72.

17 Costas aaO 74.

18 Zu den Zahlen vgl. Barthel F., Stellung und Aufgabe der theologisch vorgebildeten Frau im kirchlichen Arbeitsgebiet und Erziehungswesen, Diss. Erlangen 1942, 41.

19 Vgl. Wagner-Rau U., Pastorinnen auf der Suche nach Identität, ThPr 79, 58–73.

20 Von daher wird verständlich, warum feministische Pastoraltheologie von diesen Erfahrungen gelungener pastoraler Arbeit auszugehen hat. Sie ist erfahrungsbezogene Reflexion, die ihren Rückbezug zu einer veränderten pastoralen Praxis sucht und darin ihre befreiende Basis findet.

21 Barthel aaO 64.

22 Senghaas-Knobloch aaO 71.

23 Zur Geschichte und Charakterisierung einzelner Theologinnen vgl. FS H. Erhart, Querdenken, Pfaffenweiler 1991.

24 Vgl. Kowalewsky W., Was heißt ‚sui generis'?, in: Die Theologin, 24. Jg. 1, 1965.

25 Vgl. Beauvoir S. de, Das andere Geschlecht, Sitte und Sexus der Frau, Reinbek 1968.

26 Barthel aaO 65.

27 Barthel aaO 101ff.

28 Vgl. Knoblauch E., Zur Psychologie der studierenden Frau, Phil. Diss. Leipzig 1930.

29 Barthel, aaO 100. Vgl. Reichle E., Frauenordination, aaO 103ff; vgl. auch Gschlössl I., Rübens A., Ein notwendiges Wort in Sachen der Theologinnen, in: Christliche Welt 44, 1930, 5, 216ff; Haseloff E., Der Auftrag der Vikarin in der heutigen Stunde der Zeit, in: die Theologin 18, 1958, 4, 1ff.

30 So in den Richtlinien der Vereinigten Evangelisch-Lutherischen Kirche Deutschlands (VELKD) über die Regelung der Dienstverhältnisse von Pfarrvikarinnen vom 5. Januar 1956, Amtsblatt der EKiD, Ausgabe Hannover 1956, 152.

31 Vgl. die Gesetze dazu bei Senghaas-Knobloch aaO 36ff.

32 E. Senghaas-Knobloch, aaO 31.

33 Haseloff aaO 15.

34 Zitiert nach Senghaas-Knobloch aaO 32.

35 Es kommt hier allerdings zu Unterschieden zwischen den unierten und lutherischen Kirchen. vgl. Senghaas-Knobloch aaO 33f.

36 Die differenzierte Darstellung der gesetzlichen Entwicklung in den einzelnen Landeskirchen ist wieder bei Senghaas-Knobloch, aaO 36, zusammengestellt. In Hannover erfolgt die Gleichstellung schon 1963, in Bayern erst 1975; vgl. auch die Stellungnahme des Theologischen Ausschusses der VELKD zur Frage dese Amtes der Theologin, in: LuMo 1, 1962, 337f.

37 In einer neuerlichen Diskussion wurde die Fortschreibung dieses Vetorechts, des Gewissensvorbehalts gegen die Ordination von Frauen, auf Pfarrer beschränkt und dies, bis der letzte pensioniert ist, der unter der Bedingung dieses Vetorechts ordiniert worden war.

38 Wie die EKD-Statistik zeigt, ist bei den Theologiestudentinnen eine kontinuierliche Zunahme von 34,4% im Jahr 1982 auf 42,6% im Jahr 1992 zu beobachten. Auch die Prozentzah-

len der auf den landeskirchlichen Listen eingetragenen Theologiestudentinnen nehmen kontinuierlich zu, von 30,2% 1981 auf 39,3% 1991. Für die bayrische Landeskirche sieht diese Bilanz sogar noch etwas günstiger aus. Bei den Neueintragungen auf der Liste der Theologiestudierenden waren es fast 50% im WS 91/92 gegenüber ca. 30% im WS 87/88.

39 Nach der bayerischen Statistik standen zum Stichtag 24. März 1992 10,93% Theologinnen im Dienstverhältnis der bayrischen Landeskirche.

40 Innerhalb der bayrischen Landeskirche, in der seit 1975 Frauen zum Pfarramt zugelassen sind, sind es 1992 von insgesamt 274 Pfarrerinnen und Pfarrerinnen auf Probe 103, die diese Regelungen des Erprobungsgesetzes in irgendeiner Form in Anspruch nehmen und 72, die sich die Stelle mit ihrem Ehepartner teilen.

41 Wie aus der oben schon angeführten Statistik für die bayrische Landeskirche hervorgeht, haben von den 103 Pfarrerinnen (ca. 40% der Gesamtzahl der Pfarrerinnen), die nach den Möglichkeiten des Erprobungsgesetzes arbeiten, immerhin ein Drittel andere Teildienstverhältnisse. Darunter sind z.B. halbe Stellen zu verstehen, die in einem Verbund mehrerer Pfarrstellen besetzt wurden, aber auch das Teilen einer ganzen Stelle mit einem Kollegen ist darunter zu verstehen, das Arbeiten im Angestelltenverhältnis oder mit zeitlicher Befristung.

42 So wurden 1992 in der bayrischen Landeskirche von 29 beurlaubten Pfarrerinnen 22 aus familiären/persönlichen Gründen freigestellt. Von diesen haben 18 die Stelle mit ihrem Mann geteilt und werden in der Mehrzahl während der Erziehungszeit von ihm vertreten.

43 Berufe mit einem Anteil weiblicher Berufsträger unter 20% werden allgemein als „Männerberufe" eingestuft, wobei unterschieden wird zwischen einem Anteil von 0–10 und 10–20%, in denen sich langsam eine Veränderung anzudeuten pflegt. Vgl. Anm. 1. Erst ab einem Anteil von ca. 20% kann insofern von einer „kritischen Masse" der jeweiligen Minderheit gesprochen werden, als damit auch die Möglichkeit einer teilweisen Einflußnahme auf die bestehenden Inhalte und Strukturen des jeweiligen Berufsfeldes gegeben ist. Es läßt sich demnach von den Zahlen her belegen, daß Pfarrerinnen auch heute noch und, wie es scheint, auf lange Sicht, als „Frauen in einem Männerberuf" arbeiten, bzw. in ihrer persönlichen Lebenssituationen weitreichende Verzichtsleistungen erbringen und erbracht haben. Dies entspricht den Ergebnissen, die etwa von Bischoff in Hennig M., Jardim A., Frau und Karriere, Reinbek 1987 vorgelegt werden. Vgl. auch Wolf B., Frauen in Männerberufen-Faktoren einer untypischen Berufswahl, in: Rudolph H. u.a. (Hginnen), Berufsverläufe von Frauen, München 1986.

44 Vgl. Erdheim M., Die gesellschaftliche Produktion von Unbewußtheit, Frankfurt 1982.

45 Vgl. etwa Faber H., Profil eines Bettlers, Göttingen 1976; ebenso die Pastoraltheologie von Josuttis M., Der Pfarrer ist anders, München 1982, in dem die Pfarrerin nicht erwähnt wird; Dahm K.-W., Beruf: Pfarrer, München 1971; Spiegel Y., Der Pfarrer im Amt, München 1970; Steck W., Der Pfarrer zwischen Beruf und Wissenschaft, München 1974; Rieß R., Pfarrer werden?, Göttingen 1989, für die alle dasselbe Urteil gilt. Rieß berücksichtigt immerhin die Gruppe der Theologiestudentinnen, ohne daß dies jedoch wirklich Relevanz für seine Auswertung hätte.

46 Vgl. Marhold W. u.a., Religion als Beruf, Stuttgart 1977; eine Zusammenstellung empirischer Arbeiten zum Thema bei Enzner-Probst B., Zwischen Berufung und Beruf, Frankfurt, Mainz, New York 1988.

47 Vgl. zur Situation in der Psychologie Bamberg E., Mohr G., Frauen als Forschungsthema: Ein blinder Fleck in der Psychologie, in: Mohr G. u.a., Frauen, München, Wien, Baltimore 1982, 1ff.

48 Drinkmann E., Mobilität und Raumbewußtsein, Untersuchungen am Beispiel der Pfarrerschaft der Evangelisch-Lutherischen Kirche in Bayern, Diss. 1991 München.

49 Vgl. Frisch H., Tagebuch einer Pastorin, Frankfurt 1980.

50 Flesch-Thebesius M., Hauptsache Schweigen, Radius-Verlag 1988; Caprez-Roffler G., Die Pfarrerin, Chur 1981; vgl. auch Zeitmagazin Nr. 17, 22.4.1983, Beruf: Pastorin, in dem vier unterschiedliche Porträts von Pfarrerinnen beschrieben werden. Ähnlich, wenn auch schon mehr die pastoralpsychologischen und theologischen Implikationen reflektierend: Kratzmann G., Rau U., Lernen, Pastorin zu sein, Pth 72, 1983, 415–434; vgl. Bischof-Elten G., Ein Tag aus dem Leben einer Landpfarrerin, in: Evg. Digest 1963, September, 48f; Rupprecht F., Frauen im Pfarramt, ThPr 22, 1987, 113ff.

51 Vgl. Reichle E., Frauenordination, aaO 103 ff; Janowski Chr.J., Umstrittene Pfarrerin, in: Greiffenhagen M. (Hg.), Das evangelische Pfarrhaus, Stuttgart 1984; Wagner-Rau U., Pastorinnen auf der Suche nach Identität, ThPr 79, 58–73. Lukatis I., Frauen in Kirche und Theologie, Hannover 1988.

52 Vgl. Senghaas-Knobloch E., Die Theologin im Beruf, München 1969; Friedlein J., Lukatis

I., Pastorin – ein neuer Beruf? ThPr 1, 1990, 40 ff; Enzner-Probst B., Zwischen Berufung und Beruf, Zur Situation Theologiestudierender heute, Frankfurt 1988. In den Kirchen Schwedens, Englands und in den USA wird die Situation der Pfarrerinnen schon seit längerem empirisch untersucht und dargestellt. Erstaunlich ist, wie trotz der unterschiedlichen Kirchenstruktur die Situation und Problematik der Pfarrerinnen ähnlich gesehen und interpretiert wird wie im Bereich der EKD. L. Stevens nimmt dabei explizit die Situation geschlechtsspezifischer Sozialisation im Ansatz der Untersuchung auf. Vgl. Stevens L., Different Voice, Different Voices: Anglican women in Ministry, in: Review of Religious Research, Vol. 30, 1989, No. 3, 262–275, das sich auf das Buch von Gilligan C., In a Different Voice; Psychological Theory and Women`s Development, Cambridge 1982; dt. Die andere Stimme, Lebenskonflikte und Moral der Frau, 1985, 2. Aufl., bezieht. Zur Situation der Theologin, Pfarrerin in den Kirchen Europas und den USA vgl. auch Theologin in Norwegen, in: LuMO 5, 1966, 11, 589ff; Theologin in Finnland, aaO 351ff; Almas A.u.a., Presterrollen. En kvalitativ intervjuundersökelse om det a var prest i Den norske kirke, Tapir Verlag 1989; Bock E.W., The female clergy. A case of professional marginality, in: American Journal of Sociology, Bd. 5, 1967, 531ff, die schon früh das gleiche Unverhältnis zwischen Studierendenzahl und tatsächlich im Amt befindlichen Pfarrerinnen gesehen und analysiert hat; Carrol J.W. u.a., Women of the Cloth, New York 1983; Stendahl B., The Force of Tradition, Philadelphia 1985; Havel J.E., La Question du Pastorat Feminin en Suede, in: Archives de Sociologie des religions 4, 1959; Kendall P., Women and Priesthood: A Selected and Annotated Bibliography, Episcopal Diocese of Pennsylvania, Philadelphia 1976.

Zu empirischen Untersuchungen bzw. Erfahrungsberichten über verschiedene Modelle pastoraler Arbeit heute vgl. Helbich G., Stellenteilung der Pfarrerehepaare, in: ThPr 25, 1990, 58ff; Krueger F. und H., „Geteiltes Leid – halbes Leid?", Erfahrungsbericht aus knapp zwei Jahren „job-sharing" auf einer Gemeindepfarrstelle, ThPr 20, 1985, 18ff; Michel S., Ein Schweizer Zwischenruf: Pfarrerin und Familie, ThPr 25, 1990, 56ff; Schwab U. u.a., Die Pfarrerin im Amt: „Sie schläft nicht, sie ruht nur …", ThPr 1990, 3ff.

[53] Vgl. für viele Beispiele exemplarisch Volz L. (Hgin), Frauen auf der Kanzel? Eine brennende Frage unserer Kirche, Stuttgart 1967; Hahn E., Partnerschaft, Nürnberg 1953.
[54] Wagner-Rau U., Zwischen Vaterwelt und Feminismus, Gütersloh 1992.
[55] Vgl. Ostner I., Pieper B. (Hginnen), Arbeitsbereich Familie, Umrisse einer Theorie der Privatheit, Frankfurt, New York 1980.
[56] Vgl. Beck-Gernsheim E., Der geschlechtsspezifische Arbeitsmarkt, Frankfurt 1976, 3.
[57] Vgl. Greenglass E.R., Geschlechterrolle als Schicksal, Stuttgart 1980; Baur J., Über die geschlechtstypische Sozialisation des Körpers, in: Zeitschrift für Sozialisationsforschung und Erziehungssoziologie 8, 1988, 152ff.
[58] Vgl. Hagemann-White C., Sozialisation: weiblich-männlich, Opladen 1984.
[59] Zur Kritik am Begriff vgl. Ruddick S., Maternal Thinking, in: Treblicot J. (Ed), Mothering, Essays in Feminist Theory, Totowa 1984, 122. Die Gefahr eines neuen „Essentialismus" wurde jedenfalls von Beck-Gernsheim und Jurzcyk gesehen und abgewehrt, nicht so vielleicht in der danach folgenden Rezeptionsphase. Der Kritik von Ruddick ist allerdings insofern rechtzugeben, als in der Beschreibung des weiblichen Sozialisations„ergebnisses" nicht nur die lichten Seiten zusammengefaßt sein dürfen, sondern ebenso der dazugehörende Schatten, nämlich das „Bedürfnis nach Bemächtigung und Selbstverborgenheit, das sich ebenso aus ihren spezifischen Lebensumständen ableiten läßt." Vgl. auch Gildemeister R., die soziale Konstruktion von Geschlechtlichkeit, in: Ostner I. u.a. (Hginnen), Feministische Vernunftkritik, Frankfurt New York 1992, 220ff.
[60] Vgl. Alemann-Tschopp A., Geschlechtsrollen, Bern 1979; Breuer H., Selbstbild und Geschlechtsrolle der Frau, Diss. Freiburg 1970.
[61] Beck-Gernsheim aaO 9.
[62] Vgl. Ruddick aaO 121.
[63] Beck-Gernsheim aaO 7.
[64] Vgl. Beer U., Geschlecht, Struktur, Geschichte, Frankfurt New York 1990; Beer U., Theorien geschlechtlicher Arbeitsteilung, Frankfurt 1984; Beck-Gernsheim E., Das halbierte Leben, Frankfurt 1980.
[65] Vgl. Kontos S., Walser K., Weil nur zählt, was Geld einbringt – Hausfrauen in der Bundesrepublik, Reihe Kennzeichen Bd. 4, Gelnhausen Berlin 1979.
[66] Beck-Gernsheim aaO 104.
[67] Vgl. Lappe L., Die Arbeitssituation erwerbstätiger Frauen, Geschlechtsspezifische Arbeitsmarktsegregation und ihre Folgen, Frankfurt 1981.

68 Vgl. Bilden H., Geschlechtsspezifische Sozialisation, in: Hurrelmann K., Ulich D. (Hg), Handbuch der Sozialisationsforschung, Weinheim 1980, 777 ff.
69 Beck-Gernsheim aaO 47.
70 Vgl. Conradt S., Heckmann- Janz K., „... hu heiratest ja doch", 80 Jahre Schulgeschichte von Frauen, Frankfurt 1985.
71 Hoff E.-H. (Hg), Die doppelte Sozialisation Erwachsener, München 1990; darin Knapp G.-A., Zur widersprüchlichen Vergesellschaftung von Frauen, aaO 17ff; Krüger H., Born C., Probleme der Integration von beruflicher und familialer Sozialisation in der Biographie von Frauen, in: Hoffmann-Nowotny H.-J. (Hg), Kultur und Gesellschaft, Zürich 1989; auf die Wiederholung dieses Phänomens innerhalb der Forschung weist hin Becker-Schmidt R., Die doppelte Vergesellschaftung – die doppelte Unterdrückung: Besonderheiten der Frauenforschung in den Sozialwissenschaften, in: die andere Hälfte der Gesellschaft, hg. Wagner I. u.a., Wien 1987.
72 Vgl. Krüger H., Berufsfindung und weibliche Normalbiographie, in: Mayer Ch. u.a. (Hginnen), Mädchen und Frauen, Beruf und Biographie, München 1984, 21ff.
73 Vgl. Kohli M., Biographische Organisation als Handlungs- und Strukturproblem, in: Matthes J. (Hg), Biographie in handlungswissenschaftlicher Perspektive, Nürnberg 1981, 157ff; vgl. Voges W. (Hg), Methoden der Biographie- und Lebenslaufforschung, Opladen 1987.
74 Die von einem Team aus Soziologin, Psychologin und Theologin entwickelte Befragung beabsichtigt keine vergleichende Studie mit der Gruppe der männlichen Berufskollegen. Es hätte dies den Rahmen einer Pilotstudie gesprengt. Um die ganz persönliche Situation unserer Gesprächspartnerinnen zu erfassen, entschieden wir uns, statt eines standardisierten Fragebogens die Methode der qualitativen Untersuchung anzuwenden und mithilfe narrativer Interviews den Befragten selbst die Möglichkeit der Strukturierung der Gespräche zu geben. Wir konnten hier ohne große hypothetische Vorgaben vorgehen und erst anhand des erbrachten Gesprächsmaterials Fragestellungen und Problembereiche fixieren, kategorisieren. Dabei sollte die Zahl unserer Interviewpartnerinnen überschaubar bleiben und dennoch eine ausreichende Zahl „typischer" Verläufe zeigen können. Die auf diese Weise erzielten autobiographischen Stegreiferzählungen kommen einer „natürlichen Gesprächssituation" an nächsten, da Fragende und Befragte hier am ehesten die Möglichkeit haben, eine persönliche Beziehung aufzubauen. Die von uns vorgegebenen drei Impulsfragen sollten dabei ein Minimum an Vergleichbarkeit der einzelnen Gesprächsprotokolle ermöglichen, wurden allerdings von den drei Team-Mitgliedern verschieden stark eingesetzt. Das Sample der befragten Pfarrerinnen setzte sich nach folgenden Kriterien zusammen. Wir wollten spezifische Kombinationen der Merkmale „Lebensform", „Ausbildungsphase" und „regionale Aspekte" erreichen und wählten aus den zur Verfügung stehenden Adressen (insgesamt 178 von ca. 300) eine Gruppe von 14 Pfarrerinnen aus. In einem Anschreiben informierten wir über unser Vorhaben und bekamen keine einzige Absage. Im Gegenteil, die Freude darüber, daß sich jemand für ihre Situation interessierte, überwog. Alle Gespräche fanden in der vertrauten Wohn- oder Arbeitsumgebung der Befragten statt und wurden mit ihrem Einverständnis auf Tonband aufgezeichnet und anschließend transkribiert. Nach jedem Gespräch wurden von den Interviewerinnen noch wichtige Details zur Atmosphäre, zum Umfeld notiert. Die nachträgliche Kategorisierung des erhobenen Materials erfolgte in einem mehrschichtigen, immer wiederholten Prozeß der Verdichtung, wobei die Team-Mitglieder, die nicht das Interview geführt hatten, die Kategorisierung zunächst vornahmen und erst in einem abschließenden Gespräch übereinstimmende Festlegungen erfolgten.
75 Vgl. Göttner-Abendroth H., Wissenschaftstheoretische Positionen in der Frauenforschung, in: Was Philosophinnen denken, hg. Bendkowski H., Weißhaupt B., Zürich 1983, 253ff.

Zu Kapitel II (S. 27ff)

1 Vgl. Maindok H., Frauenalltag in Männerberufen, Frankfurt 1987
2 Vgl. Hege aaO 108.
3 „Die Identifikation mit den Vätern ermöglichte ihnen den Schritt über die Schwelle des Hauses. Die Mütter konnten ihnen dabei nicht helfen. Diese Frauen bleiben ... gleichsam in der töchterliche Rolle, sie übernahmen das väterliche Bild der Frau." Hege aaO 105.
4 Selk M., Geschlecht und Berufswahl, Ein Beitrag zur Theoriebildung und empirischen Erfassung geschlechtsspezifischen Berufswahlverhaltens, Frankfurt u.a. 1984, 205.
5 Vgl. Erni M., Das Vaterbild der Tochter, Einsiedeln 1965, 280.
6 Vgl. die Studie von Hetherington. „Die für die Ausbildung geschlechtsspezifischer unterschiedlicher Verhaltensmuster offenbar wichtige Vateridentifikation dürfte auch im Hin-

blick auf die Berufswahl von Jungen oder Mädchen ein bedeutender Faktor sein. So ist die Annahme theoretisch plausibel, daß Mädchen, die einen ungewöhnlichen ‚männlichen' Beruf wählen, bei dieser Wahl von einer starken positiven Identifikation mit dem Vater beeinflußt sind." zit. bei Selk aaO 91, 206.

7 Vgl. etwa Kohli M., Normalbiografie und Individualität, in: Technik und sozialer Wandel, hg. Friedrichs J., Opladen 1987, 432ff.
8 Selk aaO 104.
9 Selk aaO 108.
10 Hennig/Jardim, aaO 106 „Die Rolle der Väter bei der Erziehung der Töchter war bis zu diesem Punkt eindeutig und konsequent und kulminierte darin, daß die Väter zum primären Rollenvorbild wurden".
11 „Die Vater-Tochter-Beziehung gab der Kindheit dieser Frauen eine zusätzliche Dimension. Sie schenkte ihnen Aufmerksamkeit, Anerkennung, Belohnung und Bestätigung. Sie war eine zusätzliche Quelle des frühen Lernens, ein sehr frühes Mittel zur Erweiterung ihrer Erfahrungen, und mit ihrer Hilfe bauten sie ein Rollenvorbild auf, mit dem sie sich allmählich identifizieren konnten." Hennig/Jardim, aaO 83f.
12 Selk aaO 83. Während die Väter den Befragten eine neue Welt erschlossen, boten die Mütter ihnen das notwendige emotionale Nest, das sie brauchten, um sich zu entwickeln, Hennig/Jardim aaO 85.
13 Vgl. Hille B., Berufs- und Lebenspläne sechzehnjähriger Schülerinnen, Hannover 1973, 205. Die Berufstätigkeit der Mutter beeinflußt zwar, weil meist nur zuarbeitend, die Berufswahl der Tochter nicht, „bewirkt jedoch ... insgesamt eine positivere Einstellung der Tochter hinsichtlich einer durch den Beruf begründeten persönlichen Selbständigkeit".
14 Die Verletzlichkeit der Mädchen durch die Möglichkeit, vorzeitig und ungewollt schwanger zu werden, wird in eine gesellschaftlich größere Ängstlichkeit gemünzt. Einengungen, Beschränkungen, Sich-zurücknehmen sind deshalb spezifische Elemente einer weiblichen Sozialisation.
15 „Für Mädchen, besonders für die leistungsorientierten unter ihnen, bringt die Pubertät oft eine traumatische Verschiebung in der Definition der Tüchtigkeit mit sich. Erfolg wird mit Beliebtheit identifiziert, erfolgreich ist das Mädchen der Gruppe, das am meisten begehrt wird. Für Jungen bleibt Tüchtigkeit, was sie immer gewesen ist: objektive Leistung, Erfolg bei dem, was man anpackt, Entwicklung von Führungsqualitäten." Hennig/Jardim aaO 101.
16 Die schulische und nachschulische Phase ist in ihrer Bedeutung für die Selbstkategorisierung und Gewinnung einer stabilen Geschlechtsidentität wichtig. Die durch vielfältige Einflüsse von außen geprägte Phase der Pubertät tritt in den Mittelpunkt auch der empirischen Forschungen. Dabei wird deutlich, daß die Geschlechtsstereotype in der Jugendzeit wesentlich durch sekundäre Sozialisationsinstanzen vermittelt werden.

Zu Kapitel III (S. 55ff)

1 Vgl. auch die radikale Infragestellung des elterlichen Lebenskonzepts insgesamt bei Zoll R. u.a., "Nicht so wie unsere Eltern!", Ein neues kulturelles Modell? Opladen 1989.
2 Vgl. Bertram H., Bayer H., Berufsorientierung erwerbstätiger Mütter. Zu Struktur und Einstellungswandel mütterlicher Berufstätigkeit, München 1984; Pfeil E., Die Berufstätigkeit von Müttern, Tübingen 1961.
3 Vgl. Burger A., Seidenspinner G., Töchter und Mütter, Ablösung als Konflikt und Chance, Opladen 1988, die diese Entwicklung jedoch insgesamt zu positiv interpretieren.
4 Vgl. Enzner-Probst B., Zwischen Berufung und Beruf, Frankfurt 1988.
5 Vgl. wiederum Hennig/Jardim aaO.
6 Eckart C., Der Preis der Zeit, Frankfurt New York 1990, 210.
7 Chodorow N., Das Erbe der Mütter, München 1985.
8 Vgl. Eckart aaO 208.
9 Vgl. Eckart aaO 211.
10 Vgl. Eckart aaO 218.

Zu Kapitel IV (S. 73ff)

1 Vgl. Enzner-Probst B., Zwischen Berufung und Beruf, Beginn des Theologiestudiums als pastoraltheologisches Problem, in: Nachrichten der Evang.-Luth. Kirche in Bayern, Nr. 15/16, 1988, 285ff.
2 Vgl. Josuttis M., Der Traum des Theologen, München 1988.

3   Stand 1987. Unter den SchulabgängerInnen liegt der Mädchenanteil bei 47,2% (Strukturdaten 1988/89). Im Generationenvergleich ist dabei der deutliche Anstieg der höheren Schulbildung für Frauen feststellbar. Unter den heute 50jährigen gibt es 6% Frauen mit Abitur, unter den 25- bis 30jährigen sind es schon 24%.
4   Nämlich in der Mehrzahl auf Sprach- und Kulturwissenschaften.
5   Vgl. Blank M., Frauen in Führungspositionen- Entwicklungstendenzen und Erklärungsansätze, in: Berty K. u.a., Emanzipation im Teufelskreis, Weinheim 1990, 152ff, 153.
6   Vgl. zum ganzen Problemfeld Blank aaO 154ff; aber auch Gorzka G., Teichler U., Karrierechancen von Frauen in Lehre und Forschung, in: Spektrum der Wissenschaft 4/1987, 49ff.
7   Vgl. Nave-Herz R. u.a., Aufstieg mit Hindernissen – Bericht über eine empirische Untersuchung zum Karriereverlauf von Hochschullehrerinnen in der Bundesrepublik Deutschland, in: ifg Frauenforschung 1 und 2, 1991, 67ff.
8   Bei Frauen fehlen häufiger bestimmte formale Qualifikationen z.B. Promotion (8,8% der Professorinnen, nur 1,3% der Männer; Habilitation (45,2% der Professorinnen, aber nur 35,9% der Männer). Viele der sog. Professorinnen sind in Nischenfächern angesiedelt, in denen dieser wissenschaftliche Standard nicht gefordert ist. Das bedeutet jedoch, in der Gruppe der Dozenten minder angesehen und vertreten zu sein. Selbst dieser geringe Anteil der Frauen kann somit nicht strukturverändernd wirken.
9   Vgl. Blank aaO 69ff.
10 „Es geht für die Frauen in diesem Prozeß nicht so sehr darum, sich neue Bereiche einer im Prinzip bereits bekannten Kultur anzueignen, sondern darum, die Spielregeln einer anderen Kultur zu erlernen." Hagemann-White aaO 154.
11 Vgl. Blank aaO 75.
12 Zum Ganzen vgl. Blank aaO 74f. 39% der Frauen bekommen ihr erstes Kind bis zum Abschluß der Promotion, 46% zwischen Promotion und Habilitation bzw. Erstberufung, noch später sind es immerhin noch 16%.
13 Vgl. zur Situation der Frauen in der Universität, im „Wissenschaftsbetrieb" Bathe S. u.a. (Hginnen), Frauen in der Hochschule, Weinheim 1989; Aufstiegsbarrieren für Frauen im Universitätsbereich, Schriftenreihe des BMBW, in. Studien zur Bildung und Wissenschaft Nr. 99, Bad Honnef 1991; Clemens B. u.a. (Hginnen), Töchter der Alma Mater, Frankfurt 1986; Bock U., u.a. (Hginnen), Frauen an den Universitäten. Zur Situation von Studentinnen und Hochschullehrerinnen in der männlichen Wissenschaftshierarchie, Frankfurt, New York 1983; Schultz D., Das Geschlecht läuft immer mit ... Die Welt von Professorinnen und Professoren, Pfaffenweiler 1991.
14 Krüger H., Weibliches und männliches Sozialverhalten im Studium, in: Bathe, aaO 46ff.
15 Vgl. Edding C., Einbruck in den Herrenclub, Reinbek 1983, 61; vgl. auch Gottschall K., Zur ambivalenten Lebens- und Studiensituation von Studentinnen, in: Bock U. u.a. (Hginnen), Frauen an den Universitäten, Zur Situation von Studentinnen und Hochschullehrerinnen in der männlichen Wissenschaftshierarchie, Frankfurt New York 1983, 17ff.
16 „Der Befund aber, daß trotz unterschiedlicher formaler und studiengangsspezifischer Regeln, Traditionen, Lehr- und Lernstile die studierenden Frauen die Strategien der kollektiven Bewältigung des Studienalltags pflegen oder zumindest anstreben, weist wieder auf die vorhandene Orientierung einer sozial-integrativen Studiengestaltung hin." Blank aaO 60.
17 Männer bevorzugen eher die individuelle Strategie und versuchen, mit auftauchenden Schwierigkeiten allein fertig zu werden (12% Frauen 65% Männer). Wie wichtig für Studentinnen der soziale Kontakt ist, zeigt sich in den Befragungen auch daran, daß sie bei Überfüllung z.B. der Vorlesung angeben, weniger unter den ungünstigen Arbeitsverhältnissen zu leiden, als unter den dadurch erschwerten Kommunikationsverhältnissen.
18 Vgl. Schmerl Chr., Sozialisation und Persönlichkeit, Stuttgart 1978.
19 Nach Benard C./Schlaeffer E., Rückwärts und auf Stöckelschuhen, Köln 1988.
20 Krüger, in Bathe aaO 47.
21 Trotz der nunmehr fast hundertjährigen Geschichte des Frauenstudiums sind immer noch nur ca. 3% der Lehrstühle mit Frauen besetzt.
22 Der bis Anfang der 80er Jahre steigende Anteil der Studentinnen hat nicht annähernd zu einer vergleichbaren Zunahme des Frauenanteils im Lehrkörper der Universitäten geführt!
23 „Das waren ziemliche Zufälle. Also das ist für mich kein Programm gewesen, das ich zu Beginn meines Studiums aufgestellt hätte, sondern ich bin durch meine Interessen in die Sprachwissenschaft reingerutscht ... Ich war nie Hiwi oder sowas ... – also ich hab nicht so 'ne Wissenschaftskarriere, daß man sich da reinarbeitet ... Ja, ok, das war mehr so Zufallsgeschehen." Wetterer A., „Es hat sich alles so ergeben, meinen Wünschen entsprechend" – Über die Planlosigkeit weiblicher Karrieren in der Wissenschaft, in: Bathe aaO 142ff.

24 Wetterer aaO 147.
25 Wetterer aaO 147.
26 Vgl. Prokop U., Weiblicher Lebenszusammenhang, Von der Beschränktheit der Strategien und der Unangemessenheit der Wünsche, Frankfurt 1976.
27 Die Frauen argumentieren damit durchaus realitätsgerecht. Es war zum großen Teil die Hochschulexpansion der 70er Jahre, als DozentInnen Mangelware waren, die dann plötzlich auch Unhabilitierte in Professuren brachte. Akademische Ratsstellen wurden neu errichtet, mußten besetzt werden. Professoren erinnerten sich ... Die Bemerkung „Zufall" ist also gar nicht so aus der Luft gegriffen.Die Jüngeren unter den Befragten dagegen stehen vor einer völlig anderen Situation, nämlich daß „alles zu" ist, alle Stellen besetzt sind, so daß es tatsächlich für Frauen, aber auch für Männer einen Glücksfall bedeutet, gerade eine Stelle frei wird, wenn sie Examen machen.
28 Enzner-Probst B., Studien- und Berufsmotivation von Theologiestudentinnen, in: ThPr 20, 1985, 36f.
29 Rommelspacher B., Mitmenschlichkeit und Unterwerfung,Frankfurt 1992, 135ff.
30 Rommelspacher aaO 136.
31 „... in der weiblichen Präferierung der familialen Rolle gegenüber der Berufsrolle. Der Beruf ist für die meisten Frauen gegenüber der Familie sekundär bzw. er gewinnt seine Funktion und inhaltliche Bestimmung aus der privaten Identität und aus seiner möglichen Rolle, die er für die persönliche Biographie spielen kann. Wenn deshalb die Berufswahl diffus und inkonsequent erscheint, so m.E. nur deshalb, weil sie allein aus der Sicht der Berufsfindung interpretiert wird und nicht aus deren Abhängigkeit und Verflochtenheit mit der persönlichen Biographie. Von der persönlichen Biographie aus gesehen erscheint vielfach Inkonsequenz als durchaus logisch Konsequenz und nicht als Folge einer generellen Entscheidungsunsicherheit bei Frauen." Rommelspacher aaO 136.
32 Rommelspacher aaO 137.
33 Die amerikanische Organisationssoziologin Kanter beschreibt, wie Angehörige einer Minderheitengruppe in einer Institution das Verhalten aller Beteiligten strukturiert. Die Angehörigen der Mehrheit rücken näher zusammen. Die Vereinzelten werden stereotypisiert, werden zu Wahrzeichen (token) ihrer Gruppe, zitiert nach Roloff, aaO 134f.
34 Roloff aaO 137.
35 Roloff aaO 134.
36 Hennig/Jardim aaO 137.
37 Hennig/Jardim aaO 140. Die Hälfte der Befragten heiratet dann auch, aber Witwer mit Kindern oder Geschiedene. Keine von den Befragten hatte ein eigenes Kind. Die andere Hälfte bleibt unverheiratet.

Zu Kapitel V (S. 99ff)

1 Vgl. Hennig M., Jardim A., Frau und Karriere, Reinbek 1987.
2 Blank aaO 165.
3 Blank aaO 167.
4 Vgl. Horner M.S., Sex differences in achievement motivation and performance in competitive and non-competitive situations. University of Michigan 1968.
5 Blank aaO 168.

Zu Kapitel VI (S. 127ff)

1 Vgl. Born C., Vereinbarkeit von Beruf und Familie: ein Problem von Frauen – kein Frauenproblem. Bremen 1987; Busch G. u.a., Den Männern die Hälfte der Familie, den Frauen mehr Chancen im Beruf, Weinheim 1988; Krüger H., Born C., Probleme der Integration von beruflicher und familialer Sozialisation in der Biographie von Frauen, in: Hoffmann-Nowotny H.-J. (Hg), Kultur und Gesellschaft, Zürich 1989.
2 Vgl. Hess-Diebäcker D., Stein-Hilbers M., Die Väter in Küche und Kinderzimmer. Forschungsprojekt zum Thema "Geteilte Elternschaft", in: Frankfurter Rundschau 5.12.1987; Hoff A., Scholz J., Neue Männer in Beruf und Familie. Erstauswertung von 64 Intensivinterviews mit Teilzeitarbeitern und Hausmännern und ihren Partnerinnen, Berlin 1985.
3 Vgl. Meier-Mahler C., Eine Pfarrstelle zu zweit geführt, ThPr 20, 1985, 23ff; Krueger F.

und H., "Geteiltes Leid – halbes Leid?" Erfahrungsbericht aus knapp zwei Jahren "job-sharing" auf einer Gemeindepfarrstelle, ThPr 20, 1985, 18ff.

4 Vgl. Faber C. u.a., Alleinerziehende Frauen - Über den Zusammenhang von Armut und Ausbildung, in: Sozialmanagement 2, 1992; Gutschmidt G., Kind und Beruf, Alltag alleinerziehender Mütter, Weinheim 1986; Schöningh I. u.a., Alleinerziehende Frauen. Zwischen Lebenskrise und neuem Selbstverständnis, Opladen 1991; Nave-Herz R., Ein-Eltern-Familien. Materialien zur Frauenforschung 3/92, Bielefeld 1992.

5 Vgl. Maindok aaO 121 ff; Beck-Gernsheim E., Die Kinderfrage: Frauen zu Kinderwunsch und Unabhängigkeit, München 1988.

6 Vgl. die Brigitte-Untersuchung "Der Mann", hg. Metz-Göckel S., Müller U., Weinheim 1986.

7 Brigitte-Untersuchung aaO 88f.

8 Brigitte-Untersuchung aaO 93.

9 Brigitte-Untersuchung aaO 71.

10 Vgl. Krüger D., Partnerschafts- und Berufsbiographien Alleinlebender – Ergebnisse einer qualitativen Studie über ledige Frauen und Männer in Einpersonenhaushalten, in: ifg 3/92, 28ff, Bielefeld 1992; vgl. auch Schmidt M., Karrierefrauen und Partnerschaft, Münster, New York 1989; zur Lebensform allgemein vgl. Schreiber H., Singles. Allein leben, München 1980.

Zu Kapitel VII (S. 169ff)

1 Nach dem Titel der Untersuchung von Prokop U., Weiblicher Lebenszusammenhang. Von der Beschränktheit der Strategien und der Unangemessenheit der Wünsche, Frankfurt 1976.

2 Vgl. Nölleke B., In alle Richtungen zugleich, Denkstrukturen von Frauen, München 1985.

Zu Kapitel VIII (S. 177ff)

1 Vgl. Josuttis, Der Traum des Theologen, aaO, 161: „Die Brüder (und Schwestern)".

2 Vgl. Josuttis, Der Traum des Theologen, aaO 163: „Offensichtlich ist das männliche Selbstwertgefühl tangiert, wenn ein Mann die Autorität einer Frau respektieren soll."

3 Vgl. Janowski J.Chr., Umstrittene Pfarrerin, in: Greiffenhagen M. (Hg.), Das evangelische Pfarrhaus, Stuttgart 1984, 107.

4 „Warum hat es nach den urchristlichen Anfängen, in denen ja Frauen durchaus aktiv und kreativ das Gemeindeleben mitgeprägt haben, fast 2000 Jahre gedauert, bis mindestens in einigen protestantischen Kirchen auch Frauen der Zugang zum Pfarramt eröffnet wurde? Warum hat ‚Das andere Geschlecht' gerade im religiösen Bereich so bedrohlich gewirkt?" Josuttis, Der Traum des Theologen aaO 167.

5 Wie K. Jurczyk in ihrer Untersuchung des Zusammenhangs von Wirtschafts- und Familienpolitik zeigen kann, besteht ein enger Zusammenhang zwischen beiden. In Zeiten wirtschaftlicher Rezession wird das „Ideal der natürlichen Mütterlichkeit" aufgewertet, in Zeiten wirtschaftlichen Wachstums werden dagegen eher emanzipatorische Zeile favorisiert. Vgl. Jurczyk K., Frauenarbeit und Frauenrolle. Zum Zusammenhang von Familienpolitik und Frauenerwerbstätigkeit in Deutschland von 1918–1975, Frankfurt New York, 1978, 3. Aufl.

6 Geschlechtsrollenstereotypen strukturieren das Handeln der einzelnen in überindividuellen Mustern vor, erleichtern in allgemeiner Routine die tagtäglichen Entscheidungen, entnehmen die Individuen langdauernden Aushandlungsprozessen über Prioritäten usw. Die Kategorie „Geschlecht" spielt hier eine wichtige, „ordnende" Rolle.

7 Vgl. Erdheim M., Die gesellschaftliche Produktion von Unbewußtheit, Frankfurt 1982.

8 Die Wahrnehmung von Frauen in pastoraler Arbeit kann nun allerdings nicht unter einem generellen, verallgemeinernden Aspekt geschehen, als gäbe es „die" Frauen als eine homogene Gruppe. Es ist wichtig, die verschiedenen Lebens- und Arbeitskontexte von Frauen, von Pfarrerinnen etwa, wie überhaupt von theologisch ausgebildeten Frauen in anderen Berufsgruppen (Diakoninnen, Religionspädagoginnen) auszuleuchten, ihre Lebens- und Erleidensgeschichten zu erheben. Hier müßte noch sehr viel breiteres empirisches Material erhoben und zur Diskussion gestellt werden, um der Wirklichkeit von theologisch gebildeten Frauen in der Kirche ansichtig zu werden. Die Auswertung unserer Gespräche mit einer besonderen Gruppe dieser Frauen, nämlich der der Pfarrerinnen im Gemeindedienst, versuchte diese Differenziertheit festhalten.

9 Vgl. Schütze Y., Die gute Mutter – Zur Geschichte des normativen Musters „Mutterliebe", in: Karsten E.M., Otto H.-U. (Hg.), Die sozialpädagogische Ordnung der Familie, Weinheim 1987.
10 Vgl. Badinter, E., Die Mutterliebe, München 1984, 2. Aufl.
11 Vgl. Hege M., Die steinerne Fee, Weinheim 1987, 2. Aufl., die die damit einhergehende „Korruption" realer Frauen z.B. am Leben der Elisabeth von Thüringen eindrucksvoll aufzeigt, aaO 18ff.
12 Vgl. Rommelspacher B., Mitmenschlichkeit und Unterwerfung, Frankfurt 1992, 164ff.
13 Vgl. Irigaray L., Speculum: Spiegel des anderen Geschlechts, Frankfurt 1984.
14 Vgl. Beauvoir S. de, Das andere Geschlecht, Sitte und Sexus der Frau, Reinbek 1968.
15 Vgl. Krüll M. (Hgin), Wege aus der männlichen Wissenschaft, Pfaffenweiler 1991.
16 Vgl. Scheich E., Naturbeherrschung und Weiblichkeit. Denkformen und Phantasmen moderner Naturwissenschaften, Pfaffenweiler 1993.
17 Vgl. Chodorow N., Das Erbe der Mütter, München 1985.
18 Harding S., Hintikka M. Männliche Erfahrung und die Normen sozialwissenschaftlicher Erkenntnis, in: Schaeffer-Hegel B., Watson-Franke B. (Hginnen), Männer, Mythos, Wissenschaft, Pfaffenweiler 1989, 223ff, 234.
19 Chodorow aaO 220.
20 Vgl. Fox Keller E., Liebe, Macht, Erkenntnis, Männliche oder weibliche Wissenschaft, München 1986.
21 Vgl. Irigaray L., Waren, Körper, Sprache: Der verrückte Diskurs der Frauen, Berlin 1976.
22 Vgl. Libreria delle donne di Milano, Wie weibliche Freiheit entsteht, Berlin 1988.
23 Seifert R., Entwicklungslinien und Probleme der feministischen Theoriebildung, in: Knapp G.-A., Wetterer A., Traditionen Brüche, Freiburg 1992, 255ff.
24 Vgl. Diotima, Der Mensch ist zwei. Das Denken der Geschlechterdifferenz, Wien 1989.
25 Vgl. Gerhard U., Gleichheit ohne Angleichung, München 1990.
26 Cavarero A., Die Perspektive der Geschlechterdifferenz, in: Gerhard U. u.a. (Hginnen), Menschenrechte haben (k)ein Geschlecht, Frankfurt 1992, 100ff, 105.
27 Prätorius aaO 91.
28 Vgl. Prengel A., Gleichheit versus Differenz – eine falsche Alternative im feministischen Diskurs, in: Gerhard U. u.a. (Hginnen), Menschenrechte haben (k)ein Geschlecht, aaO 120ff.
29 Allerdings ist gegenüber diesem Ansatz kritisch anzumerken, daß in der bloßen Absetzung von männlich gestalteter Wissenschaft keine wirkliche Transformation stattfinden kann.
30 Vgl. die Europäische Gesellschaft für die Theologische Forschung von Frauen (EWSTR), die sich in verschiedenen Sektionen mit den Fragen feministischer Theologie und Philosophie beschäftigt.
31 Vgl. Gössmann E., Glanz und Last der Tradition. Eine theologiegeschichtlicher Durchblick, in: Mann und Frau. Grundproblem theologischer Anthropologie, hg. Schneider Th., Freiburg 1979, 25ff; Crüsemann F., Thyen H., Als Mann und Frau geschaffen, Exegetische Studien zur Rolle der Frau, Reihe Kennzeichen Bd. 2, Gelnhausen Berlin 1978: Pissarek-Hudelist H. (Hgin), Die Frau in der Sicht der Anthropologie und Theologie, Düsseldorf 1989.
32 Vgl. Honegger Cl., Die Ordnung der Geschlechter. Die Wissenschaften vom Menschen und das Weib, Frankfurt 1991.
33 Vgl. Dinnerstein D., Das Arrangement der Geschlechter, Stuttgart 1979.
34 Prätorius I., Anthropologie und Frauenbild in der deutschsprachigen Ethik seit 1949, Gütersloh 1993.
35 Prätorius aaO 139.
36 Vgl. Prätorius I. Geschlechtsspezifische Arbeitsteilung als theologisches Problem, ThPr 22, 1987, 136ff.
37 Thielicke H., Theologische Ethik Bd. I, Tübingen 1958, 412, zit. nach Prätorius aaO 139.
38 Thielicke H., Theologische Ethik Bd. I, aaO 61.
39 Dinnerstein D., Das Arrangement der Geschlechter, aaO.
40 Vgl. Schottroff L., Frauen in der Nachfolge Jesu in neutestamentlicher Zeit, in: Schottroff W., Stegemann W. (Hg.), Traditionen der Befreiung Bd. 2, München 1980, 91ff; Schüssler Fiorenza E., Zu ihrem Gedächnis … Eine feministisch-theologische Rekonstruktion der christlichen Ursprünge, München, Mainz 1988; Dieselbe, Die Rolle der Frau in der urchristlichen Bewegung, in: Concilium 12, 1976, 3ff, bes. 4ff; Brooten B., Frühchristliche Frauen und ihr kultureller Kontext. Überlegungen zur Methode historischer Rekonstruktion, Einwürfe 2, München 1985; Ruether R.R., Frau und kirchliches Amt in historischer und ge-

sellschaftlicher Sicht, in: Concilium 12, 1976, 17ff; zur allgemeinen Interpretationsgeschichte des Geschlechterverhältnisses vgl. Weber-Kellermann I., Das Männliche und das Weibliche. Zur Sozialgeschichte der Geschlechterrollen im 19. und 20. Jahrhundert, in: Moltmann-Wendel E. (Hgin), Frau und Mann, Düsseldorf 1992, 15ff; Fraisse G., Zur Geschichtlichkeit des Geschlechterunterschieds – eine philosophische Untersuchung, in: Nagl-Docekal H.u.a. (Hginnen), Denken der Geschlechterdifferenz, Wien 1990, 89ff.

41 Vgl. Dautzenberg G. u.a. (Hg), Die Frau im Urchristentum, Freiburg Basel Wien 1983; Jensen A., Gottes selbstbewußte Töchter, Frauenemanzipation im frühen Christentum?, Freiburg, Basel, Wien 1992; Thraede K., Ärger mit der Freiheit, in: Scharffenorth G., Thraede K. (Hginnen), Freunde in Christus werden, Reihe Kennzeichen 1, Gelnhausen 1977, 31ff, 135.
42 Vgl. Heine S., Paulus, die Frauen und die Wirkungsgeschichte, in: Auch wir sind die Kirche, hg. Straub V., München 1991, 11ff.
43 Vgl. Schüssler Fiorenza E., Die Rolle der Frau in der urchristlichen Bewgung, in: Concilium 12, 1976, 3ff.
44 Vgl. dazu besonders die Darstellung der Wirkungsgeschichte dieser Interpretations- und Argumentationsmuster bei Schüngel-Straumann H., Die Frau am Anfang, Eva und die Folgen, Freiburg 1989.
45 Schüngel-Straumann aaO 87.
46 Schüngel-Straumann aaO 87 „Die Frau wird nun durch ihre besondere Schönheit und ihre erotische Ausstrahlung zu einer Gefahr für den Mann, zu einer Verführerin, vor der es gilt, auf der Hut zu sein."
47 Schüngel-Straumann aaO 36.
48 Schüngel-Straumann aaO 38.
49 Schüngel-Straumann aaO 51.
50 Prätorius aaO 86.
51 Schüssler Fiorenza E., Das Schweigen brechen – sichtbar werden, in: Concilium 21, 1985, 390.
52 „Die Lehrauffassungen der Pastoralbriefe sind auch scharf antignostisch. Die Gnostiker eröffneten ... Frauen eine neue Chancengleichheit zur Übernahme von Führungsfunktionen in ihren Grupppen, welche sich auf eine asketische Verneinung der Familie und der Fortpflanzung gründete." Ganz im Gegensatz dazu betont die Großkirche das Gutsein der Schöpfung, der Familie, damit betont sie jedoch auch die strikte Einhaltung der Schöpfungsordnungen. „In der Ebene der ‚Schöpfungsordnungen', in der Ehe und Familie wird nun die Inferiorität und die Unterordnung der Frau aufs neue behauptet. Obendrein aber wird nun die wahre christliche Ethik mehr und mehr als etwas gesehen, was von der Askese bestimmt ist. Christsein wird damit mehr und mehr zu einem Gemisch aus einem Geist der Unterordnung unter ein patriarchales System und aus asketischer Verneinung von Fortpflanzung und Sexualität. Das Ergebnis ist eine Sicht, welche die Frau mehr und mehr nicht bloß als die Untergeordnete in der Schöpfungsordnung, sondern als jemanden betrachtet, der innerhalb der Erlösungsordnung ... sehr nahe beim Symbol des Bösen angesiedelt ist." Ruether, Frau und kirchliches Amt in historischer und gesellschaftlicher Sicht, aaO 19.
53 Vgl. Enzner-Probst B., Zwischen Berufung und Beruf, Frankfurt 1988, 15ff; dort wird diese Entwicklung unter dem Stichwort „Berufung" ausführlich dargestellt.
54 Boys M., Frauen als Ferment, in: Concilium 21, 1985, 462.
55 Vgl. Luther M., WA 50, 633, 12ff „Wahr ists aber, daß in diesem Stück der heilige Geist ausgenommen hat Weiber, Kinder und untüchtige Leute, sondern allein tüchtige Mannspersonen hiezu erwählet (ausgenommen die Not) ... Denn solchen Unterschied auch die Natur und Gottes Creatur gibt, daß Weiber (viel weniger Kinder oder Narren) kein Regiment haben können, noch sollen, wie die Erfahrung gibt und Mose Gen 3,3 spricht: du sollst dem Mann untertan sein ..."; vgl im Gegensatz dazu WA 30/II, 517ff.
56 Vgl. die EKD-Denkschrift, Die Frau in Familie, Kirche und Gesellschaft, aaO 137: „Das Pfarrhaus hat seit der Reformation eine stark normierende Wirkung gehabt. Der Pfarrer gilt noch heute mit seiner Frau, seinen Familienverhältnissen, also in seiner faktischen Existenz, ‚als Bürge' dessen, was die Wahrheit und die Kraft der kirchlichen Überlieferung im Lebensvollzug ausmacht ..." Dieser offenkundigen Überforderung gegenüber ist die Zurücknahme solcher normierender Erwartungen als selbstverständlich zu fordern.
57 Vgl. Greiffenhagen M. (Hg), Das evangelische Pfarrhaus, Stuttgart 1984. Daß Luther mit der Abschaffung der Klöster damit auch den Frauen eine alternative Lebensform zu Ehe und Familie nahm, ist durch die Forschungen feministischer Theologinnen deutlich geworden. Ehe wurde zum ausschließlichen Übungsfeld christlicher Existenz der Frauen, aber eben

auch zur Bewährung der christlichen Existenz der Pfarrer. Vgl. Ruether R.R., Frau und kirchliches Amt in historischer und gesellschaftlicher Sicht, aaO 20.

58 Vgl. Rendtorff T., Ethik, Grundelemente, Methodologie und Konkretionen einer ethischen Theologie, Bd. 1, Stuttgart u.a., 1980, 2. überarbeitete und erweiterte Aufl. 1990.
59 Vgl. für den katholischen Bereich Hunt M., Umgestaltung der Moraltheologie – eine feministische Herausforderung der Ethik, in: Concilium 21, 1985, 443ff.
60 Vgl. Rendtorff aaO 121ff.
61 Vgl. Prätorius aaO 188.
62 Vgl. Janowski Chr.J., Theologischer Feminismus, Berliner Theologische Zeitschrift 5, 1988, 28ff.
63 Prätorius aaO 100f.
64 Vgl. den Abschnitt über „Geschlechtsspezifische Fixierung getrennter Arbeitsbereiche als Barriere" in EKD-Kirchenamt (Hg), „Die Frau in Familie, Kirche und Gesellschaft", aaO 77ff.
65 Vgl. die ausführliche Beschreibung der Entwicklung des Amtsbegriffs bei Enzner-Probst B., Zwischen Berufung und Beruf, aaO 102ff.
66 Vgl. zur Profession Wetterer A. (Hgin), Profession und Geschlecht, Über die Marginalität von Frauen in hochqualifizierten Berufen, Frankfurt New York.
67 Vgl. dazu Dumais M., Eine Theologie des Dienstes für die Frauen: Unvermeidliche Bevormundung? in: Concilium 23, 1987, 506 ff.
68 Vgl. Weidmann J.L., Women Ministers: How Women are Redefining Traditional Roles, New York 1981.
69 Praetorius aaO 143.
70 Vgl. Enzner-Probst B., Zwischen Berufung und Beruf, aaO, den einschlägigen Abschnitt; Wolf E., Sozialethik, Göttingen 1982, 2. Aufl. . In Wolfs ethischer Grundlegung ist bezeichnend, daß nur die außerhäusliche Arbeit als Bewährung der Berufung gesehen wird!
71 Dies bedeutet eine Weiterführung der in meiner Dissertation vertretenen These. Die Ausweitung des „vocatio-Berufungs"-Begriffs durch die Hinzunahme des sozialpsychologischen Terminus der „Motivation" hatte eine situationsgerechtere Interpretation für den Bereich der Studienwahl und des vocatio-Weges bis zum Berufseintritt ermöglicht. An dieser Stelle knüpft nun der Begriff der „Arbeit" an und öffnet den Blick auf die Situation pastoraler Praxis heute, ermöglicht die Einbeziehung sozialpsychologischer Erkenntnisse.
72 Eine Arbeitsteilung, die wieder befestigen würde, was so lange galt. „Damit oblag den Theologinnen – als Frauen – weiterhin in erster Linie das diakonische Handeln, die Tat; das Wort bleibt den Männern vorbehalten." Friedlein J., Lukatis I., Pastorin – ein neuer Beruf, aaO 40ff.
73 Vgl. Wind R., Plädoyer für einen neuen Amtsbegriff, in: Schottroff W., Stegemann W. (Hg.), Traditionen der Befreiung 2, Frauen in der Bibel, München 1980, 145ff; schon in den sechziger Jahren wurde Ähnliches formuliert vgl. Scharfenberg I. und J., Hierarchisches Amt oder dialogischer Dienst. Zur Stellung der Frau in Kirche und Gesellschaft, in: Monatsschrift für Pastoraltheologie 52, 1963,3, 75ff.
74 Vgl. Bolte K.M. (Hg.), Subjektorientierte Arbeits- und Berufssoziologie, Frankfurt 1983.
75 Ostner I., Tatschmurat C., Art. Arbeit, in: Beyer J. u.a. (Hginnen), Frauenhandlexikon, München 1984; vgl. Estor M., Art. Arbeit, in: Gössmann E. u.a. (Hginnen), Wörterbuch der Feministischen Theologie, Gütersloh 1991, 20ff.
76 Vgl. Ostner, Tatschmurat aaO 31.
77 „A. im Sinn von Sorge steht am Anfang jeder weiteren menschlichen Tätigkeit und geht in ihrer Dringlichkeit vor, sorgt sie doch für die immer wiederkehrende Notdurft des Lebens, für müheloses Konsumieren, ohne je etwas Bleibendes zu produzieren ... Was sie allerdings schafft, ermöglicht, ist ein Überschuß, ein Stückchen Freiheit von der Notwendigkeit und damit die Chance, dieses notdürftige Leben zu gestalten, es zu einem wirklich menschlichen zu machen." Ostner, Tatschmurat aaO 28.
78 Vgl. Backes G., Frauen und soziales Ehrenamt, Zur Vergesellschaftung weiblicher Selbsthilfe, Augsburg 1987.
79 Vgl. EKD-Denkschrift, Die Frau in Familie, Kirche und Gesellschaft, aaO 46: „die nur ökonomische Wertung der Arbeit führt zu tiefgreifenden Widersprüchen, die dazu herausfordern, den Sinn der Arbeit neu zu bestimmen."
80 Vgl. Ostner I., Kapitalismus, Patriarchat und die Konstruktion der Besonderheit „Frau", in: Kreckel R. (Hg.), Soziale Ungleichheit, Sonderheft „Soziale Welt", Göttingen 1983; Tatschmurat C., Arbeit und Identität, Frankfurt New York 1983.
81 Vgl. die schon genannte EKD-Denkschrift, außerdem EKD-Kirchenamt (Hg), Die Gemein-

schaft von Frauen und Männern in der Kirche, Gütersloh 1990, außerdem die ökumenischen Beiträge in Parvey C.F., Die Gemeinschaft von Frauen und Männern in der Kirche, Der Sheffield-Report, Neukirchen 1985.
82 EKD-Kirchenamt (Hg.), Die Gemeinschaft von Frauen und Männern in der Kirche, aaO 22.
83 Vgl. Weg M., Dienen und Verzichten: Sozialabbau statt Gleichstellung der Frauen, SWI-Mitteilungen H.1, 1984, 47ff.
84 Vgl. Horner M.S., Sex differences in achievement motivation and performance in competitive and noncompetitive situations, Unpublished doctoral diss., University of Michigan 1968.
85 Vgl. Arendt H., Vita activa oder Vom tätigen Leben, München 1981.
86 Helgesen S., Frauen führen anders, Frankfurt 1991.
87 Vgl. Bernardoni C., Werner V., Erfolg statt Karriere. Einstellungen erfolgsorientierter Frauen zum beruflichen Aufstieg, Deutsche UNESCO-Kommission, Bonn 1985; Bischof-Köhler D., Frauen und Karriere in psychologischer Sicht, in: Zeitschrift für Arbeits- und Organisationspsychologie 34 NF 8, 1990, 17ff; Beck-Gernsheim E., Karriere – wie hoch ist der Preis? Die Folgen für Männer und Frauen, in: Arbeit 2000, hg. Altvater E. u.a., Hamburg 1985.
88 Vgl. Rhodes L.N., Co-Creating, A feminist Vision of Ministry, Philadelphia 1987.
89 Praetorius aaO 139.
90 Ein Beispiel dafür wäre die notwendige Unterstützung für Familienfrauen, wieder in ihre berufliche Tätigkeit zurückzukehren, vgl. Yohalem A.M. (Hg.), Die Wiedereingliederung von Frauen, in: Frauenforschung, ifg 1,2, 1989.
91 Vgl. Krauß-Siemann J., Von der Freizeit zur Muße. Neukirchen 1989; Hörning M. u.a. (Hginnen), Zeitpioniere. Flexible Arbeitszeiten – neuer Lebensstil, Frankfurt 1990.
92 Vgl. Josuttis M., Der Traum des Theologen, aaO 153.
93 Hörning, aaO 155.
94 Die durch bewußte Strukturierung gewonnene Zeit sollte jedoch nicht wieder für neue Arbeit benutzt, sondern freigesetzt, freigelassen werden. „… begreift das vorherrschende Zeitverständnis Zeit als Zeit zum Produzieren, zum Konsumieren, zur Sinngebung durch immerwährendes Tätigsein. Alles ist unter den Imperativ der Verwendung, der Verwertung und Nutzung gestellt. Da die Zeit knapp und kostbar ist, werden sogenannte Leerzeiten oder Zeiten auferlegten Wartens wiederum genutzt und mit weiteren ‚Kleinigkeiten' aufgefüllt … Dieses Denkschema einer aktivistischen Nutzung von Zeit, das Leerzeiten negativ bewertet und mit Schrecken versieht, gilt es abzulegen" (Hörning aaO 155). Stattdessen sollte ein partieller Vorgang der „Entnutzung" von Zeit stattfinden und gefördert werden. Die gewonnene Zeit, die nicht sofort wieder für neue Aktivität genutzt wird, bleibt für gesteigerte Gegenwartserfahrung, dem gesellschaftlichen Tempo wird Gelassenheit entgegengesetzt.
95 Vgl. Sölle D., Lieben und Arbeiten, Stuttgart 1986, 3. Aufl.; Gremmels Chr., Segbers F., Überlegungen zu einer „Theologie der Arbeit", in: Diess. (Hginnen), Am Ort der Arbeit, München, Mainz 1981, 153ff.
96 Vgl. Sölle aaO Seite 93ff.
97 Vgl. auch Rhodes L.N., Co-creating. aaO.
98 Vgl. Lüdemann G., Das paradoxe Geschlecht, Frankfurt 1993.
99 Dazu würden etwa gehören: Wiedereinstiegshilfen für Langzeit-Beurlaubte; weitreichende Fortbildungsmöglichkeiten für Beurlaubte; Trainings für Frauen für Führungsaufgaben; Erleichterung für Erziehungszeiten durch Männer; Qualifikationsprofile für kirchliche Leitungspositionen, die Erziehungszeiten oder andere Sozialzeiten honorieren, bzw. den Nichtaufweis solcher Sozialphasen negativ sanktionieren u.a.m.
100 Vgl. Bierhoff-Alfermann D., Androgynie – Möglichkeiten und Grenzen der Geschlechterrollen, Opladen 1989.
101 Vgl. Müller U., Arbeits- und industriesoziologische Perspektiven von Frauenarbeit – Frauen als „defizitäre" Männer?, aaO.
102 Vgl. Roloff Chr., Einerleiheit oder Allerleihrauh, Von der Widersprüchlichkeit beruflicher Identität von Frauen in sogenannten Männerberufen, in: Bathe S. u.a. (Hginnen), Frauen in der Hochschule, Weinheim 1989, 125ff.
103 Roloff aaO 127.
104 Roloff aaO 129.
105 Vgl. Erikson E.H., Identität und Lebenszyklus, Frankfurt 1973.
106 Luther H., Identität und Fragment, aaO 325; Luther H., Religion und Alltag, Stuttgart 1992.
107 Vgl. in diesem Sinn auch die Rede von „Wholeness" bei Crawford J. u.a. (Hg.), In God's Image, Genf 1983.

[108] Vgl. die Befragung von Metz-Göckel S., Müller U., Der Mann, Hamburg 1985, die deutlich macht, was für ein weiter Weg hier noch, gerade im Bewußtsein der Männer, zurückzulegen ist.
[109] Vgl. Pross H., Die Männer, Reinbek 1978. In dieser Befragung wird die Beschränktheit der bisherigen Möglichkeiten von Männern diesbezüglich sehr deutlich.
[110] Sölle D., Und ist noch nicht erschienen. Ein Gebet zu 1. Johannes 3,2, in: Schottroff L. u.a., Das Kreuz: Bann des Lebens, Stuttgart 1987.
[111] Vgl. Harrison B., Die neue Ethik der Frauen, Stuttgart 1981.
[112] Vgl. Thyen H., „... nicht mehr männlich und weiblich ..." – Studie zu Gal 3,28, in: Crüsemann F., Thyen H., Als Mann und Frau geschaffen, aaO 107ff.
[113] Praetorius aaO 250.

Literatur

Allemann-Tschopp A., Geschlechtsrollen, Bern 1979
Almas u.a., Presterrollen. En kvalitativ intervjuundersökelse om det a vare prest i Den norske kirke, Tapir Verlag 1989
Arendt H., Vita activa oder Vom tätigen Leben, München 1981
Aufstiegsbarrieren für Frauen im Universitätsbereich, Schriftenreihe des BMBW – Studien zur Bildung und Wissenschaft Nr. 99, Bad Honnef 1991

Backes G., Frauen und soziales Ehrenamt. Zur Vergesellschaftung weiblicher Selbsthilfe, Augsburg 1987
Badinter E., Die Mutterliebe. Geschichte eines Gefühls vom 17. Jahrhundert bis heute, München 1981, 1984
Bamberg E., Mohr G., Frauen als Forschungsthema: Ein blinder Fleck in der Psychologie, in: Mohr G., Rummel M. u.a., Frauen, München, Wien, Baltimore 1982, 1ff
Barthel F., Stellung und Aufgabe der theologisch vorgebildeten Frau im kirchlichen Arbeitsgebiet und Erziehungswesen, phil. Diss, Erlangen 1942
Bathe S. u.a. (Hginnen), Frauen in der Hochschule, Weinheim 1989
Baur J., Über die geschlechtstypische Sozialisation des Körpers, Zeitschrift für Sozialisationsforschung und Erziehungssoziologie 8, 1988, 152–160
Beauvoir S. de, Das andere Geschlecht, Sitte und Sexus der Frau, Reinbek 1968, 1987 2. Aufl.
Beck-Gernsheim E., Das halbierte Leben. Männerwelt Beruf, Frauenwelt Familie, Frankfurt 1980
Beck-Gernsheim E., Der geschlechtsspezifische Arbeitsmarkt. Zur Ideologie und Realität von Frauenberufen, Frankfurt 1976
Beck-Gernsheim E., Die Kinderfrage: Frauen zu Kinderwunsch und Unabhängigkeit, München 1988
Beck-Gernsheim E., Karriere? Wie hoch ist der Preis? Die Folgen für Männer und Frauen, in: Arbeit 2000, hg. Altvater E., Baethge M. u.a., Hamburg 1985
Becker-Schmidt R., Die doppelte Vergesellschaftung – die doppelte Unterdrückung: Besonderheiten der Frauenforschung in den Sozialwissenschaften, in: Die andere Hälfte der Gesellschaft, hg. Wagner I., Unterkirchner L., Wien 1987
Beer U., Geschlecht, Struktur, Geschichte. Soziale Konstituierung des Geschlechterverhältnisses, Frankfurt New York 1990
Beer U., Theorien geschlechtlicher Arbeitsteilung, Frankfurt 1984
Benard C., Schlaeffer E., Rückwärts und auf Stöckelschuhen, Köln 1988
Bernardoni C., Werner V., Erfolg statt Karriere. Einstellungen erfolgsorientierter Frauen zum beruflichen Aufstieg, Deutsche UNESCO-Kommission, Bonn 1985
Bertinetti I., Frauen im geistlichen Amt, Die theologische Problematik in evangelisch-lutherischer Sicht, theol. Diss, Berlin 1963, auch in: Theologische Arbeiten 21, Berlin 1965
Bertram H., Bayer H., Berufsorientierung erwerbstätiger Mütter. Zu Struktur und Einstellungswandel mütterlicher Berufstätigkeit, München 1984
Berufliche Wiedereingliederung von Frauen, in: Frauenforschung. Informationsdienst des Instituts Frau und Gesellschaft Nr. 1/2, 1989
Bienert W., Art. Arbeit, III. theologisch, in: RGG 3. Aufl., I, Tübingen 1957, Sp. 530ff
Bierhoff-Alfermann D., Androgynie – Möglichkeiten und Grenzen der Geschlechterrollen, Opladen 1989
Bilden H., Geschlechtsspezifische Sozialisation, in: Hurrelmann K., Ulich D. (Hg.), Handbuch der Sozialisationsforschung, Weinheim 1980, 777–812
Bischof-Elten G., Ein Tag aus dem Leben einer Landpfarrerin, in: Evangelischer Digest, 1963, September 48f
Bischof-Köhler D., Frau und Karriere in psychologischer Sicht, in: Zeitschrift für Arbeits- und Organisationspsychologie 34, NF 8, 1990, 17ff
Blank M., Frauen in Führungspositionen – Entwicklungstendenzen und Erklärungsansätze, in. Berty K. u.a., Emanzipation im Teufelskreis, Weinheim 1990, 152ff

Bock E.W., The female clergy. A case of professional marginality, in: American Journal of Sociology, Bd. 5, 1967, 531–39

Bock U. u.a. (Hginnen), Frauen an den Universitäten, Zur Situation von Studentinnen und Hochschullehrerinnen in der männlichen Wissenschaftshierarchie, Frankfurt New Yorok 1983

Bock U., Androgynie und Feminismus, Weinheim 1988

Bock-Rosenthal E. u.a., Wenn Frauen Karriere machen, Frankfurt 1978

Bolte K.M., Treutner E. (Hg), Subjektorientierte Arbeits- und Berufssoziologie, Frankfurt 1983

Born C., Vereinbarkeit von Beruf und Familie: Ein Problem von Frauen – kein Frauenproblem. Auflösungstendenzen der Arbeitsteilung zwischen den Geschlechtern als gesellschaftliches Grundverhältnis der Organisation von Arbeit. Werkstattbericht des Forschungsschwerpunktes „Arbeit und Bildung", Bd. 4, Bremen, 1987

Boys M., Frauen als Ferment, in: Concilium 21, 1985, 462ff

Breuer H., Selbstbild und Geschlechtsrolle der Frau, Dissertation Freiburg 1977

Brooten B., Frühchristliche Frauen und ihr kultureller Kontext, Einwürfe 2, München 1985

Bundesministerium für Bildung und Wissenschaft (HG), Grund- und Strukturdaten 1988/89, Bonn 1988

Bundesministerium für Jugend, Familie, Frauen und Gesundheit (Hg), Geschlechtsrollen im Wandel – Partnerschaft und Aufgabenteilung in der Familie, Stuttgart, Berlin, Köln, Schriftenreihe des BMJFFG, Bd 235, 1988

Burger A., Seidenspinner G., Töchter und Mütter. Ablösung als Konflikt und Chance, Opladen 1988

Busch G. u.a., Den Männern die Hälfte der Familie, den Frauen mehr Chancen im Beruf, Weinheim 1988

Caprez-Roffler G., Die Pfarrerin, Chur 1981

Carroll J.W., Hargrave B., Lummis A.T., Women of the Cloth, A New Opportunity for the Churches, New York 1983

Cavarero A., Ansätze zu einer Theorie der Geschlechterdifferenz, in: Diotima, Philosophinnengruppe aus Verona, (Hgin.), Der Mensch ist Zwei, Wien 1989

Cavarero A., Die Perspektive der Geschlechterdifferenz, in: Gerhard U. u.a. (Hginnen), Menschenrechte haben (k)ein Geschlecht, Frankfurt 1992, 100ff

Chodorow N., Das Erbe der Mütter. Psychoanalyse und Soziologie der Geschlechter, München 1985

Clemens B. u.a. (Hginnen), Töchter der Alma Mater, Frankfurt 1986

Conrad J., Konnertz U. (Hginnen), Weiblichkeit in der Moderne. Ansätze feministischer Vernunftkritik, Tübingen 1986

Conradt S., Heckmann-Janz K., „"... du heiratest ja doch", 80 Jahre Schulgeschichte von Frauen, Frankfurt 1985

Costas I., Das Verhältnis von Profession, Professionalisierung und Geschlecht in historisch vergleichender Perspektive, in: Wetterer A. (Hgin), Profession und Geschlecht, Frankfurt New York 1992, 51ff

Crawford J., Kinnamon M. (Hg.), In God's Image. Reflections on Identity, Human Wholeness and the Authority of Scripture, ÖRK, Genf 1983

Crüsemann F., Thyen H., Als Mann und Frau geschaffen. Exegetische Studien zur Rolle der Frau, Gelnhausen Berlin 1978, Reihe Kennzeichen Bd. 2

Dahm K.-W., Beruf: Pfarrer, München 1971

Dautzenberg G. u.a. (Hg.), Die Frau im Urchristentum, Freiburg Basel Wien 1983

Dinnerstein D., Das Arrangement der Geschlechter, Stuttgart 1979

Diotima, Philosophinnengruppe aus Verona (Hgin), Der Mensch ist Zwei, Das Denken der Geschlechterdifferenz, Wien 1989

Drinkmann E., Mobilität und Raumbewußtsein, Untersuchungen am Beispiel der Pfarrerschaft der Evangelisch-Lutherischen Kirche in Bayern, Diss. München 1991

Eckart C., Der Preis der Zeit, Frankfurt New York 1990

Eckart C., Töchter in einer ‚vaterlosen Gesellschaft'. Das Vorbild des Vaters als Sackgasse zur Autonomie, in: Hagemann-White C., Rerrich M.S., Frauen Männer Bilder, Frankfurt, New York 1985, 207ff
Eckert R. (Hg.), Geschlechtsrollen und Arbeitsteilung, München 1979
Edding C., Einbruch in den Herrenclub. Von den Erfahrungen, die Frauen auf Männerposten machen, Reinbek 1983
EKD-Kirchenamt (Hg.), Die Frau in Familie, Kirche und Gesellschaft, Gütersloh 1979
EKD-Kirchenamt (Hg.), Die Gemeinschaft von Frauen und Männern in der Kirche, Gütersloh 1990
Enzner-Probst B., Studien- und Berufsmotivation von Theologiestudentinnen, ThPr 20, 1985, 36ff
Enzner-Probst B., Zwischen Berufung und Beruf, Diss. Erlangen 1983
Enzner-Probst B., Zwischen Berufung und Beruf. Beginn des Theologiestudiums als pastoraltheologisches Problem, in: Nachrichten der Evang.-Luth. Kirche in Bayern, Nr. 15/16, 1988, 285ff
Enzner-Probst B., Zwischen Berufung und Beruf, Frankfurt, New York 1988
Erdheim M., Die gesellschaftliche Produktion von Unbewußtheit, Frankfurt 1982
Erikson E.H., Identität und Lebenszyklus, Frankfurt 1973
Erni M., Das Vaterbild der Tochter, Einsiedeln 1965
Estor M., Art. Arbeit, in: Wörterbuch der Feministischhen Theologie, hg. Gössmann E. u.a., Gütersloh 1991, 29ff

Faber C. u.a, Alleinerziehende Frauen – Über den Zusammenhang von Armut und Ausbildung, in: Sozialmanagement 2, 1992
Faber H., Profil eines Bettlers? Göttingen 1976
Field Belenky M. u.a. , Das andere Denken, Persönlichkeit, Moral und Intellekt der Frau, Frankfurt, New York 1989
Flesch-Thebesius M., Hauptsache Schweigen, Radius-Verlag 1988
Fox Keller E., Liebe, Macht, Erkenntnis. Männliche oder weibliche Wissenschaft? München 1986
Fraisse G., Zur Geschichtlichkeit des Geschlechterunterschieds- eine philosophische Untersuchung, in: Nagl-Docekal H., Pauer-Studer H. (Hginnen), Denken der Geschlechterdifferenz, Wien 1990, 89ff
Friedlein J., Lukatis I., Pastorin – ein neuer Beruf? ThPr 1, 1990, 40ff
Frisch H, Tagebuch einer Pastorin, Frankfurt 1980

Gerhard U., Die Geschichte der deutschen Frauenbewgung, Reinbek 1990
Gerhard U., Gleichheit ohne Angleichung, Frauen im Recht, München 1990
Gildemeister R., Die soziale Konstruktion von Geschlechtlichkeit, in: Ostner I., Lichtblau K. (Hginnen), Feministische Vernunftkritik, Frankfurt, New York 1992, 220ff
Gildemeister R., Wetterer A., Wie Geschlechter gemacht werden, in: Knapp G.-A., Wetterer A., Traditionen Brüche 1992, 201–254
Gilligan C., In a Different Voice: Psychological theory and Women's Development, Cambridge 1982, dt. Die andere Stimme, Lebenskonflikte und Moral der Frau, 1985, 2. Aufl.
Gorzka G., Teichler U., Karrierechancen von Frauen in Lehre und Forschung, in: Spektrum der Wissenschaft 4/1987, 49–51
Gössmann E., Glanz und Last der Tradition. Ein theologiegeschichtlicher Durchblick: in: Mann und Frau. Grundproblem theologischer Anthropologie, hg. Schneider Th., Freiburg 1979, 25ff
Göttinger Frauenforschungsprojekt zur Geschichte der Theologinnen (Hginnen), Querdenken FS H. Erhart, Pfaffenweiler 1993
Göttner-Abendroth H., Wissenschaftstheoretische Positionen in der Frauenforschung, in: Was Philosophinnen denken, hg. Bendkowski H., Weißhaupt B., Zürich 1983, 253ff
Gottschall K., Zur ambivalenten Lebens- und Studiensituation von Studentinnen, in. Bock U. u.a. (Hginnen), Frauen an den Universitäten. Zur Situation von Studentinnen und Hochschullehrerinnen in der männliche Wissenschaftshierarchie, Frankfurt, New York 1983, 17ff

Greenglass E.R., Geschlechterrolle als Schicksal, Soziale und psychologische Aspekte weiblichen und männlichen Rollenverhaltens, Stuttgart 1986
Greiffenhagen M. (Hg.), Das evangelische Pfarrhaus, Stuttgart 1984
Gremmels Chr., Segbers F., Überlegungen zu einer 'Theologie der Arbeit', in: diess. (Hg.), Am Ort der Arbeit. Berichte und Interpretationen, München, Mainz 1981, 153–179
Gschlössl I., Rübens A., Ein notwendiges Wort in Sachen der Theologinnen, in: Christliche Welt 44, 1930, 5, 216ff
Gutschmidt G., Kind und Beruf: Alltag alleinerziehender Mütter, Weinheim 1986

Hagemann-White C., Macht und Ohnmacht der Mutter, in: Rommelspacher B. (Hg.), Weibliche Beziehungsmuster. Psychologie und Therapie von Frauen, Frankfurt 1987, 15–30
Hagemann-White C., Sozialisation: weiblich-männlich, Opladen 1984
Hahn E., Partnerschaft. Ein Beitrag zum Problem der Gleichberechtigung von Mann und Frau. Theologische Berichte über die Vollversammlung des Lutherischen Weltbundes 1952, Nürnberg 1953
Harding S., Feministische Wissenschaftstheorie. Zum Verhältnis von Wissenschaft und Geschlecht, Hamburg 1991, 2. Aufl.
Harding S., Hintikka M., Männliche Erfahrung und Normen sozialwissenschaftlicher Erkenntnis, in: Schaeffer-Hegel B. (Hginnen), Männer, Mythos, Wissenschaft, Pfaffenweiler 1989, 223ff
Harrison B., Die neue Ethik der Frauen, Kraftvolle Beziehungen statt bloßen Gehorsams, Stuttgart 1991
Haseloff E., Der Auftrag der Vikarin in der heutigen Stunde der Kirche, in: Die Theologin 18, 1958, 4, 1ff
Hausen K., Die Polarisierung der „Geschlechtscharaktere" – Eine Spiegelung der Dissoziation von Erwerbs- und Familienleben, in: Rosenbaum H. (Hgin), Seminar: Familie und Gesellschaftsstruktur, Frankfurt 1978, 161–191
Havel J.E., La Question du Pastorat Feminin en Suede, in: Archives de Sociologie des Religions 4, 1959, 116ff
Hege M., Die steinerne Fee, Weinheim 1987, 2. Aufl.
Heine S., Ein Gott und zwei Geschlechter. Wie Frauen von Gott zu sprechen versuchen, in: Gottes ist der Orient – Gottes ist der Okzident, FS A. Falaturi, hg. Tworuschka U., Köln, Wien 1990, 438ff
Heine S., Paulus, die Frauen und die Wirkungsgeschichte, in: Auch wir sind die Kirche, hg. Straub V., München 1991, 11ff
Heinsius M., Vom Dienst der Frau in der Kirche in alter und neuer Zeit, Stuttgart 1948
Helbich G., Stellenteilung durch Pfarrerehepaare, ThPr 25, 1990, 58ff
Helgesen S., Frauen führen anders. Vorteile eines neuen Führungsstils, Frankfurt 1991
Hellmich A., Frauen zwischen Familie und Beruf. Eine Untersuchung über Voraussetzungen und Nutzen einer Berufskontaktpflege von Frauen in der Familienphase, in: Schriftenreihe des BMJFFG (Hg), Bd. 184, Stuttgart – Berlin – Köln – Mainz, 1986
Hennig. M., Jardim A., Frau und Karriere, Reinbek 1987
Herms E., Gesellschaft gestalten. Beiträge zur Sozialethik, Tübingen 1991
Hess-Diebäcker D., Stein-Hilbers M., Die Väter in Küche und Kinderzimmer. Forschungsprojekt zum Thema ‚Geteilte Elternschaft', Frankfurter Rundschau 9, 5.12.1987
Hille B., Berufs- und Lebenspläne sechzehnjähriger Schülerinnen, Hannover 1973
Hoff A., Scholz J., Neue Männer in Beruf und Familie. Erstauswertung von 64 Intensivinterviews mit Teilzeitarbeitnehmern und Hausmännern und ihren Partnerinnen. Forschungsstelle der Sozialökonomik der Arbeit. FSA Print 3/85, Berlin 1985
Hoff E.-H. (Hg.), Die doppelte Sozialisation Erwachsener, München 1990
Hofmeister H., Die Zulassung der Theologin zum geistlichen Dienst nach dem derzeitigen Recht der deutschen Landeskirchen, in: Zeitschrift für evangelisches Kirchenrecht 6, 1958, 4, 406ff
Honegger Cl., Die Ordnung der Geschlechter. Die Wissenschaften vom Menschen und das Weib, Frankfurt 1991
Horner M.S., Sex differences in achievement motivation and performance in competitive and non-competitive situations. Unpublished doctoral dissertation, University of Michigan 1968

Hörning K.M. u.a. (Hginnen), Zeitpioniere. Flexible Arbeitszeiten – neuer Lebensstil, Frankfurt 1990
Horstkemper M., Schule, Geschlecht und Selbstvertrauen. Eine Längsschnittstudie über Mädchensozialisation in der Schule, Weinheim 1987
Hunt M., Umgestaltung der Moraltheologie – eine feministische Herausforderung der Ethik, in: Concilium 21, 1985, 443ff

Irigaray L, Speculum: Spiegel des anderen Geschlechts, Frankfurt 1984
Irigaray L., Waren, Körper, Sprache: der verrückte Diskurs der Frauen, Berlin 1976

Janowski Chr.J., Umstrittene Pfarrerin, Zu einer unvollendeten Reformation der Kirche, in: Greiffenhagen M. (Hg.), Das evangelische Pfarrhaus, Stuttgart 1984, 83ff
Janowski Chr.J., Theologischer Feminismus, Berliner theologische Zeitschrift 5, 1988, 28ff
Jensen A., Gottes selbstbewußte Töchter, Freiburg, Basel, Wien 1992
Josuttis M., Der Pfarrer ist anders, München 1982
Josuttis M., Der Traum des Theologen, Aspekte einer zeitgenössischen Pastoraltheologie, München 1988
Jurczyk K., Frauenarbeit und Frauenrolle. Zum Zusammenhang von Familienpolitk und Frauenerwerbstätigkeit in Deutschland von 1918–1975, Frankfurt New York 1978, 3. Aufl.

Kendall P., Women and the Priesthood: A Selected and Annotated Bibliography, Episcopal Diocese of Pennsylvania, Philadelphia 1976
Klinger C., Welche Gleichheit und welche Differenz? in: Gerhard U. (Hgin), Menschenrechte haben (k)ein Geschlecht, Frankfurt 1992, 112ff
Knapp G.A., Arbeitsteilung und Sozialisation: Konstellationen von Arbeitsvermögen und Arbeitskraft im Lebenszusammenhang von Frauen. In: Klasse Geschlecht. Feministische Gesellschaftsanalyse und Wissenschaftskritik, hg. Beer U., Bielefeld 1987
Knapp G.A., Zur widersprüchlichen Vergesellschaftung von Frauen, in: Hoff E.-H. (Hg.), Die doppelte Sozialisation Erwachsener, München 1990, 17ff
Knoblauch E., Zur Psychologie der studierenden Frau. Eine Untersuchung über die Einstellung zum Studium und zur späteren Berufstätigkeit bei Studentinnen. Phil.Diss, Leipzig 1930
Kohlberg L., Zur kognitiven Entwicklung des Kindes, Frankfurt 1974
Kohli M., Biographische Organisation als Handlungs- und Strukturproblem, in: Matthes J. (Hg.), Biographie in handlungswissenschaftlicher Perspektive, Nürnberg 1981, 157ff
Kohli M., Normalbiographie und Individualität. Zur institutionellen Dynamik des gegenwärtigen Lebenslaufregimes, in: Technik und sozialer Wandel, hg. Friedrichs J., Beiträge der Sektions- und ad-hoc-Gruppen des 23. Deutschen Soziologentags Hamburg, Opladen 1987, 432–435
Kontos S., Walser K., Weil nur zählt, was Geld einbringt – Hausfrauen in der Bundesrepublik, Gelnhausen, Berlin 1979, Reihe Kennzeichen Bd. 4
Kowalewsky W., Was heißt ‚sui generis'? Zur Frage nach dem ‚Wesen' von Mann und Frau, in: Die Theologin, 24. Jg. 1, 1965
Kramer H., Hausarbeit als Rückzugsmöglichkeit und Gegen-Erfahrung für Frauen unter den Bedingungen taylorisierter Industriearbeit, in: Matthes J. (Hg.), Krise der Arbeitsgesellschaft, Frankfurt 1983, 427ff
Krappmann L., Soziologische Dimensionen der Identität, Stuttgart 1971
Kratzmann G., Rau U., Lernen, Pastorin zu sein, PTh 72, 1983, 415–434
Krauß-Siemann J., Von der Freizeit zur Muße, Neukirchen 1989
Krueger R. und H., ‚Geteiltes Leid – halbes Leid?' Erfahrungsbericht aus knapp zwei Jahren ‚job-sharing' auf einer Gemeindepfarrstelle, ThPr 20, 1985,18ff
Krüger D., Partnerschaft- und Berufsbiographien Alleinlebender-Ergebnisse einer qualitativen Studie über ledige Frauen und Männer in Einpersonenhaushalten, in: ifg 3/92, 28ff, Bielefeld 1992
Krüger H., Berufsfindung und weibliche Normalbiographie, in: Mayer Ch. u.a. (Hginnen), Mädchen und Frauen, Beruf und Biographie, München 1984, 21ff
Krüger H., Born C., Probleme der Integration von beruflicher und familialer Sozialisation in der Biographie von Frauen, in: Hoffmann-Nowotny H.-J. (Hg.), Kultur und Gesellschaft. Beiträge der Forschungskomitees, Sektionen und Ad-hoc-Gruppen, Zürich 1989

Krüger H., Weibliches und männliches Sozialverhalten im Studium, in: Bathe S. u.a. (Hginnen), Frauen in der Hochschule, Weinheim 1989, 46ff

Krüll M. (Hgin), Wege aus der männlichen Wissenschaft, Pfaffenweiler 1990

Kühn A., Tornieporth G., Frauen – Bildung und Geschlechtsrolle. Historische und pädagogisch-didaktische Studien zum Wandel der Frauenrolle in Familie und Gesellschaft, Reihe Kennzeichen Bd. 7, Gelnhausen 1979

Lappe L., Die Arbeitssituation erwerbstätiger Frauen. Geschlechtsspezifische Arbeitsmarktsegmentation und ihre Folgen, Frankfurt 1981

Levy R., Der Lebenslauf als Statusbiografie. Die weibliche Normalbiografie in makrosoziologischer Perspektive, Stuttgart 1977

Libreria delle donne di Milano, Wie weibliche Freiheit entsteht, Berlin 1988

Lindemann G., das paradoxe Geschlecht, Frankfurt 1993

Lion H., Zur Soziologie der Frauenbewegung. Die sozialistische und die katholische Frauenbewegung, Berlin 1926

Lukatis I., Frauen in Kirche und Theologie, Hannover 1988

Lukatis I., Frauen und Männer als Kirchenmitglieder, in: Matthes J. (Hg.), Kirchenmitgliedschaft im Wandel: Untersuchungen zur Realität der Volkskirche, Beiträge zur zweiten EKD-Umfrage „Was wird aus der Kirche?", Gütersloh 1990, 119ff

Luther H., Religion und Alltag, Stuttgart 1992

LWB-Studien, Berichte und Texte aus der Studienabteilung, Frauen in kirchlichen Ämtern und Diensten, Genf 1984

Maindok H., Frauenalltag in Männerberufen, Frankfurt 1987

Marhold W. u.a., Religion als Beruf, Stuttgart 1977

Mayer Ch. u.a., Mädchen und Frauen. Beruf und Biographie, München 1984

McRae V., Frauen – eine Mehrheit als Minderheit. Materialien zum Thema Sexismus mit Einleitung von Liselotte Nold, Gelnhausen, Berlin 1975

Meier-Mahler C., Eine Pfarrstelle zu zweit geführt – ein Erfahrungsbericht, ThPr 20, 1985, 23ff

Meiners K., Der besondere Weg, ein Weib zu werden. Über den Einfluß von Leitbildern auf die Entwicklung der höheren Mädchenbildung seit dem 17. Jahrhundert, Frankfurt, Bern 1982

Metz-Göckel S., Geschlechterverhältnisse, Geschlechtersozialisation und Geschlechtsidentität. Ein Trendbericht. Zeitschrift für Sozialisationsforschung und Erziehungssoziologie 8, 1988, 85–97

Metz-Göckel S., Müller U., Der Mann. Eine repräsentative Untersuchung über die Lebenssituation und das Frauenbild 20–50jähriger Männer, Hamburg 1985

Michel S., Ein Schweizer Zwischenruf: Pfarrerin und Familie, in: ThPr 25, 1990, 56ff

Mies M., Methodische Postulate zur Frauenforschung, dargestellt am Beispiel der Gewalt gegen Frauen, in: beiträge zur feministischen theorie und praxis 1, München 1978, 41ff

Mohr G. u.a. (Hginnen), Frauen, Psychologische Beiträge zur Arbeits- und Lebenssituation, München, Wien, Baltimore 1982

Moltmann-Wendel E. (Hgin), Frau und Mann, Alte Rollen – Neue Werte, Düsseldorf 1991

Müller U., Arbeits- und industriesoziologische Perspektiven von Frauenarbeit – Frauen als „defizitäre" Männer?, in: Sektion Frauenforschung in den Sozialwissenschaften in der DGS (Hgin), Frauenforschung, Frankfurt, New York 1984, 76ff

Myrdal A., Klein V., Die Doppelrolle der Frau in Familie und Beruf, Köln, 1962 2. Aufl.

Nagl-Docekal H., Pauer-Studer H. (Hginnen), Denken der Geschlechterdifferenz, Neue Fragen und Perspektiven der feministischen Philosophie, Reihe Frauenforschung Bd 14, Wien 1990

Nave-Herz R. u.a., Aufstieg mit Hindernissen – Bericht über eine empirische Untersuchung zum Karriereverlauf von Hochschullehrerinnen in der Bundesrepublik Deutschland, in: ifg Frauenforschung 1 und 2, 1991, 67ff

Nave-Herz R., Krüger D., Ein-Eltern-Familien. Eine empirische Studie zur Lebenssituation und Lebensplanung alleinerziehender Mütter und Väter, ifg, Materialien zur Frauenforschung Bd. 15, Bielefeld 1992

Nerge S., Stahmann M., Mit Seidentuch und ohne Schlips, Frauen im Management, Frankfurt – Bern, New York, Paris 1991

Nerge S., Weiblicher Führungsstil und die doppelte Vergesellschaftung von Frauen, in: ifg Frauenforschung 3/92, 79ff
Nölleke B., In alle Richtungen zugleich, Denkstrukturen von Frauen, München 1985
Nützel G., „Kann sie auch Hebräisch lesen, nicht kann sie Kalchreuth verwesen!", Die Anfänge der Theologinnenarbeit in der Evang.-Luth. Kirche Bayerns, in: RKZ 6, 1991, 196ff

Ochel A., Hausfrauenarbeit, München 1989
Opitz-Meuss G., Mater sororum. Christine Bourbeck und das Vikarinnenseminar der Evangelischen Kirche der Union, in: Die Theologin 23, 1964, 1, 30ff
Opitz C., Evatöchter und Bräute Christi. Weiblicher Lebenszusammenhang und Frauenkultur im Mittelalter, Weinheim 1990
Ostner I. Tatschmurat C., Art. Arbeit, in: Beyer J. u.a. (Hginnen), Frauenhandlexikon, München 1984
Ostner I., Pieper B. (Hginnen), Arbeitsbereich Familie. Umrisse einer Theorie der Privatheit, Frankfurt, New York 1980
Ostner I., Kapitalismus, Patriarchat und die Konstruktion der Besonderheit ‚Frau', in: Kreckel R. (Hg.), Soziale Ungleichheit, Sonderheft ‚Soziale Welt', Göttingen 1983

Parvey C. F. (Hgin), Spuren der Hoffnung für die Gemeinschaft von Frauen und Männern in der Kirche, ÖRK, Genf 1979, Beiheft 35 zur Ökumenischen Rundschau.
Parvey C.F. (Hgin), Die Gemeinschaft von Frauen und Männer in der Kirche, Der Sheffield-Report, Neukirchen 1985
Pfeil E., Die Berufstätigkeit von Müttern. Eine empirisch-soziologische Erhebung an 900 Müttern aus vollständigen Familien, Tübingen 1961
Piaget J., Das moralische Urteil beim Kinde, Stuttgart 1983
Pinl C., Zur Situation der Frauen in Familie, Beruf und Bildung. Literatur- und Problemstudie zur Frauensituation in der BRD 1970–75, in: Frauen auf neuen Wegen, Köln 1976; Gelnhausen, Berlin 1978, Reihe Kennzeichen Bd. 3
Pissarek-Hudelist H. (Hgin), Die Frau in der Sicht der Anthropologie und Theologie, Düsseldorf 1989
Prätorius I., Anthropologie und Frauenbild in der deutschsprachigen Ethik seit 1949, Gütersloh 1993
Prätorius I., Geschlechtsspezifische Arbeitsteilung als theologisches Problem, ThPr 22, 2, 1987, 136–144
Prengel A., Gleichheit versus Differenz – eine falsche Alternative im feministischen Diskurs, in: Gerhard U. (Hgin), Menschenrechte haben (k)ein Geschlecht, Frankfurt 120ff
Prokop U., Weiblicher Lebenszusammenhang. Von der Beschränktheit der Strategien und der Unangemessenheit der Wünsche, Frankfurt 1976
Pross H., Die Männer. Eine repräsentative Untersuchung über die Selbstbilder von Männern und ihre Bilder von der Frau, Reinbek 1978

Rat der EKD (Hg.), Die Frau in Familie und Gesellschaft. Denkschrift über die Teilzeitarbeit von Frauen, in: ‚Die Mitarbeit', 1965
Reichle E., Die Theologin im Pfarramt in der BRD, in: Lutherische Rundschau 25, 1975, 62–68
Reichle E., Die Theologin in Württemberg, Geschichte – Bild – Wirklichkeit eines neuen Frauenberufes, Europäische Hochschulschdriften XXIII 35, Bern, Frankfurt 1975
Reichle E., Frauenordination, in: C. Pinl u.a. (Hginnen), Frauen auf neuen Wegen, Reihe Kennzeichen Bd. 3, Gelnhausen 1978, 103ff
Rhodes L.N., Co-Creating, A Feminist Vision of Ministry, Philadelphia 1987
Riess R., Pfarrer werden? Göttingen 1989
Roloff Chr., Einerleiheit oder Allerleirauh? Von der Widersprüchlichkeit beruflicher Identität von Frauen in sogenannten Männerberufen, in: Bathe S. u.a. (Hginnen), Frauen in der Hochschule, Weinheim 1989, 125ff
Rommelspacher B., Mitmenschlichkeit und Unterwerfung, Frankfurt 1992
Ruether R.R., Frau und kirchliches Amt in historischer und gesellschaftlicher Sicht, in: Concilium 12, 1976, 17ff

Rumpf M., Spuren des Mütterlichen. Die widersprüchliche Bedeutung der Mutterrolle für die männliche Identitätsbildung in Kritischer Theorie und feministischer Wissenschaft, Frankfurt 1989

Rupprecht F., Frauen im Pfarramt, in: ThPr 22, 1987, 113ff

Scharfenberg I. und J., Hierarchisches Amt oder dialogischer Dienst? Zur Stellung der Frau in Kirche und Gesellschaft, in: Monatsschrift für Pastoraltheologie 52, 1963, 3, 75ff

Scheich E., Naturbeherrschung und Weiblichkeit, Denkformen und Phantasmen der modernen Naturwissenschaften, Pfaffenweiler 1993

Schenk H., Art. Frauenbewegung, in: Beyer J. u.a. (Hginnen), Frauenhandlexikon, München 1983, 85ff

Schenk H., Die feministische Herausforderung. 150 Jahre Frauenbewegung in Deutschland, München 1983, 3. Aufl.,

Schenk H., Geschlechtsrollenwandel und Sexismus. Zur Sozialpsychologie geschlechtsspezifischen Verhaltens, Weinheim 1979

Schlapeit-Beck D., Karrierefrauen im Konflikt zwischen Ohnmachtszuschreibung und weiblichem Führungsstil, in: Feministische Studien 9, 1991, 147ff

Schmerl Ch., Sozialisation und Persönlichkeit, Stuttgart 1978

Schmidt M., Karrierefrauen und Partnerschaft. Internationale Hochschulschriften, Münster, New York 1989

Schöningh I. u.a., Alleinerziehende Frauen. Zwischen Lebenskrise und neuem Selbstverständnis, Opladen 1991

Schottroff L., Frauen in der Nachfolge Jesu in neutestamentlicher Zeit, in: Schottroff W., Stegemann W. (Hg.), Traditionen der Befreiung, Bd. 2, München 1980, 91ff

Schreiber H., Singles, Allein leben, München 1980

Schultz D., Das Geschlecht läuft immer mit...Die Arbeitswelt von Professorinnen und Professoren, Pfaffenweiler 1991

Schüngel-Straumann H., Die Frau am Anfang, Eva und die Folgen, Freiburg 1989

Schüssler Fiorenza E., Das Schweigen brechen – sichtbar werden, in: Concilium 21, 1985, 390

Schüssler Fiorenza E., Die Rolle der Frau in der urchristlichen Bewegung, in: Concilium 12, 1976, 3ff

Schüssler Fiorenza E., Zu ihrem Gedächnis ... Eine feministisch-theologische Rekonstruktion der christlichen Ursprünge, München, Mainz 1988

Schütze F., Biographieforschung und narratives Interview, in: Neue Praxis, 1983

Schütze Y., Die gute Mutter – Zur Geschichte des normativen Musters „Mutterliebe", in: Karsten E.M., Otto H.-U. (Hg.), Die sozialpädagogische Ordnung der Familie, Weinheim 1987

Schwab U. u.a., Die Pfarrerin im Amt: „Sie schläft nicht, sie ruht nur ...", in: Th Pr 25, 1990, 3ff

Schwarzhaupt E., Berufsaussichten der Theologiestudentinnen, in: Beilage zur Halbmonatsschrift für Arbeit und Besinnung 1, 12, Stuttagrt 1947, 2f

Seidenspinner G., Burger A., Brigitte. Mädchen 82, Eine repräsentative Untersuchung über die Lebenssituation und das Lebensgefühl 15–19jähriger Mädchen in der BRD, München 1982

Selk M., Geschlecht und Berufswahl, Ein Beitrag zur Theoriebildung und empirischen Erfassung geschlechtsspezifischen Berufswahlverhaltens, Fankfurt u.a. 1984

Senghaas-Knobloch E., Die Theologin im Beruf. Zumutung – Selbstverständnis – Praxis, München 1969

Sichtermann B., Weiblichkeit. Zur Politik des Privaten, Berlin 1980

Soden v.K., Zipfel G. (Hginnen), 70 Jahre Frauenstudium, Frauen in der Wissenschaft, Köln 1979

Sölle D., Und ist noch nicht erschienen. Ein Gebet zu 1. Johannes 3,2, in: Schottroff L. u.a., Das Kreuz: Baum des Lebens, Stuttgart 1987

Sölle D., Lieben und Arbeiten, Stuttgart 1986, 3. Aufl.,

Sommerkorn I., Frauen als Lehrende und Lernende an der Hochschule, in: Sommerkorn I.(Hgin), Identität und Hochschule, Hamburg AHD, 1981

Spiegel Y., Der Pfarrer im Amt, München 1970

Steck W., Der Pfarrer zwischen Beruf und Wissenschaft, München 1974

Stellungnahme des Hannoverschen Synodalausschusses zu dem Gutachten des Theologischen Ausschusses der VELKD zur Frage des Amtes der Theologin, in: LuMo 2, 1963, 3, 135f

Stellungnahme des Theologischen Beirats der Evangelisch-Lutherischen Landeskirche Schleswig-Holsteins zum Amt der Frau in der Kirche, in: LuMo 1, 1962,7, 336

Stendahl B., The Force of Tradition, Philadelphia 1985

Stevens L., Different voice, Different voices: Anglican women in Ministry, in: Review of Religious Research, Vol. 30, 1989, No. 3, 262–275

Stiegler B., Frauen in untypischen Berufen und Positionen, in: Mohr G. u.a. (Hginnen), Frauen, Psychologische Beiträge zur Arbeits- und Lebenssituation, München, Wien, Baltimore 1982, 78ff

Tatschmurat C., Arbeit und Identität. Zum Zusammenhang zwischen gesellschaftlichen Lebens- und Arbeitsbedingungen und weiblicher Identitätsfindung, Frankfurt, New York 1979, 1980 2. Aufl.

Theologin in Norwegen. Dokumentation über die rechtliche Situation, in: LuMo 5, 1966, 11, 589ff

Thielicke H., Theologische Ethik I, Tübingen 1958

Thielicke H., Theologische Ethik II, III, Tübingen 1965, 2. Aufl.

Thraede K., Ärger mit der Freiheit. Die Bedeutung von Frauen in Theorie und Praxis der alten Kirche, in: Kennzeichen Bd. 1, 31ff

Thyen H., „... nicht mehr männlich und weiblich ..." Eine Studie zu Gal 3,28, in: Crüsemann F., Thyen H., Als Mann und Frau geschaffen, Reihe Kennzeichen 2, Gelnhausen 1978, 107ff

Veith M., Frauenkarriere im Management, Frankfurt 1988

Virkkunen R., Theologin in Finnland, in : LuMo 5, 1966, 351f

Voges W. (Hg.), Methoden der Biographie und Lebenslaufforschung, Opladen 1987

Volz L. (Hgin.), Frauen auf der Kanzel? Eine brennende Frage unserer Kirche, Stuttgart 1967

Wagner-Rau U., Pastorinnen auf der Suche nach Identität, ThPr 79, 58–73

Wagner-Rau U., Zwischen Vaterwelt und Feminismus, Gütersloh 1992

Weber-Kellermann I., Das Männliche und das Weibliche. Zur Sozialgeschichte der Geschlechterrollen im 19. und 20. Jahrhundert, in: Moltmann-Wendel E. (Hgin.), Frau und Mann, Düsseldorf 1992, 15ff

Weg M., Dienen und Verzichten: Sozialabbau statt Gleichstellung der Frauen, SWI-Mitteilungen H. 1, 1984, 47–54

Weidmann J. L., Women Ministers: How Women Are Redefining Traditional Roles, New York 1981

Wetterer A., „Es hat sich alles so ergeben, meinen Wünschen entsprechend – Über die Planlosigkeit weiblicher Karrieren in der Wissenschaft, in: Bathe S. u.a., (Hginnen), Frauen in der Hochschule, Weinheim 1989, 142ff

Wind R., Plädoyer für einen neuen Amtsbegriff, in: Schottroff W., Stegemann W. (Hg.), Traditionen der Befreiung 2. Frauen in der Bibel, München 1980, 145ff

Wolf B., Frauen in Männerberufen – Faktoren einer untypischen Berufswahl, in: Rudolph H. u.a. (Hginnnen), Berufsverläufe von Frauen, München 1986

Wolf E., Sozialethik, Göttingen 1982, 2. Aufl.

Yohalem A.M. (Hg) Die Rückkehr von Frauen in den Beruf, Maßnahmen und Entwicklung in fünf Ländern, Bonn 1982

Zahn-Harnack A. von, Die Frauenbewegung, Berlin 1928

Zeitmagazin Nr. 17, 22.4.1983, Beruf: Pastorin

Ziebell L. u.a.; Lebensplanung ohne Kinder, Frankfurt 1992

Zoll R. u.a., „Nicht so wie unsere Eltern!" Ein neues kulturelles Modell? Opladen 1989

VERLAG FÜR GEISTES-, SOZIAL- UND WIRTSCHAFTSWISSENSCHAFTEN

Praktische Theologie heute

Teresa Berger
Liturgie und Frauenseele
Die Liturgische Bewegung aus der Sicht der Frauenforschung
1993. 193 Seiten. Kart.
DM 39,80
ISBN 3-17-012197-9
Praktische Theologie heute, Band 10

Frauen und frauenspezifisches gottesdienstliches Denken und Handeln sind integraler Bestandteil der Liturgiegeschichte. Denn die Liturgiegeschichte, und damit die in der zweiten Hälfte des 19. Jahrhunderts entstandene Liturgische Bewegung, ist (auch) die Geschichte von sich stets verändernden Geschlechterbeziehungen. So hat heutiges Ringen um Frauenfragen in der Kirche den erweiterten Kontext und die historischen Dimensionen über die neuere Frauenbewegung hinaus in den Blick zu nehmen. Obwohl Frauen Subjekte, Trägerinnen, auch „Seele" der Liturgischen Bewegung waren, hat die Forschung Frauenfragen dieser Bewegung bislang praktisch verschwiegen. Die Darstellung will daher Frauenfragen und die vielen Frauen der Liturgischen Bewegung sichtbar werden lassen.

„Die neue Situation der Kirche, nicht zuletzt bedingt durch die Strukturen der profanen Welt von heute, läßt die Frau nach sich selber fragen. Die Frau ist der Frau aufgegeben."
K. Rahner

W. Kohlhammer GmbH · 70549 Stuttgart · Tel. 0711/78 63 - 280